# 中国工业发展的阶段性变化

RESEARCH ON CHANGES OF CHINA'S INDUSTRIAL STAGES

◎ 付保宗/等著

中国财经出版传媒集团
经济科学出版社
Economic Science Press

图书在版编目（CIP）数据

中国工业发展的阶段性变化/付保宗　等著.—北京：经济科学出版社，2017.2
ISBN 978-7-5141-7791-6

Ⅰ.①中⋯　Ⅱ.①付⋯　Ⅲ.①工业发展-研究-中国　Ⅳ.①F424

中国版本图书馆 CIP 数据核字（2017）第 033067 号

责任编辑：陈　潇
责任校对：辰轩文化
责任印制：王世伟

## 中国工业发展的阶段性变化

付保宗　等著

经济科学出版社出版、发行　新华书店经销
社址：北京市海淀区阜成路甲 28 号　邮编：100142
总编部电话：010-88191217　发行部电话：010-88191522
网址：www.esp.com.cn
电子邮件：esp@esp.com.cn
天猫网店：经济科学出版社旗舰店
网址：http://jjkxcbs.tmall.com
北京季蜂印刷有限公司印装
787×1092　16 开　17.25 印张　380000 字
2017 年 3 月第 1 版　2017 年 3 月第 2 次印刷
ISBN 978-7-5141-7791-6　定价：46.00 元
(图书出现印装问题，本社负责调换。电话：010-88191510)
(版权所有　侵权必究　举报电话：010-88191586
电子邮箱：dbts@esp.com.cn)

# 前　言

近年来中国经济增长持续放缓引起广泛讨论，关于未来经济发展和结构变化趋势存在很大争议。主要集中在几个方面：一是经济增长放缓是短期现象还是长期趋势？一种观点认为，经济放缓主要是国际金融危机及其他周期性因素影响的结果，未来经济高增长动力仍能持续很长时期；另一种观点认为，经济放缓是长期结构性矛盾爆发的集中体现，经济持续高增长已经或即将终结，未来存在大幅下滑甚至崩溃的风险。二是经济结构是否应尽快由工业主导向服务经济转变？一种观点认为，工业长期高增长和高比重导致资源环境、产能过剩等矛盾日渐突出，未来需要加快发展服务业以替代工业在经济中的主导地位；另一种观点认为，中国工业化仍未完成且收入水平依然较低，工业仍然存在很大增长潜力，未来很长时期内工业在经济中的比重仍不会见顶。三是结构升级和国际分工地位提升如何实现？关于未来结构升级的总体方向已无太大争议，而关于结构升级的时机、路径和关键要素却存在不同见解。关于市场应发挥决定性作用已形成共识，但以此为基础关于未来政府在结构升级中的具体作用边界和实现机制却无定论。

无论怎样，中国经济正在面临深刻变化和方向性抉择已是无可争辩的事实。由于我国工业化进程尚未结束，科学判断经济发展走势需要深入研究工业发展的阶段性变化。在已有相关成果中，针对特定问题进行局部研究的较多，而从多角度出发进行系统分析的较少；对工业总量和工业结构进行分别研究的较多，而将总量变化和结构转换紧密结合分析的较少。尤其是一些领域的争论始终停留在定性理论推导层面，因缺乏有力的实证分析而难辨雌雄。为此，我们运用多国、多年份数据归纳总结了世界工业发展的一般变化规律，然后，全方位、多角度对我国工业发展的阶段性变化进行剖析，力求透过表象洞察真相或消除误区。最后，基于历史分析和国际比较，判断了未来我国工业发展的阶段性变化趋势。综合判断，未来我国工业将进入次高增长阶段，工业在经济中的地位将进入趋势性下降通道，但同时要迈向更高收入水平需要避免工业比重的过快下降；打造中国工业经济"升级版"关键要突破"技术升级陷阱"，为此，我国工业发展的动力机制面临重要的阶段性转换。

本书是在国家发展改革委宏观经济研究院2013年度重点课题成果基础上形成的。本书对破除关于当前工业阶段性变化特征的迷雾、消除针对未来经济和结构变化趋势判断的争议起到积极作用，诸多结论和判断日益受到各方重视并逐步形成共识，近年来的政策实践和经济发展现实正逐步证实本书的基本观点。本书提出了一些有新意和有价值的观点。如，"经济高增长往往与工业高比重相伴而生，工业结构和国际分工地位变化具有非连续性，工业化中后期遭遇'技术升级陷阱'是陷入'中等收入陷阱'的重要诱因；未来我国工业发展将进入中高增长阶段，工业比重将进入趋势性下降通道；但未来较长时期工业仍将是驱动经济增长的主导力量，保障工业持续发展关键是实现三个方面的动力机制转换"等。尤其是关于未来工业发展阶段性变化趋势的推断与之后国家关于经济发展新常态的判断高度吻合。本书部分成果为国家有关政策制定提供了重要参考，已经直接或间接地转化为相关政策文件。2015年，本书成果分别获得国家发展改革委宏观经济研究院优秀成果一等奖和国家发展改革委优秀成果二等奖。

本书作者由十位专家组成，其中，以国家发展改革委产业经济与技术经济研究所内专家为主体，并邀请了其他机构的三位专家参加。具体分工如下：第一章，付保宗；第二章，周劲；第三章，徐建伟；第四章，张于喆、杨威；第五章，杨威、余贵玲；第六章，张义博；第七章，卞靖；第八章，徐建伟、付保宗、周劲、张义博；第九章，徐建伟。付保宗负责总体设计和书稿总纂，杨合湘全程参加了框架设计和成果讨论工作。在研究过程中，按照专业分工与团队协作相结合原则，对框架结构和主要结论反复讨论、谨慎求证。为获得一手资料，广泛查阅了联合国、世界银行、OECD、WTO及美国、日本、韩国、德国、巴西等国家数据库和相关文献；大量搜集了国家及地方统计部门、行业协会、相关部委等数据资料及内外部期刊、书籍、报告等相关文献。分别在东、中、西部地区选取典型城市进行对比调研。

本书成果受到国家发展改革委产业经济与技术经济研究所的大力支持，研究过程中曾多次征询专家意见，先后得到过国家发展改革委宏观经济研究院多位专家指导，他们是白和金研究员、林兆木研究员、马晓河研究员、王昌林研究员、胡春力研究员、罗云毅研究员、张燕生研究员、肖金成研究员、张长春研究员、毕吉耀研究员、杨宜勇研究员、郭小碚研究员、董焰研究员、聂高民研究员、王岳平研究员、俞建国研究员、刘立峰研究员等诸多领导和专家的悉心指导，调研工作得到了杭州市萧山区俞辉同志的有益帮助。在此一并深表谢意！

  本书遵循原始原创宗旨，力求在前人研究的基石上再迈进一步。因受能力和时间所限，仍有诸多不足有待更深入的思考和论证。

付保宗

2017年2月于北京

# 第一章

# 中国工业发展的阶段性变化

**内容提要**：世界发展实践证实，工业比重随经济发展呈倒"U"型变化形态，经济高增长往往与工业高比重相伴而生，工业化中后期遭遇"技术升级陷阱"是陷入"中等收入陷阱"的重要诱因，产业国际分工地位由低级向高级阶段转换面临不同跨度跳跃，工业结构升级和分工地位提升是工业化进程中迈向更高收入水平的必要条件。我国工业比重始终显著高于国际一般规律，工业高增长出现回落趋势，工业结构向高加工度化和技术密集化升级受到明显抑制，国际分工地位低端锁定风险逐步加大。当前工业资本高增长趋势难以持续，劳动力低成本优势趋于弱化，技术进步难度和风险加大，资源环境后发劣势正在凸显，工业需求规模扩张阻力增强。综合判断，未来我国工业发展将进入次高增长阶段，工业比重趋势性下降的可能性增加，工业结构变化日益接近"技术升级陷阱"，国际分工地位面临向高级阶段跃升的重要关口。未来较长时期工业仍将是驱动经济增长的主导力量，工业发展面临由规模扩张型的传统模式向内涵增长型的工业经济"升级版"转变。建议：深化工业管理体制改革，创建公平市场新秩序；提高工业资本配置和产出效率，释放有序竞争新活力；改善劳动力结构和素质，构建人力资源有效供给新体系；加强企业技术创新主体地位，激发技术进步新动力；强化资源环境优胜劣汰效应，探索工业绿色发展新模式；引导工业需求结构升级，打造中国工业国际新形象。[1]

我国已经进入实现工业化的关键时期，逐步接近迈向高等收入国家的重要门槛。[2] 未来工业能否持续健康发展，直接关系到能否顺利完成"基本实现工业化和全面建设小康社会"[3]的战略任务。当前，工业增长持续放缓，驱动工业发展的内外部条件正在发生深刻变化。我国工业持续多年的高增长态势是否将要终结？工业在经济中的比重是否即将见顶？工业结构和国际分工地位能否面临更大跨度跃升？工业发展动力机

---

[1] 本书所有图表等相关内容资料来源若无特殊说明均来源于作者调研资料。
[2] 根据世界银行图表集法（Atlas methodology）现价计算，2012年，我国人均国民收入5 740美元，属于中高等收入国家（4 086美元≤人均国民收入≤12 615美元）。
[3] 2012年，党的十八大报告提出，到二〇二〇年"实现国内生产总值和城乡居民人均收入比二〇一〇年翻一番"、"工业化基本实现"。

制面临怎样的转换及关键因素是什么？工业发展是否面临重大的阶段性变化成为亟待回答的问题。

新古典的传统观点认为，在竞争均衡的假设条件下，长期经济增长由生产要素决定，需求和结构变化并不重要。而根据结构主义非均衡增长理论，在信息不对称和要素流动受限的条件下，经济增长极有可能在非均衡状态下发生，结构转变即要素从低生产率部门向高生产率部门转移能够加速经济增长，需求结构变化可以像要素供给一样影响长期增长。[①] 相比发达国家，发展中国家由于市场体系不健全，非均衡经济增长现象更为普遍。我国作为处于体制转轨阶段的发展中国家，工业增长具有典型的非均衡特征。因此，要素结构和需求结构共同构成我国工业发展的基本驱动因素，此外，政府体制和政策也对工业发展产生直接或间接作用。工业发展的表现包含三个维度：一是工业规模和地位，包括工业产出、就业规模及其地位；二是工业结构，包括工业行业间、部门间结构等；三是国际分工地位，包括工业参与全球分工的方式及利益（见图1）。

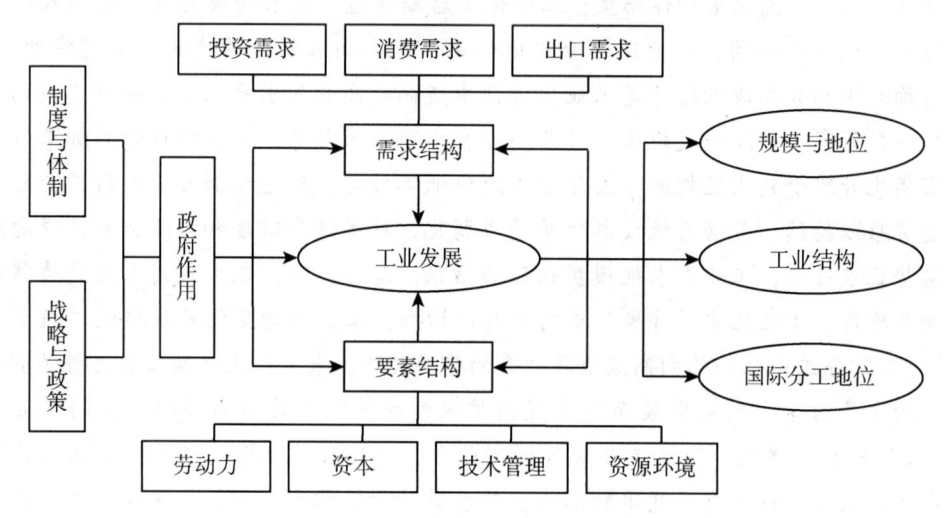

**图1　工业发展的动力机制和表现特征**

## 一、世界工业发展的一般变化规律

自18世纪工业革命以来，工业逐步成为世界经济发展的主导力量，工业发展助推了现代经济的加速增长，并呈现出一定的规律性特征。

---

① H. 钱纳里等：《工业化和经济增长的比较研究》，上海三联书店1995年2月版，第22～23页。

## (一) 工业比重随经济发展呈倒"U"型变化，经济高增长往往与工业高比重相伴而生

一个经济体的工业比重随着经济水平提升总体呈现倒"U"型变化形态，也就是经历由低到高再降低的过程。欧美、日韩等已完成工业化的国家发展历史普遍证实了这一变化形态。第二次世界大战之后，欧美等国家工业化普遍完成，这一时期工业比重变化总体表现为倒"U"型曲线后半段下降区间；韩国作为后起追赶型国家经历了工业化由起步到完成的过程，工业比重变化呈现完整的倒"U"型变化形态；而多数发展中国家工业化尚未完成，工业比重变化仍处于倒"U"型曲线的前半段上升区间。按世界银行收入水平分类的国家群，以 1960~2011 年数据为基础，对不同收入群组国家的工业增加值占 GDP 比重与人均 GDP（2000 年美元不变价）进行回归分析，可以发现工业比重变化共同构成典型且完整的倒"U"型曲线形态（见图 2）。

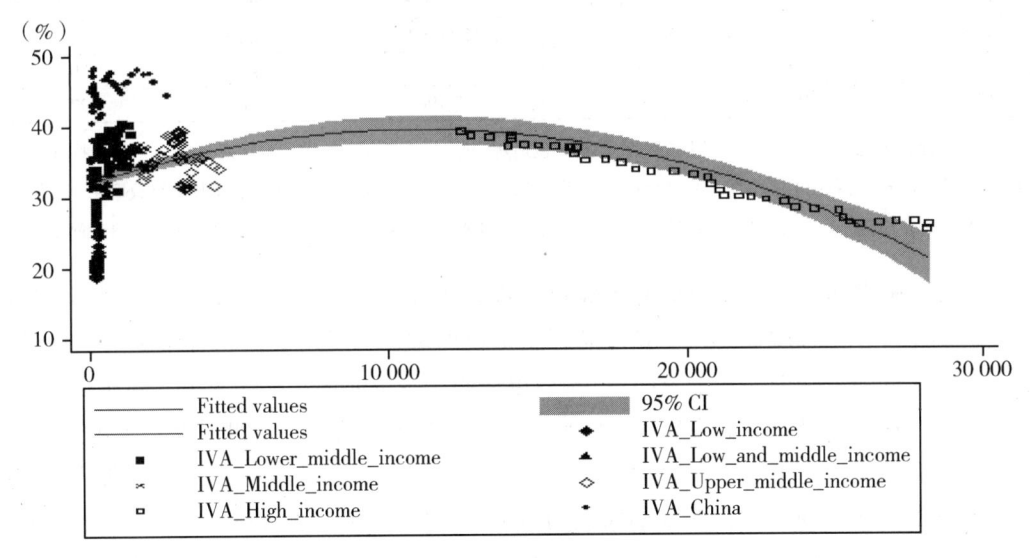

**图 2  不同收入水平国家群的工业增加值占 GDP 的比重与人均 GDP 的回归分析**

注：横轴为人均 GDP（2000 年美元不变价），纵轴为工业增加值占 GDP 比重。
资料来源：世界银行数据库。

不同国家由于发展条件和国情不同，具体倒"U"型形态存在较大差异。首先，倒"U"型曲线经历的时间跨度有所不同。英美等先行工业化国家从启动工业化到工业比重跨过峰值多数经过一百年以上的时间，而韩国等后起追赶型国家则在不到 50 年的时间内就走过了这一历程。其次，倒"U"型曲线峰值高度存在差异。英国和德国工业比重[①]峰值分别达到 56.8% 和 59.8%，而美国、日本、韩国工业比重峰值均在 40% 到 50% 之间。

---

① 按照国际行业分类标准，工业范畴与我国的第二产业范畴基本相当。

最后，倒"U"型曲线峰值出现时的收入水平各有不同。先行工业化国家普遍在较高收入水平上出现工业比重峰值，如英、美、德、韩等国工业比重见顶时人均GDP均达到7 000国际元（1990年不变价）以上，也就是当时已迈上高收入水平；而一些国家在较低收入水平下工业比重已经出现拐点，如巴西工业比重见顶时人均GDP仅有5 198国际元（1990年不变价），尚处于中等收入水平，工业比重见顶过早延缓了巴西向高收入国家迈进的步伐（见表1）。当前我国工业化仍未完成，工业比重变化仍处于倒"U"型曲线拐点的前半段。

表1　　　　　　　　　　　部分国家工业化发展历程比较

| 国家 | 工业化启动期①（年） | 工业比重见顶期①（年） | 工业比重见顶期人均GDP（1990国际元）② | 工业比重峰值（%） | 工业比重（%）（2011年） |
| --- | --- | --- | --- | --- | --- |
| 英国 | 1765～1785 | 1955～1965 | 7 986～9 752 | 56.8 | 21.6 |
| 美国 | 1834～1843 | 1950～1960 | 9 561～11 328 | 47.2 | 20.2 |
| 德国 | 1850～1859 | 1960～1967 | 7 750～9 397 | 59.8 | 27.9（2010年） |
| 日本 | 1874～1879 | 1963～1969 | 5 129～8 874 | 45.3 | 26.2 |
| 韩国 | 1950～1960 | 1991 | 9 417 | 42.6 | 39.2 |
| 巴西 | 1950～1960 | 1980 | 5 198 | 48.2 | 27.5 |

资料来源：①此处工业范畴对应我国的第二产业（包括建筑业），工业比重 = 工业增加值/GDP，当年价格计算；资料来源：库兹涅茨：《各国的经济增长》，北京：商务印书馆，1999年11月第2版第31页；世界银行数据库。②数据来源：安格斯．麦迪森：《世界经济千年统计》，北京：北京大学出版社，2009年1月第1版。③其他资料来源同上。

相比农业和服务业，工业更易于保持较高速的增长。工业增长具备三个基本特征：一是劳动生产率大幅度提高，二是产品产量迅速增加，三是产品价格趋于下降。而其他产业都不能同时符合上述三个条件。①实践也证明，经济高增长往往与工业高比重相伴而生，而工业比重下降往往成为导致经济高增长终结的重要诱因。从世界经济发展历史看，西欧及部分西欧后裔国家率先启动工业化进程，目前多数已进入后工业化时期。在工业化启动前的上千年时间里，西欧国家人均GDP年均增长率一直徘徊在0.2%以下，而工业化启动后则快速提高到1%以上甚至更高；②在工业化完成并进入后工业化时代之后，人均GDP增长率随着工业比重的下降又逐步回落。20世纪尤其是第二次世界大战以来，更多的国家和地区启动了工业化进程，工业比重不断提高成为推动经济加速增长的重要动力，但随着工业比重见顶回落经济增速又明显降低。在工业比重见顶前后的十年，日本GDP年均增速由10.7%下降至4.1%，韩国GDP年均增速由9.1%下降至5.5%。巴西在工业比重见顶之后10年经济年均增速由前10年的3.6%下降至1.9%，而后陷入很长的经济徘徊阶段（见图3）。可见，工业比重过早出现拐点易于过早地陷入经济低速增

---

①　金碚：《制造业推动高增长》，载于《现代国企研究》2012年第3期。
②　西欧国家人均GDP年均增速：1000～1500年和1500～1820年分别为0.13%和0.14%；1820～1870年和1980～1913年分别为0.98%和1.33%。资料来源于［英］安格斯．麦迪森：《世界经济千年统计》，北京大学出版社2009年版，第272页。

长的发展区间，由此向更高收入水平迈进的步伐也会受到阻碍。

图3　日本、韩国和巴西工业比重见顶前后 GDP 增速变化

资料来源：世界银行数据库。

对比世界不同收入水平国家也可以看出工业比重与经济增速间存在显著正向关系，即工业比重较高的国家经济增速也相对较高，反之亦然。2011 年，中低等收入国家和中高等收入国家工业增加值占 GDP 比重分别为 32% 和 36.9%，而低收入国家和高收入国家则分别仅为 25% 和 24.2%；从 1961 年到 2011 年的 50 年间，中低等收入国家和中高等收入国家年均经济增长分别达到 4.6% 和 4.74%，而低收入国家和高收入国家年均经济增长分别仅为 3.42% 和 3.28%（见图4）。

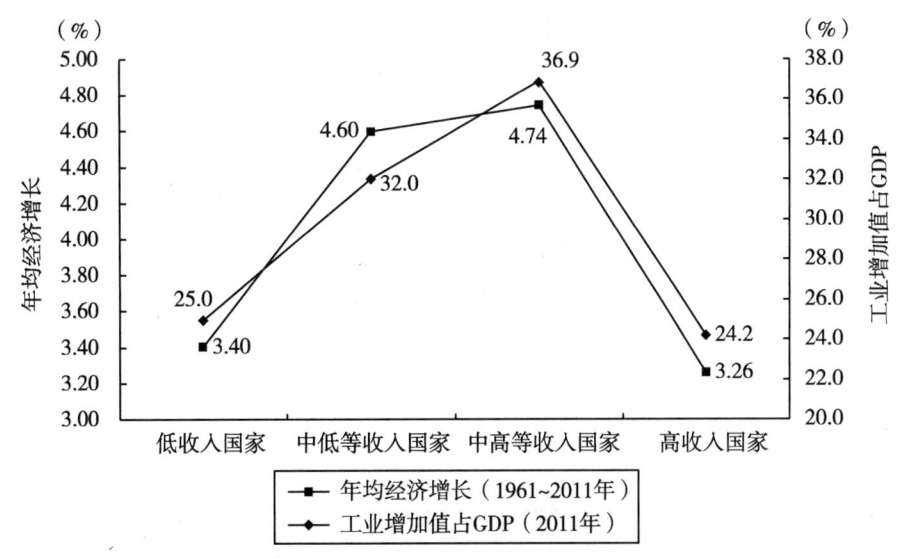

图4　世界不同类型国家工业比重和经济增速对应关系

资料来源：世界银行数据库。

## （二）工业化中后期遭遇"技术升级陷阱"是陷入"中等收入陷阱"的重要诱因

国际经验表明，在工业化中后期，工业行业结构变化一般经过重化工业化、高加工度化和技术密集化几个发展阶段。① 在重化工业化初级阶段，首先表现为能源原材料和一般加工制造业发展加快，在工业中的比重逐步提升；之后随着重化工业深化发展，工业结构逐步向高加工度和技术密集化升级，主要体现在精深加工制造业和高技术产业在工业中的比重不断提升。

纵向考察先行工业化国家发展历程，在重化工业深化发展阶段，向高加工度和技术密集化升级是工业持续发展的必经之路。19世纪下半叶到20世纪初，先行工业化国家如西欧及一些西欧后裔国家普遍经历过重化工业化阶段，20世纪50年代以来，日本、韩国等后起追赶型国家也先后出现过明显的重化工业化阶段。日本在1955年至1970年间，重型制造业②增加值在制造业中的比重由45.4%快速提高到68.7%，之后至今一直保持在68%左右。1970年至1990年，韩国重型制造业增加值在制造业中的比重由39.9%快速提高到70.7%，之后继续提升，到2008年达到86.9%。而当重化工业化进入深化阶段，日本和韩国工业结构又先后经历过向高加工度和技术密集化升级的过程。1955年，日本加工制造业占制造业的比重为20%，到1970年提高到40%；相应制造业加工度（加工制造业比原材料工业）由0.78倍提高到1.4倍。到1995年，加工制造业占制造业的比重达到43.7%，制造业加工度进一步提高到1.81倍。1980年至1995年，日本高技术和中高技术密集度产业③占制造业的比重由39.7%提高到46.2%。工业结构高加工度化和技术密集化推动日本成功迈进高收入国家行列。韩国也同样遵循了这一规律。1970年到1990年，韩国加工制造业在制造业中的比重由16.7%提高到35.6%，制造业加工度由0.72倍提高到1.01倍，之后一直保持在1倍以上。1980年到2005年，韩国高技术和中高技术密集型产业占制造业的比重由35%上升至57.3%（见表2）。

横向比较世界不同国家，发达国家工业结构的加工度和技术密集化程度均显著高于发展中国家，进一步证实工业结构向高加工度和高技术密集化升级的规律。1995~2009年，发达国家加工制造业比重由45.4%提高到62.5%，而发展中国家由30%提高到37.9%；发达国家制造业加工度由1.77倍提高到3.21倍，而发展中国家由0.87倍提高到1.1倍。从技术密集化程度看，2009年发达国家和发展中国家的中高技术和高技术制造业④比重分别为63.6%和26.9%，前者工业结构的技术密集化水平是后者的两倍以上。按收入水平划分，高收入国家的中高技术和高技术制造业比重为55.8%，也显著高于中

---

① 郭克莎：《工业增长质量研究》，经济管理出版社1998年2月第一版，第4页。
② 具体行业范畴详见表2注释，下同。
③ 按照联合国工业发展组织（UNIDO）划分标准，具体行业范畴详见表2注释，下同。
④ 联合国工业发展组织（UNIDO）依据国际标准行业分类标准（SITC Revision 3），按照不同研发强度将制造业划分为低技术制造业、中低技术制造业、中高技术和高技术制造业。

等及以下收入水平国家。

表2　　　　　　　　　日本、韩国制造业结构变化比较　　　　　　　单位:%

| 日　　本 | 1955年 | 1960年 | 1965年 | 1970年 | 1985年 | 1995年 |
|---|---|---|---|---|---|---|
| 重型制造业 | 45.7 | 61.2 | 63.7 | 68.7 | 67.2 | 67.9 |
| 　原材料制造业（a） | 25.7 | 29.6 | 28.5 | 28.6 | 24.4 | 24.2 |
| 　加工制造业（b） | 20.0 | 31.6 | 35.2 | 40.1 | 42.8 | 43.7 |
| 加工度（b/a） | 0.78 | 1.07 | 1.24 | 1.40 | 1.75 | 1.81 |
| 中高技术和高技术制造业 | — | — | — | 39.7[5] | 45.1 | 46.2 |
| 韩国 | 1970年 | 1975年 | 1980年 | 1985年 | 2000年 | 2008年 |
| 重型制造业 | 39.9 | 50.2 | 58.3 | 63.4 | 78.8 | 86.9 |
| 　原材料制造业（a） | 23.2 | 28.4 | 36.5 | 36.1 | 32.3 | 39.3 |
| 　加工制造业（b） | 16.7 | 21.8 | 21.8 | 27.3 | 46.5 | 47.6 |
| 加工度（b/a） | 0.72 | 0.77 | 0.60 | 0.76 | 1.44 | 1.21 |
| 中高技术和高技术制造业 | — | — | 35.0 | 37.2 | 54.4 | 57.3 |

注：①重型制造业包括原材料工业和加工制造业。②原材料制造业：石油加工、炼焦及核燃料加工业/化学原料及化学制品制造业/医药制造业/化学纤维制造业/橡胶制品业/塑料制品业/非金属矿物制品业/黑色金属冶炼及压延加工业/有色金属冶炼及压延加工业。③加工制造业：金属制品业/通用设备制造业/专用设备制造业/交通运输设备制造业/电气机械及器材制造业/通信设备、计算机及其他电子设备制造业/仪器仪表及文化、办公用 机械制造业/废弃资源和废旧材料回收加工业。④根据联合国工发组织（UNIDO）划分标准，中高技术和高技术制造业：通信设备、计算机及其他电子设备制造业/医药制造业/仪器仪表及文化、办公用机械制造业/电气机械及器材制造业/交通运输设备制造业/化学原料及化学制品制造业/化学纤维制造业/通用设备制造业/专用设备制造业；⑤1980年数据。⑥本文以下划分行业类型均按上述标准。

资料来源：历年《中国统计年鉴》；世界银行数据库；OECD数据库。

相比之前由劳动密集型向资本密集型转换，工业结构向高技术密集度升级的难度明显增大，许多国家在工业化中后期遭遇"技术升级陷阱"，[1] 表现在较长时期内难以摆脱技术进步缓慢、停滞或倒退的状态。近年来国际上不同国家的制造业技术密集化水平并未随收入水平提高单调上升，而是在中高收入水平区间出现明显的下凹形态。也就是说，中高等收入国家的技术密集度不仅低于收入水平较高的高收入国家，也低于收入水平较低的中低等收入国家。2009年中高等收入国家中高技术和高技术制造业比重为35.3%，分别低于高收入国家和中低收入中国家20.5个百分点和9.2个百分点。[2] 这一现象表明，

---

[1] 本书首次提出这一概念，用以描述工业结构向技术密集化升级存在较大难度。
[2] 由于产业技术密集度的划分标准未考虑产品内和行业内分工差异，因而上述指标反映的产业技术密集化水平与实际存在一定偏差，但上述指标在某种程度上反映了中高等收入国家工业结构向高技术化升级受阻的真实情况。

中高等收入国家在向高收入国家迈进的过程中,一方面,由于要素成本上升,参与技术密集型产业中低端环节国际分工的传统比较优势受到削弱;但另一方面,由于技术进步遭遇瓶颈,未能及时向技术密集型产业高端环节升级。因而导致高技术和中高技术产业比重下降,即遭遇"技术升级陷阱"(见图5)。诸多中高等收入国家在工业化中后期遭受"技术升级陷阱"导致经济发展长期徘徊不前,因而陷入难以逾越的"中等收入陷阱"。①

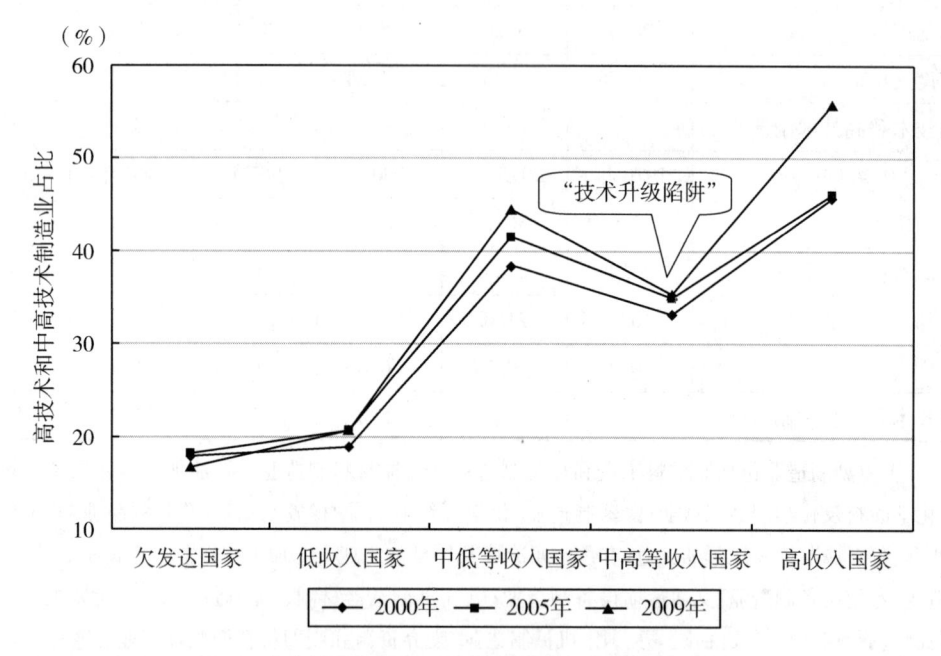

图 5 中高等收入国家工业发展面临"技术升级陷阱"

资料来源:UNIDO:Industrial Development Report 2011.

## (三) 产业国际分工地位由低级向高级阶段转换面临不同跨度跳跃

20世纪60年代以来,以价值链②为基础的国际产业和产品内分工逐步兴起,国际产业分工体系构成所谓"微笑曲线"。③ 在全球化条件下,亚洲"四小龙"等后起追赶型经济体基本经历了较完整的产业国际分工地位提升过程,大体包括四个阶段:④ 一是简单生

---

① "中等收入陷阱"由世界银行提出,是指鲜有中等收入的经济体成功地跻身为高收入国家,这些国家往往陷入了经济增长的停滞期,既无法在工资方面与低收入国家竞争,又无法在尖端技术研制方面与富裕国家竞争,见《东亚经济发展报告(2006)》。
② 哈佛商学院教授迈克尔·波特提出"价值链分析法",把企业价值增加的活动分为基本活动和支持性活动,基本活动涉及生产、销售、后勤、售后服务;支持性活动涉及人事、财务、计划、研究与开发采购等,基本活动和支持性活动构成企业价值链。
③ 产业内价值活动中前端研发环节和后端服务环节附加值相对较高,而中端制造业环节附加值相对较低;在制造业内部,复杂零部件生产附加值相对较高,而简单零部件生产和加工组装环节附加值则相对较低。目前,发达国家总体处于中前端研发环节和后端服务环节,而发展中国家总体处于中端制造业环节。
④ 金碚:《全球竞争新格局与中国产业发展趋势》,载于《中国工业经济》2012年第5期。

产能力国际配置阶段，即以加工贸易和引进外资等形式为主导，承接发达国家一般加工组装和制造等生产能力的国际转移。这一阶段主要动力因素是低成本劳动力、土地、自然资源以及低环保标准等形成的要素比较优势，主要表现是集中在产业链的中、低端生产环节。二是复杂生产能力国际配置阶段，即承接发达国家先进的制造设施和高水平人力资源的国际转移。这一阶段主要动力因素来自企业资金积累、设备投资和工程技术人员、熟练技工教育培训体系的完善，主要表现是拥有较高技术水平的生产优势。三是研发创新能力国际配置阶段，即承接发达国家研发活动主体的国际转移且自主研发能力不断提升。这一阶段主要动力因素是创新体制、创新文化和经济社会环境整体水平的提高，主要表现是产业技术水平接近世界前沿。四是品牌优势国际配置阶段，即国际化的品牌管理等综合产业竞争能力得以确立，与发达国家同台竞技。这一阶段主要动力因素是经济、技术、文化的综合优势以及对消费者的"心理征服"，工业强国地位得以稳固（见表3）。

表3　　　　　　　　工业参与国际分工的阶段划分及主要特征

| 序号 | 分工阶段 | 主导环节 | 关键要素 | 表现形式 |
| --- | --- | --- | --- | --- |
| 1 | 简单生产能力国际配置 | 加工组装<br>简单零部件加工 | 低成本劳动力、低要素资源价格<br>低环保标准 | 中低端产品制造<br>加工贸易比重高<br>承接外资为主 |
| 2 | 复杂生产能力国际配置 | 复杂零部件加工<br>高端产品生产 | 资本积累<br>熟练技工 | 高端产品制造<br>加工贸易比重降低<br>承接外资为主 |
| 3 | 研发创新能力国际配置 | 研发创新 | 高端人才<br>创新体制 | 高端产品研发设计<br>加工贸易比重低<br>对外投资能力强 |
| 4 | 品牌优势国际配置 | 品牌管理 | 经济、技术、文化综合优势 | 国际竞争力强<br>工业强国地位稳固 |

产业国际分工阶段转换具有一定的非连续性，由低级向高级阶段升级面临不同跨度跳跃。具体而言，从简单生产能力向复杂生产能力国际配置阶段转换易于在积累中逐步实现，而再向更高阶段升级则比之前需要更大跨度跳跃。[①] 一是阶段转换所需的驱动要素变化较之前产生更为显著。在简单生产能力国际配置阶段，生产规模扩大能够带来劳动力技能经验和资本的不断积累，从而为进入复杂生产能力国际配置阶段创造条件；而生产规模扩张却不必然带来研发创新和品牌优势的提升，后者培育需要更多其他条件协同

---

① 哈佛大学教授豪斯曼（Hausmann）和罗德里克（Rodrik）等人提出"跳跃的猴子理论"，即一种产品相当于一棵树，所有产品集合构成一片森林，许多企业家好比生活在不同树上的猴子，增长过程好比猴子从果实较少的树木向果实较多的树木跳跃，也就是企业家必须重新把要素资源配置到与之前不同的产品中；由于树木之间距离可能是异质性的，如果猴子只能跳跃有限距离，猴子在森林里自由移动就可能受到阻碍，即产业升级受阻。

支撑和更长的时间,因此也就具有更大的难度。二是现有产业国际分工体系对中低端环节向高端升级产生明显压制。目前,跨国公司在产业高端关键环节形成不同程度垄断,而众多其他关联企业则在中低端环节进行分散竞争,由于议价能力较弱而导致分工利益被人为压低,削弱了技术创新动力,使分工锁定难以突破。第二次世界大战之后世界上仅有韩国等少数经济体真正实现了产业国际分工地位由低端向中高端的提升,而多数国家在由生产能力国际配置阶段向更高分工阶段跃升时遭遇明显瓶颈。

### (四)工业结构升级和分工地位提升是工业化进程中迈向更高收入水平的必要条件

从世界发展历史看,大多数国家和地区都会走上工业化道路,但之后能否长期保持工业持续发展而成为工业强国则没有相同的归属。一些先行工业化国家如美国、德国、瑞士等长期稳固地占据着工业主要领域的核心技术高地,因此得以保持经济和科技强盛国家的地位。第二次世界大战以来,以日本和"亚洲四小龙"为代表,通过发挥后发优势推动工业结构不断升级,成功追赶先行工业化国家并进入高收入行列。日本在1956年到1973年经济高速增长期间,GNP年均增长10.2%,而同期工业年均增长率高达12%左右;韩国自1965到1985年经济年均增长9.1%,而同期工业年均增长率高达14.8%。但相当多的国家和地区在工业化中后期却陷入了"中等收入陷阱",世界上在1960年已达到中等收入水平的国家中,到目前约有3/4的国家仍然停留在中等收入水平或倒退回低收入国家行列,[1] 其中以部分拉美和东欧国家为代表。工业结构升级受阻和竞争力削弱是导致上述国家经济增长放缓的重要原因。

实践证明,工业结构升级和分工地位提升是工业化阶段迈向更高收入水平的必要条件。比较韩国和巴西发展道路异同可得到有力佐证。第二次世界大战之后,两国开始启动工业化的时间和收入水平十分接近,1960年,韩国和巴西的人均GDP分别为1 467美元[2]和1 727美元;到1980年,两国均已进入中等收入国家行列且人均GDP水平非常接近,分别达到4 270美元和4 217美元;而自此以后,两国发展开始出现明显分化,韩国经济持续增长并成功迈入高收入国家行列,而巴西则很长时间一直在低增长状态中徘徊,难以摆脱"中等收入陷阱"。2012年韩国人均GDP达到21 562美元,而巴西仅为5 721美元。究其原因,结构升级成败是导致两国发展分化的重要原因。自20世纪60年代以来,韩国以劳动密集型产业起步,至70年代和80年代分别成功实现向资本密集型、技术和知识密集型产业的转换升级。相比之下,巴西忽视劳动密集型产业而较早地推进资本密集型产业发展,由于向技术密集型产业升级受阻而过早地进入服务经济时代,就此也导致经济高增长阶段终结。1991年韩国工业比重达到42.6%的历史高点,尽管之后逐

---

[1] 林毅夫:《新结构经济学》,北京大学出版社2012年11月第1版,第1-2页。
[2] 本段中的人均GDP(包括中国、韩国和巴西)均以2005年美元不变价计算,资料来源于世界银行数据库。

步下降但直至2011年仍高达39.2%。巴西自1987年起工业比重快速下降，到2012年已降至26.3%（见图6）。具体来看，两国工业结构与供需结构协调性存在明显差异。一是韩国保持了适度储蓄率和投资率；巴西则在低储蓄率和资本相对稀缺的条件下却过度发展资本密集型产业，资金成本高企制约投资增长。二是韩国非常重视人力资本投资和研发投入，自主创新能力不断增强；而巴西人力资本投资和研发投入相对不足，技术进步缓慢。三是韩国采取出口导向战略，企业国际竞争力较强因而出口比重较高；巴西长期采取进口替代战略，企业缺乏开拓出口市场的能力。四是韩国收入分配未见明显拉大，消费潜力也得以逐步释放；巴西收入两极分化严重，消费需求对工业带动作用受到很大制约。对比说明，工业结构与供需结构的动态协调与互动决定工业持续发展和升级，进而影响迈向高等收入水平的进程。

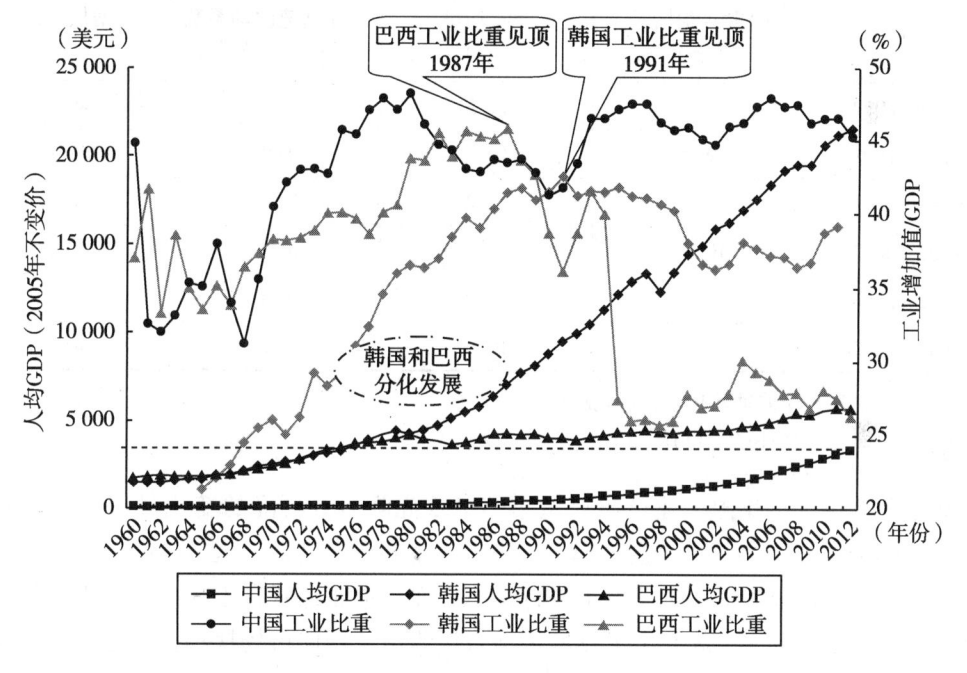

**图6　中国和韩国、巴西工业比重和经济水平变化比较**

资料来源：国家统计局；世界银行数据库。

## 二、我国工业发展的阶段性变化特征

### （一）工业比重显著高于国际一般规律，工业增速呈阶段性下降趋势

改革开放以前，我国在计划经济和封闭条件下，政府以直接干预的方式主导工业发展过程，要素供给和市场需求的作用机制受到抑制和扭曲，工业发展形态与市场型经济

体的一般规律存在明显差异,具体表现在工业尤其是重工业超前发展,工业增长缺乏持续动力。改革开放以来,伴随着市场化水平和对外开放程度的逐步提高,要素供给和市场需求对工业增长的作用日益显著。产品市场逐步放开使长期被压抑的国内需求得以释放,生产要素定价机制逐步市场化,要素流动更加自由化,使得要素结构对工业结构的作用机制更加通畅;此外,对外开放程度提高拓展了我国工业发展国际生存空间,为我国工业增长带来强大外生动力。工业保持了高速增长态势并成为推动经济高增长的主导力量。1978 年至 2012 年,按不变价计算,我国工业增加值年均增长 11.5%,国内生产总值年均增长 9.9%,显著高于同期世界多数国家的增长水平(见表4)。

表4　　　　　　　　改革开放以来我国工业增长和地位变化

| 年份 | GDP 年均增长（%） | 工业年均增长（%） | 工业增速波动系数（标准差/均值） | 工业增加值占 GDP（%） |
| --- | --- | --- | --- | --- |
| 1978~2012 | 9.9 | 11.5 | 0.38 | 40.4 |
| 1978~1991 | 9.2 | 10.5 | 0.49 | 38.6 |
| 1992~2001 | 10.2 | 13.3 | 0.37 | 40.9 |
| 2002~2012 | 10.5 | 11.1 | 0.18 | 40.3 |
| 2002~2006 | 10.9 | 11.8 | 0.10 | 41.3 |
| 2007~2012 | 10.1 | 10.6 | 0.24 | 40.0 |

注:波动系数越小波动性越小,反之亦然。

资料来源:国家统计局:《2012 年中国统计年鉴》。

改革开放至今,我国工业产出比重总体呈现先降后升再降的变化过程。1978 年至 1991 年,以党的十一届三中全会为起点,进入改革开放启动期。这一阶段改革在"计划经济为主、市场调节为辅"的基调下进行,一方面,企业经营自主权逐步扩大;另一方面,产品、要素市场逐步放开,工业增长动力逐步由计划向市场换挡,工业增速和比重均在改革开放之前超前发展工业的基础上有所回落。这一阶段工业平均增长 10.5%,工业增加值占 GDP 比重由 1978 年的 44.1% 下降到 1991 年 37.1%。1992 年至 2001 年,以邓小平南巡讲话为起点,进入改革深化时期。在建设社会主义市场经济体制的基调下,以建立现代企业制度为目标的企业改革深入推进,产品和要素市场管制大幅度放松,市场机制对工业增长的主导作用明显增强,工业年均增速提高到 13.3%;同时,工业比重再次提高,到 1997 年一度达到 42.2% 的高点。

2002 年至今,以中国加入 WTO 为起点,进入开放扩大时期。2001~2007 年期间,中国外贸依存度由 36.3% 上升至 66.3%,外商直接投资也呈上升趋势。在较高的市场化和国际化环境中,国际国内市场需求不断扩大,国内低成本要素比较优势集中释放,2006 年,工业增加值占 GDP 比重和工业增速分别达到 42.3% 和 14.9% 的阶段性高点。近年来,我国工业比重和增速出现回落迹象,尤其是 2006 年之后持续回落,逐步接近改革开放以来的低点。2002~2012年工业年均增长11.1%，增速比之前的10年下降了2.2个百分点；其中2007~2012年工业年均增长10.6%，年均增速比2002~2006年又降低了1个百分点（见图7）。短期看，2008年以来的国际金融危机和经济周期性调整对工业增长产生很大冲击。长期看，在持续多年高速增长之后，我国工业发展的内外部条件已经发生深刻变化，工业结构与外部环境间的矛盾正在积累，由此导致工业潜在增长率的趋势性下降。

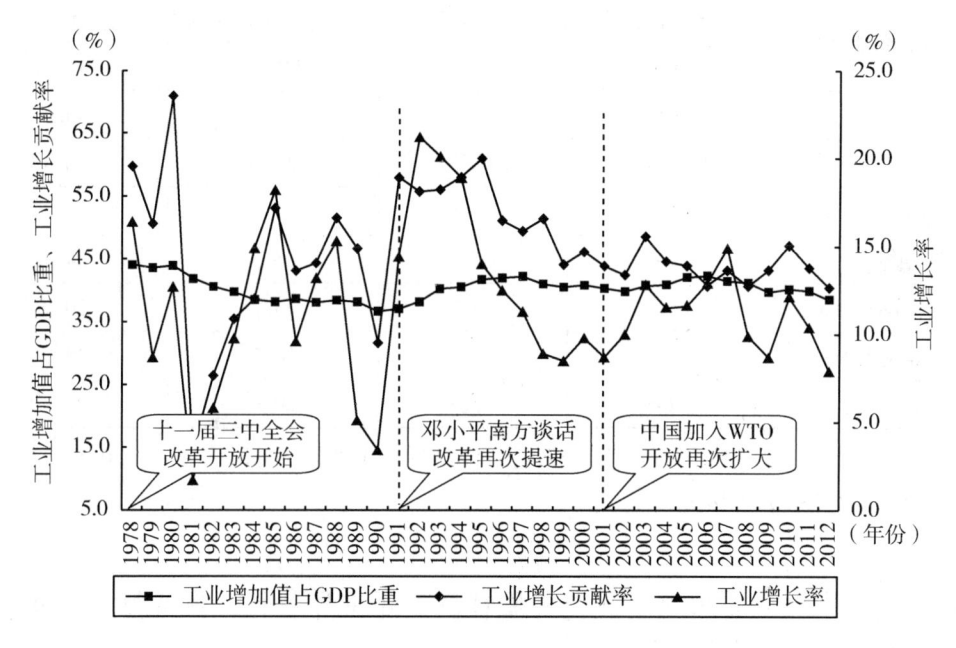

**图7 改革开放以来我国工业增速和比重变化**

注：工业增长贡献率=工业增加值增长量/GDP增长量=上年工业增加值占GDP比重×当年工业增长率/当年GDP增长率。

资料来源：国家统计局：历年《中国统计年鉴》，中国统计出版社。

在特殊体制机制环境和具体国情下，我国工业比重变化与国际一般规律一直存在明显偏离。一方面，我国工业比重与人均收入水平间的相关性较弱，工业比重随人均收入变化而变化的特征并不显著；另一方面，我国工业比重始终高于多数人均收入水平相当的其他国家或地区。从历史看，美国、英国、德国等先行工业化国家和韩国、日本等后起追赶型国家工业比重超过40%时，人均GDP普遍接近或超过10 000美元（1990年不变价），而我国在人均收入极低的条件下工业比重已经超过40%。2011年，我国工业增加值占GDP的比重比世界平均水平高20个百分点，比中高等收入国家高10个百分点（见表5）。究其原因，改革开放之前在计划经济体制下，政府通过直接干预方式超前推动了工业发展。改革开放之后进入转轨经济体制，仍然存在一些非市场因素直接或间接助推了工业增长。受要素市场化改革滞后等因素影响，资本、土地、资源环境等要素成本扭曲对工业形成一定隐性补贴，对工业快速发展构成很大支撑；同时，在低要素成本及其他因素作用下,我国保持了高投资率和高出口依存度的需求结构,从而对工业高增长和高比重形成很大拉动作用。因此,转轨体制下的独特供需结构成为我国工业增速和比重较高的内在动因,随着我国市场化程度的进一步提高,工业发展形态也将逐步向市场化轨道理性回归。

表5　　　　　　　　中国与世界不同收入国家的工业产出比重比较

| 国家和地区 | 人均国内生产总值①（美元） || 工业增加值占国内生产总值②（%） ||
|---|---|---|---|---|
|  | 2000年 | 2011年 | 2000年 | 2011年 |
| 中国 | 949 | 5 445 | 45.9 | 46.6 |
| 世界 | 5 284 | 10 037 | 28.7 | 26.3③ |
| 高收入国家 | 25 189 | 41 095 | 27.5 | 24.4③ |
| 中等收入国家 | 1 294 | 4 575 | 35.5 | 34.7 |
| 中低等收入国家 | 594 | 1 877 | 33.2 | 30.9 |
| 中高等收入国家 | 1 943 | 7 321 | 36.2 | 35.9 |
| 低收入国家 | 258 | 581 | 20.9 | 25.3③ |

注：①当年价格；②按照国际行业统计标准,国际工业与我国第二产业对应；③2010年。
资料来源：世界银行WDI数据库。

### (二) 工业结构重型化呈现能源原材料产业主导特征,向高加工度化和技术密集化升级受到明显抑制

改革开放以前,我国在计划经济体制下采取了超前发展重化工业的经济战略,从而超前推高了重化工业在工业中的比重。改革开放之后,重化工业呈现先回落后提高的发展轨迹。1978年至20世纪80年代前中期,随着政府对居民消费干预和控制力度的逐渐降低,长期以来受到压制的消费品需求出现反弹,从而导致以消费品为主的轻工业迅速扩张,轻、重工业结构失衡问题得到一定程度的矫正。1978年到1982年,重工业总产值占工业比重从56.9%下降到49.8%,重工业与轻工业产值比重由1.32倍下降到0.99倍。20世纪80年代中后期到1999年,轻、重工业保持基本平衡的发展态势,重工业与轻工业产值比重在1.03倍和1.16倍之间小幅波动。

从20世纪末开始,工业发展进入新一轮重化工业化阶段。1999年至2012年,重工业总产值在工业中的比重由50.8%迅速上升至71.8%,重工业与轻工业产值比重也由1.03倍上升到2.55倍(见图8)。与改革开放之前不同的是,此次工业结构重型化更多受到市场供需机制的驱动作用,与国际工业结构变化趋势吻合,也基本符合市场条件下工业结构变化的内在规律。一方面,需求结构变化对重化工业发展形成重要拉动作用。近年来我国以基础设施建设和房地产投资为主体的投资需求快速增长,消费结构正逐步

从"吃、穿、用"为主向住房、汽车等为代表的"住、行"为主升级,从而带动重化工业产品需求快速增长。另一方面,要素禀赋结构改变对具有资本密集型特征的重化工业形成重要支撑。经过多年经济发展,我国国内资本积累量不断增加,要素资源禀赋中的资本—劳动比不断提高,同时,金融扩张、引进外资又进一步增强了资本供给能力,也对重化工业发展起到一定助推作用。

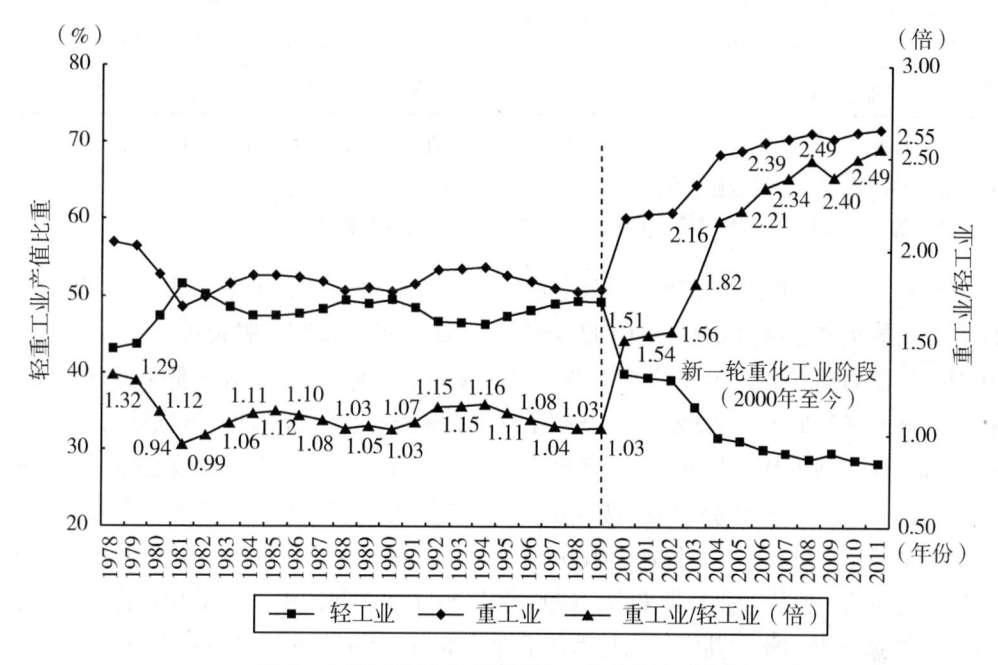

**图 8　改革开放以来我国轻重工业产值比重变化**

资料来源:国家统计局:《2012 年中国工业经济统计年鉴》,中国统计出版社 2013 年。

受过度追求经济高增长以及要素价格扭曲影响,我国新一轮工业结构重型化表现为显著的能源原材料工业主导特征,向高加工度化和技术密集化升级受到明显抑制。近年来,电力、煤炭、石油等能源工业和钢铁、有色、建材等传统原材料工业比重不断提升。1995 年至 2011 年,能源原材料工业产值占工业总产值的比重由 42.8% 提高到 46.5%,几乎占据了工业总产值的半壁江山。能源原材料主导的工业结构重型化加剧了与资源环境间的矛盾,而且随供需结构变化产能过剩日益严重。

**表 6　　　　　　　　　中国制造业加工度和技术密集度变化**

| 指标 | 国家 | 中国 | | | | | 韩国 | 日本 |
|---|---|---|---|---|---|---|---|---|
| | 年份 | 1990 | 1995 | 2000 | 2005 | 2011 | 2009 | 2009 |
| 加工度 | 机械类/初金属 | 2.65 | 3.05 | 3.82 | 2.81 | 2.77 | 5.69 | 5.94 |
| | 服装/纺织 | 0.18 | 0.32 | 0.44 | 0.39 | 0.41 | 0.21 | 0.56 |
| | 印刷/造纸 | 0.45 | 0.41 | 0.39 | 0.35 | 0.32 | 1.09 | 1.91 |

续表

| 指标 | 国家 | 中国 | | | | | 韩国 | 日本 |
|---|---|---|---|---|---|---|---|---|
| | 年份 | 1990 | 1995 | 2000 | 2005 | 2011 | 2009 | 2009 |
| 技术密集度（%） | 高技术制造业 | 6.5 | 8.1 | 13.8 | 15.8 | 11.9 | 60.1 | 47.0 |
| | 中高技术制造业 | 31.5 | 29.7 | 29.3 | 30.3 | 34.4 | | |
| | 中低技术制造业 | 26.2 | 27.1 | 25.9 | 29.9 | 30.8 | 31.6 | — |
| | 低技术制造业 | 35.8 | 35.1 | 31.0 | 24.0 | 22.8 | 15.2 | 27.5 |

注：①行业划分标准见表2注释；中国数据按照总产值计算，韩国和日本按照增加值计算。②技术密集度是指不同技术水平制造业产值（或增加值）占制造业比重。

资料来源：中国数据来自历年《中国统计年鉴》；韩国和日本数据来自OECD数据库。

近年来我国工业加工度出现不升反降趋势，工业结构高加工度化明显不足。2000年至2011年，机械类产品对初金属的加工度指数由3.82下降至2.77，服装对纺织由0.44下降至0.41，印刷对造纸由0.39下降至0.32。目前我国工业加工度水平显著低于日本和韩国等先行工业化国家工业化中后期水平，1965年日本机械类对初金属的加工度指数已达到3.82，1991年韩国已达到4.69；2009年日本和韩国机械类对初金属的加工度指数已分别达到5.94和5.69。而且我国加工制造业仍然以一般加工制造为主，生产工艺、技术水平和管理方式与发达国家还存在很大差距。同时，我国工业的名义技术密集化程度上升，但技术密集化水平被明显高估。单从行业分类来看，1990年至2011年，我国中高技术和高技术制造业比重由38%提高到46.4%。其中，高技术制造业比重由6.5%上升至10%以上（见表6）。但是，在全球产业和产品内分工体系中，我国利用要素低成本优势主要参与了高技术和中高技术密集型产业的中低端环节，实际技术密集化水平与先进国家仍然存在很大差距。2012年，我国高技术产业研发强度仅为1.46%，尚不及美国、日本的10%和20%，甚至远低于美、日、德、韩等国家全部制造业平均研发水平；[①] 其中我国电子信息制造业研发强度仅为1.5%，不及美国的10%，仅相当于日本的15%左右，德国和韩国的20%左右（见表7）。

表7　　　　　　　　　　中国和部分工业化国家工业研发强度比较

| 国家/地区 | 全社会研发支出占GDP（%） | 制造业研发支出占业务收入比重（%） | | | 备注 |
|---|---|---|---|---|---|
| | | 制造业 | 高技术产业 | 电子信息制造业 | |
| 中国 | 1.98 | 0.85 | 1.46 | 1.51 | 2012年 |
| 世界 | 2.14 | — | — | — | |
| 美国 | 2.79 | 3.35 | 16.89 | 18.76 | （2007年） |

---

① 2008年，美国、日本、德国和韩国制造业研发强度分别为3.35%、3.43%、2.41%和1.73%。

续表

| 国家/地区 | 全社会研发支出占GDP（%） | 制造业研发支出占业务收入比重（%） ||| 备注 |
|---|---|---|---|---|---|
| | | 制造业 | 高技术产业 | 电子信息制造业 | |
| 日本 | 3.45 | 3.43 | 8.90 | 10.50 | 除标注外，为2008年数据。 |
| 德国 | 2.68 | 2.41 | 6.87 | 8.11（2007年） | |
| 韩国 | 3.36 | 1.73 | 5.86 | 6.60（2006年） | |
| 中国/美国 | 71.1 | 25.4 | 8.6 | 8.1 | 中国研发强度相当于他国比重（%） |
| 中国/日本 | 57.5 | 24.8 | 16.4 | 14.4 | |
| 中国/德国 | 73.8 | 35.3 | 21.2 | 18.6 | |
| 中国/韩国 | 58.9 | 49.1 | 24.9 | 22.9 | |

资料来源：中国数据来自《2013年中国统计年鉴》；其他国家数据来自OECD数据库、世界银行数据库。

## （三）工业国际分工地位提升缓慢，低端锁定风险逐步加大

从20世纪80年代中后期开始，我国通过加工贸易和利用外资的方式不断融入全球价值链分工体系中，但国际分工地位提升的能力和动力因此受到很大程度削弱。首先，加工贸易快速发展并成为外贸出口的主体。1985年到1996年，我国加工贸易出口占全部出口的比重由12.1%提高到55.8%，占工业制成品出口的比重由24.5%提高到65.3%；之后一直到2005年，加工贸易出口占全部出口和工业制成品出口的比重始终保持在50%以上。其次，利用外国直接投资规模迅速扩张，外商投资企业迅速成为我国工业品出口的主导力量。1985年到2005年，外资企业出口占我国全部出口的比重由1.1%一路提高到58.3%。与此同时，顺应世界产业结构升级趋势，我国工业品贸易的产品结构也逐步由劳动密集型产业领域向劳动密集与资金、技术密集型产业领域并重的方向发展。1985年，轻纺等相关产品占我国全部出口的33.2%，而机械及运输设备出口仅占5.7%；从20世纪90年代开始，我国开始大规模承接发达国家资本和技术密集型产业的生产制造环节，从而带动机械及运输设备出口不断增长，占全部出口比重提升至50%以上，而轻纺等相关产品出口比重则下降至20%以下。目前，机械及运输设备和轻纺等相关产品是我国参与国际产业价值链分工的主要领域，两者出口合计占我国全部出口的70%左右（见图9）。近年来，我国加工贸易出口和外资企业地位开始持续下降，但比重仍然较高。

我国多数工业行业国际分工地位仍处于简单或复杂生产能力国际配置阶段。首先，我国主要承担制造业的加工组装环节，复杂零部件研发和生产仍严重依赖国外。具体而言，我国制造业具有大量进口零部件等中间产品、然后组装加工出口的分工特征。一方面，我国中间产品进口在进口产品中的比重明显较高。1992年到2012年，我国中间产品

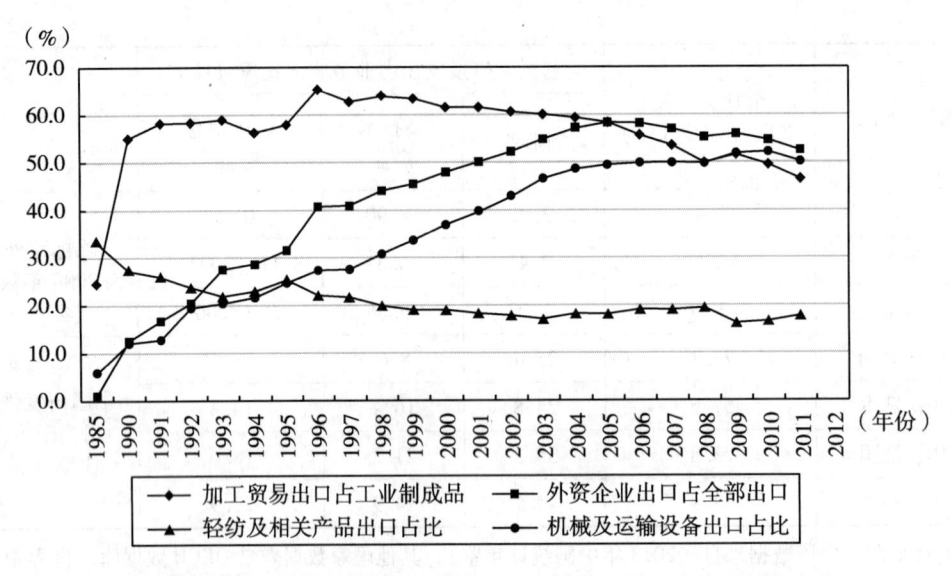

**图 9　改革开放以来我国出口贸易方式、外资企业出口和产品结构变化**

资料来源：根据《2012 中国贸易外经统计年鉴》计算而得。

进口比重始终保持在 60% 以上，总体上显著高于美国、日本、韩国等先行工业化国家。其中，进口额较大的中间产品有集成电路等高端零部件产品。另一方面，我国最终产品出口占出口产品的比重也明显较高。1992 年到 2012 年，我国最终产品出口比重始终高于 50%，不仅远高于美国、日本、韩国等发达国家，还远远高于马来西亚、印度尼西亚等发展中国家（见表 8）。其中，以加工贸易方式为主的机械设备和部分劳动密集型最终产品在出口中的占比较高。其次，我国多数工业行业具有进口高质量产品而出口低质量产品的特征。运用产品进出口价格比指数①分析，在我国 28 个制造业行业大类中，2012 年有 15 个行业属于低质量垂直型产业内贸易，而且与 2000 年相比，有 15 个行业的产业内分工水平出现不同程度下降。尤其是多数装备制造产品进出口价格比指数下滑明显。此外，近年来我国参与国际分工程度较深的产业普遍呈现价值增值能力持续下降趋势，表明我国工业被锁定在国际产业和产品内分工的低端地位，部分行业国际分工状况甚至存在恶化风险。

**表 8　中国与部分国家中间产品进口和最终产品出口比较**

| 指标 | 国家 | | 1992 年 | 1995 年 | 2000 年 | 2005 年 | 2010 年 | 2012 年 |
| --- | --- | --- | --- | --- | --- | --- | --- | --- |
| 中间产品进口占产品进口比重（%） | | 中国 | 68 | 64.4 | 62.4 | 70.9 | 62.4 | 60.3 |
| | 发达国家 | 美国 | 51.3 | 55 | 53.2 | 50.2 | 48.9 | 50.6 |
| | | 日本 | 44.5 | 47.6 | 49 | 50 | 46.8 | 43.8 |
| | | 韩国 | 60.9 | 62.4 | 67.1 | 63.2 | 58.8 | 58.6 |

① 指贸易产品的单位出口价值和单位进口价值之比（UVx/UVm），指数越高说明出口产品相对进口产品的附加值越高，反之亦然。

续表

| 指标 | 国家 | | 1992年 | 1995年 | 2000年 | 2005年 | 2010年 | 2012年 |
|---|---|---|---|---|---|---|---|---|
| 中间产品进口占产品进口比重（%） | 发展中国家 | 马来西亚 | 66.8 | 70.3 | 76.9 | 76.8 | 70.4 | 66.9 |
| | | 印度尼西亚 | 61.8 | 66.4 | 69.8 | 67.6 | 67.3 | 67.2 |
| | | 印度 | 53.2 | 61 | 58.3 | 60.2 | 69 | 64.7 |
| 最终产品出口占产品出口比重（%） | | 中国 | 61.5 | 58.2 | 59.3 | 54.4 | 55.8 | 57.6 |
| | 发达国家 | 美国 | 32.7 | 32 | 32.3 | 33.6 | 36.8 | 37.1 |
| | | 日本 | 46.2 | 39 | 39.5 | 37.1 | 37.1 | 37 |
| | | 韩国 | 43.9 | 32.5 | 32.5 | 37.1 | 43.9 | 42 |
| | 发展中国家 | 马来西亚 | 34 | 31.6 | 27.7 | 28.1 | 27.2 | 29.2 |
| | | 印度尼西亚 | 38.9 | 11.8 | 36.3 | 30.3 | 23.2 | 22.1 |
| | | 印度 | 43.7 | 42.2 | 41 | 39.5 | 37.6 | 43.9 |

资料来源：根据 UN Comtrade 计算而得。

## 三、我国工业发展的驱动要素变化

我国工业发展呈现日益明显的要素增长驱动型、资源能源高损耗型、投资和出口拉动型特征。2006 年到 2011 年，工业增长中的全要素生产率贡献率下降至 1991 年以来的最低点 20.8%；2000 年到 2011 年，工业增长的资源环境损耗成本由 9.4% 提高至 14.9%，工业增长对投资依赖度由 39.1% 提高至 57.3%，而对消费依赖度由 56.4% 下降至 40.8%（见表9）。当前，驱动要素正在发生深刻变化。

表9　　　　我国工业增长的驱动要素结构及变化（1991~2011 年）

| 年份 | | | 1991~1995 | 1996~2000 | 2001~2005 | 2006~2011 | 1991~2011 |
|---|---|---|---|---|---|---|---|
| 工业增加值增长（%） | | | 18.5 | 10.2 | 10.9 | 11.5 | 12.4 |
| 要素供给 | 增长贡献率（%）[1] | 资本 | 38.9 (12) | 53 (9) | 53.8 (9.8) | 63.6 (12.2) | 52 (10.7) |
| | | 劳动力 | 5.5 (2.5) | -16 (-4.1) | 10.1 (2.7) | 15.6 (4.5) | 4.7 (1.5) |
| | | 全要素生产率 | 55.6 (10.3) | 63 (6.4) | 36.1 (3.9) | 20.8 (2.4) | 43.2 (5.4) |
| 年份 | | | 1990 | 1995 | 2000 | 2005 | 2011 |
| 资源环境 | 工业资源环境损耗占工业增加值（%）[2] | | 21.6 | 11.8 | 9.4 | 13.0 | 14.9 |

续表

| 年份 | | | 1990 | 1995 | 2000 | 2005 | 2011 |
|---|---|---|---|---|---|---|---|
| 需求结构 | 工业最终需求依赖度（%）③ | 投资 | 45.3 | 43.3 | 39.1 | 51.3 | 57.3 |
| | | 消费 | 50.3 | 54.3 | 56.4 | 44.7 | 40.8 |
| | | 净出口 | 3.5 | 1.4 | 3.4 | 4.4 | 2.2 |
| | | 出口 | — | — | 35.6 | 53.9 | 39.6 |

注：①括号中的数据为增长率。②工业增长的资源环境成本＝工业资源环境损耗÷工业增加值＝资源环境损耗占国民收入比重×工业能耗占全社会能耗比重÷工业增加值占国内生产总值比重。其中资源环境损耗占国民收入比重来自于世界银行数据库，其他数据来自国家统计局。③指某项最终需求对工业产值的诱发额与工业总产值的比率；由于存在误差项，投资、消费和净出口依赖度之和不完全等于100%。根据历年中国投入产出表测算。

资料来源：国家统计局：历年《中国工业经济统计年鉴》，中国统计出版社；世界银行数据库；中国投入产出学会：《历年中国投入产出表》。

## （一）工业资本产出效率呈下降态势，资本高增长趋势难以持续

自20世纪90年代以来，我国工业发展走上资本替代劳动的道路，资本高增长成为支撑工业高增长的主导力量。工业资本在波动中总体保持了较高增速，资本深化趋势十分明显，强化了工业增长对资本的依赖作用。1992年到2011年，工业固定资产净值（以不变价格计算）年均增长10.7%，略低于同期工业增加值年均增速，但显著高于同期工业就业增长。以不变价计算，1992年到2011年我国规模以上工业企业人均固定资产拥有量年均增长9.3%。这一时期，资本产出效率①则呈现先升后降的趋势。1992年以来，受益于市场改革加快推进，工业劳动生产率、技术管理水平和资源配置效率均有较大改善，因而促进工业资本产出效率明显提高，1992年到2001年，工业固定资产净值年均增长10%，低于同期工业增速3.3个百分点；工业资本产出效率由85%上升到96.3%，到2003年最高上升至101.4%。但由于投资高增长持续、劳动生产率增势减弱及技术管理效率提升缓慢，近年来工业资本产出效率出现明显下降趋势，依托资本数量增长推动工业增长的模式受到挑战。2002年到2011年，工业固定资产净值年均增长11.5%，与同期工业增速基本持平。工业资本产出效率从2003年高点降至2010年的88.3%，降低13个百分点（见图10）。

我国工业资本高增长的动力主要来自两个方面：即高资本回报率带来的拉动作用和高储蓄率产生的推动作用，但两个方面下降压力均在增大。

一方面，近年来工业资本回报率强劲增长是工业企业扩大投资的重要诱因。改革开

---

① 工业资本产出效率＝工业增加值/工业固定资产净值，均按不变价计算，代表单位工业资本存量创造的增加值。

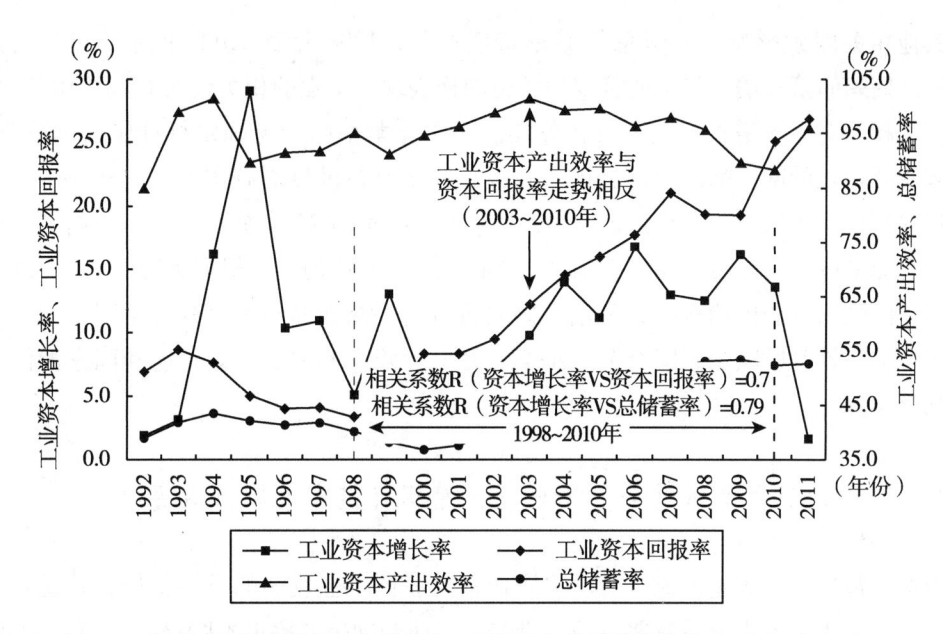

**图10 我国工业资本增长、产出效率、回报率与总储蓄率变化（1992～2011年）**

注：工业资本=工业固定资产净值（不变价），工业资本回报率=利润总额/固定资产净值，工业资本产出效率=工业增加值（不变价）/固定资产净值（不变价）。

资料来源：历年《中国统计年鉴》，《中国工业经济统计年鉴》。

放以来，在体制转轨背景下工业资本回报率总体呈现先降后升的变化形态，到1998年受亚洲金融危机影响达到最低点，之后则一路攀升。1998年到2011年，工业固定资产总利润率[①]由1.7%提高至26.8%，同期工业资本也呈现加速增长态势，两者表现出较高的相关性。[②] 也就是说随着我国市场化程度提高，资本回报水平已成为市场主体投资决策的重要风向标。目前我国工业资本回报率已超过日本，并逼近美国制造业回报率的水平。[③] 不可否认，深化改革开放带来生产和配置效率明显提升，劳动生产率增长以及资本运营效率改善对工业资本回报率增长起到重要作用。但值得关注的是，2003年以来工业资本回报率上升与工业资本产出效率趋降形成明显的反向走势，显示存在产出分配过度向资本倾斜的现象。当前要素市场不健全导致要素价格存在扭曲，资金、土地等要素成本受到一定程度低估，资源环境外部负效应未充分内部化，显性资本回报率可能由于存在隐性补贴而被高估。如果部分不合理的成本收益得到纠偏，势必会降低现实的工业资本回报率水平，工业资本增速以及对工业增长的贡献度也将随之降低。

另一方面，储蓄率持续上升为工业投资提供了充足的资本供给。近年来受扶养比下

---

① 卢锋构建了衡量工业资本回报率的指标体系：(1) 权益类：权益总利润率、权益净利润率、权益总回报率；(2) 资产类：资产总利润率、资产净利润率、资产总回报率；(3) 固定资产类：固定资产总利润率、固定资产净利润率、固定资产总回报率。根据研究，上述九个不同回报率指标变动形态高度相关，参考《我国资本回报率估测（1978—2006）》，载于《经济学（季刊）》2007年4月。考虑数据可获得性，这里选取其中的固定资产总利润率（利润总额/固定资产净值）基本能够衡量工业资本回报率水平。

② 剔出表现特殊的2011年，1998年到2010年工业投资增长与固定资产净值总利润率的相关系数为0.7。

③ 卢锋：《我国资本回报率估测（1978—2006）》，载于《经济学（季刊）》2007年第4期。

降及其他相关因素影响，我国总储蓄率持续增长，1998年到2011年由38.2%上升至52.7%，期间储蓄率增长与工业资本增长也同样表现出很强的相关性①（见图10），显示了高资本积累对工业增长的重要支撑作用。关于储蓄率高低无确定标准做出准确判断，但未来继续增长的确面临压力。当前，我国总储蓄率在世界所有国家中遥遥领先，2011年比世界平均水平高33.4个百分点，比中等收入国家高22.6个百分点。当前，居民储蓄约占总储蓄的50%，企业和政府储蓄分别约占40%和10%。根据国际经验，②随着人口老龄化的到来，居民消费能力和消费倾向将有所提高而储蓄率会随之下降；如果我国工业投资的隐性补贴减少、国企分红提高、社会保障支出增加，则企业和国家的储蓄率也将随之下降。

### （二）劳动力低成本优势趋于弱化，结构性供需矛盾日益突出

改革开放以来，大量低成本劳动力资源成为我国工业发展的重要支撑，并且随着工业资本深化、人力资本素质改善及技术进步，工业劳动生产率也不断提高。20世纪90年代，国企改革和大规模下岗分流大幅度降低了劳动力数量对工业增长的贡献度，尤其是1996年到2001年间，工业从业人员出现连续下降。但"减员增效"改革却带来劳动生产率的大幅提升。1991年到2001年，工业从业人员数量年均下降1.2%，占全部经济活动人口比重由15.1%下降至11.5%；而相应工业劳动生产率（不变价）则年均增长高达14.7%。自2001年加入WTO之后，开放条件下的低成本劳动力优势不断发挥，工业就业人员恢复增长态势；尽管资本深化、技术进步等因素仍然驱动劳动生产率继续提升，但由于结构调整和技术进步趋缓，劳动生产率增速呈现明显下降趋势。2002年到2011年，工业就业年均增长4.2%，工业就业占经济活动人口比重由11.5%上升到16.4%；而工业劳动生产率年均仅增长7%，增速比之前10年下降了一半还多。劳动生产率增速下降导致工业增长对劳动力数量增长的依赖程度有所提高（见图11）。我国工业就业数量增加主要源于两个方面：一是劳动力供给总量增长，二是农村剩余劳动力持续转移。2000年到2011年，非农领域就业增加与全国劳动供给增量和农业劳动力转移之和基本相当。③这一时期，估计转移到非农领域的农业剩余劳动力有一半左右成为工业就业人员。

但未来上述两个方面均发生重要变化。一方面，我国劳动力供给总量增长空间已十分有限。我国劳动人口占总人口的比重在2010年已经见顶将持续下降，预计劳动人口数量也将在2015年见顶后下降，到2020年将降至2011年前后的水平。目前劳动参与率④

---

① 1998年到2010年工业投资增长与固定资产净值总利润率的相关系数为0.79，其中2000年到2010年甚至高达0.91。
② IMF（2004）年通过分析115个国家的数据发现，一般工作年龄人口占总人口比重上升1个百分点，国家总储蓄占GDP比重上升0.72个百分点。
③ 2000至2011年，第二产业就业增加6 325万人+服务业就业增加7 459万人≈经济活动人口增加4 600万人+农业转移9 449万人。
④ 劳动力参与率是指经济活动人口占劳动年龄人口的比率。

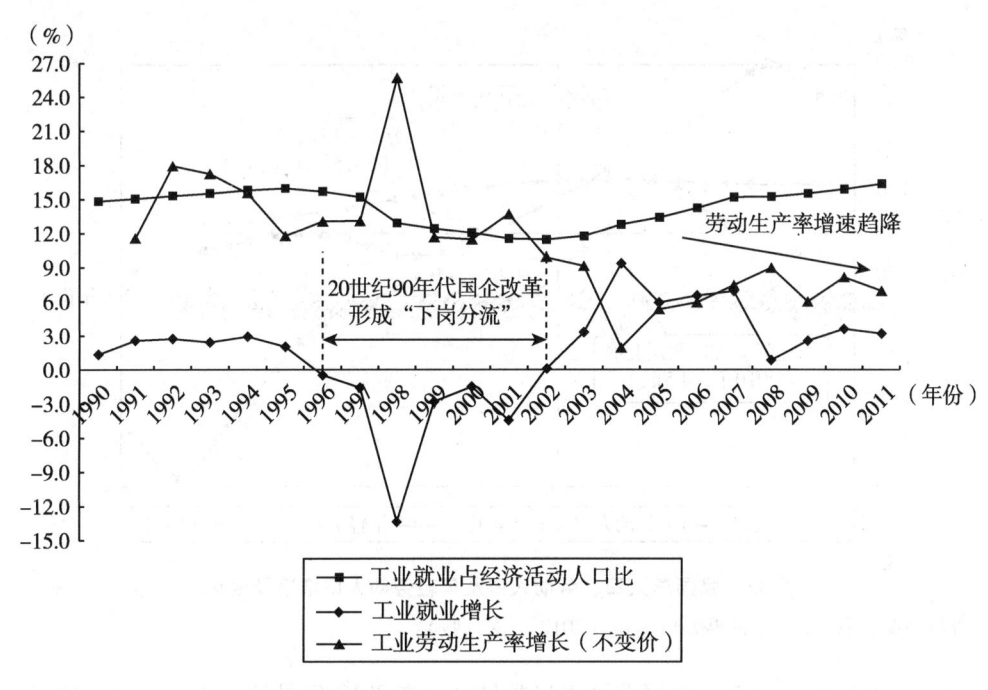

**图 11 我国工业就业占比、工业就业与劳动生产率增长（1990～2011 年）**

资料来源：历年《中国统计年鉴》，《中国工业统计年鉴》。

呈下降趋势。2000 年到 2011 年我国劳动参与率由 83.2% 下降至 78.4%，仍显著高于世界平均水平，[①] 未来在就业门槛提高、社会保障提升等因素影响下仍有继续下降的可能。劳动人口和劳动参与率下降将共同导致劳动力供给总量在 2015 年之前见顶趋降。这样，工业劳动力数量增加将主要依靠非工业部门尤其是农业就业向工业转移。而农村剩余劳动力转移的难度和成本正不断提高。截至 2011 年，我国农业就业人数仍有 2.6 亿人左右，占全部就业人数的 34.8%，目前发达国家农业就业比重普遍在 10% 以下，如果未来农业就业占比下降到 20% 以下，将最多有 1 亿人左右可以从农业部门转移出来。而当前农村劳动力结构老龄化程度已经很高，可供转移的年轻劳动力已较为有限。2011 年，40 岁以上的中老年劳动力占农业从业人员的 63.8%。近年农村劳动力转移速度正在降低。1998 年至 2007 年，外出农民工总量均每年新增 900 万人左右，而 2007 年到 2011 年，外出农民工总量平均每年新增仅 600 万人左右，年均新增量比前十年减少了约 300 万人。而且，转移劳动力的成本也不断提高。2007 年至 2011 年，外出农民工月工资年均增长 16.4%，增速比 2003 年至 2006 大幅提高了近 10 个百分点。综合判断，未来十年工业劳动力供给数量增速将比之前下降 1 个百分点以上。

此外，劳动力结构性供需矛盾也日渐突出。一是年轻劳动力供给更趋紧张。2011 年 20～39 岁的年轻就业人员占制造业就业的 60.3%，而 20～39 岁的年轻劳动人口占总劳

---

[①] 根据世界银行统计，2000 年，我国和世界劳动参与率（经济活动人数占 15 岁以上总人口的百分比）分别为 77% 和 65.3%，前者高于后者 11.8 个百分点；2011 年，两者分别为 74.2% 和 64.2%，相差 10 个百分点。

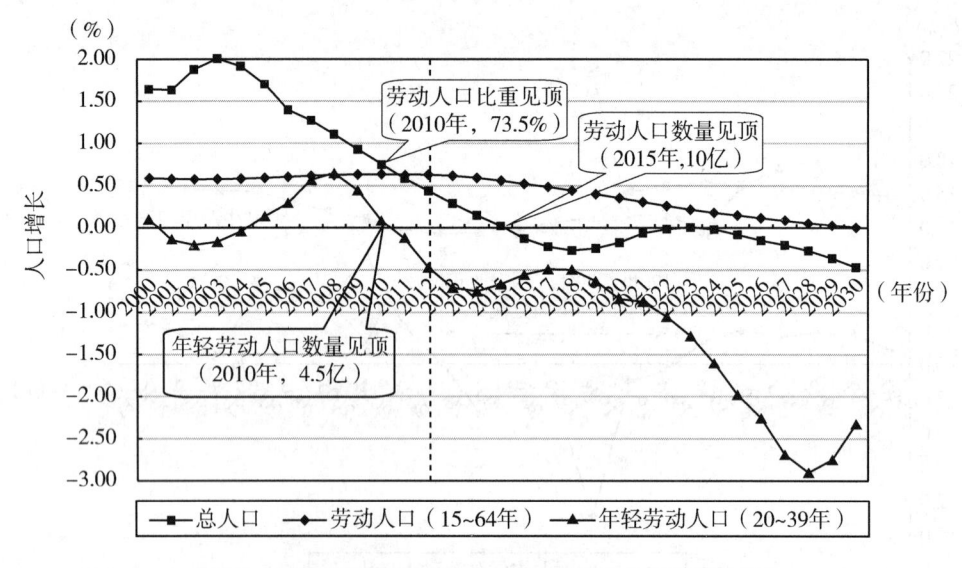

**图 12　我国总人口、劳动人口及年轻劳动人口增速及变化**

资料来源：联合国：《世界人口展望（2012 年修订版）》。

动人口的比重仅为 44.8%；年轻劳动人口数量已经在 2010 年见顶，未来将会以快于劳动人口的速度下降，预计到 2015 年和 2020 年年轻劳动人口数量将分别减少 1 200 万人和 2 500 万人（见图 12）。二是劳动力技能错配现象也有所加剧。过去十年间，我国高等教育毕业生人数增加了 6 倍多，但同期职业技术学校年毕业生人数却仅增长了 1.3 倍。教育体系与人才需求间错配产生了低端和技能型劳动力短缺和大学生就业难并存的现象。提高劳动力受教育年限无疑将有益于劳动力素质的长期提升，但教育结构与产业结构不协调制约了潜在人力资源向现实人力资本的有效转化，弱化了人力资本质量提升对产业发展的促进作用，也加剧了劳动力供需矛盾。

### （三）技术进步难度和风险加大，企业技术创新动力明显不足

改革开放以来，外商投资企业成为我国工业间接利用国外技术的重要途径。1982 年到 1993 年，外商直接投资占 GDP 的比重从 0.21% 大幅提高到 6.25%。从 20 世纪 90 年代末开始，我国通过购买和转让形式直接引进技术逐步增加。1997 年到 2011 年，我国对外支付知识产权费用[①]年均增长 27%，占世界的比重由 0.9% 大幅提高到 6.9%，成为直接技术引进大国。以全球化布局为导向的跨国公司往往根植性较弱，随着我国要素低成本优势减弱，外商投资进入减缓甚至出现再转移风险。近年来，外商直接投资占我国 GDP 的比重总体呈下降趋势，2011 年比 1993 年的最高点下降了 3 个百分点。而且，由于

---

① 根据世界银行定义，是指居民和非居民之间为在授权的情况下使用无形、不可再生的非金融资产和专有权利（例如专利、版权、商标、工业流程和特许权），以许可的形式使用原创产品的复制真品（例如电影和手稿）而进行的付款和收款。

技术研发等核心能力始终由跨国公司主导，我国多数内资企业在获得一般技术的同时关键技术却仍然受制于人。随着工业发展水平的继续提升，外商直接投资的技术扩散效应正在减弱。而随着引进数量的增加，技术引进步伐开始趋缓，2002年到2011年我国对外支付知识产权费用年均增速（5年移动平均）已由40%以上下降至20%以下；同时，对外支付知识产权费用占GDP的比重由2005年的0.24%降至2011年的0.2%。显示随着我国技术位势提高，进一步直接引进技术的成本和难度有所加大。当前，工业企业的外部直接技术来源呈现由国际主导向多元化转换趋势，技术进步方式由跟随引进向自主创新转换将加大技术进步的难度和风险。2000年到2012年，我国工业企业技术引进费用与购买国内技术之比由9.3倍下降至2倍，与国内消化吸收费用之比由13.5倍下降至2.5倍（见图13）。

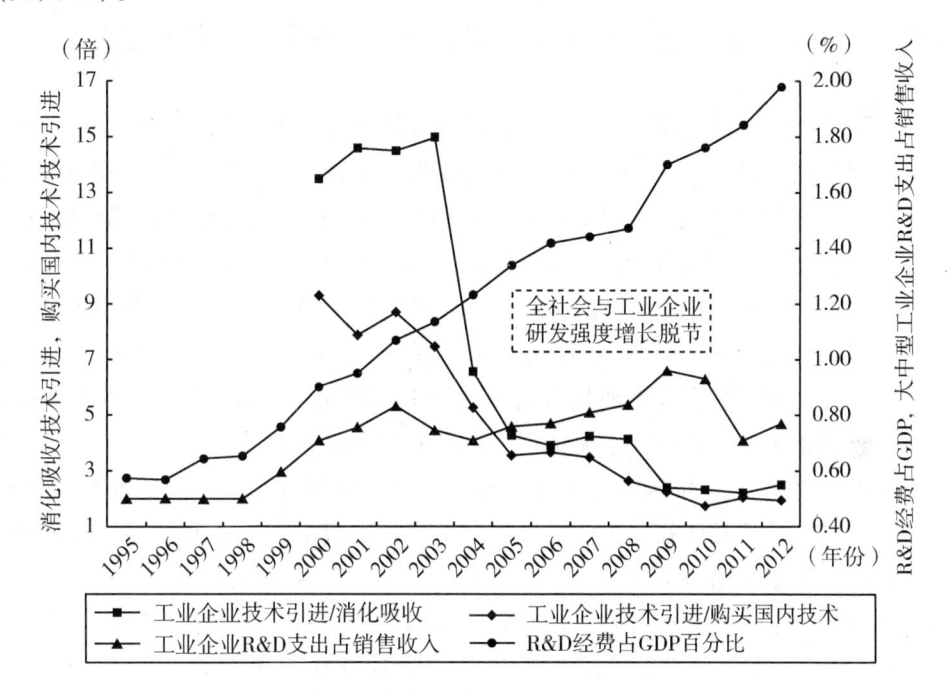

**图13 我国工业发展的国际国内技术来源及变化**

注：2011年和2012年工业企业范畴为规模以上工业企业，其余年份为大中型工业企业。
资料来源：历年《中国统计年鉴》；世界银行数据库。

当前我国工业企业自主研发能力和动力却明显不足，近年来工业企业研发强度增长明显慢于全社会增长，且与发达国家差距的缩小也并不十分明显。考虑到全社会R&D支出还包括其他支出，工业企业研发支出更能直接反映工业研发投入和技术水平。[①] 1996年到2012年，我国研发投入占GDP的比重由0.57提高到1.98，已接近世界平均水平（2008年为2.14）；但同期我国大中型工业企业研发支出占主营业务收入的比重仅由

---

① 根据联合国工发组织（UNIDO）研究显示，在大部分发展中国家，政府R&D投资投入国家或大学实验室，对工业创新的影响不大。详见《2002/2003年联合国工业发展报告》。

0.5%提高0.93%。2012年,我国全社会研发强度相当于美国和日本2008年水平的比重已分别达到71.1%和57.5%,但我国制造业研发强度仅仅相当于美国和日本的25.4%和24.8%。企业研发强度增长严重滞后,一方面,反映了全社会研发资源被较多地分配到非产业领域,对企业获取研发资源形成一定挤出效应;另一方面,反映产学研存在明显脱节,技术供给与产业需求间存在突出矛盾,技术创新资源潜力未能有效转化为产业实际创新能力。另外,尽管我国高技术产值和出口快速增长,但技术水平存在显著高估,出口产品中的劳动力要素仍然以非熟练工人为主。根据测算,[①] 我国制造业出口中所包含的非熟练工人是熟练工人的40倍以上。由于外商投资企业是我国高技术产品出口的主体,多数国内企业在产业纵向分工中主要承担较低端的加工制造环节。

### (四) 工业增长的资源环境成本增大,资源环境后发劣势正在凸显

近年来,我国工业快速发展带动能源资源和环境成本不断增加。1990年到2011年,工业能耗总量年均增长6.4%,废气和固体废物排放分别年均增长9.5%和8.5%,均低于同期工业增速,显示单位工业增加值的能耗和污染排放强度有所降低。但是,近十年来由于工业结构呈现明显重型化趋势,带动工业能耗和污染增长明显加快。2001年到2011年,工业能耗年均增长8.4%,比前10年加快了3.8个百分点;工业废水、废气和固体废弃物排放增长分别比前10年加快了4个百分点、9.2个百分点和9.8个百分点,尤其是废气和固体废弃物排放增速显著高于同期工业增速,显示单位工业增加值排放强度有所提高。当前工业成为我国主要能源资源消耗部门和污染物排放源,工业能源消费占全国的70%左右,二氧化硫和化学需氧量(COD)排放分别占全国的85%和40%左右。能源资源和环境损耗使我国工业增长付出了高昂的成本。2000年之后,我国经济发展的资源环境成本出现明显上升趋势。2000年到2011年,我国资源环境损耗占国民收入的比重由5.3%上升到8.4%,其中金融危机前的2008年曾一度达到10%以上。据估算,[②] 工业资源环境损耗占工业增加值的比重由9.4%提高15%左右(见表10)。显然,能源资源损耗和环境损失对我国工业高速增长起到重要推动作用。

资源环境成本偏高助推工业增长一定程度偏离了理性规模,资源环境约束成为我国相比先行工业化国家的显著后发劣势。我国工业能源消耗和污染排放强度与国际先进水平差距明显。目前我国单位工业增加值能耗约为世界平均水平的1.5倍,分别是美国、日本和韩国的1.5倍、2.7倍和1.6倍;我国工业固体废弃物产生强度相当于日本20世纪80年代的5倍左右。我国资源环境损耗占国民收入的比重不仅大大高于美国、日本和韩国等发达国家,甚至明显高于巴西、印度、南非等发展中国家(见表11)。当前我国

---

① 刘瑶:《中国制造业贸易的要素含量:中间产品贸易对测算的影响》,载于《经济评论》2011年第2期,第81~91页。
② 2011年工业能耗占总能耗比重为70.8%,据此假设工业资源环境消耗占总消耗比重在70%左右;而工业增加值占GDP比重为39.9%,则工业资源环境消耗占工业增加值比重 = 8.4% × 70% ÷ 39.9% = 14.9%。

表10　我国工业能源消耗、污染排放量及资源环境成本在国民经济的比重（1990~2011年）

| 年份 | | 工业能耗（亿吨标煤） | 工业污染排放 | | | 资源环境损耗占国民收入[①]（%） | | | 工业增长的资源环境成本[②]（%） |
|---|---|---|---|---|---|---|---|---|---|
| | | | 废水（亿吨） | 废气（万亿标立方米） | 固体废物（亿吨） | 能源资源损耗 | 污染物损害 | 资源环境总损耗 | |
| 1990 | | 6.8 | 248.7 | 8.5 | 5.8 | 7.4 | 4.2 | 11.6 | 21.6 |
| 1995 | | 9.6 | 221.9 | 10.7 | 6.4 | 3.1 | 3.5 | 6.6 | 11.8 |
| 2000 | | 10.4 | 194.2 | 13.8 | 8.2 | 2.5 | 2.8 | 5.3 | 9.4 |
| 2005 | | 16.9 | 243.1 | 26.9 | 13.4 | 4.6 | 3 | 7.6 | 13.0 |
| 2011 | | 24.6 | 230.9 | — | 32.3 | 6.1 | 2.3 | 8.4 | 14.9 |
| 年均增长（%） | 1990~2000 | 4.4 | -2.4 | 4.9 | 3.5 | — | | | |
| | 2001~2011 | 8.2 | 1.6 | 14.2 | 13.3 | — | | | |

注：①数据来自世界银行数据库，其中能源资源损耗包括能源、矿产资源、森林资源损耗，污染物损害包括二氧化碳、颗粒排放产生的损失；②工业增长的资源环境成本＝工业资源环境损耗÷工业增加值＝资源环境损耗占国民收入比重×工业能耗占全社会能耗比重÷工业增加值占国内生产总值比重。其中资源环境损耗占国民收入比重来自于世界银行数据库。

资料来源：历年《中国统计年鉴》；2012年中国环境状况公报；世界银行数据库。

表11　中国与世界部分国家的资源环境成本比较

| 国家或地区 | | 单位产出能耗（吨石油当量/美元，2010年） | 单位产出非能源物耗（克/美元，2008年） | 单位产出$CO_2$排放（克/美元，2010年） | 资源环境损耗占GDP[①]（%，2011年） |
|---|---|---|---|---|---|
| 中国 | | 269 | 1928 | 791 | 8.4 |
| 世界 | | 189 | 757 | 448 | — |
| 发展中国家和新兴经济体 | 巴西 | 135 | 1 646 | 197 | 4 |
| | 印度 | 184 | 1 416 | 432 | 6.4 |
| | 南非 | 223 | 1 325 | 441 | 7.7 |
| | 俄罗斯 | 288 | 763 | 731 | 15.1 |
| | 印度尼西亚 | 348 | 490 | 784 | 8.3 |
| | 阿根廷 | 129 | — | 293 | 6.7 |
| 发达国家 | OECD国家 | 145 | — | 334 | — |
| | 美国 | 169 | 356 | 410 | 1.5 |
| | 德国 | 120 | 313 | 279 | 0.4 |
| | 日本 | 126 | 233 | 290 | 0.4 |
| | 韩国 | 189 | 455 | 426 | 0.8 |

注：①包括能源、矿产资源、森林资源损耗和二氧化碳、颗粒排放产生的损失。

资料来源：OECD数据库；世界银行数据库。

能源资源消耗和污染排放总量已相当可观,未来继续增长的压力不断加大。我国煤炭、铁矿石和铝土矿等资源消费量已分别占全球的48%、55%和40%,大宗资源性产品进口量持续增加,原油、铝土矿对外依存度超过50%,铁矿石、铜精矿超过60%。而且工业污染导致的环境风险逐渐增大,水体、土壤和大气的累积性环境污染不断显现,近年频繁出现的雾霾天气对资源环境高损耗型的工业发展模式敲响了警钟。未来社会各界对生态环境、生活环境要求将越来越高,国际上控制全球温室气体排放总量是大势所趋。在能源资源约束日渐增强的条件下,尽力降低能耗污染强度成为未来工业发展面临的必然选择,具体需要依靠结构调整和技术进步两种途径。结构调整要求降低部分资本密集型产业比重,而这些产业往往具有较高的收入增长弹性;技术进步则要求企业加大节能环保投入,无疑将会因提高成本而降低回报。无论哪种途径都难免会对工业增长产生很大抑制作用。

### (五)工业需求结构失衡加剧,需求规模扩张阻力增强

工业需求扩张对工业增长形成强劲拉动作用,需求结构变化也成为工业结构转换的重要诱因。一般而言,单位投资对工业增长的带动作用大于消费,在工业内部重化工业又比轻工业更易于受到投资的拉动。近年来我国工业投资生产诱发系数总体在0.5左右,而消费生产诱发系数则在0.3到0.4左右。2000年以前,以住房和汽车为代表的国内消费需求不断释放,成为拉动工业增长的主导力量。1990年到2000年,工业消费需求依赖度保持在50%以上,而投资需求依赖度则保持在50%以下。这一时期轻重工业相对同步增长。2000年之后,受投资增长加速和加入WTO后开放扩大的影响,工业需求结构明显转换,工业增长呈现日益显著的投资和出口拉动型特征。2000年到2010年,工业消费需求依赖度由56.4%下降至40.8%,而投资需求依赖度由39.1%上升至57.3%,出口需求依赖度由35.6%最高上升至50%以上,2010年因受金融危机影响下降至39.6%(见表12)。较高的投资和出口需求依赖度不仅支撑我国工业增速和比重一直保持在较高水平,也成为能源原材料等重化工业加快发展的重要诱因。但同时,需求结构失衡的风险也在加大,对工业发展的制约作用逐步显现。

表12　　　　　拉动我国工业增长的需求结构及变化(1990~2010年)

| 年份(年) | 工业最终需求依赖度(%)[①] |  |  |  | 工业最终需求生产诱发系数[②] |  |  |  |
|---|---|---|---|---|---|---|---|---|
|  | 投资 | 消费 | 净出口 | 出口 | 投资 | 消费 | 净出口 | 出口 |
| 1990 | 45.3 | 50.3 | 3.5 | — | 0.52 | 0.35 | 0.43 | — |
| 1992 | 43.3 | 54.8 | 1.0 | — | 0.48 | 0.35 | 0.41 | — |
| 1995 | 43.3 | 54.3 | 1.4 | — | 0.48 | 0.41 | 0.70 | — |
| 1997 | 43.5 | 52.9 | 5.1 | 30.1 | 0.53 | 0.41 | 0.46 | 0.63 |

续表

| 年份（年） | 工业最终需求依赖度（%）① |  |  |  | 工业最终需求生产诱发系数② |  |  |  |
|---|---|---|---|---|---|---|---|---|
|  | 投资 | 消费 | 净出口 | 出口 | 投资 | 消费 | 净出口 | 出口 |
| 2000 | 39.1 | 56.4 | 3.4 | 35.6 | 0.51 | 0.43 | 0.41 | 0.65 |
| 2002 | 44.2 | 44.0 | 0.8 | 36.3 | 0.47 | 0.30 | 0.09 | 0.57 |
| 2005 | 51.3 | 44.7 | 4.4 | 53.9 | 0.50 | 0.36 | 0.45 | 0.62 |
| 2007 | 50.2 | 40.3 | 10.5 | 51.0 | 0.54 | 0.37 | 0.58 | 0.64 |
| 2010 | 57.3 | 40.8 | 2.2 | 39.6 | 0.50 | 0.35 | 0.36 | 0.59 |

注：①某项最终需求对工业产值的诱发额与工业总产值的比率；由于存在误差项，投资、消费和净出口依赖度之和不完全等于100%。②每增加一单位某项最终需求所诱发的工业增加值。

资料来源：中国投入产出学会：《历年中国投入产出表》。

在较长时期高增长之后，投资和出口主导型需求结构积累的矛盾也不断增加，需求结构面临调整的压力。首先，工业高投资需求依赖度产生的负面效应不断显现。受现有财税分配和政绩考核体制影响，地方政府为追求GDP增长而产生某种程度的超前和非理性投资需求，使工业发展效益和效率受到高估，不仅拉动相关产业出现一定的虚高增长，也弱化了市场机制的优胜劣汰作用，延缓了工业结构升级的进程。同时，长时期投资过快增长超过市场消化吸收能力，导致当前我国工业领域出现较为普遍和严重的产能过剩，将对投资进一步增长形成很大抑制作用。此外，持续高投资使一般居民较少分享到经济增长成果，也间接加剧了收入分配不平衡并抑制了消费需求增长，从而助推了产能过剩矛盾。其次，传统工业品出口需求扩张难度加大，进一步提升出口份额的障碍不断增多。国际金融危机爆发对发达国家以信用过度扩张支撑的需求增长模式产生巨大冲击，家庭储蓄率有所上升而私人消费出现萎缩，从而对我国传统廉价商品的进口需求将产生抑制。2012年中国货物出口占全球出口份额已经上升至11%左右，我国出口持续增长带来贸易摩擦不断增加。我国在低端制造产品市场正受到更多后起发展中国家的追赶，而在中高端领域则受到来自发达国家的很大压制。2011年以来传统劳动密集型产品的国际市场份额已连续下降。最后，虽然国内消费需求长期增长的潜力仍然很大，但潜力释放将需要一个较长的过程。国际上，消费占比上升与国民收入水平之间并不存在严格的对应关系。① 收入和居民储蓄率是影响消费的主要因素。目前，收入分配不合理、社会保障体制不健全等制约消费增长的因素仍然较多，能否有效挖掘和释放消费潜力取决于政策调整的方向和力度。一般而言，消费对工业增长的拉动作用弱于投资和出口；而且，随着消费水平提高，服务型消费比重将有所提高，消费增长对服务业的拉动效应趋于增强。1990年到2010年，工业消费需求诱发系数保持在0.4左右，而服务业消费需求诱发系数则由0.3提高到0.5以上，已明

---

① 美国消费占比上升是在人均GDP达到1 200美元后（以2000年美元汇率计，约为11 000美元），日本是在达到2 000美元后（以2000年美元汇率计，为16 000美元），韩国是在达到4 500美元后（以2000年美元汇率计，为6 000美元）。

显高于工业。因此，随着需求结构由投资、出口主导向消费主导转换，维持工业高增长和高比重的难度将有所加大。而随着消费结构从必需品到非必需品和消费类别从低附加值到高附加值或高端品牌升级，也将为工业结构升级带来新动力。

## 四、未来我国工业发展的阶段性变化趋势

### （一）工业发展将进入次高增长阶段，工业在经济中的地位将进入趋势性下降通道

未来我国工业发展由持续多年的高增长阶段转入次高增长阶段，短期增长和长期发展的艰难选择摆在面前。从供给侧分析，未来劳动力增速放缓几成定局，资本由高增长态势逐步回落的可能性增加，全要素生产率变化则取决于技术进步和相关体制机制改革的进展与效果。2012年到2015年，预计工业资本和劳动力年均增速分别降至9%和2.5%，如果全要素生产率年均增速保持在2006年到2011年间的平均水平即2.4%，则工业增速将降至8.8%；2016年到2020年，预计工业资本和劳动力年均增速再分别降至9%和1.5%，如果全要素生产率提升至2001到2011年间的平均水平即3.1%，则工业年均增速仍将降至7.9%。从需求侧分析，以1995年第一季度至2013年第二季度数据为基础，运用ARMA模型对未来我国工业发展趋势进行模拟。2012年到2015年，判断投资、消费和工业品出口年均实际增速分别为9%、7.8%和10%，则工业增速将降至8.8%；2016年到2020年，判断投资、消费和工业品出口年均实际增速分别为7%、6%和10%，则工业增速将降至8.6%（见表13）。此外，考虑到当前我国工业发展的资源能源环境损

表13　　　　　未来供需结构变化与我国工业增长趋势测算　　　　　单位:%

| 因素 | 指标 | 2001~2011年 | 2012~2015年 | 2016~2020年 |
|---|---|---|---|---|
| 供给侧 | 工业增加值 | 11.2 | 8.8 | 7.9 |
| | 资本 | 11.1 | 9.0 | 7.0 |
| | 劳动力 | 3.7 | 2.5 | 1.5 |
| | 全要素生产率 | 3.1 | 2.4① | 3.1② |
| 需求侧 | 工业增加值 | 11.2 | 8.8 | 8.6 |
| | 投资需求 | 15.4 | 9.0 | 7.0 |
| | 消费需求 | 10.2 | 7.8 | 6.0 |
| | 工业品出口 | 17.8 | 10.0 | 10.0 |

注：①假设保持2006至2011年的年均增速；②假设保持2001至2011年的年均增速；③本表增速均以不变价测算。

耗成本已高达15%左右，如果未来下降至10%以下，将直接导致工业增速降低超过0.5个百分点。由此可见，如果现有增长模式延续而效率状况未有显著改善，未来我国工业年均增速将由改革开放以来年均11%以上的较高水平降至9%以下的较低水平。尽管短期内仍然存在通过人为推高投资和忽视资源环境继续提升工业增速的可能，但在长期将会因为延迟效率提升而导致未来更大幅度的增速下降。进一步发掘工业增长潜力保障工业长期持续发展，只有通过优化资源配置效率、加快技术进步，实现工业结构优化升级和国际分工地位跃升。

未来我国工业地位趋势性下降的可能性正在增加，下降的速度和幅度则与效率改善、技术进步和需求结构调整的进展密切相关。我国工业比重始终保持较高水平与工业相对非工业部门具有较高的生产率密切相关。改革开放至今，我国工业劳动生产率不仅显著高于农业，也始终高于服务业，因此成为吸引要素资源向工业部门转移的内在动力，这一转移也有助于提升全社会的总体资源利用效率。在我国城乡二元经济条件下，由于工业与服务业间资源流动比工业与农业间更为顺畅，工业比重变化更易于受到工业与服务业间相对劳动生产率变化的影响，即工业相对服务业生产率的增减对工业比重升降的影响更为直接。分析表明，1978年到2012年，我国第二产业占GDP比重与其相对服务业劳动生产率之间存在较强的相关性（相关系数为0.73），而与其相对全社会劳动生产率间的相关性不强。从发达国家经验看，随着收入水平的提升，最终工业与非工业部门间生产率差异将趋于消失，而同时工业在经济中的地位也将停止上升或趋于下降。目前多数发达国家工业相对劳动生产率普遍保持在1左右。近年来，在内外因素变化的条件下，我国第二产业相对服务业的劳动生产率水平持续下降。2004年到2012年，第二产业相对全社会劳动生产率由2倍下降至1.5倍，相对服务业劳动生产率由1.6倍下降至1.2倍。随着工业相对劳动生产率下降，从2006年开始我国工业比重也开始呈现下降趋势（见图1-4）。目前，第二产业相对服务业的劳动生产率已接近1，即二者劳动生产率差距趋于消失，因而工业比重进一步提高的动能正在削弱。

## （二）工业结构变化日益接近"技术升级陷阱"

未来国内低成本要素优势弱化、资源环境约束强化、需求结构失衡矛盾加剧，传统因素对我国工业发展的驱动力量正在减弱，工业结构进入向高加工度化和技术密集化升级的关键时期。由此，工业发展的关键驱动要素面临由劳动和资本向技术和知识的重要转变，而这一转变比之前资本替代劳动的难度明显增大。长期以来，我国在工业持续高增长的盛宴中，由于市场体系不健全以及知识产权保护不力，工业企业更为注重劳动和资本数量增长带来的规模扩张，而相对忽视自主创新能力的培育，技术积累相对滞后；同时，在以低成本要素资源参与国际分工的过程中，跨国公司通过认证制度收取高额的技术转让费用，加工组装企业的盈利水平被压低，导致技术创新的资金积累不足。由于跨国公司采取一系列防止技术扩散的措施，本地企业通过干中学或技术转移所获取的知

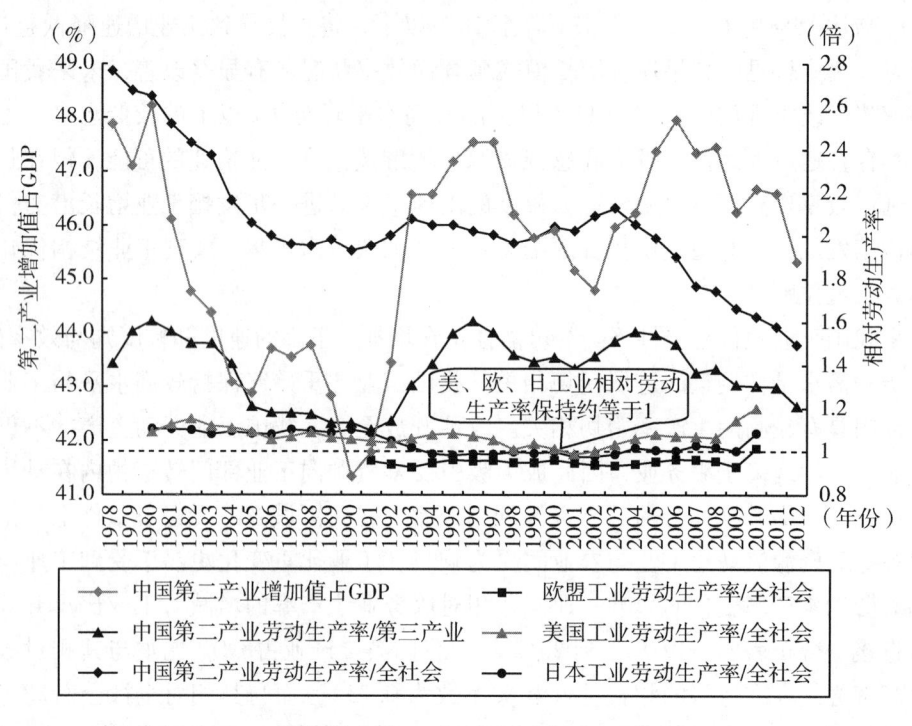

**图 14　我国第二产业比重与相对劳动生产率变化**

资料来源：国家统计局：历年《中国统计年鉴》，中国统计出版社；世界银行数据库。

识溢出受到很大限制。随着我国产业竞争位势的提高，工业发展对原创技术需求和要求不断提高，国际技术引进难度进一步加大。由此，我国工业发展陷入了一种路径依赖的困境，即低成本要素环境→低端价值链分工层次→缺乏技术积累→依赖技术引进→难以转型升级。目前我国中高技术和高技术制造业比重与世界中低等收入国家平均水平基本相当，而远低于高等收入国家水平，日益接近多数中高等收入国家陷入"技术升级陷阱"时期的收入区间（见图15）。随着收入水平继续提高，要素成本上升将不断削弱我国发展一般加工制造环节的传统优势，如果国内企业技术能力不能及时提升，则可能面临遭遇"技术升级陷阱"的风险。

## （三）工业国际分工地位面临向高级阶段跃升的重要关口

未来我国工业国际分工地位向更高阶段升级的形势日趋紧迫，而国际分工阶段转换面临的跨度也明显增大。当前国际产业竞争版图面临战略性调整，我国工业国际分工地位跃升的压力和障碍明显增多。一方面，新兴经济体追赶步伐加快，对我国传统制造业的挤占效应不断显现。随着国内要素成本持续上升，部分在华的外商企业开始选择进行跨国产业再转移。由于新兴发展中国家的崛起及其各国对外资普遍实行放松政策，我国吸收外国直接投资额在发展中国家中的比重有所下降。2002年至2011年我国国际直接投

(2005年不变价国际元)　　　　　　　　　　　　　　　　　　　　　(%)

图中数据：
- 低收入国家：人均GDP 1 187，高技术和中高技术制造业比重 20.7
- 中低等收入国家：人均GDP 3 429，44.5
- 中国：人均GDP 7 958，44.3
- 中高等收入国家：人均GDP 9 214，35.3（"技术升级陷阱"）
- 高收入国家：人均GDP 31 625，55.8

图例：2012年人均GDP；高技术和中高技术制造业比重（2009年）

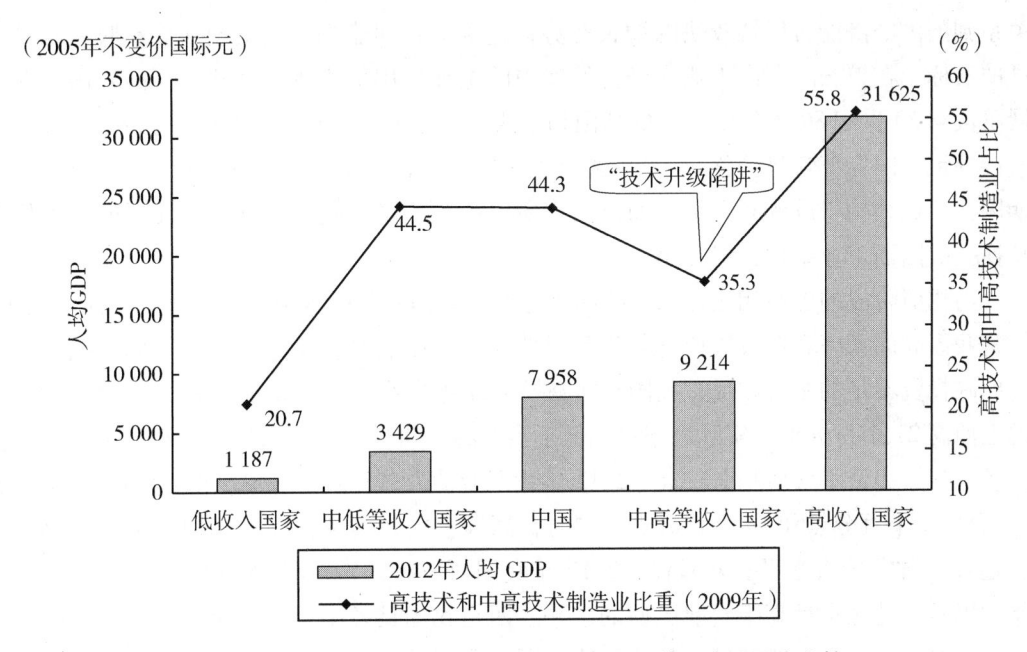

**图15　我国人均GDP、技术密集化水平与不同收入水平国家比较**

资料来源：UNIDO：Industrial Development Report 2011；世界银行数据库。

资流入年均增速由1992年至2001年间的36.09%下降至9.81%。外资企业对我国出口的贡献度出现明显见顶下行趋势，2005年到2011年外资企业出口占全部出口的比重由58.3%下降到52.4%。2011年以来，我国传统劳动密集型产品的国际市场份额已经出现连续下滑。另一方面，发达国家对我国国际分工地位提升的压制效应日趋增大。国际金融危机后，美国、欧洲等发达经济体纷纷实行再工业化战略，力求重新强化实体经济尤其是制造业部门的基础地位，缓解国内就业压力和国际贸易不平衡。欧美再工业化不会简单重复低端制造道路，重心主要集中在高端制造和新兴产业领域，这与我国未来制造业升级方向高度吻合。为实现再工业化，发达国家可能凭借技术优势在高端制造领域设置更高进入门槛，加强技术封锁；采取贸易保护主义政策维护其国内市场，增加贸易摩擦；收缩中高技术制造业对外投资活动，引起资本回流；引导高端资源向国内集中，强化我国国际分工地位的低端锁定。这无疑将加大我国工业向复杂生产能力国际配置和更高阶段跃升的阻力。同时，世界新技术革命正在孕育之中，欧美等发达国家纷纷利用技术先发优势积极布局，而一旦率先突破并引发新一轮工业革命，在新兴产业领域，世界产业竞争版图将可能再次复原，我国与发达国家间技术鸿沟和产业分工层级差距将再次重现。因此，未来我国在追赶与被追赶的洪流与夹缝中，工业国际分工地位面临不进则退的重要关口。

**（四）未来较长时期工业仍将是驱动经济增长的主导力量，工业发展面临由传统模式向工业经济"升级版"的阶段性转变**

由于经济高增长往往与工业高增长相伴而生，未来我国工业增速和比重变化将直接关系到国民经济能否保持较快的增长态势，直接关系到能否顺利实现向更高收入水平迈进的目标。在较长时期内工业在经济发展中的主导作用仍将难以替代。当前我国工业发展阶段与20世纪80年代中后期的韩国和巴西非常接近，① 之后两国工业地位差异性变化直接导致两国经济走势分化。② 韩国之所以完成跨越，在于其工业发展的动力机制成功转换因而工业结构得以顺利升级；而巴西之所以掉入陷阱，则在于其工业发展的动力机制转换失败因而工业结构升级受阻。

与相似阶段的巴西相比，未来我国工业增速大幅回落而重蹈巴西覆辙的可能性较小。一是我国高储蓄率和低投资成本与当年巴西低储蓄率和高资金成本形成鲜明对照。与巴西面临投资不足的制约相反，我国却面临投资过度的风险。2012年我国储蓄率比1987年的巴西高27个百分点，实际利率更远低于当时的巴西。二是我国长期劳动力供给潜力仍然较大，人力资本素质相对较高。2012年我国劳动人口和农村人口比重分别比1987年的巴西高14个百分点和19个百分点；同时，高等学校入学率比当时巴西高16个百分点。三是我国研发投入水平相对较高。2012年我国研发投入占GDP的比重不仅远高于1987年的巴西，甚至也远高于当前巴西的水平。四是我国具备了较强的出口能力，国内需求潜力相对较大。与巴西的进口替代战略不同，我国采取了出口导向战略，工业品具备了一定的国际竞争力。2012年我国出口占GDP比重比当时巴西的三倍还多。此外，我国收入分配状况也明显好于当时的巴西，③ 国内需求进一步扩大仍有较大潜力。

但上述相对优势仍不足以支撑跨越"技术升级陷阱"及国际分工地位跃升。相比1987年的韩国，我国仍存在诸多不足。一是人力资本投资和研发能力建设相对滞后。2012年，我国高等院校入学率比1987年的韩国低8个百分点；尽管全社会研发强度与当时韩国差距不大，但制造业企业研发强度与当时的韩国存在明显差距，工业自身实际的技术创新动力和实力仍然明显偏弱。二是出口依存度差距不大但对外资依赖程度较高。与当时的韩国相比，目前我国出口部门更多地嵌入了以跨国公司为主导的国际产业分工体系之中，工业进一步提升自生能力和国际竞争力也受到更大的牵制。自20世纪90年代以来，我国外国直接投资净流入占GDP比重保持在3%以上，而1987年前韩国外国直接投资净流入占GDP比重始终保持在1%以下。三是投资比重偏大，消费需求受到较大压制。多年高投资率使我国工业高增长比韩国保持了更长时间，但带来的结构性矛盾更甚于当时的韩国。2012年我国投资率比1987年的韩国高17.5个百分点，而消费率则低13.4个百分点。四是资源能源和环境约束构成明显的后发劣势。当前我国工业发展的资源环境成本明显偏高。2012年，我国自然资源租金总额占GDP比重达到9.09%，而韩国在工业化全过程中最高只达到1.44%，1987年仅为0.22%。考虑到当前国际国内针对资

---

① 2012年我国人均GDP达到7958国际元（2005年不变价，购买力平价），1987年韩国和巴西分别为9104国际元和7671国际元；2012年我国工业增加值和制造业占GDP的比重分别为45.3%和31.8%，1987年韩国分别为41.5%和30.2%，巴西分别为45.9%和32%。

② 1997年韩国人均GDP比巴西两倍还多；1997年韩国工业增加值和制造业占GDP的比重保持在41.1%和26.3%的高位，而巴西则分别下降到26.1%和16.7%。

③ 根据世界银行计算，1995年巴西的基尼系数为0.6，1998年韩国为0.32，而2009年我国为0.42。

源环境的重视程度与日俱增，且我国经济总量规模相对较大，我国工业发展面临的资源环境约束程度明显大于当时的韩国（见表14）。此外，由于我国工业高比重偏离国际一般水平时间较长，积累的矛盾也相对较多。

表14　中国、韩国、巴西相似阶段工业发展与驱动因素变化比较

| 因素 | | 指标 | 中国 | 韩国 | | 巴西 | |
|---|---|---|---|---|---|---|---|
| | | | 2012年 | 1987年 | 1997年 | 1987年 | 1997年 |
| 经济水平 | | 人均GDP（2005年不变价国际元） | 7 958 | 9 104 | 17 318 | 7 671 | 7 900 |
| 工业比重 | | 工业增加值占GDP（%） | 45.3 | 41.5 | 41.1 | 45.9 | 26.1 |
| | | 制造业增加值占GDP（%） | 31.8 | 30.2 | 26.3 | 32.0 | 16.7 |
| 要素条件 | 劳动力 | 劳动人口比重（%） | 73.3 | 67.2 | 71.5 | 59.3 | 63.5 |
| | | 城镇人口比重（%） | 52.6 | 68.5 | 78.8 | 71.5 | 79.0 |
| | | 高等院校入学率（%） | 26.8 | 35.2 | 64.6 | 10.5 | 12.5 |
| | 资本 | 实际利率（%） | 2.4 | 4.1 | 6.9 | — | 65.5 |
| | | 总储蓄占GDP（%） | 49.0 | 37.4 | 34.9 | 21.8 | 13.6 |
| | | 外国直接投资净流入占GDP（%） | 3.0 | 0.4 | 0.6 | 0.4 | 2.3 |
| | 技术 | 研发支出占GDP（%） | 1.98 | — | 2.48 | — | 0.72 |
| | | 制造业研发强度（%） | 0.85 | — | 1.58 | — | — |
| | | 高科技出口占制成品出口（%） | 30.9 | 15.9 | 27.1 | 6.3 | 9.4 |
| 资源环境 | | 自然资源租金总额占GDP（%） | 9.09 | 0.22 | 0.03 | 2.73 | 1.49 |
| 需求条件 | | 资本形成总额占GDP（%） | 47.8 | 30.3 | 36.0 | 22.3 | 17.4 |
| | | 最终消费支出占GDP（%） | 49.2 | 62.6 | 64.6 | 74.4 | 84.8 |
| | | 出口占GDP（%） | 31.4 | 38.3 | 32.4 | 9.5 | 6.8 |
| | | 制造业出口占商品出口（%） | 93.9 | 92.4 | 91.0 | 49.6 | 53.7 |

资料来源：世界银行数据库；OECD数据库。

未来打造中国经济"升级版"不在于削弱工业在经济中的地位，而在于转换工业发展的动力机制，提升工业发展质量和水平，即相应打造中国工业经济"升级版"。我国工业发展的动力机制将面临三方面的重要转换：即由于要素低成本供给优势弱化，面临由要素增长驱动型向创新驱动型转换；由于资源环境约束强化，面临由资源环境高损耗型向资源环境集约利用型转换；由于投资和出口高增长难度加大，面临由投资和出口高依赖型向多元需求拉动型转换。由此，我国工业发展面临由规模扩张型的传统模式向内涵增长型的工业经济"升级版"转变（见表15）。

表 15　　　　　　我国工业发展的阶段性变化趋势与动力机制转换

| 工业发展 | 关键要素 | | 传统特征 | 转换方向 | 政策变量 |
|---|---|---|---|---|---|
| 表现特征 | 规模与地位 | | 高速增长 | 次高速增长 | 深化工业体制改革 创建公平市场新秩序 |
| | 工业结构 | | 能源原材料主导型重化工业化 | 高加工度和技术密集化 | |
| | 国际分工地位 | | 生产能力国际配置 | 研发创新和品牌管理国际配置 | |
| 驱动因素 | 要素供给 | 驱动机制 | 要素增长驱动型 | 创新驱动型 | 改革要素市场 |
| | | 劳动力 | 农村劳动力转移减速 | 促进农业劳动力转移 | 促进农民工市民化 |
| | | | 劳动力总量即将见顶 | 提高人力资本素质 | 加大教育投资 |
| | | | 劳动力供需结构失衡 | 调整劳动力供需结构 | 调整教育结构 |
| | | 资本 | 资本产出效率趋降 | 提高资本产出效率 | 推进金融市场化 |
| | | | 高储蓄率面临压力 | 改善资本配置效率 | 消除资本流动障碍 |
| | | 全要素生产率 | 引进国际技术难度增大 | 提高技术消化吸收能力 | 提高创新服务能力 |
| | | | 国内企业创新动力较弱 | 支持企业技术进步 | 强化企业创新主体 |
| | 资源环境 | 驱动机制 | 资源环境高损耗型 | 资源环境集约利用型 | 改革资源环境体制 |
| | | 关键因素 | 资源环境损耗量增长 | 节能环保技术进步 | 理顺资源产品价格 |
| | | | 资源环境成本上升 | 调整产业结构 | 强化资源环保监管 |
| | 需求条件 | 驱动机制 | 投资和出口高依赖型 | 多元需求拉动型 | 改革投资和收入分配体制 |
| | | 投资 | 占比高、结构失衡 | 优化投资结构 | 优化投资结构 |
| | | 出口 | 扩张空间缩小 | 出口产品层次提高 | 调整外贸政策 |
| | | 消费 | 增长和升级缓慢 | 加快消费增长和升级 | 改善消费环境 |
| 总　结 | | | 传统模式 | 工业经济"升级版" | 市场决定性作用 |

## 五、打造中国工业经济"升级版"的政策建议

打造中国工业经济"升级版"要发挥市场机制的决定性作用，但并不意味着政府作用的简单退出，而是要转换政府作用的方式和机制。关键是通过更加有效的市场传导机制引导要素结构和需求结构升级，并实现供需结构与工业结构在更高层级上协调与互动。深化管理体制改革是长期战略选择，改善要素质量和配置效率、强化资源环境监管和调整需求结构则是可供选择的政策变量（见表15）。

### （一）深化工业管理体制改革，创建公平市场新秩序

构建平等准入、公平竞争的市场环境。一是消除歧视性进入壁垒。放松石油天然气、电力、盐业等垄断行业市场管制和准入限制，消除汽车、石化、钢铁、装备等行业针对为民营资本的歧视性准入障碍。建立健全科学、系统的产业准入标准体系，强化资源利用、能耗、环保、安全等具有社会外部性的功能性监管指标在行业管理中的应用。二是完善产业退出援助机制。建立健全劣势企业退出市场的机制，采取多种形式降低退出企业的外部成本和社会负面效应，探索利用必要的经济补偿和政策支持方式，支持市场退出企业妥善解决职工安置、企业转产、债务化解等相关外部问题。

转变政府作用方式和机制。一是深入推进行政审批制度改革和管理方式创新。弱化政府对微观企业活动的直接干预，强化政府在制定战略规划、提供公共品服务以及弥补市场缺陷等方面的作用。界定和规范政府投资范围，有效发挥政府投资对社会投资的引导和带动作用。二是加强工业领域的立法工作。在科技创新、技术改造、节能减排、兼并重组、淘汰落后产能、质量安全、中小企业发展等重点领域，健全和完善相关法律法规，加强依法行政。三是建立健全产业信息统计披露制度。改进完善产业信息统计体系，建立健全产业政策导向及相关信息发布和预警机制，强化信息共享及对企业投资决策的信息指导。四是协调产业政策和地方政策之间的关系。鼓励地方探索适合自身工业发展特征的政府职能转变方式。

### （二）提高工业资本配置和产出效率，释放有序竞争新活力

理顺资本价格体系。一是继续推进利率市场化进程，构建完善的市场利率体系。在取消贷款利率下限的基础上，进一步放开存款利率上限，逐步实现利率完全市场化。二是发展多层次资本市场体系。继续壮大蓝筹市场和中小板市场，落实创业板定位，发展面向创新型企业和中小企业的创业板、新三板、场外市场等多元资本市场体系，不断完善民间投资的融资担保制度和创业投资机制，加快建设统一监管的全国性场外市场。三

是大幅度提高债券在融资结构中的比重。加快完善国债一级和二级市场，推进公司债券市场制度规则统一，深化债券市场互通互融。

调整工业所有制结构。一是深入推进国有经济战略性调整。完善国有资本有进有退、合理流动机制，破除地方保护主义，消除影响企业重组的财税利益分配、资产划拨、债务核定和处置等体制机制障碍，支持企业跨地区、跨所有制、跨行业兼并重组；推进国有大型企业股份制改革。二是改善民间投资环境。进一步拓宽民间投资渠道，鼓励和引导民间资本进入非自然垄断的产业领域，鼓励和引导民营资本联合和参与国有企业改革。落实和细化保护民间投资合法权益的相关政策，加强对民间投资的服务、指导和规范管理。三是引导外商直接投资流向。适度放宽外商投资企业投资主体限制、出资限制，运用相关法律法规合理规避外资恶意并购及垄断；引导外资加大对研究与开发、品牌管理等高端产业环节的转移，鼓励外资参与传统制造业的改造，提高外资投资项目产业辐射功能。

### （三）改善劳动力结构和素质，构建人力资源有效供给新体系

消除制约劳动力合理流动的制度性障碍。一是逐步消除城乡劳动者就业的身份差异，实现城乡劳动者同工同酬。二是逐步实现公共服务和保障体系由户籍人口向常住人口全覆盖。推进农民工整体融入城市公共服务体系，确保农民工及其子女平等接受教育、卫生等基本公共服务；积极推进覆盖农民工的城镇保障性住房体制改革，建立覆盖农民工的城镇住房保障体系，促进农民工在城镇落户定居；建立覆盖农民工的社会保障体系。三是加快户籍制度改革，逐步突破以户籍与福利合一的社会管理制度。四是完善农民市民化过程中土地权利实现机制，依法保护农民工土地权益。适应农民工进城落户和城镇化发展的需要，赋予农民对承包土地、宅基地、农房和集体资产股权更大的处置权。

大力发展产教、产学结合的教育体系，有效改善劳动者素质。一是深化教育体制改革，强化提升素质教育水平。适当提高学前教育和高中、高等教育入学率，增加劳动者受教育年限；根据产业升级战略要求和市场需求变化，构建教育结构与产业结构的动态互动机制，根据企业与市场需求变化，有针对性地调整专业设置及其他教育资源配置。二是加强职业教育和农民工技能培训，构建多层次专业技术人才再教育体系。加大对职业教育的资金投入力度，健全农民工职业教育和技能培训体系，大幅度提高技术熟练型农民工的比重。完善培训补贴管理办法，加大财政补贴力度，构建网络化、开放式、自主性的职业教育体系。三是结合系统的文化改革和文化建设，建立具有中国传统文化的价值观，倡导工业精神。

### （四）突出企业技术创新主体地位，激发技术进步新动力

加大对企业科技创新的支持力度。一是加大对自主创新技术和装备的支持力度。完

善自主创新设备采购管理制度,加强中央预算内投资项目设备采购管理,深入推进使用国产首台(套)装备的风险补偿机制,支持保险公司开展国产首台(套)重大技术装备保险业务,积极开展示范工程并发挥示范带动作用。二是加大对企业科技创新税收支持力度。建立健全鼓励新技术、新产品应用的税收政策体系,鼓励企业加大研发投入,促进新技术、新工艺、新设备、新材料的推广应用。实现高附加值替代进口产品与进口产品同间的同等优惠待遇,创造公平竞争环境。三是加大对知识产权保护力度,健全知识产权交易市场。提倡国内生产技术商品化,鼓励国内企业间的技术和知识产权贸易,支持企业参与国际专利交换工作。四是鼓励上下游及关联企业间建立技术创新联盟,实现利益与风险共担的合作共赢。

改善企业技术创新公共服务环境。一是强化顶层设计和统筹安排。有效协同整合科技、教育、工信、发改等相关部门创新管理职能和资源,加强对技术引进、技术扩散、消化吸收再创新的组织管理;针对工业发展的前沿关键领域、共性技术、核心设备、重点环节,确立明确的技术引进和开发重点。二是提高技术创新公共服务水平。提高工程研究中心、工程实验室等公共服务平台的研发水平和产业化应用效率,构建促进官产学研合作的服务体系和社会信用环境,引导研究人员在大学、科研院所和企业间互相流动。三是加强研究全球技术动态分析。跟踪国际先进技术发展趋势及时制(修)订重点工业产品的技术标准。

### (五) 强化资源环境优胜劣汰效应,探索工业绿色发展新模式

消除能源资源等生产要素价格扭曲。一是深化能源价格机制改革。建立与发电环节适度竞争相适应的上网电价形成机制,调整销售电价分类结构,减少各类用户电价间交叉补贴;完善煤炭成本构成,使煤炭价格反映开采、经营过程中的资源、环境和安全成本;降低成品油在批发环节的垄断程度,提高价格形成过程的透明度;完善天然气价格形成机制,逐步理顺与可替代能源的比价关系。二是抑制"两高一资"行业出口增长。不断降低"两高一资"行业产品出口退税率,甚至取消这些行业的出口退税政策,严格控制高耗能、高污染和资源性产品的出口规模。

加强环保监控管理,提高环保准入门槛。一是建立健全循环经济管理和考核体系。大力推广分段收费制度,加快推进污水处理、垃圾处理、环境税等收费制度改革;建立区域环境容量体系,落实跨省流域生态补偿机制,完善排污权交易体制。二是加强环保立法和执法工作,提高环保准入门槛和违法成本。推进环保法律法规体系建设,建立环保排放实时监测体系;协调各部门间环保标准,形成环保监管合力。构建环境法规、政策考核、社会监督共同参与的可持续发展长效机制。

## （六）引导工业需求结构升级，打造中国工业国际新形象

发掘消费需求潜力，促进消费结构升级。一是促进居民收入增长。继续支持劳动密集型产业升级发展，降低企业劳动相关的税负，降低中小企业和服务业的准入和贷款门槛；继续完善最低工资标准制度，及时调整最低工资标准，建立健全工资集体协商体系；适时推进存款利率市场化，开拓居民投资渠道，鼓励企业分红；增加对居民部门的公共支出，提高对低收入居民的社会保障支出和收入补贴。二是降低居民储蓄率。扩大养老保险体系、医保、失业保险及其他社会保障的覆盖面；改革公共支出和税收制度，减少机会、公共服务和收入等方面的不平等；进一步发展消费信贷市场，引导居民消费和储蓄平衡增长。三是降低企业和政府储蓄率。扩大和提高国企分红，通过加大政府在社保、医疗卫生和教育领域的支出加大对居民部门的收入再分配；发展金融机构和资本市场，拓宽企业尤其是中小企业融资渠道；改革税收和公共财政体系进行，推动地方政府将工作重点向提供公共服务转变。

引导贸易结构升级，提升企业跨国经营水平。一是改革出口退税制度。根据工业结构调整的要求，调整优化出口退税产品目录和税率，支持具有高附加值、高技术含量的机电、电子信息产品的出口，鼓励工业出口企业调整产品结构，加快技术进步，提高经营管理水平。二是改革外贸经营权审批制度。减少对外贸经营者身份的限制，进一步放宽内资企业申请进出口经营权的资质条件。三是调整加工贸易政策。鼓励加工贸易转型升级，增强加工贸易与国内产业的关联度，延展国内价值链。调整对外投资政策，支持企业开展国际化经营。四是健全支持"走出去"战略政策体系。全方位引导工业企业在全球配置资源，尤其是支持国内企业探索有效利用后起发展中国家的低成本要素资源实现产业链纵向整合。

（执笔人：付保宗）

## 参考文献

[1] United Nations Industrial Development Organization (UNIDO). Industrial Development Report 2005 - 2011.

[2] World Bank. Various years. World Development Indicators. Washington, DC：World Bank.

[3] Maddison, Angus. 1982. Phases of Capitalist Development. Oxford, UK：Oxford University Press.

[4] Simon Kuznets. 1971. Economic Growth of Nations, Harvard University Press.

[5] Lewis, W. Arthur. 1965. Theory of Economic Growth, New York：Harper & Row.

[6] H. Chenery, S. Robinson, M. Syrquin. 1986. Industrialization and Growth of Comparative Study, Oxford University Press.

[7] ［美］劳伦．勃兰特等：《伟大的中国经济转型》，上海人民出版社2009年版。

[8] ［美］查默斯．约翰逊：《通产省与日本奇迹——产业政策的成长（1925 - 1975）》，吉林出版

集团 2010 年版。

[9] 林毅夫：《新结构经济学》，北京大学出版社 2012 年版。

[10] 吴敬琏等：《中国下阶段经济改革的前沿问题》，中国经济出版社 2012 年版。

[11] 陈佳贵等：《中国工业化与工业现代化问题研究》，经济管理出版社 2009 年版。

[12] 王岳平：《"十二五"时期中国产业结构调整研究》，中国计划出版社 2011 年版。

[13] 郭克莎：《工业增长质量研究》，经济管理出版社 1998 年版。

[14] 彭文生：《渐行渐远的红利——寻找中国经济新平衡》，社会科学文献出版社 2013 年版。

[15] 孙建国等：《中日工业化进程比较》，社会科学文献出版社 2013 年版。

[16] 冯飞：《迈向工业大国——30 年工业改革与发展回顾》，中国发展出版社 2008 年版。

[17] 林重庚等：《中国经济中长期发展和转型》，中信出版社 2011 年版。

[18] 蔡昉：《刘易斯转折点——中国经济发展新阶段》，社会科学文献出版社 2008 年版。

[19] 张建华：《基于新型工业化道路的工业结构优化升级研究》，中国社会科学出版社 2012 年版。

[20] 李善同：《"十二五"时期至 2030 年我国经济增长前景展望》，载于《经济研究参考》2010 年第 43 期。

[21] 林兆木：《转变经济发展方式的关键在于深化改革》，载于《宏观经济管理》2011 年第 8 期。

[22] 金碚：《中国工业的转型升级》，载于《中国工业经济》2011 年 7 月。

[23] 王一鸣：《"中等收入陷阱"的国际比较和原因分析》，载于《学习时报》2011 年 3 月 28 日。

[24] 卢锋：《我国资本回报率估测（1978—2006）》，载于《经济学（季刊）》2007 年 4 月。

[25] 陈东琪：《回顾 20 年改革实践探讨下一步改革思路》，载于《宏观经济管理》2012 年第 12 期。

[26] 刘世锦等：《陷阱还是高墙—中国经济面临的真实挑战与战略选择》，载于《比较》2011 年第 3 期。

[27] 马晓河：《迈过"中等收入陷阱"的需求结构演变与产业结构调整》，载于《宏观经济研究》2010 年第 11 期。

[28] 常修泽《中国发展转型问题研究》，载于《理论视野》2010 年第 10、11 期。

[29] 高路易：《2020 年的中国——宏观经济情景分析》，载于《世界银行中国研究论文》2010 年第 9 期。

# 第二章

# 中国工业增长与行业结构变化

**内容提要**：改革开放以来，在制度变迁和市场机制的作用下，我国工业增长和工业结构呈现明显的阶段性变化特征。大国经济、后发优势特征使得我国工业比重较高，与国民收入水平出现偏离；工业结构变化逐步向供需条件作用下的市场化轨道回归，轻、重工业结构失衡问题得到一定程度的纠正；工业结构重化工业化趋势明显，向高加工度化和技术密集化方向升级面临突破；工业结构的加工度深化发展不足，与重型化结构发生偏离；工业结构升级主要表现为资本不断深化，技术密集型产业名义比重上升，但实际高度化不足。因此我们认为，工业结构高度化发展是我国完成工业化不可或缺的重要环节；以能源、原材料工业发展为主导的重化工业化导致工业结构的虚高与偏离；要充分发挥市场机制对促进工业结构升级的根本性作用；转变技术进步模式和改善创新环境是未来工业结构技术密集化升级的关键。

工业化不仅是一个国家从以农业部门为主向以非农业部门为主的结构转变过程，更是首先反映在产业结构向以工业为主导转变的过程，反映在工业内部结构不断调整升级的过程。工业化过程中，工业内部的结构变动呈现出明显的阶段性和规律性变化特征：工业化初期，工业结构以轻工业等劳动密集型产业为主导；工业化中期的重化工业化阶段，工业结构从以轻工业发展为重心向以重工业发展为重心转变；重化工业化过程中，工业结构从以原材料工业为重心向以加工、制造工业为重心转变，即"高加工度化"，在高加工度化过程中，工业结构进一步向"技术集约化"方向转变。

由于各国的资源禀赋、要素条件、制度变化、历史人文等都存在较大的差别，其工业化过程中的工业发展规律存在一定程度的偏差不可避免，但先行和后起追赶型工业化国家的工业增长中仍然存在可以遵循的一般路径，特别是在工业增长过程中工业结构不断升级的阶段性发展规律。参照世界工业结构变动的一般性规律，考察我国工业增长过程中工业结构变动的阶段性特征，对于确定现阶段工业发展战略和判断未来工业发展方向都具有十分重要的意义。

## 一、改革开放以来我国工业增长的阶段性变化

随着我国社会主义市场经济体制的建立和不断发展，工业经济在市场机制的作用下，

工业增长在一定程度上呈现出了工业化进程中应有的规律性和阶段性特征，但由于历史原因和特殊的国情条件，除受市场机制的作用外，我国工业发展战略的几次大的转变是与经济体制改革相伴的，工业化进程受制度变迁的影响较大，制度性因素的影响使得我国工业增长的阶段性变化与其他工业化国家的一般发展轨迹存在较大的偏离。

## （一）在制度变迁和市场机制的作用下，工业增长的阶段性特征突出

改革开放以来我国工业发展的过程中，工业增长的阶段性变化特征较为明显。从我国工业增加值增速的变化趋势看（见图1），工业增长呈现三个大的发展阶段：第一阶段是改革开放初期到20世纪80年代末，工业增长在经济体制大变革时代呈现出先加速后减速的特征；第二阶段是20世纪90年代初到20世纪90年代末，市场化改革加速，对外开放程度深化，受1998年亚洲金融危机的影响，工业增长进入另一个波动周期；第三个阶段开始于21世纪初我国加入WTO之后，全球化步伐加快，在积极财政和货币政策的配合下，工业增长逐步回升，进入新一轮的增长周期，直到受2008年国际金融危机爆发而呈下降趋势。从图1中不难看出，前两个阶段的振幅较为剧烈且频率较高，主要是因为在改革开放的大背景下，经济体制由计划向市场转轨，放松了计划控制，增强了市场调节的作用，工业经济增长在体制的变革中释放了活力，但也同时暴露出计划和市场的双轨制运行下的宏观调控政策干预经验不足，工业增长起伏较大，对国民经济平稳健康发展带来了一定的不利影响。工业占国民经济中比重也显现出与工业增长基本吻合的阶段性变化特征（见图2），第一阶段（1978~1990年），工业增加值占GDP的比重持续下降，由44.1%下降至36.7%，这一阶段的发展主要是对改革开放前"虚高"的重工业化水平的纠正；第二阶段（1991~2001年）和第三阶段（2002~2012年），工业增加值占GDP的比重呈现波浪式上升趋势，峰值分别为1997年的41.7%和2006年的42.2%，受1998年亚洲金融危机和2008年国际金融危机的影响，工业比重分别出现回落，呈现明显的周期性变化特征。

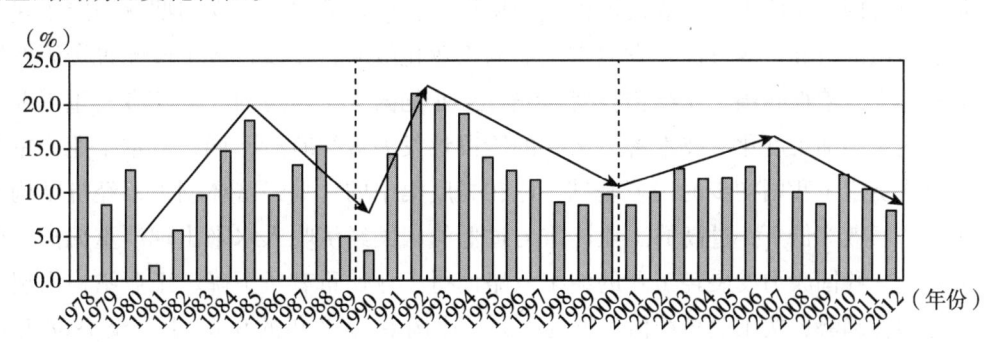

**图1　1978~2012年工业增加值增速变化趋势**

资料来源：历年中国统计年鉴。

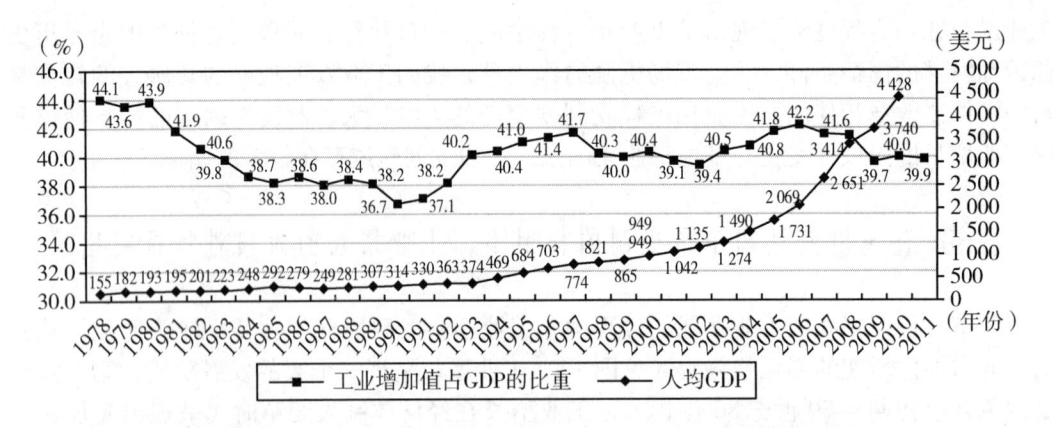

图 2  1978~2011 年工业增加值占 GDP 的比重及人均 GDP 变化趋势

资料来源：历年中国统计年鉴和世界银行数据。

## （二）大国经济、后发优势特征使得我国工业比重较高，与国民收入水平出现偏离

总体而言，我国工业比重在 20 世纪 90 年代以后一直接近或超过 40% 的份额，明显高于世界平均水平，也明显高于处于相似经济水平的世界中等偏上收入国家平均水平。从历史来看，美国、英国、德国等先行工业化国家和日本、韩国等后起追赶型国家工业比重超过 40% 时，人均 GDP 普遍接近或超过 10 000 美元，而目前我国人均 GDP 只有 4 000 美元，工业比重与人均 GDP 水平出现了较大程度的偏离。较高的工业比重对应的是较低的国民收入，这一偏离现象与我国的国情条件和制度安排密切相关。尽管人均经济水平不高，但我国幅员辽阔，是个人口大国，具有鲜明的大国经济特征。计划经济时期，基于对大国经济前提下工业发展模式的认识，我国在新中国成立初期就制定了建立完整工业体系的目标，实行优先发展重工业的工业化战略，在以行政手段配置资源发展工业的条件下，使得我国工业结构转变与先行工业化国家所经历的"轻工业—重工业—重化工业化—高加工度化—技术密集化"的阶段性发展规律有所不同，以重工业为重点的发展模式奠定了我国初步的工业基础，但在高度集中的计划经济体制下，经济结构失衡，工业增长效率低下，过高的工业比重与过低的国民经济收入水平出现严重偏离。改革开放初期，我国大力发展轻工业的纠偏战略使得工业比重有所下降，工业结构出现了明显的轻型化趋势，按工业净产值计算的霍夫曼比例由 1978 年的 0.63 上升至 1988 年的 0.81，[①] 但这一比例仍然小于 1，以资本品为主的重工业仍占据较大份额，体现了我国大国经济建立完整工业体系的特征，在大力发展轻工业的同时，并没有忽视重工业的发展，轻、重工业呈现均衡发展态势。20 世纪 90 年代以后轻工业市场产品的饱和推动了产业结

---

① 冯飞等：《迈向工业大国——30 年工业改革与发展回顾》，中国发展出版社，第 47 页。

构的调整升级，制造业开始向重工业和高加工度转变。规模以上轻工业比重 2000 年比 1990 年下降了 7.16 个百分点，而重工业中的加工工业所占比重 2000 年比 1990 年上升 5 个百分点，比原料工业（上升 2.32 个百分点）呈现更快的上升趋势，其中，机械电子类行业所占比重 2000 年比 1996 年提高了 6.93 个百分点。这一时期的结构转变符合工业化发展的一般规律，随着工业化的不断推进，工业增长由以消费品工业为重心向以资本品工业为重心的发展阶段转变，工业结构的调整升级使得工业比重在并不低的基础上又回升至 40% 以上的水平。

后发追赶型发展模式是我国工业化过程中的另一个显著特征，也是我国工业比重一直保持较高水平的重要原因。作为发展中国家，我国工业化进程起步较晚，较低的资源、要素成本条件使我国具有利用国外先进技术和国际资本的后发优势。20 世纪 90 年代以前我国对外开放还主要是以引进国外先进技术和生产设备为主，而 20 世纪 90 年代以后，我国对外开放的领域进一步扩大，开始鼓励和吸引外商来华直接投资，这恰好适应了发达国家大规模产业转移的趋势，我国成为承接国际产业转移的理想目的国，集中于制造业的外资直接投资迅速扩大，成为推动我国工业增长的重要力量，我国也因此成为"世界工厂"，1990 年我国制造业增加值占世界制造业增加值的比重仅为 2.69%，2010 年这一比重上升至 15.41%。[①]

## 二、工业增长过程中工业结构的阶段性变化

改革开放以后，随着工业发展战略的调整，社会主义市场经济体制的建立和发展，国民经济社会发展水平的不断提高，工业化进程不断向前推进，在我国工业增长的阶段性变化中，工业结构也经历了与工业增长阶段相适应的三个调整变动阶段：第一阶段（1978~1990 年），纠正片面发展重工业，大力发展轻工业占主导的加工制造业；第二阶段（1991~2001 年），轻重工业均衡发展，制造业呈现重化工化和高加工度化趋势；第三阶段（2002 年~目前）工业的资本深化特征明显，重化工业加速发展并占据主导地位，轻工业比重显著下降。

### （一）工业结构变化逐步向供需条件作用下的市场化轨道回归，轻、重工业结构失衡问题得到一定程度的纠正

改革开放以前，我国在政府主导的计划经济体制下采取了超前发展重化工业的经济战略，从而超前推高了重化工业在工业中的比重，使工业结构变化与国际一般规律出现很大偏差。改革开放之后，工业结构变化逐步向供需条件作用下的市场化轨道回归。

---

① UNIDO, Industrial development report, 2011.

1978年至20世纪80年代前中期,随着政府对居民消费干预和控制力度的逐渐降低,长期以来受到压制的消费品需求出现反弹,从而导致以消费品为主导的轻工业的迅速扩张,轻、重工业结构失衡问题受到一定程度的矫正。1978年到1982年重工业总产值占工业比重从56.9%上升到49.8%,重工业与轻工业产值比重由1.32倍下降到0.99倍。20世纪80年代中后期到1999年,轻、重工业保持基本平衡的发展态势,重工业与轻工业产值比重在1.03倍和1.16倍之间小幅波动。从1999开始,重工业呈现快速增长势头,工业增长再次形成以重工业为主导的格局。1999～2012年,重工业总产值在工业中的比重由50.8%迅速上升至71.8%,重工业与轻工业的产值比也由1.03倍上升到2.55倍,达到改革开放以来的历史最高水平。考虑到重工业增加值率(工业增加值/工业总产值)通常高于轻工业,因此重工业增加值占全部工业的比重应该更高。从图3中可以清晰地看到,我国自2000年以来轻重工业结构的变化出现明显分化,呈现显著的重化工业化阶段特征。

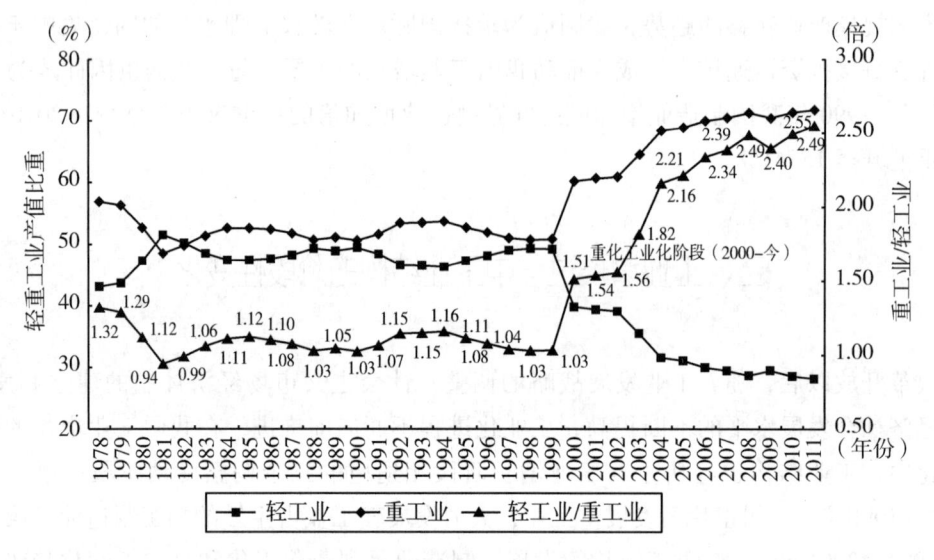

图3 1978～2011年我国轻、重工业结构变化趋势

资料来源:历年中国统计年鉴。

**(二)工业结构重化工业化趋势明显,向高加工度化和技术密集化方向升级面临突破**

工业化国家的历史经验表明,工业化进程中工业比重呈上升趋势,工业内部结构也不断发生变化,当进入工业化中期阶段,重化工业比重不断上升,出现"重化工业化"现象,而在重化工业化发展的过程中,工业结构不断向高加工度化和技术密集化转变,由此推动其从中等收入国家向高收入国家迈进。总体而言,从变化趋势来看(见图4),我国工业内部的行业结构呈现基本符合一般规律的阶段性变化特征,但由于受体制机制

因素和国情要素条件的影响，结构转变发生了一定程度的偏离。1990~2003年工业行业结构基本沿着一般升级规律方向变动，规模以上消费品制造业和能源、原材料制造业的比重显著的下降趋势，与此同时，代表高加工度化的装备制造业比重呈现明显的上升趋势，并且在1996年以后逐渐超过消费品工业，工业增长形成以重加工制造业为主导的发展格局，工业结构的升级标志着我国工业化开始进入了一个新的历史阶段——重化工化发展阶段。这一阶段一直延续至21世纪，我国加入WTO，经济发展环境发生了巨大变化，工业化和城市化进程加快，国际产业资本加速向中国转移，投资需求高速增长，工业受需求结构变动的影响，行业结构发生了明显的适应性变化，重化工业呈现加快增长势头。在投资需求成为经济增长主导力量的作用下，能源、原材料和装备制造业得到快速发展。2000~2011年，规模以上能源、原材料制造业产值占制造业产值比重上升了3.12个百分点，规模以上装备制造业产值占制造业产值比重上升了2.49个百分点。其中，产值比重上升幅度较大、排序在前4位的行业分别是黑色金属冶炼及压延工业、有色金属冶炼及压延工业、通用设备制造业和交通运输设备制造业。相比之下，消费品制造业产值比重下降了5.61个百分点，食品、饮料、纺织服装等满足基本生活需求的消费品制造行业比重持续下降（见表1）。

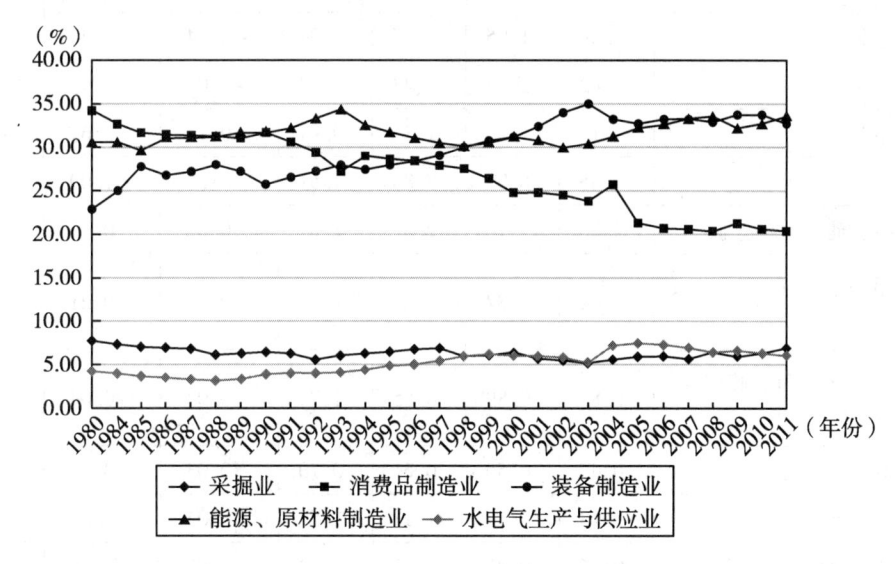

**图4　1980~2011年规模以上工业的行业结构变化趋势**

资料来源：历年中国统计年鉴。

与改革开放之前的超前重化工业化时期不同，此次工业结构重型化发展更多地受到市场供需机制的驱动作用，较大程度上体现了当前发展阶段下工业结构变化的一般规律。一方面，需求结构变化对重化工业发展形成重要的拉动作用。近年来我国以基础设施建设和房地产投资为主体的投资需求快速增长，消费结构正逐步从"吃、穿、用"为主向住房、汽车等为代表的"住、行"为主升级，从而带动重化工业产品需求快速增长。另一方面，要素禀赋结构改变对具有资本密集型特征的重化工业形成重要支撑。经过多年经济发展，我国国内资本积累量不断增加，要素资源禀赋中的资本—劳动比不断提高，同时，金融扩张、引进外资又进一步增强了资本供给能力；而由于要素市场体系不健全，土地、资源环境等相关成本存在不同程度低估，也对重化工业发展起到一定的助推作用。因此，目前这一阶段的重化工业化趋势主要是以能源、原材料制造业的迅速扩张为主导，代表高加工度化和技术密集化趋势的装备制造业比重提高趋缓，而且近年来技术密集度较高的通信设备、计算机及其他电子设备制造业比重还呈显著下降趋势，2011年比2005年的比重下降了3.72个百分点。这一现象表明这一阶段的重化工业化过程中的工业结构升级进展得并不顺利，向高加工度化和技术密集化转变仍面临突破。

表1　1995~2011年我国制造业行业规模以上产值结构的变化　　　单位:%

| 行业分类 | 1995年 | 2000年 | 2005年 | 2011年 | 2000年比1995年的增减变化 | 2005年比2000年的增减变化 | 2011年比2005年的增减变化 |
| --- | --- | --- | --- | --- | --- | --- | --- |
| 消费品制造业 | 32.85 | 28.42 | 24.02 | 22.81 | -4.43 | -4.40 | -1.21 |
| 农副食品加工业 | 6.38 | 5.04 | 4.93 | 6.09 | -1.34 | -0.11 | 1.16 |
| 食品制造业 | 2.09 | 1.95 | 1.75 | 1.94 | -0.14 | -0.20 | 0.19 |
| 饮料制造业 | 2.42 | 2.37 | 1.43 | 1.63 | -0.05 | -0.94 | 0.20 |
| 烟草制品业 | 2.10 | 1.96 | 1.32 | 0.94 | -0.14 | -0.64 | -0.38 |
| 纺织业 | 9.65 | 6.97 | 5.88 | 4.51 | -2.68 | -1.09 | -1.37 |
| 纺织服装、鞋、帽制造业 | 3.08 | 3.10 | 2.31 | 1.87 | 0.02 | -0.79 | -0.44 |
| 皮革、毛皮、羽毛（绒）及其制品业 | 2.04 | 1.82 | 1.61 | 1.23 | -0.22 | -0.21 | -0.38 |
| 木材加工及木、竹、藤、棕、草制品业 | 0.85 | 0.89 | 0.85 | 1.24 | 0.04 | -0.04 | 0.39 |
| 家具制造业 | 0.47 | 0.50 | 0.66 | 0.70 | 0.03 | 0.16 | 0.04 |
| 造纸及纸制品业 | 2.13 | 2.15 | 1.93 | 1.67 | 0.02 | -0.22 | -0.26 |
| 印刷业和记录媒介的复制 | 0.86 | 0.83 | 0.67 | 0.53 | -0.03 | -0.16 | -0.14 |
| 文教体育用品制造业 | 0.78 | 0.84 | 0.69 | 0.44 | 0.06 | -0.15 | -0.25 |
| 能源、原材料制造业 | 36.50 | 35.88 | 37.63 | 39.00 | -0.62 | 1.75 | 1.37 |
| 石油加工、炼焦及核燃料加工业 | 4.25 | 5.99 | 5.57 | 5.09 | 1.74 | -0.42 | -0.48 |
| 化学原料及化学制品制造业 | 8.00 | 7.78 | 7.59 | 8.40 | -0.22 | -0.19 | 0.81 |
| 医药制造业 | 2.01 | 2.41 | 1.97 | 2.06 | 0.40 | -0.44 | 0.09 |

续表

| 行业分类 | 1995 年 | 2000 年 | 2005 年 | 2011 年 | 2000 年比 1995 年的增减变化 | 2005 年比 2000 年的增减变化 | 2011 年比 2005 年的增减变化 |
|---|---|---|---|---|---|---|---|
| 化学纤维制造业 | 1.70 | 1.68 | 1.21 | 0.92 | -0.02 | -0.47 | -0.29 |
| 橡胶制品业 | 1.30 | 1.10 | 1.02 | 1.01 | -0.20 | -0.08 | -0.01 |
| 塑料制品业 | 2.36 | 2.57 | 2.35 | 2.15 | 0.21 | -0.22 | -0.20 |
| 非金属矿物制品业 | 6.32 | 5.00 | 4.27 | 5.55 | -1.32 | -0.73 | 1.28 |
| 黑色金属冶炼及压延加工业 | 7.67 | 6.40 | 9.96 | 8.85 | -1.27 | 3.56 | -1.11 |
| 有色金属冶炼及压延加工业 | 2.88 | 2.95 | 3.68 | 4.96 | 0.07 | 0.73 | 1.28 |
| 装备制造业 | 30.65 | 35.71 | 38.35 | 38.20 | 5.06 | 2.64 | -0.15 |
| 金属制品业 | 3.46 | 3.44 | 3.04 | 3.22 | -0.02 | -0.40 | 0.18 |
| 通用设备制造业 | 4.96 | 4.12 | 4.92 | 5.66 | -0.84 | 0.80 | 0.74 |
| 专用设备制造业 | 3.68 | 2.97 | 2.82 | 3.61 | -0.71 | -0.15 | 0.79 |
| 交通运输设备制造业 | 6.92 | 7.26 | 7.29 | 8.73 | 0.34 | 0.03 | 1.44 |
| 电气机械及器材制造业 | 5.44 | 6.54 | 6.45 | 7.10 | 1.10 | -0.09 | 0.65 |
| 通信设备、计算机及其他电子设备制造业 | 5.30 | 10.21 | 12.53 | 8.81 | 4.91 | 2.32 | -3.72 |
| 仪器仪表及文化、办公用机械制造业 | 0.89 | 1.17 | 1.29 | 1.05 | 0.28 | 0.12 | -0.24 |

资料来源：1996~2012 年中国统计年鉴。

### （三）工业结构的加工度深化发展不足，与重型化结构发生偏离

国际经验表明，随着工业化水平的提高，工业结构中以深加工为主的加工工业与原材料工业之比应该呈现上升的趋势。从我国工业上下游部门之间的比例所反映的加工度来看（见表2），服装对纺织的加工度指数在工业化初期呈现明显上升趋势，符合一般发展规律；机械类对初金属的加工度指数在工业化中期开始阶段呈现上升趋势，由 1990 年的 2.65 上升至 2002 年的 4.10，但自 2003 以来却呈现逐年下降的趋势，2011 年仅为 2.77，这恐怕与近些年来原材料工业的超速发展而形成了对机械制造工业发展的压制不无关系。目前我国已进入中等收入国家，工业化开始进入中后期阶段，但高加工度工业发展明显不足，与已经高度重型化的工业结构发生了明显的偏离。通过与发达国家工业化过程中的加工度指标相比，从机械类/初金属的比例来看（见表3），日、韩工业化过程中的加工度呈现明显的上升趋势，工业化中后期已经达到相当高的水平，日本加工度

指数达到7.26，韩国也达到4.69。而发达国家的加工度指数更是达到9.28，大大高于我国现阶段工业化过程中的水平。与其他发展中国家或落入中等收入陷阱的国家相比，工业加工度指数相当，说明我国的工业化当前还没有进入真正意义上的高加工度化阶段，加工制造业没有取代原材料工业成为驱动工业发展的主导产业，因此，完成当前经济发展战略调整的重大任务中需要构建促进工业结构向高加度化转变的条件和动力，才能实现结构升级，才能实现从中低收入向高收入国家行列迈进。

表2  中国2003~2011年工业加工度指数变化

| 年份（年） | 1980 | 1985 | 1990 | 1995 | 2000 | 2001 | 2002 | 2003 |
|---|---|---|---|---|---|---|---|---|
| 服装/纺织 | 0.15 | 0.16 | 0.18 | 0.32 | 0.44 | 0.46 | 0.46 | 0.44 |
| 印刷/造纸 | 0.54 | 0.55 | 0.45 | 0.41 | 0.39 | 0.40 | 0.40 | 0.41 |
| 机械类/初金属 | 2.46 | 3.18 | 2.65 | 3.05 | 3.82 | 3.79 | 4.10 | 3.68 |
| 年份（年） | 2004 | 2005 | 2006 | 2007 | 2008 | 2009 | 2010 | 2011 |
| 服装/纺织 | 0.40 | 0.39 | 0.40 | 0.41 | 0.44 | 0.45 | 0.43 | 0.41 |
| 印刷/造纸 | 0.44 | 0.35 | 0.34 | 0.33 | 0.34 | 0.36 | 0.34 | 0.32 |
| 机械类/初金属 | 3.14 | 2.81 | 2.75 | 2.61 | 2.54 | 2.93 | 2.96 | 2.77 |

注：初金属包括钢铁和有色金属，机械类包括机械、电气、电子、运输设备和精密仪器等。

资料来源：根据历年中国统计年鉴行业总产值数据计算。

表3  主要工业化国家的工业加工度指数比较

| 国别 | 年份（年） | 服装/纺织 | 印刷/造纸 | 机械类/初金属 |
|---|---|---|---|---|
| 韩国 | 1971 | 0.24 | 1.34 | 3.20 |
|  | 1979 | 0.32 | 1.08 | 2.92 |
|  | 1991 | 0.44 | 0.98 | 4.69 |
| 日本 | 1953 | 0.11 | 1.11 | 1.96 |
|  | 1965 | 0.16 | 1.27 | 3.82 |
|  | 1992 | 0.47 | 2.27 | 7.26 |
| 美、日、德、英、法等五国平均 | 1983 | 0.61 | 1.65 | 6.98 |
|  | 1992 | 0.64 | 1.97 | 9.28 |
| 巴西 | 1974 | 0.48 | 0.86 | 1.53 |
|  | 1989 | 0.58 | 0.66 | 2.75 |
| 印度 | 1986 | 0.05 | 1.00 | 2.41 |
|  | 1990 | 0.10 | 0.59 | 2.19 |
| 中国 | 2011 | 0.42 | 0.32 | 2.77 |

资料来源：国外数据转引自王岳平：《"十二五"时期中国产业结构调整研究》，第77页表6。中国数据为作者根据统计年鉴数据计算。

## （四）工业结构升级主要表现为资本不断深化，技术密集型产业名义比重上升，但实际高度化不足

在工业化进程中，工业结构的变化很大程度上体现在要素密集度的变化上，主要表现为工业结构由劳动密集型向资本密集型再向技术密集型演变的特征，我国工业结构在一定程度上也呈现出由劳动密集向资本和技术密集转变的特征。我国工业结构的要素密集度变化首先表现为资本的有机构成的提高，资本深化特征表现突出。从制造业整体来看，规模以上企业人均固定资产净值从2003年的8.67万元上升到2011年的18.37万元（未扣除价格变动因素）。研究数据发现（见表4），资本密集型行业的资本深化特征尤其明显，技术密集型行业和劳动密集型行业也呈现出资本深化的特征。

表4　　　　2003~2011年我国制造业行业人均固定资产净值余额　　　单位：万元/人

| 行业分类 | 2003 | 2005 | 2007 | 2011 |
| --- | --- | --- | --- | --- |
| 农副食品加工业 | 7.77 | 8.70 | 10.35 | 16.83 |
| 食品制造业 | 7.93 | 9.10 | 10.88 | 15.64 |
| 饮料制造业 | 12.92 | 14.16 | 15.64 | 20.86 |
| 烟草制品业 | 28.39 | 32.16 | 34.14 | 46.64 |
| 纺织业 | 5.71 | 6.27 | 7.49 | 11.05 |
| 纺织服装、鞋、帽制造业 | 2.20 | 2.45 | 2.90 | 4.74 |
| 皮革、毛皮、羽毛（绒）及其制品业 | 2.18 | 2.15 | 2.50 | 4.07 |
| 木材加工及木、竹、藤、棕、草制品业 | 5.94 | 6.26 | 6.90 | 11.22 |
| 家具制造业 | 4.30 | 4.21 | 5.41 | 7.63 |
| 造纸及纸制品业 | 12.43 | 15.82 | 18.60 | 28.01 |
| 印刷业和记录媒介的复制 | 8.88 | 10.31 | 11.23 | 14.47 |
| 文教体育用品制造业 | 2.35 | 2.64 | 3.08 | 4.50 |
| 石油加工、炼焦及核燃料加工业 | 35.60 | 36.90 | 42.97 | 72.11 |
| 化学原料及化学制品制造业 | 14.18 | 16.83 | 21.43 | 35.91 |
| 医药制造业 | 10.02 | 13.30 | 14.68 | 18.53 |
| 化学纤维制造业 | 22.28 | 25.07 | 28.16 | 35.40 |
| 橡胶制品业 | 7.61 | 8.59 | 11.57 | 18.56 |
| 塑料制品业 | 7.25 | 8.04 | 8.02 | 11.28 |
| 非金属矿物制品业 | 7.83 | 10.25 | 12.32 | 22.89 |
| 黑色金属冶炼及压延加工业 | 18.79 | 23.26 | 33.35 | 52.60 |

续表

| 行业分类 | 2003 | 2005 | 2007 | 2011 |
|---|---|---|---|---|
| 有色金属冶炼及压延加工业 | 14.15 | 17.72 | 21.61 | 38.58 |
| 金属制品业 | 5.47 | 5.90 | 6.92 | 12.83 |
| 通用设备制造业 | 5.95 | 6.44 | 7.88 | 14.54 |
| 专用设备制造业 | 6.12 | 7.06 | 8.64 | 15.24 |
| 交通运输设备制造业 | 9.42 | 11.02 | 13.70 | 20.25 |
| 电气机械及器材制造业 | 6.33 | 6.32 | 7.20 | 12.24 |
| 通信设备、计算机及其他电子设备制造业 | 9.84 | 9.73 | 10.14 | 11.22 |
| 仪器仪表及文化、办公用机械制造业 | 5.07 | 5.65 | 6.11 | 9.49 |

资料来源：根据 2004~2011 年中国统计年鉴计算而得。表中数据未扣除价格因素。

相比资本不断深化，我国制造业的技术密集化水平却依然较低。对制造业技术密集度的划分，国内研究基本采用 OECD 的行业分类方法，即以制造业的 R&D 经费投入强度作为划分标准。参考 OECD 的分类方法，结合我国的统计情况，将我国制造业行业分为高技术、中高技术、中低技术和低技术等类型。单从行业分类来看（见表5），我国制造业的技术密集型产业（包括高技术和中高技术产业）比重总体呈现上升趋势，1990 年仅为 38%，2011 年达到 46.36%。其中 2000~2011 年，中高技术制造业的比重上升明显，由 29.32% 上升至 34.43%，但高技术制造业的比重在这 5 年中是呈下降趋势，由 15.79% 下降至 11.93%，造成下降的原因主要是近几年电子信息制造业产值比重大幅下降。但是，应该注意的是，参照 OECD 的技术密集度行业划分的高技术产业类型并不能反映出当前我国制造业中高技术产业比重较低的真实情况，技术密集的名义高度化提高较快，但实际高度化不足。[①] 在我国制造业大类中，只有通信设备、计算机及其他电子设备业、医药制造业等少数行业的 R&D 经费投入强度超过 1%，与 OECD 标准定义的国际高技术产业差距非常大，大约只为该标准的 1/10 左右。若以 R&D 经费投入强度超过 1% 的标准划分为技术密集型行业，根据王岳平（2011）的研究对小行业的计算，我国真正属于技术密集型的行业比重较低，2007 年仅占规模以上工业增加值的 9%，而且与 2003 年相比，比重还有所下降。尤其是 2007~2016 年，我国制造业的技术密集化趋势不明显，产业结构实际高度化不足。导致这一现象的原因主要是，在当前全球化条件下，国际分工从产业间、部门间分工向产业内分工转变，像通信设备、计算机及其他电子设备业这样的技术密集型行业，我国承接的也多是国际产业分工中组装加工类制造环节，技术含量较低，属于劳动密集型产业。

---

① 王岳平等：《"十二五"时期中国产业结构调整研究》，第78页。

表 5　　　　　1990～2011 年制造业按技术密集度分类的行业比重　　　　单位:%

| 制造业分类 | 1990 年 | 1996 年 | 2000 年 | 2005 年 | 2011 年 |
| --- | --- | --- | --- | --- | --- |
| 制造业总计 | 100 | 100 | 100 | 100 | 100 |
| 高技术制造业 | 6.52 | 8.05 | 13.77 | 15.79 | 11.93 |
| 中高技术制造业 | 31.48 | 29.74 | 29.32 | 30.29 | 34.43 |
| 中低技术制造业 | 26.21 | 27.13 | 25.87 | 29.90 | 30.84 |
| 低技术制造业 | 35.79 | 35.08 | 31.04 | 24.02 | 22.81 |

注：高技术制造业为：通信设备、计算机及其他电子设备制造业、医药制造业、仪器仪表及文化、办公用机械制造业；中高技术制造业为：电气机械及器材制造业、交通运输设备制造业、化学原料及化学制品制造业、化学纤维制造业、通用设备制造业、专用设备制造业；中低技术制造业为：橡胶制品业、塑料制品业、石油加工、炼焦及核燃料加工业、黑色金属冶炼及压延加工业、有色金属冶炼及压延加工业、非金属矿物制品业、金属制品业；低技术制造业为：农副食品加工业、食品制造业、饮料制造业、烟草制品业、纺织业、纺织服装、鞋、帽制造业、皮革、毛皮、羽毛（绒）及其制品业、木材加工及木、竹、藤、棕、草制品业、家具制造业、造纸及纸制品业、印刷业和记录媒介的复制、文教体育用品制造业。

资料来源：根据相关年份中国统计年鉴计算而得。

## 三、结论与启示

### (一) 工业结构高度化发展是我国完成工业化不可或缺的重要环节

从前面的分析研究中发现，虽然我国工业规模已经很大，在国民经济中占有较高比重，重化工业化趋势明显，从总量结构上看似乎标志着工业发展已经达到工业化中后期的水平，但是，由于我国工业结构升级进展得并不顺利，存在工业结构高度化水平不足导致工业总量、结构"虚高"的现象，与国民收入水平也存在较大程度的偏离。由此从工业结构的高度水平而言，与先行工业化国家相比，我国仍处于工业化过程的中期阶段，现阶段以至未来的一段时期内，在促进工业内部结构调整升级的过程中，我国工业在国民经济中在未来一定时期应保持一定的发展速度和规模，工业占 GDP 的比重仍然要维持一定的强度，才能保障国民收入水平的持续提高，而不至于落入中等收入陷阱。未来在保持工业在国民经济发展中的主要地位和作用的基础上，应加快促进工业内部结构的高加工度化和技术密集化升级。

## (二) 以能源、原材料工业发展为主导的重化工业化导致工业结构的虚高与偏离

近些年来，经济增长过度依赖投资，特别是非理性投资的存在，导致重化工业迅速扩张的动力主要来源于冶金、煤炭、石油等能源、原材料工业，而不是依靠机械、电子等装备制造行业。能源、原材料工业的快速增长吸引了投资的大量流入，能源、原材料价格的大幅上涨又阻碍了加工制造业增加值率的提高，以原材料工业为主导的工业结构偏离了工业结构高加工度化和技术密集化的升级方向，产业结构变动对要素的优化配置作用明显减弱，资本、劳动力等生产要素从生产率上升较快的加工制造行业流向生产率上升较慢的资源密集型行业，加工制造业缺乏持续增长的动力。由于工业扩张动力主要来自于能源和原材料工业，重化工业化趋势加快的表象却容易导致对我国工业结构重型化升级趋势的误判，事实上，加工制造业的发展明显不足是工业结构偏离发展阶段、向高加工度化和技术密集化升级缓慢的重要原因。

## (三) 要充分发挥市场机制对促进工业结构升级的根本性作用

从我国工业结构的阶段性变化来看，在政府与市场作用的博弈过程中，政府对工业结构变动的干预影响较大，市场经济体制对工业结构的调整与优化作用还应进一步加强。计划经济时期，政府代替市场通过直接干预的手段为资源的配置与市场活动提供了一系列的制度安排，导致工业结构严重失衡，与经济发展水平出现较大偏离，违背了工业化进程中产业结构的演进规律，国民经济建设也遭受了严重损失。改革开放以来，随着社会主义市场经济体制建立，政府缩小了经济职能的范围和权力，放松了对整个经济的行政干预，加强了市场机制的调节作用，工业结构的变动逐渐回归到与经济发展阶段相适应的正常轨道上来。但是应该看到，目前的产业政策仍然以倾斜式结构政策为主，延续了"计划色彩深厚"的传统，一些直接干预措施（诸如目录指导、项目审批、市场准入等）仍被沿用，"选择性的产业政策"仍然是政府干预经济发展的重点，而"选择性"政策这种事先确定"赢者"加以扶持的行为破坏了市场竞争机制的有效运行，并且造成垄断与寻租行为的发生。因此，政府应该用"功能型"、"竞争型"政策代替"选择性"政策，为那些具备潜在竞争优势的企业或产业发展创造公平的竞争环境，让市场本身筛选出具有赢者特质的企业或产业。

## (四) 转变技术进步模式和改善创新环境是未来工业结构技术密集化升级的关键

我国工业结构的技术密集化程度不高，与技术进步模式以及企业、行业自主创新的

研发投入严重不足密切相关。改革开放以来,由于我国与发达国家之间存在巨大的技术差距,因而形成了我国制造业以技术引进为主的技术进步模式。技术引进虽然在较短的时间内缩短了与发达国家的差距,但以技术引进为主的技术进步模式在我国存在着较大的缺陷。首先,由于我国自技术引进以来一直"重引进、轻吸收",导致我国对引进技术产生"路径依赖",陷入了"引进—落后—再引进—再落后"的技术引进陷阱,被动跟随发达国家、跨国公司的技术变化,从而抑制了我国制造业自主创新能力的提升。其次,核心技术被跨国公司控制,技术引进硬件多、软件少,重复引进现象十分严重。跨国公司构建全球价值链,对核心技术的垄断是它们保持竞争优势的重要手段,由于缺乏核心技术,我国企业不得不在产品中承担核心部件的高昂成本。第三,不完善的知识产权制度和寻租活动机会①使得我国制造业结构升级的创新驱动机制难以有效形成。由于经济活动中存在较高的租金,寻租的机会越大,导致创新的机会成本远远高于寻租的机会成本。当企业投资产生的知识被不情愿地扩散到竞争者那里,一个企业从事 R&D 投入的激励将减少。由于知识产权制度不完善和缺乏激励创新者创新的产权管理制度等原因,企业不愿创新,因此,完善知识产权制度是改善创新环境、转变技术进步模式的重要保障。

(执笔人:周 劲)

## 参考文献

[1] UNIDO,Industrial development report,2011。
[2] 王岳平:《"十二五"时期中国产业结构调整研究》,中国计划出版社。
[3] 王岳平:《开放条件下的工业结构升级》,经济管理出版社。
[4] 冯飞等:《迈向工业大国——30 年工业改革与发展回顾》,中国发展出版社。
[5] 张建华等:《基于新型工业化道路的工业结构优化升级研究》,中国社会科学出版社。
[6] 周劲:《我国制造业的组织结构特征与发展趋势》,中国社会科学报 2010 年版。
[7] 经贸合作与发展组织:《OECD 的科学技术与工业记分牌(2003)》,科学技术出版社。

---

① 寻租活动机会指以较低的投入获得高额利润的机会。

# 第三章

# 中国工业国际分工地位与变化特征

**内容提要：** 自改革开放进程以来，我国抓住全球化带来的机遇，融入全球生产体系，参与国际分工的程度不断加深，但是在全球产业分工中面临的矛盾也日益突出，主要的表现是产业内分工水平较低，多数行业呈分工水平下降态势；价值链分工具有大量进口中间产品、出口加工组装产品的特征，低端锁定倾向明显；我国对外投资发展滞后，全球资源的整合治理能力不足。未来我国工业分工地位提升既面临着严峻的困难与挑战，也有前所未有的机遇与条件，需要在向高附加值环节升级、国家价值链构建、制造环节核心竞争力提升、对外投资与整合全球资源等方面进行重点突破。

传统的产业结构研究，不论是按照要素密集度进行的产业分类，还是按照加工深度进行的产业分类，都是基于产业间分析的角度进行的。但是基于产业间分工的结构研究在全球化程度不断加深、产业内及产品内分工更趋普遍的情况下是不够深入的，甚至产生结构虚拟高度化的现象，从而不能对一国产业结构进行准确把握。在新的国际分工模式下，我国产业结构问题主要不是三次产业之间的比例关系问题，而是产业链和价值链内关键环节缺失的问题。从产业发展角度看，经济转型一定要解决怎样从价值链低端向中高端延伸，从依赖低成本的价格竞争向以质量、技术、品牌、服务为核心的非价格竞争转变，从依靠资源要素投入向创新驱动转变的问题。因此，对应于产业内及产品内分工的价值链结构研究相比于传统的产业间结构研究更为必要和准确。另一方面，随着我国工业发展进入以质量和效益提升为主要目标的阶段，以及跨国公司在全球竞争中的优势越来越凸显，资源要素在企业间优化配置、企业市场势力提升等成为产业国际竞争力的核心内容之一。因此，产业组织结构调整也成为转变经济发展方式、优化产业结构的重要方面。

## 一、我国参与国际分工的变化历程

自 1978 年启动改革开放进程以来，我国紧紧抓住全球化带来的机遇，融入全球生产体系，从基本实现自给自足的封闭经济向利用国内外资源、国内外市场的开放经济转变。30 多年来，我国的国际分工地位显著提升，参与国际分工的程度不断加深，但是在全球产业分工中面临的矛盾也日益突出，这要求在未来发展中突破传统思维，寻求新的战略方向，以有效实现我国开放型经济水平的进一步升级。①

## （一）以产业间分工为主的阶段

主要是指改革开放初期，我国参与国际分工的形式以产业间分工为主，在时间上大致涵盖 1978~1991 年。这一时期，虽然工业制成品在出口中所占的比重不断提升，但初级产品的出口地位仍然比较突出。1978 年以来，我国积极实施出口导向型战略，引入国际资本、技术和管理技能，开辟经济特区和开发区，使廉价劳动力优势得到充分发挥，实现了经济的快速增长。1978 年，初级产品出口占我国出口总额的 54.8%，工业制成品出口占 45.2%；至 1985 年，两者比重已经近乎相等，初级产品为 50.56%，工业制成品为 49.44%；至 1991 年，初级产品出口比重下降至 22.45%，工业制成品上升至 77.46%（见图 1）。虽然在这一阶段后期工业制成品取代初级产品成为我国出口的主体，但主要集中于轻工和纺织服装产品，以产业间分工为主。这通过加工贸易所占比重较低也能得到一定体现：20 世纪在 80 年代初期，加工贸易占出口结构的比重一直在 20% 以下，至 1991 年其比重增长至 45.10%，仍明显低于一般贸易（53.01%）。

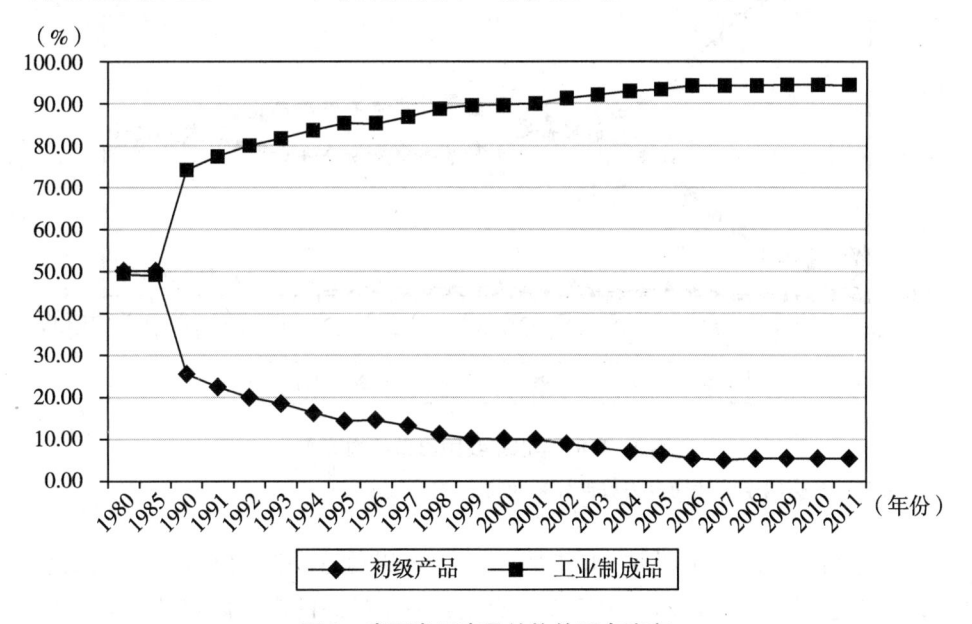

**图 1　我国出口产品结构的历史演变**

资料来源：根据国家统计局有关数据计算而得。

## （二）产品内分工迅速兴起阶段

主要是指 20 世纪 90 年代以来，产品内分工蓬勃发展的阶段，在时间上涵盖 1992~

---

① 金芳：《中国国际分工地位的变化、内在矛盾及其走向》，载于《世界经济研究》2008 年第 5 期。

2001年。这一时期，我国加快融入全球经济进程，越来越多的国内企业参与到全球价值链组织形式的国际制造体系中，利用FDI、发展对外贸易、承接国际外包等分工方式成为融入世界经济、发挥比较优势、有效配置资源的重要途径。[1] 参与国际分工的快速深化一是体现在我国利用外国直接投资的规模迅速扩张。1993年，我国实际利用外资275.15亿美元，在规模上仅次于美国，并成为利用外国直接投资最大的发展中国家。这一阶段，我国年均实际利用外资增幅从1986~1991年的15.01%提高到36.09%，占发展中国家的比重超过1/5。二是体现在加工贸易规模的迅速扩大，并成为外贸出口的主体。这一时期，我国大量地从国外进口原材料和中间产品，加工成最终产品或半成品之后再出口。1992年，加工贸易占出口的比重已经达到46.64%，比一般贸易低4.78个百分点；至1999年，加工贸易比重达到最高的56.88%，高于一般贸易16.29个百分点（见图2）。

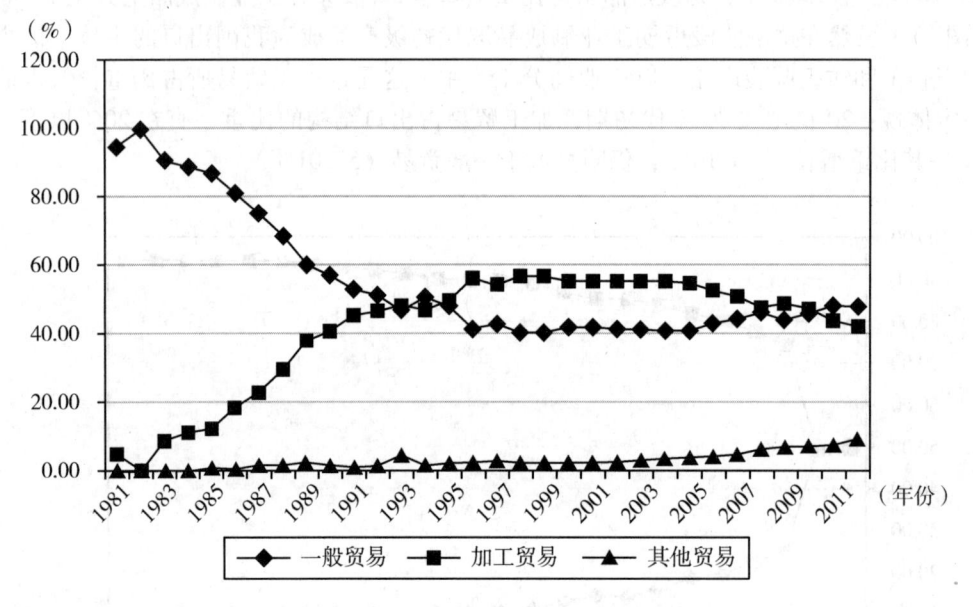

**图2 1981年以来我国出口结构演变**

资料来源：根据国家统计局有关数据计算而得。

通过产业内贸易指数（即G-L指数），[2] 也可以对这一时期的分工状况有所反映。分析发现，工业制成品在1990~2003年一直处在一个较高的产业内贸易水平，多数年份的G-L指数都在0.85以上（见图3）。以轻纺产品、橡胶制品、矿冶产品及其制品、机械及运输设备最为明显。其中，机械及运输设备的产业内贸易在这一时期增长非常迅速，主要是由于我国抓住了发达国家机电制造业和高技术产品中的劳动密集型环节向外转移的机遇，大力发展外向型的机电制造业和高新技术产业。

---

[1] 姚志毅、张亚斌、李德阳：《参与国际分工对中国技术进步和技术效率的长期均衡效应》，载于《数量经济技术经济研究》2010年第6期。
[2] G-L$_j$表示第j产业内贸易指数，用以衡量相同产业内进出口贸易之间平衡贸易程度或重叠程度。GL指数取值0时，表示完全产业间贸易；取值1时，表示完全产业内贸易。

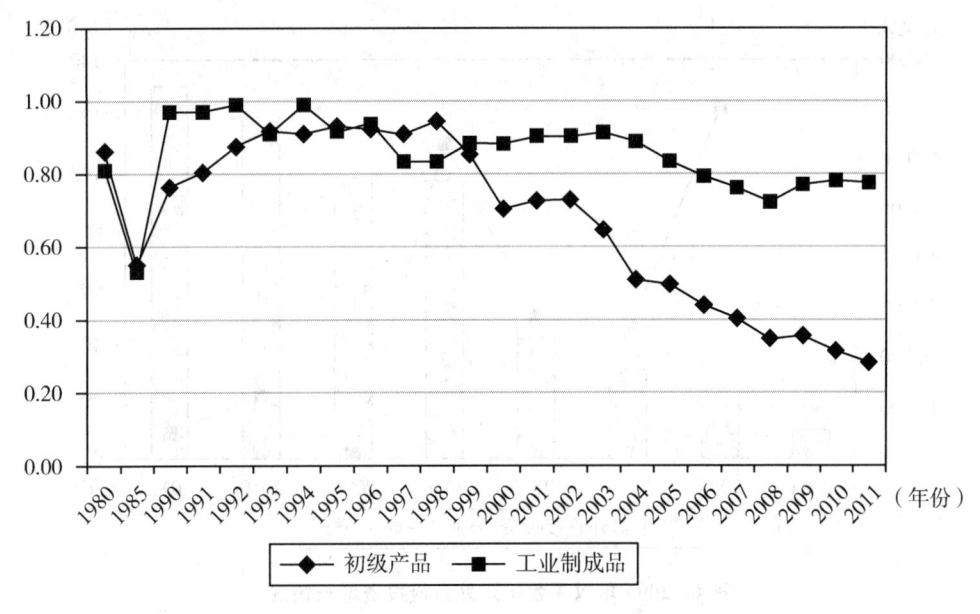

**图 3　我国产业内贸易水平（G–L 指数）的变化**

资料来源：根据国家统计局数据计算而得。

## （三）加入世贸组织以来的新阶段

2002 年以来，我国的国际投资地位发生了一系列重要的转折，日益呈现出与世界先行国家普遍规律相近的变化趋势。其一是国际直接投资流入的增速明显回落，年均增幅从 1992~2001 年的 36.09% 下降至 2002~2011 年的 9.81%。这一时期，由于新兴发展中国家的崛起及各国对外资普遍实行放松政策，我国吸收外国直接投资的绝对额尽管仍居发展中国家第一位，但占总额的相对比重却有所下降。其二是资本输出较之于前两个阶段呈显著加快态势，我国对外直接投资从 2004 年的 54.98 亿美元，增长至 2011 年的 746.54 亿美元，其中 2005 年和 2008 年的增速均超过 100%（见图 4）。由于国际资本流动规模和投资结构是全球生产一体化背景下判断一国国际分工地位的重要指标。因此，中国作为外国直接投资母国的崛起极大地改变了世界投资格局的传统版图。

另外一个显著的表现是在出口结构上，加工贸易比重大幅下降，从 2002 年的 55.26% 下降至 2012 年的 42.11%，下降 13.15 个百分点；一般贸易比重则从 2002 年的 41.83% 上升至 2012 年 48.22%，提高 6.39 个百分点。而且，机械产品的出口规模进一步扩大，占总出口的比重从 2002 年的 39% 上升到 2009 年的 49.12%，是轻纺产品、橡胶制品、矿冶产品及其制品的 3.19 倍。对比之下，杂项制品占比则从 2002 年的 31.07% 下降至 2011 年的 24.20%，下降 6.87 个百分点（见图 5）。此外，近年来我国参与国际分工还面临生产要素的供需形势变化对传统分工格局带来影响，成本更低的发展中国家兴起、发达国家制造业回归给国际分工的外部环境带来挑战等诸多新形势。

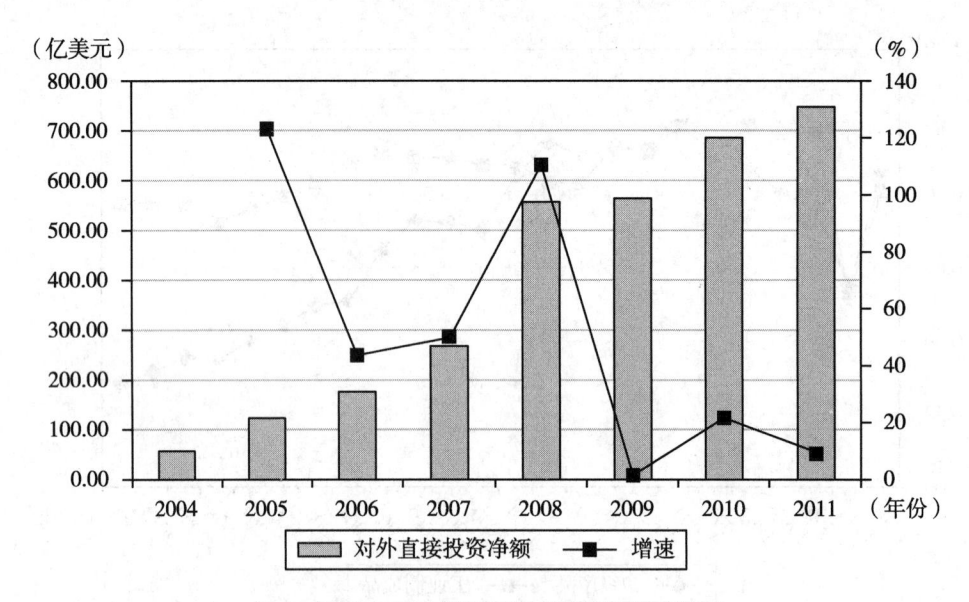

图4 2004年以来我国对外直接投资增长情况

资料来源：根据国家统计局有关数据计算而得。

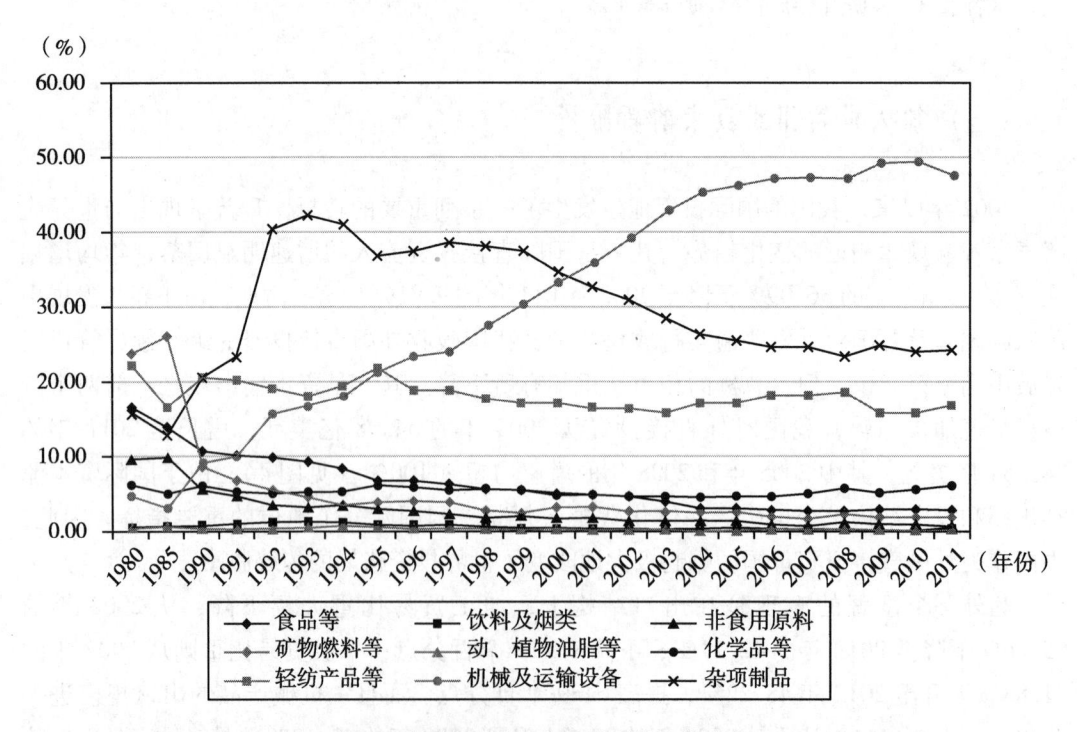

图5 我国主要出口商品类别的结构演变

资料来源：根据国家统计局有关数据计算而得。

## 二、当前我国工业国际分工的结构性特征

### (一) 参与国际分工的产业内分工水平较低,多数行业呈分工水平下降态势

**1. 工业行业的总体分析**

为了测度各工业行业的产业内分工水平,引入 Greenaway (1994) 判断标准,以贸易产品的单位出口价值和单位进口价值之比(UVx/UVm)为基础,选择合适的"离散因子"——α,将产业内贸易划分为水平型产业内贸易(HIIT)和垂直型产业内贸易(VIIT)两种类型。水平型产业内贸易是由同类产品的不同属性和特征引起的,它超越了要素禀赋基础,基于消费多样化、生产规模化和专业化而发生。垂直型产业内贸易是由同一产品具有不同生产环节引起的,并没有脱离要素禀赋基础。测度指标中,UVx 和 UVm 分别表示产业内贸易产品的单位出口价值和单位进口价值,α 一般取值为 0.25。

这样,满足水平型产业内贸易(HIIT)产品的条件是:

$1-\alpha \leqslant UVx/UVm \leqslant 1+\alpha$,即介于 0.75~1.25 之间,

满足垂直型产业内贸易(VIIT)产品的条件是:

$UVx/UVm \leqslant 1-\alpha$ 或者 $UVx/UVm \geqslant 1+\alpha$,即小于 0.75 或大于 1.25,

进一步划分,可以将垂直型产业内贸易与水平型产业内贸易区分为低质量与高质量的差别,见表 1。高质量的垂直型产业内贸易和高质量的水平型产业内贸易表示一国在国际分工中能够提供高质量的产品出口,其出口产品品质高于进口产品,或与进口产品品质相当。低质量的垂直型产业内贸易和低质量的水平型产业内表示一国在国际分工中提供的出口产品品质较低,劣于进口产品品质。

表 1　　　　　　　　　产业内贸易的划分类型与标准

| 产业内贸易分类 | 标准 | 备注 |
| --- | --- | --- |
| 低质量的垂直型产业内贸易 | UVx/UVm < 1 - a | 小于 0.75 |
| 高质量的垂直型产业内贸易 | UVx/UVm > 1 + a | 大于 1.25 |
| 低质量的水平型产业内贸易 | 1 - a ≤ UVx/UVm < 1 | 大于 0.75、小于 1 |
| 高质量的水平型产业内贸易 | 1 ≤ UVx/UVm ≤ 1 + a | 大于 1、小于 1.25 |

分析发现,我国多数行业在国际分工中具有出口低质量产品、进口高质量产品的特征,以装备制造领域最为明显。2012 年,我国仅有 6 个工业行业属于水平型产业内贸易,分别为食品制造业、饮料制造业、石油加工、炼焦及核燃料加工业、化学原料及化学制品制造业、橡胶制品业,6 个行业属于高质量垂直型产业内贸易,分别为农副食品加工

业、纺织业、皮革、毛皮、羽毛（绒）及其制品业、造纸及纸制品业、通信设备、计算机及其他电子设备制造业。其余15个行业均属于低质量垂直型产业内贸易，又以印刷业和记录媒介的复制业、医药制造业、普通机械制造业、专用设备制造业、仪器仪表及文化办公用机械制造业为最低。2012年相比2000年，有15个行业的产业内分工水平是下降的，其中自1992年以来持续下降的是印刷业和记录媒介的复制业、化学原料及化学制品制造业、医药制造业、塑料制品业、有色金属冶炼及压延加工业、金属制品业、普通机械制造业、电气机械及器材制造业；产品内分工水平上升的有12个行业，其中自1992年以来持续上升的是纺织业、造纸及纸制品业、橡胶制品业、专用设备制造业、通信设备、计算机及其他电子设备制造业、仪器仪表及文化办公用机械制造业（见表2）。

表2　　　　　　　　　我国各工业行业的 UVx/UVm 分析

| 行业 | 单位 | 1992年 | 2000年 | 2012年 |
| --- | --- | --- | --- | --- |
| 农副食品加工 | 吨 | 0.82 | 1.91 | 1.76 |
| 食品制造业 | 吨 | 0.85 | 1.17 | 1.01 |
| 饮料制造业 | 吨 | 0.00 | 1.20 | 0.92 |
| 烟草加工业 | 吨 | 0.65 | 0.44 | 0.59 |
| 纺织业 | 吨 | 1.39 | 1.68 | 1.87 |
| 服装及其他纤维制品制造 | 件 | 1.69 | 1.90 | 0.36 |
| 皮革毛皮羽绒及其制品业 | 吨 | 1.49 | 1.47 | 3.63 |
| 木材加工及竹藤棕草制品业 | 吨 | 0.51 | 0.36 | 0.39 |
| 造纸及纸制品业 | 吨 | 1.75 | 1.95 | 4.16 |
| 印刷业记录媒介的复制 | 吨 | 2.06 | 0.52 | 0.18 |
| 石油加工及炼焦业 | 吨 | 0.82 | 0.65 | 1.08 |
| 化学原料及化学制品制造业 | 吨 | 1.77 | 1.08 | 0.85 |
| 医药制造业 | 吨 | 0.40 | 0.31 | 0.08 |
| 化学纤维制造业 | 吨 | 1.20 | 1.50 | 0.54 |
| 橡胶制品业 | 吨 | 0.61 | 0.67 | 0.80 |
| 塑料制品业 | 吨 | 0.94 | 0.60 | 0.35 |
| 非金属矿物制品业 | 吨 | 0.16 | 1.19 | 0.21 |
| 黑色金属冶炼及压延加工业 | 吨 | 0.68 | 0.60 | 0.73 |
| 有色金属冶炼及压延加工业 | 吨 | 0.80 | 0.77 | 0.57 |
| 金属制品业 | 吨 | 0.41 | 0.34 | 0.21 |
| 普通机械制造业 | 件 | 0.22 | 0.00 | 0.00 |
| 普通机械制造业 | 吨 | 0.02 | 0.28 | 0.19 |

续表

| 行　业 | 单位 | 1992 年 | 2000 年 | 2012 年 |
|---|---|---|---|---|
| 专用设备制造业 | 件 | 0.01 | 0.03 | 0.08 |
| 交通运输设备制造业 | 件 | 0.00 | 0.49 | 0.22 |
| 电气机械及器材制造业 | 吨 | 6.46 | 0.65 | 0.25 |
| 电子及通信设备制造业 | 件 | 0.16 | 0.28 | 1.95 |
| 仪器仪表及文化办公用机械 | 件 | 0.01 | 0.06 | 0.15 |
| 其他制造业 | 吨 | 0.66 | 2.66 | 2.71 |

资料来源：根据 UN Comtrade 数据库计算而得。

**2. 高加工度产品的重点分析**

在产业链较长、生产迂回度较高的高加工度产品领域，进口高质量产品、出口低质量产品的特征更加明显。选取 7 个行业的 28 种高加工度产品进行分析发现（见表3），处于高质量垂直型产业内贸易的产品仅有一种，即自动资料处理机及其部件，处于水平型产业内贸易的产品有两种，分别是电视接收机和声音收线或重播机，其余 25 种产品均处于低质量垂直型产业内贸易水平。值得警惕的是，我国产品出口相比进口所能获得的收益是很低的，而且在不断恶化。28 种高加工度产品中，有 7 种产品的进出口价格指数（UVx/UVm）是上升的，其余 21 种产品均呈价格指数下滑趋势。其中，价格指数上升的产品主要分布在通信设备、计算机及其他电子设备制造业、仪器仪表及文化办公用机械制造业，主要是进口中间产品，然后加工组装出口最终产品的行业。对比之下，金属制品业、普通机械制造业、专用设备制造业、交通运输设备制造业、电气机械及器材制造业等领域的产品普遍呈指数下滑趋势。比较来看，金属制品业产品多具有价格指数持续下降的态势，普通机械制造业产品呈普遍偏低且不断下降的趋势，交通运输设备制造业产品具有降幅明显的特点。这种现象表明我国出口机电产品的科技水平相比进口产品明显偏低，与我国高端产品依赖进口、低端产品廉价出口的贸易格局是一致的。

表3　　　　　　我国部分高加工度产品的 UVx/UVm 分析

| 行业 | 名　　称 | 单位 | 1992 | 2000 | 2012 |
|---|---|---|---|---|---|
| 金属制品业 | 结构物及结构物部件 | 吨 | 0.67 | 0.45 | 0.39 |
| | 储存或运输用的金属容器 | 吨 | 0.44 | 0.65 | 0.70 |
| | 线材产品 | 吨 | 0.51 | 0.45 | 0.29 |
| | 钉、螺丝钉等 | 吨 | 0.82 | 0.20 | 0.14 |
| | 手用或机用工具 | 吨 | 0.23 | 0.24 | 0.17 |
| | 贱金属制成品 | 吨 | 0.45 | 0.36 | 0.23 |
| | 预制装配式建筑物 | 吨 | 1.19 | 0.94 | 0.24 |

续表

| 行业 | 名　　称 | 单位 | 1992 | 2000 | 2012 |
|---|---|---|---|---|---|
| 普通机械制造业 | 水蒸气或其他蒸汽发动锅炉等 | 吨 | — | 0.32 | 0.21 |
|  | 切削金属或其他材料的加工工作母机 | 件 | 0.01 | 0.00 | 0.00 |
|  | 加工金属、烧结金属碳化物或金属陶瓷的工作母机 | 件 | 0.12 | 0.07 | 0.02 |
|  | 部分机器的零件、组件及附件等 | 吨 | — | 0.13 | 0.12 |
|  | 供管、锅炉外壳等 | 吨 | — | 0.32 | 0.19 |
|  | 机械的非电力零件及附件 | 吨 | 0.02 | 0.35 | 0.23 |
| 专用设备制造业 | 拖拉机 | 件 | 0.12 | 0.03 | 0.08 |
|  | 摄影或电影摄影用品 | 吨 | — | 1.87 | 0.37 |
|  | 电影软片等 | 米 | 0.85 | 2.73 | 0.12 |
| 交通运输设备制造业 | 汽车及其他主要用作载客的汽车 | 件 | 1.04 | 0.26 | 0.10 |
|  | 通货汽车及特殊用途汽车 | 件 | 0.95 | 0.21 | 0.18 |
|  | 陆路汽车 | 件 | 1.09 | 1.21 | 0.55 |
|  | 船、艇等 | 件 | 0.08 | 0.24 | 0.12 |
| 电气机械及器材制造业 | 电力器具等 | 吨 | — | — | 0.31 |
|  | 分布电力设备 | 吨 | 0.95 | 0.65 | 0.40 |
| 电子及通信设备制造业 | 自动资料处理机及其部件 | 件 | 0.17 | 0.33 | 1.97 |
|  | 电视接收机 | 件 | 0.30 | 0.11 | 1.19 |
|  | 无线电广播接收机 | 件 | 1.43 | 0.25 | 0.14 |
|  | 声音收线或重播机 | 件 | 0.06 | 0.17 | 1.20 |
| 仪器仪表及文化办公用机械 | 办公室机械 | 件 | 0.06 | 0.06 | 0.15 |
|  | 部分机器零件及附件 | 吨 | — | 0.27 | 0.41 |

资料来源：根据 UN Comtrade 数据库计算而得。

## （二）价值链分工具有大量进口中间产品、出口加工组装产品的特征

### 1. 工业总体的比较

价值链分工结构首先关注一国进出口结构中最终产品与中间产品的比例关系。分析发现，在全球贸易格局中，工业化国家，尤其是美、日等发达国家处于全球产业链和价值链的高端，主要从事产品的研发、设计、营销环节以及高端零部件的生产，很少从其他国家进口中间投入品，而后起发展中国家则主要依赖从发达国家进口高集成度的零部

件，按照其研发设计要求进行组装加工后出口。①

选取美国、日本、韩国、马来西亚、印度尼西亚、印度等涵盖不同发展水平的国家进行对比分析（见表4）。在这些国家中，我国出口产品结构中，最终产品比重明显居高，最高的1992年高达61.51%，比美国、日本、韩国分别高28.85、15.31、17.64个百分点。不止于此，我国最终产品出口占比还远远高于马来西亚、印度尼西亚等发展中国家，分别高27.55个百分点、22.62个百分点。对比之下，日美及韩国、马来西亚、印度尼西亚等国家出口中，中间产品所占比重较高，例如美国2000年占比为65.30%，日本2005年占比为62.05%。这说明中国作为最终产品出口基地的地位在国际上是很突出的。值得注意的是，由于国内市场规模狭小，无法拥有像日本、韩国、中国那样的完全配套型产业结构，② 东南亚国家在中间产品领域拥有较强竞争力，并向中国等其他国家出口。

表4　　　　　　　中国与部分国家出口结构比较　　　　　　单位:%

| 中国 | 1992年 | 1995年 | 2000年 | 2005年 | 2010年 | 2012年 |
| --- | --- | --- | --- | --- | --- | --- |
| 初级产品 | 4.2 | 2.9 | 1.9 | 1.2 | 0.6 | 0.4 |
| 中间产品 | 34.3 | 38.9 | 38.9 | 44.4 | 43.7 | 42.0 |
| 最终产品 | 61.5 | 58.2 | 59.3 | 54.4 | 55.8 | 57.6 |
| 美国 | 1992年 | 1995年 | 2000年 | 2005年 | 2010年 | 2012年 |
| 初级产品 | 4.6 | 4.0 | 2.4 | 3.0 | 5.8 | 5.4 |
| 中间产品 | 62.7 | 64.0 | 65.3 | 63.5 | 57.5 | 57.5 |
| 最终产品 | 32.7 | 32.0 | 32.3 | 33.6 | 36.8 | 37.1 |
| 日本 | 1992年 | 1995年 | 2000年 | 2005年 | 2010年 | 2012年 |
| 初级产品 | 0.3 | 0.4 | 0.3 | 0.9 | 1.3 | 1.6 |
| 中间产品 | 53.5 | 60.7 | 60.2 | 62.1 | 61.6 | 61.4 |
| 最终产品 | 46.2 | 39.0 | 39.5 | 37.1 | 37.1 | 37.0 |
| 韩国 | 1992年 | 1995年 | 2000年 | 2005年 | 2010年 | 2012年 |
| 初级产品 | 0.5 | 0.2 | 0.2 | 0.3 | 0.4 | 0.5 |
| 中间产品 | 55.6 | 67.3 | 67.3 | 62.6 | 55.7 | 57.5 |
| 最终产品 | 43.9 | 32.4 | 32.5 | 37.1 | 43.9 | 42.0 |
| 马来西亚 | 1992年 | 1995年 | 2000年 | 2005年 | 2010年 | 2012年 |
| 初级产品 | 6.2 | 2.4 | 1.3 | 1.0 | 1.3 | 1.4 |

---

① 黄先海、杨高举：《中国高技术产业的国际分工地位研究：基于非竞争型投入占用产出模型的跨国分析》，载于《世界经济》2010年第5期。

② 本多光雄：《新国际分工和日本和中国的作用——对新国际分工的摸索》。

续表

| 中国 | 1992年 | 1995年 | 2000年 | 2005年 | 2010年 | 2012年 |
|---|---|---|---|---|---|---|
| 中间产品 | 59.9 | 66.1 | 71.0 | 70.9 | 71.5 | 69.5 |
| 最终产品 | 34.0 | 31.6 | 27.7 | 28.1 | 27.2 | 29.2 |
| 印度尼西亚 | 1992年 | 1995年 | 2000年 | 2005年 | 2010年 | 2012年 |
| 初级产品 | 5.9 | 4.8 | 4.8 | 10.3 | 20.0 | 23.5 |
| 中间产品 | 55.2 | 83.5 | 58.9 | 59.4 | 56.8 | 54.4 |
| 最终产品 | 38.9 | 11.8 | 36.3 | 30.3 | 23.2 | 22.1 |
| 印度 | 1992年 | 1995年 | 2000年 | 2005年 | 2010年 | 2012年 |
| 初级产品 | 2.3 | 3.2 | 2.1 | 2.4 | 2.2 | 3.1 |
| 中间产品 | 54.0 | 54.6 | 56.9 | 58.1 | 60.2 | 53.1 |
| 最终产品 | 43.7 | 42.2 | 41.0 | 39.5 | 37.6 | 43.9 |

资料来源：根据 UN Comtrade 计算而得。

从进口来看（见表5），我国进口产品结构中，中间产品所占比重明显偏高，最高的2005年其占比达到70.85%，比美国、日本、韩国分别高20.68、20.83、7.69个百分点。其中，日本、韩国均为我国中间产品进口的最大来源国，其次为东盟国家、欧盟以及美国等国家和地区。进口额较大的中间产品有集成电路、液晶设备、变速机、存储单元、印刷机零部件、光电半导体设备、电路连接接合器等。对中国等东亚地区国家来说，日本在中间产品和资本产品的供给方面支撑着东亚国家的生产和出口。对比之下，在日美等发达国家，最终产品占其进口结构的比例较高，中间产品进口偏少，2012年，最终产品占美国进口的47.77%，占日本进口的46.12%。结合前文的出口结构分析，可以得出，我国具有大量进口中间产品、然后组装加工出口的特征。

表5　　　　　　　　中国与部分国家进口结构比较　　　　　　　　单位:%

| 中国 | 1992年 | 1995年 | 2000年 | 2005年 | 2010年 | 2012年 |
|---|---|---|---|---|---|---|
| 初级产品 | 2.7 | 2.4 | 7.5 | 3.7 | 7.5 | 8.7 |
| 中间产品 | 68.0 | 64.4 | 62.4 | 70.9 | 62.4 | 60.3 |
| 最终产品 | 29.3 | 33.2 | 30.2 | 25.4 | 30.2 | 31.0 |
| 美国 | 1992年 | 1995年 | 2000年 | 2005年 | 2010年 | 2012年 |
| 初级产品 | 2.6 | 2.3 | 1.2 | 1.2 | 1.5 | 1.6 |
| 中间产品 | 51.3 | 55.0 | 53.2 | 50.2 | 48.9 | 50.6 |
| 最终产品 | 46.1 | 42.7 | 45.6 | 48.6 | 49.6 | 47.8 |
| 日本 | 1992年 | 1995年 | 2000年 | 2005年 | 2010年 | 2012年 |

续表

| 中国 | 1992年 | 1995年 | 2000年 | 2005年 | 2010年 | 2012年 |
|---|---|---|---|---|---|---|
| 初级产品 | 11.3 | 8.3 | 6.2 | 7.5 | 10.2 | 10.1 |
| 中间产品 | 44.5 | 47.6 | 49.0 | 50.0 | 46.8 | 43.8 |
| 最终产品 | 44.2 | 44.0 | 44.9 | 42.4 | 42.9 | 46.1 |
| 韩国 | 1992年 | 1995年 | 2000年 | 2005年 | 2010年 | 2012年 |
| 初级产品 | 10.1 | 6.5 | 5.4 | 6.3 | 9.3 | 11.0 |
| 中间产品 | 60.9 | 62.4 | 67.1 | 63.2 | 58.8 | 58.6 |
| 最终产品 | 29.0 | 31.1 | 27.5 | 30.5 | 31.8 | 30.5 |
| 马来西亚 | 1992年 | 1995年 | 2000年 | 2005年 | 2010年 | 2012年 |
| 初级产品 | 2.9 | 1.8 | 2.1 | 1.6 | 3.3 | 3.4 |
| 中间产品 | 66.8 | 70.3 | 76.9 | 76.8 | 70.4 | 66.9 |
| 最终产品 | 30.3 | 27.7 | 21.1 | 21.6 | 26.2 | 29.7 |
| 印度尼西亚 | 1992年 | 1995年 | 2000年 | 2005年 | 2010年 | 2012年 |
| 初级产品 | 3.1 | 3.9 | 4.2 | 3.4 | 3.2 | 2.7 |
| 中间产品 | 61.8 | 66.4 | 69.8 | 67.6 | 67.3 | 67.2 |
| 最终产品 | 35.1 | 29.8 | 26.0 | 29.0 | 29.5 | 30.1 |
| 印度 | 1992年 | 1995年 | 2000年 | 2005年 | 2010年 | 2012年 |
| 初级产品 | 32.2 | 18.6 | 24.2 | 17.3 | 12.6 | 16.1 |
| 中间产品 | 53.2 | 61.0 | 58.3 | 60.2 | 69.0 | 64.7 |
| 最终产品 | 14.6 | 20.4 | 17.5 | 22.6 | 18.4 | 19.2 |

资料来源：根据 UN Comtrade 计算而得。

按照要素禀赋理论，进口零部件通过加工、组装后再出口，其出口的本质为凝结在出口产品中国内附加值的要素含量，而不是整个出口产品的要素含量。中间产品贸易与最终产品贸易的生产技术差异越大，中间产品贸易的比重越大，则采用传统方法计算发展中国家贸易要素含量的误差越大。[1] 以液晶显示器为例（见表6），我国生产中使用的零部件和材料很大一部分来自于日本企业，有的材料来自日本企业的供应比例达到100%。这充分说明我国加工贸易产品中包含的进口投入部分是相当大的。

---

[1] 刘瑶：《中国制造业贸易的要素含量：中间产品贸易对测算的影响》，载于《经济评论》2011年第2期。

表6　　　　　　　　液晶显示器及投入产品来自于日本的供应比例

| 产品 | 零部件 | 材料 |
|---|---|---|
| 液晶显示器（11%） | 彩色膜（21%） | 彩色光刻胶（71.3%） |
| | | 墨光刻胶（81.4%） |
| | | 照片隔板（94.5%） |
| | | 液晶玻璃底板（51%） |
| | 偏光板（58%） | 偏光板保护膜（100%） |
| | | 防反射膜（94.2%） |

资料来源：日本2012年版《制造业白皮书》。

**2. 工业行业的比较**

从20世纪80年代至今，国际贸易领域中非常引人注目的是，一些拥有众多低技术水平劳动力的发展中国家，生产出口了大量资本和技术密集型的高技术产品。最为典型的是，作为最大的发展中国家，中国从2004年开始出现大量高技术产品的对外贸易顺差。[①] 这样，我国的出口结构发生了显著变化，由劳动密集型产品扩展到资本技术密集型产品。但是这一过程中，我国只是承接了众多跨国公司高技术产品加工组装阶段的生产转移，在资本和技术密集型的零部件生产上仍严重依赖于发达国家。

分析发现，我国在产业链条较长、劳动密集型环节易于分解的产业具有典型的进口中间产品、出口最终产品的特征，这在机械设备制造领域和部分劳动密集型产品都非常明显。这就解释了为什么我国作为最大的发展中国家却在资本技术密集型的机电产品出口上占有很大的优势。不同行业间比较来看（见表7、表8），我国最终产品在出口中的占比以机械设备制造产业和部分劳动密集型产业为最高，主要是食品制造、纺织、皮革毛皮羽绒及其制品、家具制造、造纸及纸制品、文教体育用品、塑料制品、非金属矿物制品、金属制品、普通机械制造、交通运输设备制造、电气机械及器材、电子及通信设备制造等。与出口结构相对应，在进口结构上同样以部分机械设备制造产业和劳动密集型产业的中间产品进口比重较高，主要是农副产品加工、食品制造、纺织、皮革毛皮羽绒及其制品、家具制造、文教体育用品、橡胶制品、塑料制品、金属制品、交通运输设备制造、电气机械及器材制造、电子及通信设备制造业等，其中间产品进口比例远高于日本、美国等发达国家。最终产品进口比重较高的行业主要是医药制造、普通机械制造、专用设备制造等行业，表明我国的生产制造设备仍严重依赖国外进口。

---

① 胡小娟、龙国旗：《我国中间产品进口与经济增长的相关性分析》，载于《国际商务——对外经济贸易大学学报》2008年第5期。

表7　　2012年不同工业行业出口产品结构的比较　　单位：%

| 行业 | 产品类 | 中国 | 美国 | 日本 | 韩国 | 马来西亚 | 印度尼西亚 | 印度 |
|---|---|---|---|---|---|---|---|---|
| 农副食品加工 | A | 9.1 | 13.3 | 0.5 | 0.4 | 0.1 | 0.2 | 9.8 |
| | B | 43.3 | 29.2 | 36.1 | 24.8 | 93.9 | 94.7 | 42.6 |
| | C | 47.6 | 57.5 | 63.5 | 74.8 | 6.1 | 5.1 | 47.6 |
| 食品制造业 | B | 0.7 | 23.5 | 3.5 | 2.7 | 34.1 | 4.9 | 39.8 |
| | C | 99.3 | 76.6 | 96.5 | 97.3 | 65.9 | 95.1 | 60.3 |
| 纺织业 | A | 0.2 | 6.4 | 1.9 | 2.7 | 6.8 | 3.4 | 1.2 |
| | B | 74.3 | 74.9 | 95.6 | 94.5 | 88.7 | 92.3 | 67.7 |
| | C | 25.5 | 18.7 | 2.5 | 2.8 | 4.6 | 4.3 | 31.1 |
| 服装及纤维制品制造 | B | 0.3 | 0.8 | 0.4 | 2.6 | 0.1 | 0.1 | 0.1 |
| | C | 99.7 | 99.2 | 99.6 | 97.4 | 99.9 | 99.9 | 99.9 |
| 皮革毛皮羽绒及制品 | B | 1.3 | 32.5 | 64.6 | 77.5 | 9.9 | 3.5 | 28.5 |
| | C | 98.7 | 67.5 | 35.4 | 22.5 | 90.1 | 96.5 | 71.5 |
| 木材加工及竹藤棕草制品业 | A | 0.0 | 0.2 | 0.2 | 0.0 | 0.4 | 0.1 | 0.2 |
| | B | 82.8 | 95.4 | 81.5 | 89.6 | 97.6 | 89.1 | 84.4 |
| | C | 17.2 | 4.4 | 18.3 | 10.4 | 2.1 | 10.7 | 15.4 |
| 家具制造业 | B | 5.6 | 38.5 | 91.1 | 78.3 | 3.9 | 4.0 | 4.6 |
| | C | 94.4 | 61.5 | 8.9 | 21.8 | 96.1 | 96.0 | 95.5 |
| 造纸及纸制品业 | A | 0.0 | 14.2 | 23.7 | 2.5 | 0.1 | 0.0 | 0.2 |
| | B | 81.8 | 76.6 | 59.0 | 88.6 | 69.6 | 94.3 | 92.0 |
| | C | 18.2 | 9.2 | 17.3 | 8.9 | 30.3 | 5.7 | 7.8 |
| 印刷业记录媒介的复制 | B | 30.2 | 29.2 | 36.1 | 44.9 | 40.4 | 23.7 | 19.3 |
| | C | 69.8 | 70.8 | 63.9 | 55.1 | 59.6 | 76.3 | 80.7 |
| 文教体育用品制造业 | B | 2.8 | 5.0 | 14.3 | 15.7 | 31.8 | 1.6 | 10.1 |
| | C | 97.2 | 95.0 | 85.7 | 84.3 | 68.2 | 98.4 | 89.9 |
| 医药制造业 | B | 80.2 | 43.2 | 49.1 | 63.4 | 43.3 | 34.6 | 22.5 |
| | C | 19.8 | 56.8 | 51.0 | 36.6 | 56.7 | 65.4 | 77.5 |
| 橡胶制品业 | B | 70.8 | 63.4 | 70.9 | 68.8 | 89.9 | 83.5 | 80.3 |
| | C | 29.2 | 36.6 | 29.2 | 31.2 | 10.1 | 16.5 | 19.7 |
| 塑料制品业 | B | 46.4 | 67.6 | 85.9 | 85.9 | 75.2 | 90.6 | 73.8 |
| | C | 53.6 | 32.4 | 14.1 | 14.1 | 24.8 | 9.4 | 26.2 |

续表

| 行业 | 产品类 | 中国 | 美国 | 日本 | 韩国 | 马来西亚 | 印度尼西亚 | 印度 |
|---|---|---|---|---|---|---|---|---|
| 非金属矿物制品业 | A | 0.5 | 1.6 | 1.3 | 0.7 | 0.3 | 2.6 | 6.4 |
|  | B | 74.5 | 96.7 | 97.3 | 94.7 | 94.5 | 73.0 | 93.5 |
|  | C | 25.0 | 1.7 | 1.4 | 4.6 | 5.3 | 24.4 | 0.1 |
| 金属制品业 | A | 0.0 | 4.0 | 3.7 | 0.5 | 5.4 | 0.0 | 1.2 |
|  | B | 72.0 | 89.4 | 93.2 | 85.8 | 83.2 | 91.3 | 80.0 |
|  | C | 28.0 | 6.6 | 3.1 | 13.7 | 11.5 | 8.7 | 18.9 |
| 普通机械制造业 | B | 29.8 | 46.1 | 43.3 | 43.0 | 24.1 | 46.4 | 44.5 |
|  | C | 70.2 | 53.9 | 56.7 | 57.0 | 75.9 | 53.6 | 55.5 |
| 专用设备制造业 | B | 25.6 | 28.0 | 17.8 | 29.5 | 40.8 | 56.3 | 31.7 |
|  | C | 74.4 | 72.0 | 82.2 | 70.5 | 59.2 | 43.7 | 68.3 |
| 交通运输设备制造业 | B | 35.5 | 63.6 | 52.6 | 28.2 | 73.5 | 63.5 | 47.8 |
|  | C | 63.5 | 35.7 | 47.4 | 71.7 | 26.0 | 35.4 | 50.1 |
| 电气机械及器材制造业 | B | 56.8 | 74.7 | 76.7 | 70.0 | 80.1 | 59.4 | 73.4 |
|  | C | 43.2 | 25.3 | 23.3 | 30.0 | 19.9 | 40.6 | 26.6 |
| 电子及通信设备制造业 | B | 27.8 | 55.3 | 37.0 | 45.3 | 60.6 | 44.9 | 9.2 |
|  | C | 72.3 | 44.7 | 63.0 | 54.7 | 39.5 | 55.1 | 90.9 |
| 仪器仪表及文化办公机械 | B | 20.4 | 23.2 | 44.7 | 13.6 | 45.0 | 39.9 | 49.8 |
|  | C | 79.7 | 76.8 | 55.3 | 86.5 | 55.0 | 60.1 | 50.2 |

注：A 表示初级产品，B 表示中间产品，C 表示最终产品。其中，韩国数据为 2011 年。

表8　　　　　　　　2012 年不同工业行业进口产品结构的比较　　　　　　　　单位：%

| 行业 | 产品类 | 中国 | 美国 | 日本 | 韩国 | 马来西亚 | 印度尼西亚 | 印度 |
|---|---|---|---|---|---|---|---|---|
| 农副食品加工 | A | 11.7 | 2.9 | 17.3 | 7.8 | 1.2 | 8.9 | 0.0 |
|  | B | 67.3 | 32.9 | 23.2 | 46.9 | 82.0 | 83.1 | 99.3 |
|  | C | 21.0 | 64.2 | 59.6 | 45.3 | 16.8 | 8.0 | 0.7 |
| 食品制造业 | B | 32.1 | 9.2 | 20.4 | 16.5 | 36.1 | 42.1 | 33.9 |
|  | C | 68.0 | 90.9 | 79.6 | 83.5 | 63.9 | 57.9 | 66.1 |
| 纺织业 | A | 13.4 | 0.8 | 1.7 | 2.0 | 13.4 | 0.2 | 14.1 |
|  | B | 84.9 | 41.9 | 50.0 | 90.5 | 76.9 | 97.9 | 80.3 |
|  | C | 1.8 | 57.3 | 48.3 | 7.5 | 9.8 | 1.9 | 5.6 |

续表

| 行业 | 产品类 | 中国 | 美国 | 日本 | 韩国 | 马来西亚 | 印度尼西亚 | 印度 |
|---|---|---|---|---|---|---|---|---|
| 服装及纤维制品制造 | B | 0.3 | 0.1 | 0.1 | 0.1 | 0.2 | 0.9 | 0.9 |
|  | C | 99.7 | 99.9 | 100.0 | 99.9 | 99.8 | 99.1 | 99.1 |
| 皮革毛皮羽绒及制品 | B | 59.0 | 1.9 | 1.7 | 13.4 | 19.9 | 51.0 | 49.4 |
|  | C | 41.1 | 98.1 | 98.4 | 86.6 | 80.1 | 49.1 | 50.6 |
| 木材加工及竹藤棕草制品业 | A | 0.1 | 0.1 | 0.1 | 0.0 | 0.0 | 0.1 | 0.6 |
|  | B | 95.5 | 85.1 | 90.9 | 93.3 | 97.5 | 98.3 | 97.8 |
|  | C | 4.4 | 14.7 | 9.1 | 6.7 | 2.5 | 1.6 | 1.7 |
| 家具制造业 | B | 60.0 | 25.3 | 18.2 | 20.8 | 42.7 | 37.8 | 18.2 |
|  | C | 40.0 | 74.7 | 81.8 | 79.2 | 57.3 | 62.2 | 81.8 |
| 造纸及纸制品业 | A | 31.8 | 0.9 | 0.2 | 11.6 | 2.4 | 21.7 | 23.5 |
|  | B | 66.5 | 85.6 | 90.1 | 83.4 | 90.1 | 70.8 | 73.5 |
|  | C | 1.7 | 13.5 | 9.7 | 5.0 | 7.5 | 7.5 | 3.1 |
| 印刷业记录媒介的复制 | B | 50.6 | 27.3 | 59.9 | 24.8 | 41.3 | 67.5 | 76.5 |
|  | C | 49.4 | 72.7 | 40.1 | 75.3 | 58.7 | 32.5 | 23.5 |
| 文教体育用品制造业 | B | 19.3 | 2.2 | 1.8 | 9.3 | 17.1 | 23.6 | 20.1 |
|  | C | 80.7 | 97.8 | 98.2 | 90.7 | 82.9 | 76.4 | 80.0 |
| 医药制造业 | B | 28.3 | 31.1 | 30.6 | 41.6 | 24.8 | 54.8 | 63.6 |
|  | C | 71.8 | 68.9 | 69.4 | 58.4 | 75.2 | 45.2 | 36.5 |
| 橡胶制品业 | B | 75.8 | 63.2 | 50.0 | 59.9 | 62.8 | 73.4 | 50.4 |
|  | C | 24.3 | 36.8 | 50.0 | 40.1 | 37.2 | 26.6 | 49.6 |
| 塑料制品业 | B | 82.0 | 55.4 | 58.8 | 88.6 | 61.9 | 74.4 | 59.6 |
|  | C | 18.0 | 44.6 | 41.2 | 11.4 | 38.1 | 25.6 | 40.4 |
| 非金属矿物制品业 | A | 11.6 | 1.8 | 5.4 | 0.2 | 1.6 | 0.4 | 63.3 |
|  | B | 86.9 | 91.4 | 85.9 | 96.3 | 92.2 | 95.3 | 36.2 |
|  | C | 1.5 | 6.8 | 8.7 | 3.5 | 6.2 | 4.2 | 0.5 |
| 金属制品业 | A | 0.0 | 2.6 | 3.1 | 1.1 | 4.5 | 0.0 | 0.0 |
|  | B | 92.8 | 80.9 | 81.5 | 89.1 | 88.4 | 85.8 | 99.3 |
|  | C | 7.2 | 16.6 | 15.4 | 9.8 | 7.1 | 14.2 | 0.7 |
| 普通机械制造业 | B | 32.3 | 52.7 | 52.7 | 43.4 | 32.8 | 37.2 | 39.9 |
|  | C | 67.7 | 47.3 | 47.3 | 56.6 | 67.2 | 62.8 | 60.1 |

续表

| 行　业 | 产品类 | 中国 | 美国 | 日本 | 韩国 | 马来西亚 | 印度尼西亚 | 印度 |
|---|---|---|---|---|---|---|---|---|
| 专用设备制造业 | B | 15.4 | 25.7 | 30.6 | 19.6 | 28.9 | 30.7 | 26.0 |
|  | C | 84.6 | 74.3 | 69.4 | 80.4 | 71.1 | 69.4 | 74.1 |
| 交通运输设备制造业 | B | 88.1 | 74.9 | 78.3 | 64.4 | 56.9 | 46.5 | 54.6 |
|  | C | 11.2 | 24.9 | 20.9 | 34.6 | 42.2 | 51.5 | 42.5 |
| 电气机械及器材制造业 | B | 72.3 | 62.4 | 60.3 | 70.4 | 81.4 | 72.0 | 71.3 |
|  | C | 27.7 | 37.6 | 39.7 | 29.6 | 18.6 | 28.0 | 28.7 |
| 电子及通信设备制造业 | B | 62.7 | 23.6 | 28.9 | 39.2 | 66.4 | 39.4 | 32.2 |
|  | C | 37.3 | 76.4 | 71.1 | 60.9 | 33.6 | 60.6 | 67.8 |
| 仪器仪表及文化办公机械 | B | 21.8 | 21.1 | 33.6 | 34.8 | 40.8 | 23.4 | 23.9 |
|  | C | 78.2 | 78.9 | 66.4 | 65.3 | 59.2 | 76.6 | 76.2 |

注：A 表示初级产品，B 表示中间产品，C 表示最终产品。其中，韩国数据为 2011 年。
资料来源：根据 UN Comtrade 计算而得。

## （三）我国参与国际价值链分工的低端锁定倾向明显

### 1. 分工优势锁定在加工组装环节

垂直专业化分工成为我国承接发达国家高新技术产业外包或转移，参与高新技术产业国际分工的主要方式。改革开放之初，由于我国人均受教育程度不高，平均素质较低，发展劳动密集型加工贸易成为我国静态比较优势的集中体现。虽然劳动密集型生产环节增值率比较低，但毕竟能吸纳一部分人员就业，增加一部分国民收入和国家税收。[1] 从20 世纪 90 年代中期开始，资本技术密集型产业（如机械设备制造业、金属产品制造业等）的垂直专业化分工迅速发展，我国大规模地承接了发达国家这些产业的劳动密集型生产环节，从而获得了良好的发展机遇。比较典型的是，跨国公司从日本或欧洲购买电子元器件，运至我国东部地区加工组装成电子设备或电子消费品，然后再出口销售到欧美国家或其他地区。

运用 OECD 提供的非竞争型投入产出表，可以对我国单位出口产品中所包含的进口中间投入成分进行分析，即垂直专业化分析。如果一国单位出口产品中所包含的进口中间投入比重较高，则说明该国产业具有明显的加工组装特征。测度发现（见表 9），我国垂直专业化程度最高的行业主要是办公用品及计算机制造业、无线电、电视、通讯设备制造业、电气机械及设备制造、医学、光学精密仪器制造业，这些行业的垂直专业化加

---

[1] 高越，高峰：《垂直专业化分工及我国的分工地位》，载于《国际贸易问题》2005 年第 3 期。

深程度也是最快的。1995 年这四个行业的垂直专业化程度分别只有 0.231、0.158、0.154 和 0.152，2005 年则增长至 0.478、0.424、0.302 和 0.309，增长幅度多在一倍左右。此外较高的还有石油加工、炼焦及核燃料加工业、一般机械制造业、造船及船舶修理业、钢铁业等行业。对比之下，劳动密集型产业参与全球垂直专业化分工的水平较低。

表 9　　　　　　　　　　中国各制造业行业垂直专业化指数

| 行　　业 | 1995 年 | 2000 年 | 2005 年 |
| --- | --- | --- | --- |
| 食品、饮料制造及烟草加工业 | 0.08 | 0.06 | 0.08 |
| 纺织品、皮革、鞋类 | 0.15 | 0.14 | 0.15 |
| 木材、木制品 | 0.12 | 0.13 | 0.12 |
| 纸浆、纸及纸制品，印刷复制业 | 0.12 | 0.21 | 0.16 |
| 石油加工、炼焦及核燃料加工业 | 0.16 | 0.21 | 0.19 |
| 化学工业（医药除外） | 0.14 | 0.15 | 0.18 |
| 医药业 | — | 0.08 | — |
| 橡胶及塑料制品业 | 0.16 | 0.19 | 0.14 |
| 其他非金属矿物制品业 | 0.09 | 0.10 | 0.11 |
| 钢铁业 | 0.11 | 0.14 | 0.26 |
| 有色金属 | — | 0.17 | — |
| 金属制品业 | 0.13 | 0.13 | 0.20 |
| 一般机械制造业 | 0.17 | 0.15 | 0.22 |
| 办公用品及计算机制造业 | 0.23 | 0.42 | 0.48 |
| 电气机械及设备制造 | 0.15 | 0.20 | 0.30 |
| 无线电、电视、通讯设备制造业 | 0.16 | 0.34 | 0.42 |
| 医学、光学精密仪器制造业 | 0.15 | 0.17 | 0.31 |
| 汽车及拖车 | 0.13 | 0.17 | 0.21 |
| 造船及船舶修理业 | 0.14 | 0.17 | 0.21 |
| 铁路及其运输设备 | — | 0.14 | — |
| 其他制造及回收工业 | 0.13 | 0.17 | 0.17 |

资料来源：根据 OECD 投入产出表计算而得。

垂直专业化程度的加深表明，由于技术水平难以在短时间内得到显著提高，我国产业结构升级事实上陷入了一种路径依赖的困境，这种困境可以表示为：低成本要素环境决定的低成本通道→低端产业结构→缺乏技术积累→依赖中间产品进口→难以转型升级。

其中，低成本要素依赖和技术积累缺失是我国出口部门陷入路径依赖的关键变量。① 由于低成本增长路径具有自我强化的内在机制，当系统锁定在低成本路径上以后，即使有更好的发展路径可以采用，也无法取代被锁定的发展路径，这就是路径依赖的锁定效应。

### 2. 参与国际分工的价值增值能力不强

我国参与国际分工程度较深的产业多具有价值增值能力持续下降的特征，表明我国产业还处于国际产品内分工的低端地位，甚至呈现地位恶化的态势。关于价值增值能力的计算方法，可以采用产业增加值除以总中间品投入与进口中间品投入之差的方法。② 在产业增加值不变的情况下，价值增值能力提高，意味着国内中间投入的减少。而国内中间投入降低的原因可能是由于由国内中间投入要素质量的改善，也可能是由于进口中间投入要素的质量提升或数量增加。③ 分析发现，价值增值能力持续下降的行业以木材及木制品、化学工业、钢铁业、一般机械制造业、办公用品及计算机制造业、电气机械及设备制造业、医学、光学精密仪器制造业、汽车及拖车等最为明显。纺织品、皮革及鞋类制品、纸浆、纸及纸制品、造船及船舶修理业等行业的价值增值能力在 2000 年有所上升，随后又小幅下降。从 2005 年产业间比较来看，价值增值能力最低的是石油加工、炼焦及核燃料加工业、办公用品及计算机制造业、电气机械及设备制造业等行业，分别为 0.2907、0.3024 和 0.3165（见表 10）。

表 10　　　　　　　　　　　中国分行业价值增值情况

| 行　　业 | 1995 年 | 2000 年 | 2005 年 |
| --- | --- | --- | --- |
| 食品、饮料制造及烟草加工业 | 0.41 | 0.49 | 0.43 |
| 纺织品、皮革、鞋类 | 0.38 | 0.40 | 0.34 |
| 木材、木制品 | 0.42 | 0.39 | 0.34 |
| 纸浆、纸及纸制品，印刷复制业 | 0.47 | 0.52 | 0.38 |
| 石油加工、炼焦及核燃料加工业 | 0.43 | 0.43 | 0.29 |
| 化学工业（医药除外） | 0.43 | 0.35 | 0.33 |
| 医药业 | — | 0.52 | |
| 橡胶及塑料制品业 | 0.39 | 0.33 | 0.43 |
| 其他非金属矿物制品业 | 0.50 | 0.45 | — |
| 钢铁业 | 0.40 | 0.34 | 0.33 |
| 有色金属 | — | 0.31 | — |

---

① 刘银锁：《基于路径依赖理论的加工贸易产业困境分析》，载于《北方经济》2010 年第 6 期。
② 价值增值 = 产业增加值/（总中间品投入 – 进口中间投入）= 产业增加值/国内中间投入。
③ 王昆：《垂直专业化、价值增值与产业竞争力》，载于《上海经济研究》2010 年第 4 期。

续表

| 行　　业 | 1995 年 | 2000 年 | 2005 年 |
|---|---|---|---|
| 金属制品业 | 0.35 | 0.30 | 0.33 |
| 一般机械制造业 | 0.48 | 0.42 | 0.38 |
| 办公用品及计算机制造业 | — | 0.45 | 0.30 |
| 电气机械及设备制造业 | 0.41 | 0.34 | 0.32 |
| 无线电、电视、通讯设备制造业 | — | 0.39 | 0.46 |
| 医学、光学精密仪器制造业 | 0.54 | 0.52 | 0.38 |
| 汽车及拖车 | 0.41 | 0.34 | 0.32 |
| 造船及船舶修理业 | 0.36 | 0.40 | 0.34 |
| 铁路及其运输设备 | — | 0.35 | — |

资料来源：根据 OECD 提供的投入产出表计算而得。

国际比较来看，我国产业的国内增值能力明显偏低（见表11）。相比于日本、韩国、印度尼西亚、印度等国家，我国在木材及木制品、石油加工、炼焦及核燃料加工业、金属制品业、办公用品及计算机制造业、医学、光学精密仪器制造业的增值能力都是最低的；其余较低的行业是食品、饮料制造及烟草加工业、纺织品、皮革及鞋类、纸浆、纸及纸制品、印刷复制业、医药业、橡胶及塑料制品业、其他非金属矿物制品业、有色金属、一般机械制造业、电气机械及设备制造业，这些行业的价值增值能力也明显低于日本、韩国以及印度尼西亚，仅高于印度。国内增值能力相对较高的行业仅有化学工业、钢铁工业、汽车及拖车、无线电、电视及通讯设备制造业等。但是我国一些国内价值增值能力较高的产业并不是来自于产业竞争力本身，而是受到长期政策保护和尚未形成充分竞争开放的市场的影响，例如汽车产业。[①]

表 11　　　　　2005 年中国与部分国家分行业价值增加值比较

| 行　　业 | 日本 | 韩国 | 印度尼西亚 | 印度 | 中国 |
|---|---|---|---|---|---|
| 食品、饮料制造及烟草加工业 | 0.70 | 0.48 | 0.65 | 0.16 | 0.43 |
| 纺织品、皮革、鞋类 | 0.65 | 0.55 | 0.71 | 0.26 | 0.34 |
| 木材、木制品 | 0.75 | 0.53 | 0.88 | 0.48 | 0.34 |
| 纸浆、纸及纸制品，印刷复制业 | 0.84 | 0.63 | 0.74 | 0.28 | 0.38 |
| 石油加工、炼焦及核燃料加工业 | 2.54 | 3.56 | 2.74 | 0.32 | 0.29 |
| 化学工业（医药除外） | 0.31 | 0.29 | 0.69 | 0.27 | 0.33 |
| 医药业 | 0.57 | 0.72 | 0.70 | 0.34 | 0.52 |
| 橡胶及塑料制品业 | 0.60 | 0.53 | 0.53 | 0.21 | 0.43 |
| 其他非金属矿物制品业 | 0.76 | 0.55 | 1.01 | 0.34 | 0.45 |

① 金碚、李钢：《中国企业盈利能力提升与企业竞争力》，载于《中国工业经济》2007 年第 11 期。

续表

| 行　业 | 日本 | 韩国 | 印度尼西亚 | 印度 | 中国 |
|---|---|---|---|---|---|
| 钢铁业 | 0.31 | 0.30 | 0.55 | 0.27 | 0.33 |
| 有色金属 | 0.80 | 0.49 | 0.89 | 0.34 | 0.33 |
| 金属制品业 | 0.59 | 0.42 | 0.93 | 0.27 | 0.38 |
| 一般机械制造业 | 0.42 | 0.66 | — | 0.33 | 0.30 |
| 办公用品及计算机制造业 | 0.53 | 0.47 | 0.81 | 0.18 | 0.32 |
| 电气机械及设备制造业 | 0.40 | 0.60 | 0.84 | 0.13 | 0.46 |
| 无线电、电视、通讯设备制造业 | 0.76 | 0.52 | 0.84 | 0.44 | 0.38 |
| 医学、光学精密仪器制造业 | 0.28 | 0.28 | 1.43 | 0.22 | 0.32 |
| 汽车及拖车 | 0.28 | 0.61 | 1.08 | 0.38 | 0.34 |

资料来源：根据 OECD 投入产出表计算而得。

注：印度数据为 2003 年，中国的医药业、非金属矿物制品业、有色金属业为 2000 年数据。

价值增值能力不强表明，我国产业参与全球分工的水平较低，主要进行产品的粗加工，出口产品以低端产品为主、进口产品以高端产品为主的格局仍未改变。就机械和设备行业而言，办公室机器及数据处理机、电讯及声音收录设备等技术复杂程度不高的产品出口比例较大，工业用机械、动力发动机、金工机械等技术复杂程度高的产品则均为净进口。[①] 以机械设备零部件为例，虽然我国位列全球机械设备零部件出口大国，但是出口产品价格与其他出口大国存在较大差距。2008 年我国出口机床每台价格为 4 236 美元，仅为比利时出口单价（101 715 美元/每台）的 4.16%，奥地利出口单价（65 097 美元/每台）的 6.51%（见图 6）；轴承及零部件出口单价为 8.80 美元/千克，仅为比利时的 39.64%，德国的 48.17%，也远低于瑞典、法国、意大利、日本等国家（见图 7）。

### （四）我国对外投资发展滞后，全球资源的整合治理能力不足

**1. 外资企业在我国产业发展中处于主导地位**

改革开放以来，众多跨国公司纷纷投资中国，建立子公司或分支机构，随之带来了大量的"伴随贸易"和"伴随投资"。[②] 这就导致外商投资企业成为我国进出口，特别是高科技产品进出口的主导力量，使得我国以总规模判断的国际分工地位的自主含量大大降低。数据分析来看（见图 8），外商投资企业从 1996 年开始成为我国产品进口的主体，这种格局一直持续至 2010 年，其中的最高比重为 2006 年的 59.70%；在出口方面，外商投资企业 2001 年成为我国出口的主体，这种格局一直持续至 2011 年，其中的最高比重为 2005 年的 58.30%。在技术密集型产品领域，外资企业的主导地位更为突出。2006 年中国对美高科技产品的贸易顺差达 410 亿美元，90% 来自于三资企业，其中 70% 来自外

---

① 金芳：《中国国际分工地位的变化、内在矛盾及其走向》，载于《世界经济研究》2008 年第 5 期。
② 刘志彪、刘晓昶：《垂直专业化：经济全球化中的贸易和生产模式》，载于《经济理论与经济管理》2001 年第 10 期。

（美元/千克）

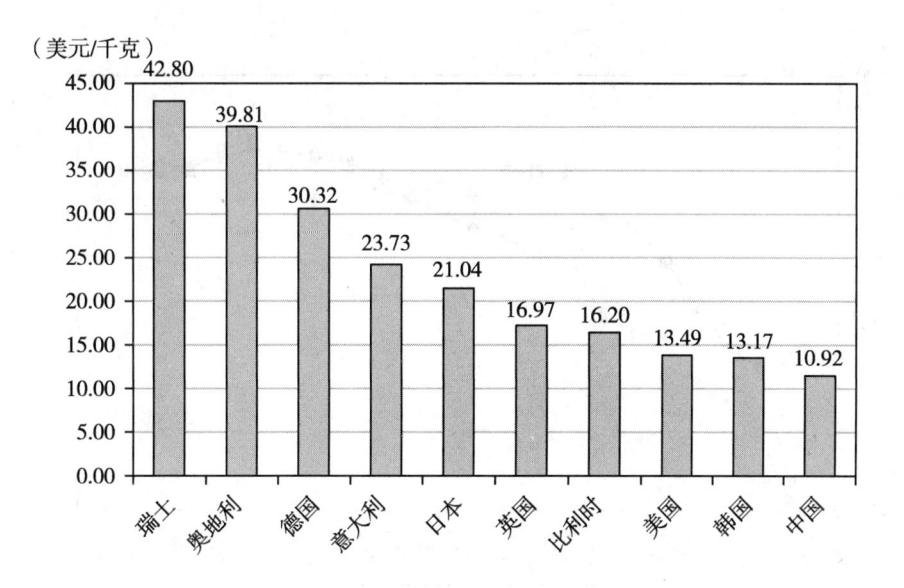

**图6　2008年中国出口车床单位产品价格的国际比较**

资料来源：根据《中国产业竞争力报告（2010）》整理而得。

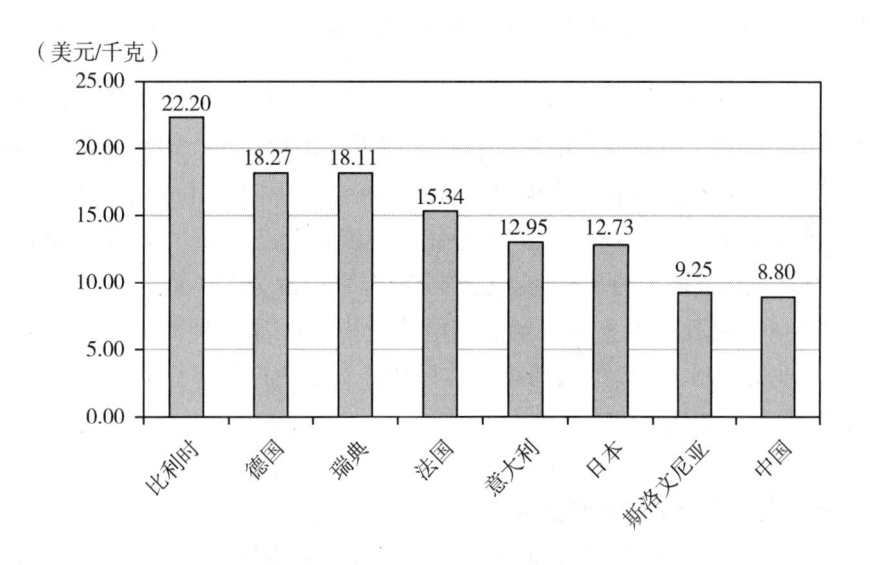

（美元/千克）

**图7　2008年中国出口轴承及零件单位产品价格的国际比较**

资料来源：根据《中国产业竞争力报告（2010）》整理而得。

商独资企业，20%来自外商合资企业。[①]

在加工贸易领域，外商投资企业已成为绝对的主导力量，形成对加工贸易的实际控制。这一方面导致产值增长和收益增长的不对称，形成"丰产不丰收"的现象。加工贸易的大规模开展使我国出口规模迅速增长，但利润分配却绝大部分归为外商所得。这被

---

① 金芳：《中国国际分工地位的变化、内在矛盾及其走向》，载于《世界经济研究》2008年第5期。

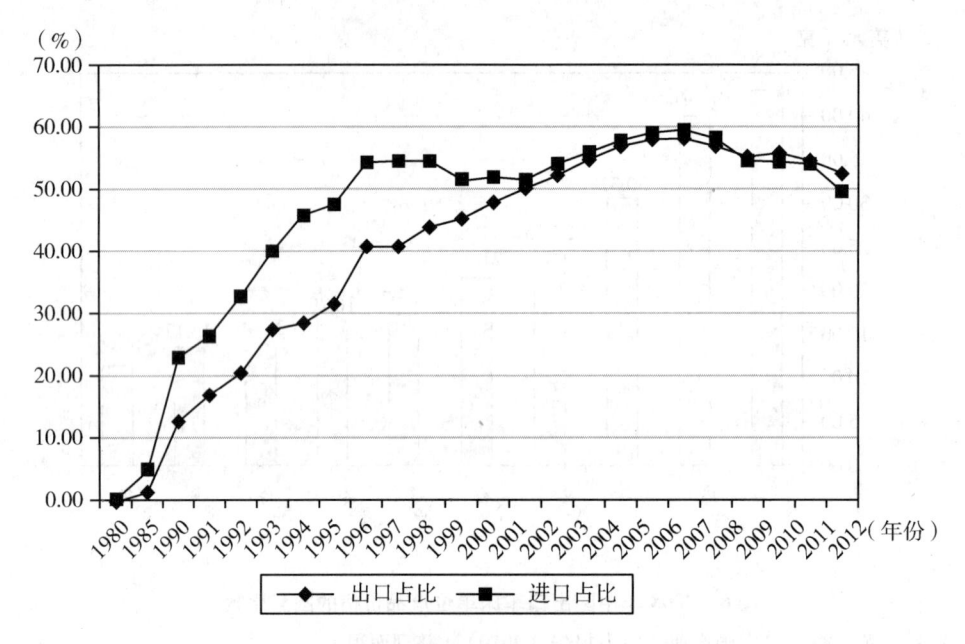

**图8 外商投资企业在我国进出口中的占比情况**

资料来源：根据《2012中国贸易外经统计年鉴》计算而得。

日本经济学家关志雄形容为中国加工制造业"丰收的贫困"。另一方面，本土企业多为外商企业做代工生产，自主品牌缺失，在技术研发、供货渠道、市场销售等环节上严重依赖跨国公司，缺乏主动权和竞争优势。有研究指出，中国已开放的各个产业前5名企业都由外资公司控制；中国28个主要产业中，外资企业已在21个产业中拥有多数资产控制权。[①] 如玻璃行业最大的5家企业已经全部合资；占全国产量80%以上的5家电梯生产厂家已由外商控股；18家国家定点家电企业中，11家与外商合资；化妆品行业被150家外资企业所控制；20%的医药企业掌握在外资手中；汽车行业销售额的90%来自于国外品牌。[②]

### 2. 我国企业对外投资能力略显滞后

著名英国经济学家约翰·邓宁通过对67个国家的数据资料进行分析，将对外直接投资的发展划分为四个阶段：第一阶段属于前工业化阶段，人均国内生产总值在400美元以下，由于国内市场狭小，基础设施不足，劳动力教育以及商业和法律框架发展不够，基本上没有资金的流入和流出；第二阶段人均国内生产总值在400~2 000美元之间，外国直接投资开始增加，主要是针对国内消费产品和基础设施的市场寻求型投资，本土企业由于缺乏所有权优势，对外投资很少；第三阶段人均GDP在2 000~4 750美元之间，

---

① 顾海兵、沈继楼、周智高、唐帅：《中国经济安全分析：内涵与特征》，载于《中国人民大学学报》2007年第2期。
② 孙宝强：《产业结构调整与产业价值链升级问题探析》，载于《山东经济》2011年第5期。

外国直接投资仍然高于对外投资,但是由于本土企业开始形成自己独有的区位优势,并寻求更多的途径来提高自己的所有权优势,对外投资开始增加,两者的差距趋于缩小;第四阶段属于发达经济阶段,外资流入减少,对外投资继续增加,净对外投资存量变为正值。[1] 这一结论被世界上绝大多数发达和发展中国家国际投资地位变化的实践所证实。日本早在20世纪70年代就已经进入对外投资超越吸引外资的阶段,这种趋势一致延续至现在,并在2008年之后达到一个新的高峰。韩国对外投资在进入21世纪,尤其是2003年之后进入加速增长阶段,在2008年超过吸引外资规模,成为对外投资大国。其他国家和地区中,我国台湾地区自20世纪80年代就进入对外投资高于吸引外资阶段,并且在1992年之后进入蓬勃增长阶段;马来西亚对外投资规模在2007年超过吸引外资水平(见图9、图10)。

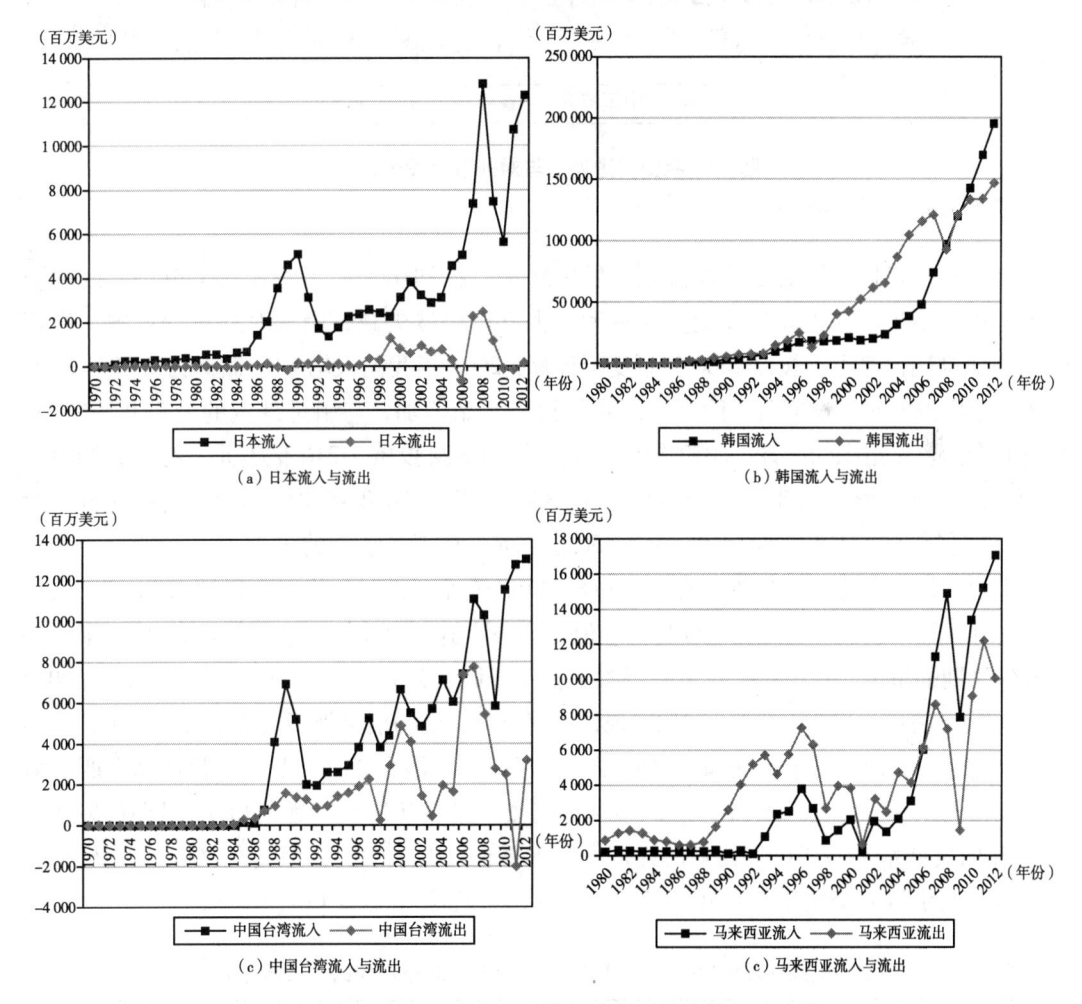

图9 部分东亚国家外国直接投资与对外直接投资比较

资料来源:UN Comtrade。

---

[1] 李辉:《经济增长与对外投资大国地位的形成》,载于《经济研究》2007年第2期。

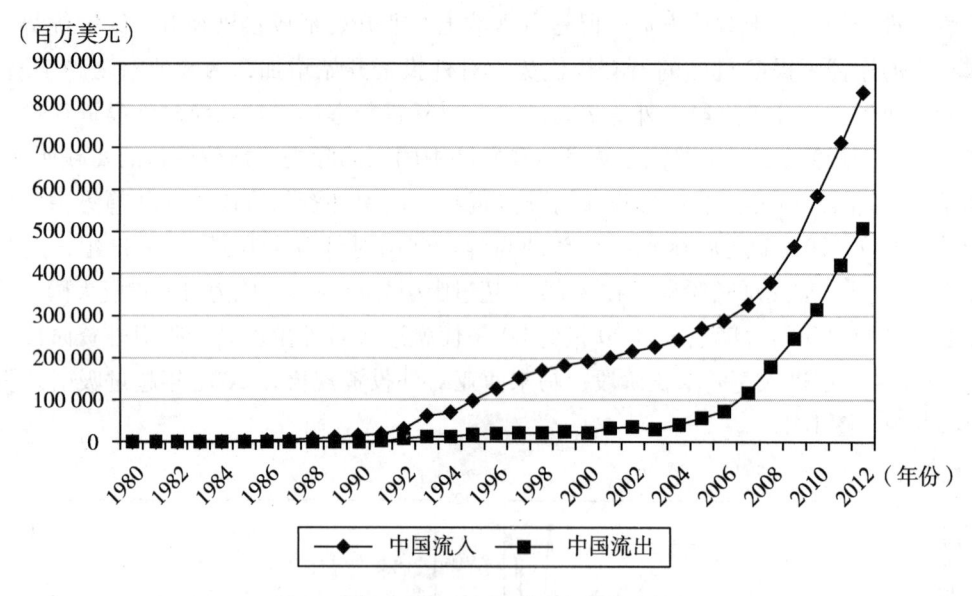

图 10  我国引进外资与对外直接投资情况

资料来源：UN Comtrade。

我国对外直接投资滞后于经济整体发展水平，在利用国内、国际两个市场、两种资源方面仍显不足，在提高资源配置效率和能力方面仍然欠缺，距离对外投资大国、投资强国的地位还很遥远。按照2000年不变价计算，2008年我国人均GDP就超过2 000美元，进入邓宁所说的对外投资第三阶段，即对外投资开始增加，与引进外资的差距开始缩小。根据联合国贸发组织的统计，2012年中国吸收外国直接投资1 210亿美元，对外直接投资842亿美元，吸引外资比对外投资额高出43.8%；1970~2012年我国累计引进外国直接投资13 528亿美元，累计对外直接投资4 456亿美元，前者是后者的3.04倍，差距巨大。从存量上说，2012年中国利用外资存量达到8 329亿美元，是对外投资存量的1.64倍。虽然我国对外投资与引进外资之比不断提高，但是这一比值的快速提升也仅仅是21世纪第一个十年后半期的事情，我国对外投资在规模上仍小于吸引外资规模，两者之比在2011~2012年为0.60（注：比值为存量）。对比发现，我国对外投资与引进外资之比不仅远低于日本和我国台湾地区，而且低于韩国和马来西亚，仅相当于韩国在20世纪90年代和马来西亚新世纪初期的水平。但是马来西亚在21世纪初期的人均GDP水平远落后于中国在2011~2012年的发展水平，印度尼西亚的经济发展水平也远低于中国，但其在2001~2010年的对外投资与引进外资之比并不我国低，甚至在高于我国（见表12）。

表12　东亚地区部分国家（地区）对外投资与引进外资存比值（存量）

| 年份 | 1980~1985 | 1986~1990 | 1991~1995 | 1996~2000 | 2001~2005 | 2006~2010 | 2011~2012 |
|---|---|---|---|---|---|---|---|
| 中国 | 0.08 | 0.20 | 0.21 | 0.15 | 0.18 | 0.46 | 0.60 |
| 日本 | 14.49 | 99.26 | 20.00 | 4.61 | 5.44 | 7.48 | — |

续表

| 年份 | 1980~1985 | 1986~1990 | 1991~1995 | 1996~2000 | 2001~2005 | 2006~2010 | 2011~2012 |
| --- | --- | --- | --- | --- | --- | --- | --- |
| 中国台湾 | 5.00 | 2.91 | 2.84 | 2.80 | 2.32 | 3.02 | 3.80 |
| 韩国 | 0.20 | 0.35 | 0.67 | 0.66 | 0.36 | 0.83 | 1.31 |
| 马来西亚 | 0.23 | 0.18 | 0.24 | 0.45 | 0.58 | 1.65 | 1.45 |
| 印度尼西亚 | — | — | — | — | 0.69 | 0.46 | 0.34 |

资料来源：UN Comtrade。

注：印度尼西亚 2001~2005 年比值为 2003~2005 年数值。

## 三、未来工业增长与突破分工锁定分析

未来我国工业分工地位提升既面临着严峻的困难与挑战，也有前所未有的机遇与条件。困难与挑战主要包括传统要素优势趋于减弱，低端产业面临增长困境；新兴要素培育积累不足，尚难支撑新一轮优势形成；跨国公司竞争优势明显，本土企业成长环境严峻；全球经济结构深度调整，外贸不振、发达国家再工业化等带来挑战；新兴经济体快速崛起，对我国产业发展构成有力竞争。机遇与条件包括产业升级的内生动力增强，构建国内价值链的可能性加大；技术创新能力有所增强，在部分产业领域取得突破；新兴市场兴起带来重要机遇，有利于外贸格局调整和产业升级；对外投资获得有利契机，将加快突破产业升级瓶颈、占领海外市场；新一轮科技革命已在酝酿之中，我国产业有望实现"同步奔跑"。未来产业发展需要在向高附加值环节升级、国家价值链构建、制造环节核心竞争力提升、对外投资与整合全球资源等方面进行重点突破。

### （一）分工升级面临的困难与挑战

**1. 传统要素优势趋于减弱，低端产业的分工优势面临困境**

经过 30 多年的经济快速增长，我国要素禀赋条件已经发生了显著而深刻的变化。其中，影响最大的是劳动力比较优势在逐渐减弱。虽然我国劳动力资源在总量上仍然比较丰富，但是随着经济发展尤其是工业化进程加快，我国已经告别农村剩余劳动力无限供给情形而跨入"刘易斯拐点"，以农民工为代表的劳动力工资和福利不断增加，导致我国在国际上的劳动力优势减弱。[1] 与一些发展中国家相比，我国平均工资明显居高，已经超过巴基斯坦、斯里兰卡、泰国、印度、越南等国家。预计随着老龄人口的迅速增加，我国低成本劳动力优势将进一步消退，"人口红利"也将随之消失。劳动力成本条件的

---

[1] 陈长缨：《我国产业比较优势出现"跳跃式"变化》，载于《上海证券报》2012 年 12 月 19 日。

变化给纺织服装、箱包鞋帽、电子组装等典型的劳动密集产业发展带来挑战，使我国在国际分工中的优势难以固守。此外，有助于低成本竞争的其他因素也在发生变化。例如，严格的建设用地规模控制和基本农田保护制度，以及土地招、拍、挂等供应方式的改革，使得土地资源不再无限制的低成本供给，土地交易价格迅速上升；原油、铁矿石等重要资源的进口需求持续增加，国内能源保障不足，资源价格持续上涨；人民币升值削弱出口部门的竞争力等等。[1]

**2. 新兴要素培育积累不足，尚难支撑新一轮分工优势形成**

产业升级和技术创新是以充足的资金供给、技术积淀等为条件的，但是产品内分工的加深导致发展中国家新兴要素积累不足。由资源依赖型经济增长向创新驱动型经济增长转型，是决定后发国家能否实现赶超的决定因素。韩国、新加坡、我国台湾地区等亚洲新兴经济体之所以成功实现经济赶超，就在于它们在引进技术的过程中培育了自主创新的能力、在接受国际产业转移的过程中锻炼了高素质的劳动者队伍、在利用外资的过程中孕育了具有国际竞争力的本土企业、在参与全球竞争的过程中造就了具有世界水平的企业家。[2] 自20世纪80年代以来，以跨国公司为主导的产品内分工迅速兴起，越来越多的发展中国家企业参与到生产组装过程中来，企业之间为争取订单而不得不压低产品价格，导致生产环节的价值增值不断降低，企业的资金积累能力受到制约。在本地企业缺失技术产权的条件下，跨国公司通过认证制度来收取高额的技术转让费用，使得加工组装企业的利润率较低，用于技术进步和产品创新的资金不足。[3] 在技术积淀方面，跨国公司采取一系列防止技术扩散的措施，或者是利用其技术垄断优势和内部化优势在技术设计、生产工艺等关键部分设置一些难以破解的障碍，或者是对核心技术严密封锁，仅向我国企业转移"夕阳技术"，或者是采取内部技术转让方式，严密控制尖端技术的扩散。这些防扩散措施事实上起到了抑制技术外溢的作用，本地企业通过干中学或技术转移所获取的知识溢出有限，企业难以从获得的局部技术推演出整体设备的技术路线，严重妨碍了本地企业的技术积累和在产品内分工中的地位提升。[4]

**3. 跨国公司竞争优势明显，本土企业成长环境严峻**

比较来看，由于在技术、资本、市场等领域的优势地位和对国际贸易规则的优先制定权，发达国家企业更有可能在经济全球化的过程中获得产业链的主导权和控制权，而发展中国家企业要想借全球化之力促进自身产业发展和升级则需要破除更多的外部桎梏和束缚，这往往又是比较艰难的。当前，跨国公司在全球范围内配置资源主要通过建立全球一体化生产体系来实现。大型跨国公司不仅凭借雄厚的资本实力和创新能力占据着

---

[1] 张建华等：《基于新型工业化道路的工业结构优化升级研究》，中国社会科学出版社2012年5月版。
[2] 陈清泰：《培育新兴产业是提高国家竞争力的重大战略——产业结构升级和发展新兴产业的思路和政策之一》，载于《科技日报》2010年9月30日。
[3][4] 施炳展：《中国出口产品的国际分工地位研——基于产品内分工的视角》，载于《世界经济研究》2010年第1期。

价值链的关键环节,而且利用海外直接投资、离岸外包、战略联盟、研发合作等组织架构,在全球范围内不断扩张其战略资源的边界,牢牢掌控着价值链的全球治理权,保持着行业领导者的地位。① 相比于国外跨国公司,我国企业主要依靠规模、价格等低层次优势参与市场竞争,在品牌、自主知识产权、国际营销网络等方面明显不足,难以获得高附加值。跨国公司利用其优势地位,控制市场、限制竞争,不断压缩我国企业的生存空间和利润空间,迫使大量民族品牌退出市场,或者成为跨国公司兼并收购的对象,或者接受跨国公司的全球化分工安排,为跨国公司做贴牌加工,或者长期作为地域性的小品牌存在。② 另一方面,由于外资企业在我国加工贸易中占有很大比重,我国加工贸易转型升级的主动权实际上主要掌握在外资企业手中。虽然比较有实力的本地企业认识到产业升级的重要性,但要求这些企业抛开原有产品内分工体系而独立运作,往往是比较困难的。这主要是因为建立自我主导的产品分工体系,会面临非常大的管理能力障碍,技术开发、品牌建设、渠道建立与售后服务等都会成为难以跨越的门槛。③ 近年来,随着我国企业竞争力的提升,在装备制造、电子信息等领域涌现了一批达到国际先进水平的自助创新成果,逐步向附加值更高的环节攀升,但在这些领域,发达国家跨国公司不会轻易放弃其优势,将在技术升级、产品创新等方面与中国企业展开更为激烈的竞争。④

**4. 外贸不振、发达国家再工业化给我国分工升级带来高端挤压效应**

出口导向型经济发展模式是东亚地区经济发展的典型特征,也是我国经济增长的重要驱动条件。但是这种发展模式的长期实施,会导致经济增长过多地依赖外需拉动和外资驱动,在外部环境恶化时对我国经济造成重创。历史经验表明,我国对外贸易两次大幅下滑,均发生在世界金融危机期间,第一次是亚洲金融危机时期,第二次是2008年以来的国际金融危机期间。尤其是这一轮金融危机的持续侵袭,给我国高度依赖外需和外资的经济发展模式带来巨大冲击,经济发展模式已到非改不可之时。欧美、日本等作为本次金融危机的重灾区,普遍出现经济停滞或衰退、投资和消费锐减的情况,在短期内难以走出困境。由于我国外贸加工业的主要市场是欧美、日本等发达国家和地区,相当部分外来投资也来源于此。这些国家经济前景走低意味着我国外需和外部投资在短期内难以恢复到以往水平。⑤ 曾为中国制造业快速发展提供支撑的国际贸易大好局面有可能逆转,这对中国制造业的市场空间、出口模式、技术能力等提出了严峻挑战。⑥

---

①④ 张建华等:《基于新型工业化道路的工业结构优化升级研究》,中国社会科学出版社2012年5月版。
② 宋大勇:《跨国公司投资对我国产业结构优化的负面影响及对策分析》,载于《现代管理科学》2009年第10期。
③ 施炳展:《中国出口产品的国际分工地位研——基于产品内分工的视角》,载于《世界经济研究》2010年第1期。
⑤ 人力资源和社会保障部专题组:《中国就业应对国际金融危机方略系列研究报告之一》。
⑥ 胡迟:《"十二五"以来制造业转型升级:成效、问题与对策》,载于《经济研究参考》2012年第57期。

其中，最为显著的影响表现在贸易摩擦激增和发达国家再工业化两个方面。由于发达经济体深陷问题泥沼，贸易保护主义的抬头迹象明显。欧美等国除采用传统贸易保护手段外，还通过"碳税"、劳工标准、社会责任等新规则来加强对国际产业主导权的控制。有关报告显示，虽然中国出口总量不到全球的10%，但全球47%的新发起贸易救济调查和82%的已完成案件都针对中国。2010年全球新启动的15项贸易保护政策中，针对中国商品的占10项，比例高达67%。与此同时，新近一轮贸易摩擦从低附加值产品，如纺织品、轻工产品等，迅速扩大到机电、医疗保健品、化工产品、微电子产品等高附加值产品。2010年，欧盟针对中国数据卡发起反补贴调查，涉及金额约41亿美元，这是此类高科技电子产品首次出现在针对中国的贸易摩擦中。在美国新近发起的贸易战中，包括7项以知识产权诉讼为核心的337调查，领域涉及太阳能灯、液晶显示器、印表机墨水匣等多个产品。① 另一方面，发达经济体为了重塑国家优势，纷纷实行再工业化战略，努力在信息、节能、新能源和先进制造等新兴领域抢占制高点，对中国发展高端产业形成外部高端挤压效应。美国总统奥巴马多次高调宣布重振美国制造业，重构全球制造业竞争格局，并提供税收优惠政策促进制造企业向美国回归，通用、福特、苹果等企业开始重新在美国布置生产工厂。欧盟也提出"新工业革命"理念，强调技术创新和结构改革，重振欧洲工业，大力推进机器人、数字技术、先进材料、可循环能源等新兴产业。欧美"再工业化"浪潮的掀起，无疑给中国产品出口带来"雪上加霜"之势，而且会增加我国企业向价值链高端提升的难度。我国产业从低端向中高端攀升，必将面临发达国家中高端制造企业回流的激烈竞争。②

**5. 新兴经济体快速崛起，给我国产业发展构成低端挤出效应**

我国经济结构调整受到新兴发展中国家在劳动密集型产业的"低端挤出"效应。近年来，我国劳动力工资水平不断提高，越南、泰国等东南亚及南亚国家的劳动力成本仍然相对较低，导致大量外资企业转移到上述国家投资生产。据亚洲鞋业协会调查，我国制鞋业工资水平2007年仅略高于越南、印度尼西亚、印度、孟加拉、柬埔寨等周边国家，2011年已相当于这些国家的2~3倍。同时，由于土地、房租等各项生产要素成本进入集中上升期，同样加工一双耐克鞋，在中国的成本要高出2~3美元。③ 为了应对成本压力，服装、箱包、玩具等轻工企业出现向外转移的势头，特别是一些低端加工制造环节向外转移的速度更快。这直接导致我国劳动密集型产品的国际市场份额进一步下降，流失部分主要被周边国家挤占。④ 选取SITC两位码商品中的61——皮革及皮革制品、65——纺织纱、织物及制成品、84——服装及衣服配件、85——鞋履，对中国和越南的劳动密集型产品出口格局进行分析。自2007年以来，越南四种商品的出口增速一直高于

---

① 《后金融危机时期"中国制造"面临的挑战与对策》，载于中国质量新闻网，2011年3月10日。
② 秦闵：《欧美再工业化下，中国制造的未来在哪里？》，载于《中国经贸》2012年第10期（上）。
③④ 中国轻工工艺品进出口商会：《我国轻工产品进出口机遇与挑战并存》，载于《中国经贸》2012年第10期（上）。

中国,最高的 2008 年比中国高出 10.38 个百分点,即使在全球金融危机肆虐的 2011 年越南出口增速仍达到 26.22%,比中国高 6.59 个百分点。从 2001～2011 年的平均增速来看,越南出口平均增速达到 18.78%,比中国高 3.82 个百分点,出口规模占中国的比重从 2001 年的 5.97% 增长至 2011 年的 8.20%。

在今后相当长的时期内,发展中经济体如东盟、印度等国家将会以更加低廉的成本优势,实现对中国制造的替代,越南等国家将成为类似于中国的加工组装生产国。原来"中国制造"的纺织、服装等劳动密集型产品,将越来越多地变成"越南制造"、"泰国制造"以及其他东南亚或南亚制造。这样,"中国制造"未来可能会处于被夹在中间的尴尬状态(见表13)。一方面,发达国家保护主义加剧,对资金、技术和产业的流出必然会施加更多的限制。另一方面,新兴经济体之间的竞争将进一步加剧。我国将在技术资本密集型产品、劳动密集型产品出口方面同时面临发达国家和后起新兴经济体的双重夹击与挑战。[①] 如果产业升级空间被发达经济体封杀,而低成本竞争优势又受到欠发达经济体的阻击,那么未来十年内中国经济社会将面临着巨大的发展风险。[②]

表13　　　　2001～2011 年中国和越南部分劳动密集型产品出口增长情况　　　　单位:%

| 年份 | 中国 | 越南 | 越南出口规模占中国的比例 |
| --- | --- | --- | --- |
| 2001 | 3.17 | 7.54 | 5.97 |
| 2002 | 14.67 | 28.80 | 6.70 |
| 2003 | 25.87 | 25.44 | 6.68 |
| 2004 | 20.41 | 22.25 | 6.78 |
| 2005 | 21.27 | 11.48 | 6.24 |
| 2006 | 23.41 | 21.47 | 6.14 |
| 2007 | 18.02 | 24.80 | 6.49 |
| 2008 | 8.86 | 19.24 | 7.11 |
| 2009 | -9.55 | -3.44 | 7.59 |
| 2010 | 24.23 | 27.26 | 7.77 |
| 2011 | 19.64 | 26.22 | 8.20 |
| 2001～2011 | 14.96 | 18.78 | 5.97 |

资料来源:根据 United Nations Commodity Trade Statistics Database 计算而得。

---

[①] 国家发改委经济研究所课题组:《面向 2020 年的中国经济发展战略研究》,载于《经济研究参考》2012 年第 43 期。

[②] 刘志彪:《战略理念与实现机制:中国的第二波经济全球化学术月刊》,载于《学术月刊》2013 年第 1 期。

## (二) 分工升级面临的机遇与挑战

**1. 产业升级的内生动力增强，构建国内价值链的可能性加大**

我国市场规模不断扩大，综合竞争优势明显，成为培育新比较优势的重要来源。从新贸易理论、新经济地理理论一直到最近兴起的以企业异质性为主要特征的新新贸易理论，无不以规模经济作为研究的出发点。我国长期以高于世界经济平均水平的增长速度发展，导致我国内需市场规模不断扩大。这既是对金融危机背景下外部市场需求萎缩的一个有效补充，也成为中国产业升级的一个动力和源泉。尤其是对于规模经济效应明显的产业来说，庞大的内需市场是提升对外竞争力的优势来源。另一方面，由于规模经济的存在，新技术的应用成本会迅速下降，进而促进新技术的产业化、商业化、规模化。因此，构建我国新型对外经贸关系的首要基础是规模比三十年前大数十倍的国内市场，中国将基于庞大的国内市场形成新的比较优势。[1]

我国产业内部分工体系逐渐形成，构建国家价值链（National Value Chains）的条件趋于成熟。中国作为一个大国经济，最重要的特征是地区之间在资源禀赋和发展阶段上的巨大差异。换句话说，中西部地区可以具备"雁阵"模型要求承接产业转移的条件，从而为维持劳动密集型产业的低成本竞争优势提供充裕的缓冲空间，也为东部地区向中高端价值环节升级提供必要的战略空间。一方面，中西部地区劳动力供给潜力大，成本低，引导劳动密集型产业向中西部地区转移，对于重新配置要素资源、提高生产效率仍有巨大潜力。这将有助于缓解要素成本上升给传统产业发展带来的冲击。另一方面，东部地区的一些本土企业积累了相当数量的人力资本和技术资源，开始从原始装备制造（OEM）向自有品牌生产（OBM）转型。在低端产业转移的基础上，东部地区企业将重点发展研发设计、核心部件生产、营销、品牌经营等高端环节，从而占领价值链的制高点。在东部地区企业生成在高附加值环节的"专有能力"、形成独占性"专有资产"之后，就建立起构建国内价值链的核心基础，成为国内价值链的链主企业。[2] 在此基础上，通过产业内迁和产业链的延伸，东部地区和中西部地区之间就可以构建起以产品内分工为主要形式的国内价值链。

**2. 技术创新能力有所增强，在部分产业领域取得突破**

在建设创新型国家的战略目标指引下，我国产业技术创新体系已经初步形成，技术创新环境得到改善，技术创新意识和技术创新能力得到增强。近年来，我国政府实施了"973"计划、"863"计划、科技攻关计划、知识创新工程等一系列科技计划和政策措施，越来越多的国内企业也在开展自主研发活动，设立研究开发中心，企业研发水平加

---

[1] 崔凡、张汉林：《中国比较优势的变化与建立新型对外经贸关系》，载于《国际经贸探索》2010年第7期。
[2] 钱方明：《基于NVC的长三角传统制造业升级机理研究》，载于《科研管理》2013年第4期。

速提升。目前,我国在新一代移动通信、新能源、新材料、信息网络、基础芯片、无线宽带、高速铁路、高温气冷堆、电动汽车等许多技术和产业领域已经有了一定的技术积累,有些技术已经达到国际先进水平,接近产业化突破的"临界点"。① 按照联合国《人类发展报告》,我国技术发展已经处于世界中等水平,平均技术水平在发展中国家居于前列。以通信技术为例,2000 年大唐集团代表中国提出的 TD-SCDMA 技术方案被采纳为国际第三代移动通信技术标准,一举打破了由欧美厂商主导移动通信技术标准的垄断格局。由此国内企业掌握了具有自主知识产权的 3G 标准 TD-SCDMA,以及 TD 标准、系统设备、仪表、芯片、终端等核心技术,成为占中国 3G 市场 1/3 份额的技术标准。再如数控机床行业,在几大国有机床厂实现技术突破后,数控机床产品大部分实现了进口替代。目前,沈阳机床在数控系统领域已经取代了德国的西门子等企业,在强化关键零部件、销售及服务等环节的同时,将低附加值环节进行外包,成为价值链的治理者。随着技术研发能力的增强,我国在工程机械、重矿机械、铁路设备、新能源设备、高端数控机床、石油化工机械、机械基础件等领域的进口替代进程将进一步加快,产业链的自主性和完整性也将进一步提高。

**3. 新兴市场兴起带来重要机遇,有利于外贸格局调整和产业升级**

中国与新兴市场国家的经贸交流不断扩大,多层次、多领域的合作关系不断深化,成为我国实现市场多元化战略和提升开放型经济水平的重要举措。新世纪以来,世界经济格局发生明显变化,美欧日等发达国家对世界经济的推动力有所减弱,新兴市场国家则群体性崛起,成为国际生产、贸易和投资的重要力量。近十年来,以金砖国家和新钻 10 国(除韩国外的新钻 11 国)为代表的新兴市场国家年均经济增长率高出世界平均水平约 2 个百分点,2010 年对世界经济增长的贡献达到 60% 左右,成为拉动全球经济增长的主要力量。这些国家在世界贸易中所占的份额也迅速提高,从 2001 年的 27% 左右增长到 2011 年的 38% 左右。与此对应,中国与新兴市场国家的经济合作也在日益加强,来自新兴市场的外贸订单成为支撑企业出口增长的重要因素。2001~2011 年,我国对 14 个主要新兴市场国家的出口额占我国出口总额的比重从 1% 提高到 13%,提高了 12 个百分点;进口额的比重从 2% 提高到 13%,提高了 11 个百分点。②

我国外贸市场格局向新兴发展中国家调整,将带来比较优势格局的相应转换,给新兴产业和高附加值产业带来成长空间。传统外贸格局中,我国对外出口定位于欧美发达国家,优势领域局限在劳动密集型产品及加工组装环节,即使是一些优势逐渐提升的产业,相对欧美国家来说也是劣势部门,不具有参与分工的条件与可能。但是,对于新兴发展中国家来说则不同,由于我国在资本、技术、人力资源等方面具有相对优势,边际优势产业跃升为比较优势产业,从而获得有利的市场空间与机遇。而且,我国技术水平

---

① 陈清泰:《培育新兴产业是提高国家竞争力的重大战略——产业结构升级和发展新兴产业的思路和政策之一》,载于《科技日报》2010 年 9 月 30 日。
② 商务部研究院:《与新兴市场国家进出口贸易应关注的问题及对策》,2013 年 3 月 5 日。

较高的产品（比如资本货物）相对发达国家产品要便宜一些，更适合发展中国家的实际需求，也易于被获取、采用和仿效。2010~2011年，在最不发达国家从中国进口的所有产品中（见表14），用于扩大生产能力和扩建基础设施的重要工具设备和原材料（如公路车辆和设备、工业机械、专业设备和装置、化工产品和钢铁）占了将近一半。① 以中国机械进出口集团为例，近年来公司连续在拉美、东南亚等市场取得重大进展。其中，2009年和2012年先后与巴西里约热内卢州政府签订30列和60列城轨电动车组出口项目，是我国自主研发的大型轨道交通设备首次成功打入南美高端市场，成为我国具有自主知识产权的高科技机电产品走向世界的经典范例。② 因此，新兴发展中国家将成为我国机电产品、高新技术产品、自主知识产权产品获得市场成长空间、实现竞争力提升的重要平台。

表14 最不发达国家与中国之间的贸易（以当前汇率计）　　　　单位：百万美元

| 产品 | 从中国进口额 2000~2001年 | 从中国进口额 2010~2011年 | 对中国出口额 2000~2001年 | 对中国出口额 2001~2011年 |
| --- | --- | --- | --- | --- |
| 农业原材料 | 16 | 105 | 243 | 1 965 |
| 食品和饮料 | 164 | 1 089 | 378 | 841 |
| 燃料、矿石和金属 | 42 | 323 | 3 126 | 44 244 |
| 化工产品 | 232 | 2 178 | 1 | 93 |
| 纺织品和皮革 | 1 323 | 8 974 | 14 | 138 |
| 钢铁 | 61 | 1 642 | 0 | 1 |
| 其他基于原材料的制成品 | 236 | 3 132 | 44 | 540 |
| 工业机械 | 400 | 4 415 | 1 | 1 |
| 电子产品 | 382 | 3 806 | 3 | 7 |
| 公路车辆和设备 | 266 | 6 691 | 0 | 1 |
| 服装和鞋类 | 266 | 2 577 | 4 | 129 |
| 专业设备和装置 | 147 | 2 291 | 1 | 34 |

资料来源：《2013年人类发展报告》。

**4. 对外投资获得有利契机，将加快突破产业升级瓶颈、占领海外市场**

对外直接投资是通过国际市场增进动态比较优势的重要载体和手段。通过要素的全球配置优化，在更大范围、更广领域和更高层次上参与国际分工，可以使我国企业充分

---

① 联合国开发计划署：《2013年人类发展报告》。
② 中国机械进出口（集团）有限公司：《打造"走出去"战略的亮丽名片——中机公司五年来贯彻实施国家"走出去"战略纪实》，载于《中国经贸》2012年第10期（上）。

利用国际国内两个市场,重新布局价值链的生产经营环节,增进动态比较优势。[1] 国际金融危机爆发以来,我国对外投资的国内外环境都发生了深刻变化,形成了有利于我国扩大境外投资的有利契机。从国外环境看,发达国家的一些企业出现资产负债表恶化、流动性不足、经营困难等情况,甚至面临破产倒闭的风险,迫切需要通过外来投资注入流动性以渡过难关。[2] 发展中国家企业则趁机崛起为重要的投资者,变得越来越重要。根据《2011—2013年世界投资前景报告》,2010年发展中国家和转型经济体对外直接投资额高达3 880亿美元,占全球对外直接投资的份额从2007年的16%上升到2010年的29%。[3] 从内部环境来看,我国已经进入跨国直接投资的第三阶段,即对外投资大幅上升,增长速度可能超过外资流入的增长速度,资金要素从单向流入为主向双向流动并重的格局转变。我国作为投资母国的地位将快速上升,企业全球配置资源的能力将显著增强,[4] 从境外企业引入先进技术、研发、设计等高端资源要素,可使我国在较短时间内缩短与发达国家的差距,有助于加快产业升级和经济发展方式转变。[5] 目前,我国的一些优势企业正在通过收购如品牌、技术和营销网络等战略性资产提高其竞争力。例如,2005年联想公司以12.5亿美元完成对IBM笔记本业务的收购,2010年浙江吉利集团完成对瑞典轿车公司沃尔沃的收购,2011年三一重工收购德国最大的混凝土泵车制造商普茨迈斯特等。[6]

此外,越来越多的发展中国家转向外向型发展战略,利用外资是其政策调整的主要方向之一。这些国家希望借助外资发挥比较优势、顺次承接产业转移,更好地融入经济全球化进程。[7] 与此对应,我国进入要素成本快速上升期,一些劳动密集型产业的比较优势开始削弱,在境外寻找低成本要素、进行成本型对外投资的意愿强烈。通过对发展中国家进行直接投资,我国企业可以将价值链延伸到不同的国家和地区,并且有望保持对价值链核心环节的主导权,从而增强对全球资源的整合和利用能力,提高我国在世界市场上的分工地位。

**5. 新一轮科技革命已在酝酿之中,我国产业有望实现"同步奔跑"**

经济危机往往催生重大科技创新,如1857年的世界经济危机推动并引发了以电气革命为标志的第二次技术革命,1929年的世界经济危机引发了以电子、航空航天和核能等为标志的第三次技术革命。当前,无论是后金融危机时期的强烈需求,还是科学技术内部所积蓄的能量,都正在催生着一场以新能源技术和生命科学技术等重大突破为标志的第四次技术革命。[8] 始于2008年的全球性金融危机促使世界各国开始谨慎地思考并探寻

---

[1] 张小蒂、贾钰哲:《中国对外直接投资发展与动态比较优势增进研究——基于企业家才能拓展的视角》,载于《浙江社会科学》2011年第5期。
[2][5][7] 《中国境外直接投资正逢难得机遇》,载于《上海证券报》2013年2月7日。
[3] 中国对外投资:《机遇之春还是泡沫之夏?》,载于《东方网》2013年9月18日。
[4] 江小涓:《中国对外开放进入新阶段:更均衡合理地融入全球经济》,载于《中国工商管理研究》2006年第8期。
[6] 联合国开发计划署:《2013年人类发展报告》。
[8] 路甬祥:《经济危机往往催生重大科技创新》,载于《瞭望新闻周刊》2009年版。

具有持续性的、新的经济增长点,明确未来推动全球经济增长的重要动力是什么,探求能够推动经济发展的技术突破。在技术创新力量的推动下,产业升级的步伐将在世界范围内加快,从而引发新一轮产业变革和结构调整。全球新一轮技术革命以及我国建立自主创新型国家的努力,将为我国在新兴领域赶超发达国家、实现经济结构调整带来难得的机遇。回顾中国经济发展的历程,从20世纪80年代的轻纺工业,到90年代的基础产业、基础设施,再到近年来以汽车、石化、电子为代表的产业,我国的经济增长点始终滞后于发达国家,处在"跟进"状态。但是,在新一轮技术革命即将来临时,从其可能涉及的产业领域来看,我国的产业选择有望与世界"同步接轨"。目前,全球制造业数字化、智能化、3D打印等新一轮技术创新孕育着重大突破,而我国在3D打印技术、智能制造等方面也取得了较大进展,这为产业转型升级提供了重要的发展机遇。我国有望摆脱在全球价值链分工中的低端锁定位置,凭借在新技术领域的重大突破,在产业链高端环节实现跃升,构建起以自主技术、本土企业为主导的全球价值链。

### (三) 未来分工升级的发展重点

**1. 向价值链中高端环节攀升,提高在全球价值链中的分工地位**

随着我国产业结构调整,将进一步推动加工贸易转型升级,加工贸易占出口的比重将逐步下降,一般贸易比重将逐步上升。这也是国际上产业发展的一般规律。从日本和韩国的经验来看,随着国内劳动力成本优势的丧失和日元升值,加工贸易在日本外贸中的地位日趋下降,日本企业转而在周边亚洲国家大力发展境外加工贸易。1980年,加工贸易占日本全部进出口总额的比重为0.7%,已经非常之低。韩国加工贸易的规模大于日本,但是其比重也在逐渐下降,1980年加工贸易占全部进出口的比重仅有23%。[①] 对比来看,虽然加工贸易占我国进出口总额的比重也出现下降趋势,但是2012年仍然高达34.76%,在20世纪90年代则更高,1998年高达53.4%。如果换算为加工贸易占工业制成品的比重则更高。因此,可以判断未来一段时期我国加工贸易比重将进一步下降,一般贸易比重将大幅上升。未来我国加工贸易将由国内产业链高度残缺的外资型加工贸易向国内产业链较为完整的内资型加工贸易演变。由于我国加工贸易中使用的核心零部件以及高附加值的技术密集型中间产品仍依赖国外进口,因此在高附加值零部件环节实现进口替代成为加工贸易升级的关键。与此对应,我国企业将沿着简单组装、辅助零部件制造、一般和重要零部件制造、高级组装和核心零部件制造的分工阶梯攀升,国内企业将在越来越多的价值链环节占据主导地位,实现生产环节和技术含量的提升,提高国内增值率。另外一个重要方面是向价值链两端提升,包括上游的研发设计和下游流通营销等环节,也包括品牌创新和维护活动等环节。只有企业逐步形成自主开发、生产和制造

---

① 傅钧文:《加工贸易发展战略及中国的选择》,载于《世界经济研究》2008年第7期。

能力，打造自有品牌，才能彻底改变我国企业在产品内分工中的低端位置。[①]

**2. 构建以我国企业为主导的国家价值链，并由之向全球价值链推进**

首先，借助全球价值链重构契机，加快构建国家价值链。一是需要提升本土企业竞争力，培育以本土企业为主导的价值链"链主"。东部地区领先企业要加快在设计研发、技术创新、生产管理、品牌建设、产品营销等方面的积累和突破，着力提高功能升级和部门升级能力，培育价值链治理能力，为构建国内价值链打好基础。二是要理顺产业间的分工协作体系，实现价值链环节的本土化和自主化。技术水平先进的领先企业要进一步将加工制造环节和非核心业务进行剥离，通过外包、代工等手段转包给附属、配套企业，通过技术合作、市场引导、培训帮助、信息支持等方式对配套企业进行治理，带动配套企业技术和产品升级，实现价值链环节的有效对接与融合。其次，促进本土优势企业向具有国际竞争力的跨国公司转变，推动国家价值链在全球范围内延伸，构建全球价值链。拥有创新、标准、专利等优势的领先企业可以通过对外直接投资、海外并购等途径，有效整合全球资源，形成全球生产网络的治理能力。具体来说，在新兴发展中国家投资兴建组装厂、开辟加工基地，整合利用其低端要素丰富带来的成本优势；在具有一定技术积累的国家指定当地企业为供应商，整合利用其技术成熟、管理完善带来的效率优势；在发展水平更高的国家，建立研发、销售及售后服务基地，整合利用其市场高端、人力资源丰富带来的创新优势。由此，推动国家价值链向全球一体化经营的方向发展，构建以中国企业为核心的全球生产网络。一些实现技术突破的企业在构建全球价值链方面进行了一些颇有成效的探索。以海尔集团为例，由于在自主创新领域的巨大成功，海尔实现由制造型企业向营销服务型企业转型，拥有世界一流的家电创新、设计和市场服务能力，在2012年全球最具创新力企业中位列第8。海尔集团还在中国、亚洲、澳洲、欧洲、美洲成立了五大研发中心，在全球拥有29个生产制造基地和19个海外销售公司，产品供应商达到721家，包括GE、爱默生、巴斯夫、DOW等。依托全球性生产网络，海尔能够准确把握全球消费需求的变化，并根据这些变化整合全球优质资源进行研发、设计和生产，从而能够比其他企业更快地满足市场需求。

**3. 促进制造环节核心竞争力提升，打造集群增长、集聚增长模式**

价值链的核心环节是多样化的，对于制造业基础比较深厚的中国来说，促进制造环节的核心竞争力提升有着尤为突出的意义。相关的借鉴来自于日本，日本经济产业省对日本制造业上市公司调查发现，利润率最高的业务环节来自制造和组装的企业比率高达44.4%，然后依次是销售（30.8%）、售后服务（10.5%）、开发及设计（8.4%）。也就是说，对于日本制造企业（尤其是机电、汽车等组装类产业）来说，其价值链是一个"倒微笑曲线"，制造和组装等生产环节依然是其利润的主要来源。分析日本企业在制造

---

[①] 李少华：《产品内分工视角下我国加工贸易升级探论》，载于《经济前沿》2008年第1期。

环节的核心竞争力，主要来源于其独特的产业组织结构——以全面质量管理（TQM）和准时生产制（JIT）等为代表的精益生产方式。① 精益生产方式使日本企业在具备高度整体型构造特征的组装类产业中具有极强的国际竞争能力。

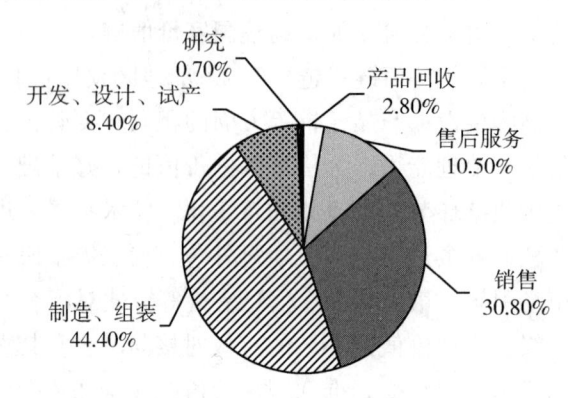

**图 11　日本制造业企业利润率最高的业务环节**

- 研究 0.70%
- 开发、设计、试产 8.40%
- 产品回收 2.80%
- 售后服务 10.50%
- 销售 30.80%
- 制造、组装 44.40%

资料来源：経済産業省『2006 年版ものづくり白書』。

未来我国产业发展中，如果急于向"微笑曲线"两端升级，而忽略中间制造环节的提升，中国制造业将失去核心竞争力，并形成工业空心化的"哑铃结构"。② 其实，促进制造业的进一步发展也是我国在关键零部件领域严重依赖于外部进口的必然要求。而要实现制造环节的竞争力提升，集群战略成为我国制造业发展的必然途径。产业集群有助于发挥各个企业的竞争优势，增强创新能力，实现企业间关系由"同质竞争"向"异质互补"的转变，实现产业集群整体竞争力的提升。尤其是在分工深化的过程中，要发展一批"专精特新"的中小企业，努力扶持"领域专一、研发精深、产品特别、热衷创新"的中小企业成为产业链条的"当关"之夫。③ 集群整体竞争力的提升还可以提高在国际分工中的战略地位，从而能够与国外厂商建立更加平衡的关系，获得更多的附加价值。当前，集群增长模式已经成为我国工业发展提升的有效方式，其中一些集群在内部治理关系、整体竞争力培育等方面取得了显著成效。以顺德家电产业集群为例，其强大的核心竞争力就来自于高效的集群治理方式。一是轮轴型产业集群特征，即以大企业为核心，众多中小企业为其配套和服务，仅"美的"一家企业就有近 300 家配件企业与其长期合作。④ 二是具有完整的家电上游产业链和原辅材料配套市场，本地家电企业采购半径一般不超出 50 千米。此外是区域品牌竞争力不断增强。强大的集群竞争力同样体现在其对行业国际标准的影响力上，2011 年，顺德电压力锅标准联盟提出的弹性结构电压力锅等多项标准获得国际电工委员会通过，这标志着我国企业在弹性结构电压力锅的先进

---

① 张捷：《日本制造业组织结构与国际分工模式的变化——兼论日本制造业对华直接投资的新动向》，载于《日本学刊》2007 年第 2 期。
② 庄鸿霖、姜阵剑：《制造业产业升级：勿把微笑曲线做成哑铃结构》，载于《北方经济》2010 年第 6 期。
③ 王茜：《中国制造业是否应向"微笑曲线"两端攀爬——基于与制造业传统强国的比较分析》，载于《财贸经济》2013 年第 8 期。
④ 沈静、魏成：《全球价值链下的顺德家电产业集群升级》，载于《热带地理》2009 年第 2 期。

性、安全性等方面完全颠覆了国外垄断,在传统优势产业争夺国际标准话语权取得历史性新突破。

**4. 积极开展对外投资,整合全球资源促进劣势产业转移和优势产业提升**

我国国际分工战略需要从以吸引外资为导向的国际分工战略向以参与全球要素优化配置为目标的国际分工战略调整,积极推进海外投资和跨国并购,创造出新阶段参与国际分工的新优势。① 一是获取我国短缺的高端要素,突破产业升级瓶颈,即"逆梯度"对外直接投资。通过直接投资于发达国家的科研机构或技术开发公司、并购目标企业或与之合资建厂等多种方式,解决我国产业结构升级急需的高端要素问题。"逆梯度"对外直接投资的重点在先进制造业、信息技术、生物工程、新材料技术、航天技术等领域。② 这种投资与国际金融危机形势密切相关,机会可能稍纵即逝,尤其是欧盟地区深陷金融危机和欧债危机"双重"泥沼,是我国需要优先关注的重点区域。二是获取我国日益消退的廉价要素,推动传统产业向外转移,即"顺梯度"对外直接投资。重点推动以降低成本为主要目的、以民营企业为主体、以绿地投资为主要形式、面向发展中经济体的境外投资。③ 这类投资充分利用我国在国际产业梯度中的相对级差优势,转移国内已失去或即将失去优势的产业,利用新兴发展中国家的劳动力、土地等廉价要素,将成为我国中长期境外投资的主要方式。"顺梯度"对外直接投资一方面有利于延长这类产业的生命周期,充分实现其转移价值;另一方面可以为国内高新技术产业发展腾出足够的空间,促使生产要素向新兴产业转移和聚集。当前,"顺梯度"对外直接投资的重点是机械、电子、轻纺、家电等产业,这些产业大都面临生产能力过剩、产品国内需求不足以及出口贸易条件恶化的局面。④

目前,"顺梯度"和"逆梯度"两种对外投资方式在我国都已经快速兴起,对我国产业结构升级、外贸结构优化起到助推作用。前者如中国纺织企业在缅甸和柬埔寨投资棉纺厂,制糖企业在马里投资糖厂,摩托车制造企业在越南投资装配厂等。后者如中国自主品牌的代表企业吉利集团,通过并购国际著名豪华汽车制造商沃尔沃、世界第二大独立自动变速器企业澳大利亚 DSI 公司,获得一系列核心技术、专利、产品品牌及营销渠道,企业的研发能力、市场地位、服务水平显著增强。目前,吉利集团 6 速手自一体自动变速器生产线已经达产,不仅填补了我国自主品牌汽车在高档自动变速器领域的空白,而且使吉利集团在大扭矩变速器和动力总成领域的研发与生产能力得到增强。此外,吉利不仅收购了沃尔沃的核心技术、专利等知识产权和制造设施,还获得了沃尔沃在全球的经销渠道,沃尔沃的汽车安全技术、动力总成技术、新能源技术、整车平台技术等

---

① 金芳:《中国国际分工地位的变化、内在矛盾及其走向》,载于《世界经济研究》2008 年第 5 期。
② 郭志仪、郑钢:《突破"追赶式"发展的局限——对外直接投资促进我国产业结构升级的路径分析》,载于《中国投资》2007 年第 11 期。
③ 《中国境外直接投资正逢难得机遇》,载于《上海证券报》2013 年 2 月 7 日。
④ 郭志仪、郑钢:《突破"追赶式"发展的局限——对外直接投资促进我国产业结构升级的路径分析》,载于《中国投资》2007 年第 11 期。

均会陆续运用到吉利汽车产品上（见图12）。

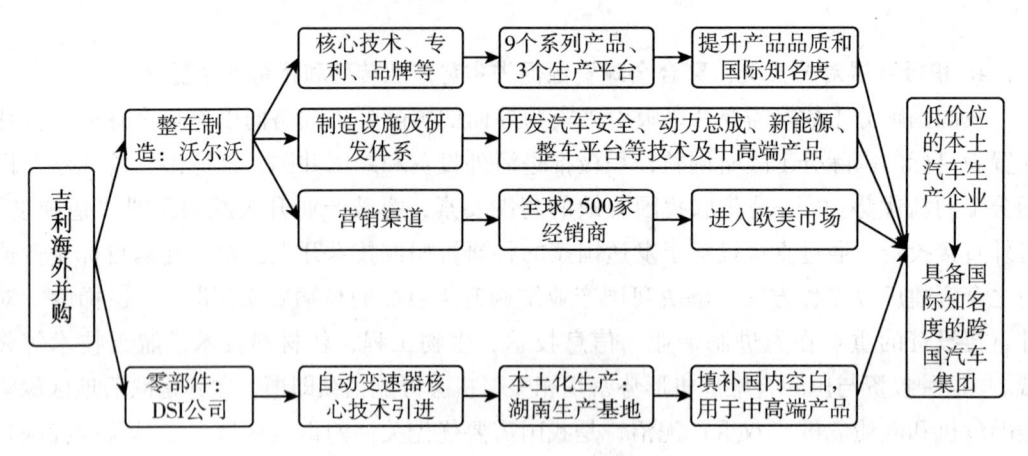

**图12　吉利集团的海外并购与发展提升**

（执笔人：徐建伟）

**参考文献**

［1］本多光雄：《新国际分工和日本和中国的作用——对新国际分工的摸索》，载于《复旦国际研讨会：构建亚洲经济共同体的可能性——中国与日本的作用》2006年版。

［2］陈长缨：《我国产业比较优势出现"跳跃式"变化》，载于《上海证券报》2012年12月19日。

［3］陈清泰：《培育新兴产业是提高国家竞争力的重大战略——产业结构升级和发展新兴产业的思路和政策之一》，载于《科技日报》2010年9月30日。

［4］陈甬军、杨振：《制造业外资进入与市场势力波动：竞争还是垄断》，载于《中国工业经济》2012年第10期。

［5］崔凡、张汉林：《中国比较优势的变化与建立新型对外经贸关系》，载于《国际经贸探索》2010年第7期。

［6］傅钧文：《加工贸易发展战略及中国的选择》，载于《世界经济研究》2008年第7期。

［7］高越、高峰：《垂直专业化分工及我国的分工地位》，载于《国际贸易问题》2005年第3期。

［8］顾海兵、沈继楼、周智高、唐帅：《中国经济安全分析：内涵与特征》，载于《中国人民大学学报》2007年第2期。

［9］国家发改委经济研究所课题组：《面向2020年的中国经济发展战略研究》，载于《经济研究参考》2012年第43期。

［10］郭志仪、郑钢：《突破"追赶式"发展的局限——对外直接投资促进我国产业结构升级的路径分析》，载于《中国投资》2007年第11期。

［11］江小涓：《中国对外开放进入新阶段：更均衡合理地融入全球经济》，载于《中国工商管理研究》2006年第8期。

［12］金芳：《中国国际分工地位的变化、内在矛盾及其走向》，载于《世界经济研究》2008年第

5 期。

　　[13] 金碚、李钢：《中国企业盈利能力提升与企业竞争力》，载于《中国工业经济》2007 年第 11 期。

　　[14] 胡迟：《"十二五"以来制造业转型升级：成效、问题与对策》，载于《经济研究参考》2012 年第 57 期。

　　[15] 胡小娟、龙国旗：《我国中间产品进口与经济增长的相关性分析》，载于《国际商务——对外经济贸易大学学报》2008 年第 5 期。

　　[16] 黄先海、杨高举：《中国高技术产业的国际分工地位研究：基于非竞争型投入占用产出模型的跨国分析》，载于《世界经济》2010 年第 5 期。

　　[17] 李辉：《经济增长与对外投资大国地位的形成》，载于《经济研究》2007 年第 2 期。

　　[18] 李少华：《产品内分工视角下我国加工贸易升级探论》，载于《经济前沿》2008 年第 1 期。

　　[19] 刘瑶：《中国制造业贸易的要素含量：中间产品贸易对测算的影响》，载于《经济评论》2011 年第 2 期。

　　[20] 刘银锁：《基于路径依赖理论的加工贸易产业困境分析》，载于《北方经济》2010 年第 6 期。

　　[21] 刘志彪：《战略理念与实现机制：中国的第二波经济全球化学术月刊》2013 年第 1 期。

　　[22] 刘志彪、刘晓昶：《垂直专业化：经济全球化中的贸易和生产模式经济理论与经济管理》2001 年第 10 期。

　　[23] 钱方明：《基于 NVC 的长三角传统制造业升级机理研究科研管理》2013 年第 4 期。

　　[24] 人力资源和社会保障部专题组：《中国就业应对国际金融危机方略系列研究报告之一》2009 年版。

　　[25] 施炳展：《中国出口产品的国际分工地位研——基于产品内分工的视角》，载于《世界经济研究》2010 年第 1 期。

　　[26] 沈静、魏成：《全球价值链下的顺德家电产业集群升级》，载于《热带地理》2009 年第 2 期。

　　[27] 宋大勇：《跨国公司投资对我国产业结构优化的负面影响及对策分析》，载于《现代管理科学》2009 年第 10 期。

　　[28] 孙宝强：《产业结构调整与产业价值链升级问题探析》，载于《山东经济》2011 年第 5 期。

　　[29] 王茜：《中国制造业是否应向"微笑曲线"两端攀爬——基于与制造业传统强国的比较分析》，载于《财贸经济》2013 年第 8 期。

　　[30] 王昆：《垂直专业化、价值增值与产业竞争力》，载于《上海经济研究》2010 年第 4 期。

　　[31] 姚志毅、张亚斌、李德阳：《参与国际分工对中国技术进步和技术效率的长期均衡效应》，载于《数量经济技术经济研究》2010 年第 6 期。

　　[32] 张建华等：《基于新型工业化道路的工业结构优化升级研究》，中国社会科学出版社 2012 年版。

　　[33] 张小蒂、贾钰哲：《中国对外直接投资发展与动态比较优势增进研究——基于企业家才能拓展的视角》，载于《浙江社会科学》2011 年第 5 期。

　　[34] 中国机械进出口（集团）有限公司：《打造"走出去"战略的亮丽名片——中机公司五年来贯彻实施国家"走出去"战略纪实》，载于《中国经贸》2012 年第 10 期（上）。

　　[35] 庄鸿霖、姜阵剑：《制造业产业升级：勿把微笑曲线做成哑铃结构》，载于《北方经济》2010 年第 6 期。

# 第四章

# 中国工业发展的要素条件及变化

**内容提要**：当前和未来相当长的一段时期内，中国工业发展的要素条件都在发生着重大变化。从外部形势看，世界经济正处于半全球化时代、全球制造业迎来新变局等新形势使得不确定性和不可控性不断增强。从内部形势看，我国经济社会发展步入新阶段、资源禀赋条件发生显著变化等新情况使得我们可能无法延续过往的发展模式。从各方面因素和条件判断，传统经济增长方式已难以为继，中国工业发展可能正面临着"增长的极限"。面对要素条件的阶段性变化，未来需要大力发掘"第二次人口红利"，提升劳动生产率；继续改善资本配置效率，加大有效投资；加强技术引进后的消化吸收再创新，摆脱对外依赖。

新中国成立60余年，尤其是改革开放以来，我国工业保持了强劲增长，实现了巨大变化，在我国国民经济体系中更是占据着重要地位。当前和未来相当长的一段时期内，国内外政治、经济环境都在发生着重大变化。从外部形势看，世界经济正处于半全球化时代、全球制造业迎来新变局等新形势使得不确定性和不可控性不断增强，这都将给我国的工业发展带来深远影响和深刻变革。从内部形势看，我国经济社会发展步入新阶段、资源禀赋条件发生显著变化等新情况使得我们可能无法延续过往的发展模式，这也将对我国工业发展提出新的要求。在这个承前启后的历史性关口，过去支撑经济高速增长的内在因素和外部条件正在发生变化，有的正在接近拐点，从各方面因素和条件判断，传统经济增长方式已经难以为继，[1]中国的工业发展可能正面临着"增长的极限"。2003年，世界银行在《创新的亚洲：增长的前景》报告中也明确提出，过去东亚经济的主要增长方式是资源投入，东亚成功的发展模式在在未来其效果可能会降低，会出现收益递减。面对世情、国情的深刻变化，预判未来10年中国工业发展的潜力如何，需要考虑供给方面的重要因素可能发生变化的方向与程度。因此，本章节将对我国工业发展的要素条件及变化分析，以图认清趋势、把握趋势，抓住机遇，迎接挑战，推动工业实现可持续发展。

## 一、我国工业发展的要素条件及变化

从决定我国工业发展的供给端看，决定工业发展的供给能力主要体现在三个方面：一是劳动力，二是资本存量，三是全要素生产率。其中，劳动力数量主要取决于人口总量和年龄结构的变化,资本存量主要取决于过去投资累计并扣除折旧的实物资本(如机器设备、基础设施等)和货币资本,全要素生产率主要取决于技术进步、管理效率、政府政策对资源配置的影响等因素。[2]根据"长期看供给、短期看需求"的逻辑,[2]通过对劳动力、资本存量、全要素生产率等要素变化的分析,有助于我们加深对工业长期发展变化的认识。

## (一) 我国工业发展的劳动力条件变化分析

准确把握劳动力供求的长期变动趋势,正确认识其对我国工业发展的含义,有利于我们合理判断我国工业发展变化的趋势。过去30余年中,我国人口年龄结构的特点是劳动年龄人口数量大、比重高,这保证了劳动力供给的充足性,为20世纪80年代以来我国工业的快速发展做出了巨大贡献。目前的人口红利属于第一次人口红利,即"量"的红利,主要来自于人口数量;但受老龄化和计划生育政策的影响,中国在过去几十年间所享受到的"第一人口红利"将在未来十年内逐渐消失。[3]1980~2012年人口变动情况见表1。

表1　　　　　　　　　　1980~2012年人口变动情况

| 年份 | 总人口数(万人) | 经济活动人口 总量(万人) | 经济活动人口 劳动参与率*(%) | 劳动年龄(15~64岁)人口 总量(万人) | 劳动年龄(15~64岁)人口 占总人口的比重(%) | 工业年末从业人员 总量(万人)** | 工业年末从业人员 占经济活动人口的比重(%) | 增速(%) | 十万人中具有大学文化程度(人) |
|---|---|---|---|---|---|---|---|---|---|
| 1980 | 98 705 | 42 903 | n/a | n/a | n/a | 6 714.00 | 15.65 | n/a | n/a |
| 1981 | 100 072 | 44 165 | n/a | n/a | n/a | 6 975.00 | 15.79 | 3.89 | n/a |
| 1982 | 101 654 | 45 674 | 73.06 | 62 517.21 | 61.50 | 7 204.00 | 15.77 | 3.28 | 599 |
| 1983 | 103 008 | 46 707 | n/a | n/a | n/a | 7 397.00 | 15.84 | 2.68 | n/a |
| 1984 | 104 357 | 48 433 | n/a | n/a | n/a | 7 930.00 | 16.37 | 7.21 | n/a |
| 1985 | 105 851 | 50 112 | n/a | n/a | n/a | 8 349.00 | 16.66 | 5.28 | n/a |
| 1986 | 107 507 | 51 546 | n/a | n/a | n/a | 8 980.00 | 17.42 | 7.56 | n/a |
| 1987 | 109 300 | 53 060 | 73.71 | 71 984.98 | 65.86 | 9 342.00 | 17.61 | 4.03 | n/a |
| 1988 | 111 026 | 54 630 | n/a | n/a | n/a | 9 661.00 | 17.68 | 3.41 | n/a |
| 1989 | 112 704 | 55 707 | n/a | n/a | n/a | 9 569.00 | 17.18 | -0.95 | n/a |
| 1990 | 114 333 | 65 323 | 85.61 | 76 305.84 | 66.74 | 9 698.00 | 14.85 | 1.35 | n/a |
| 1991 | 115 823 | 66 091 | n/a | n/a | n/a | 9 947.00 | 15.05 | 2.57 | n/a |
| 1992 | 117 171 | 66 782 | n/a | n/a | n/a | 10 219.00 | 15.30 | 2.73 | n/a |
| 1993 | 118 517 | 67 468 | n/a | n/a | n/a | 10 467.00 | 15.51 | 2.43 | n/a |
| 1994 | 119 850 | 68 135 | n/a | n/a | n/a | 10 774.00 | 15.81 | 2.93 | n/a |
| 1995 | 121 121 | 68 855 | 84.60 | 81 393.31 | 67.20 | 10 993.00 | 15.97 | 2.03 | n/a |
| 1996 | 122 389 | 69 765 | 84.83 | 82 245.41 | 67.20 | 10 938.00 | 15.68 | -0.50 | n/a |

续表

| 年份 | 总人口数（万人） | 经济活动人口 总量（万人） | 经济活动人口 劳动参与率*（%） | 劳动年龄（15~64岁）人口 总量（万人） | 劳动年龄（15~64岁）人口 占总人口的比重（%） | 工业年末从业人员 总量（万人）** | 工业年末从业人员 占经济活动人口的比重（%） | 工业年末从业人员 增速（%） | 十万人中具有大学文化程度（人） |
|---|---|---|---|---|---|---|---|---|---|
| 1997 | 123 626 | 70 800 | 84.84 | 83 447.55 | 67.50 | 10 763.00 | 15.20 | -1.60 | n/a |
| 1998 | 124 810 | 72 087 | 85.47 | 84 338.00 | 67.57 | 9 323.00 | 12.93 | -13.38 | n/a |
| 1999 | 125 909 | 72 791 | 85.48 | 85 157.12 | 67.63 | 9 061.00 | 12.45 | -2.81 | n/a |
| 2000 | 126 583 | 73 992 | 83.22 | 88 910.00 | 70.24 | 8 923.75 | 12.06 | -1.51 | 3 611 |
| 2001 | 127 627 | 73 884 | 82.23 | 89 849.41 | 70.40 | 8 527.00 | 11.54 | -4.45 | n/a |
| 2002 | 128 453 | 74 492 | 82.49 | 90 302.00 | 70.30 | 8 535.00 | 11.46 | 0.09 | n/a |
| 2003 | 129 227 | 74 911 | 82.34 | 90 976.00 | 70.40 | 8 818.11 | 11.77 | 3.32 | n/a |
| 2004 | 129 988 | 75 290 | 81.67 | 92 184.00 | 70.92 | 9 643.80 | 12.81 | 9.36 | n/a |
| 2005 | 130 756 | 76 120 | 80.81 | 94 197.00 | 72.04 | 10 215.82 | 13.42 | 5.93 | n/a |
| 2006 | 131 448 | 76 315 | 80.27 | 95 068.00 | 72.32 | 10 883.90 | 14.26 | 6.54 | n/a |
| 2007 | 132 129 | 76 531 | 79.86 | 95 833.00 | 72.53 | 11 638.69 | 15.21 | 6.93 | n/a |
| 2008 | 132 802 | 77 046 | 79.69 | 96 680.00 | 72.80 | 11 738.30 | 15.24 | 0.86 | n/a |
| 2009 | 133 450 | 77 510 | 79.51 | 97 484.00 | 73.05 | 12 039.14 | 15.53 | 2.56 | n/a |
| 2010 | 134 091 | 78 388 | 78.44 | 99 938.00 | 74.53 | 12 474.31 | 15.91 | 3.61 | 8 930 |
| 2011 | 134 735 | 78 579 | 78.36 | 100 283.00 | 74.43 | 12 875.15 | 16.38 | 3.21 | n/a |
| 2012 | 135 404 | n/a | n/a | 100 403.00 | 74.15 | n/a | n/a | n/a | n/a |

注：* 劳动力参与率是指劳动年龄（15~64岁）人口中从事经济活动的人口比率。

** 根据统计年鉴，《中国统计年鉴》只有工业年末从业人员数1980~2002年数据，之后《中国工业统计年鉴》的数据为规上企业从业人员数，本文根据1999~2002年规上企业从业人员数占全部工业从业人员的比重和1998~2002年工业年末从业人员数占第二产业年末从业人员数分别测算了2003~2011年的工业年末从业人员数，并结合2004年和2008年的普查数进行数据调整，估算而得2003~2011年的工业年末从业人员数。

资料来源：相关年份的《中国统计年鉴》、《中国工业统计年鉴》、《中国劳动统计年鉴》。

一方面，从人口年龄构成看，根据2010年第六次全国人口普查数据显示，中国0~14岁人口占16.60%，比2000年人口普查下降6.29个百分点；60岁及以上人口占13.26%，较2000年人口普查时上升2.93个百分点，其中65岁及以上人口占8.87%，较2000年上升1.91个百分点。我国人口年龄结构的变化，说明随着我国经济社会快速发展，生育率持续保持较低水平，老龄化进程逐步加快。[4] 从适龄劳动人口占总人口的比重（人口红利）看，"第一人口红利"在2010年已经显现出拐点的迹象。过去20年老龄人口占比只是缓慢上升，而未来20年这一速度将大幅加快，将明显超过我们过去对这个问题的感受。[2] 从经济活动人口占劳动年龄（15~64岁）人口的比重（劳动参与率）[5]① 看（见图1），自2000年开始，我国劳动参与率就已呈下降态势；尽管近年来不断下降，但与"亚洲四小龙"和美、日等国家的劳动力参与率比较而言，我国的劳动力参与率尚处于高位。我国过高的劳动参与率既反映了我国劳动力参与工业活动的程度较高，同时某种程度上，也表明劳动力并不需要过多的知识教育能力即可进入市场；而且，社会保障的相对缺失和相对低廉的劳动力成本也使得劳动参与率相对较高。再从趋势上看，未来中国劳动参与率的持续下降也是符合经济社会发展规律的。因此，未来寄希望通过劳动力参与率和人口红利的提升以维持数量型的第一次人口红利可能具有一定的现实难度。应该说，作为人类社会结构性因素的劳动参与率和人口红利，已经成为工业发展的不可抗拒的减速因素。人口红利的变化情况、工业劳动生产率的变化趋势、中国的平均工资、工业单位劳动成本变化趋势分别见图2~图5。

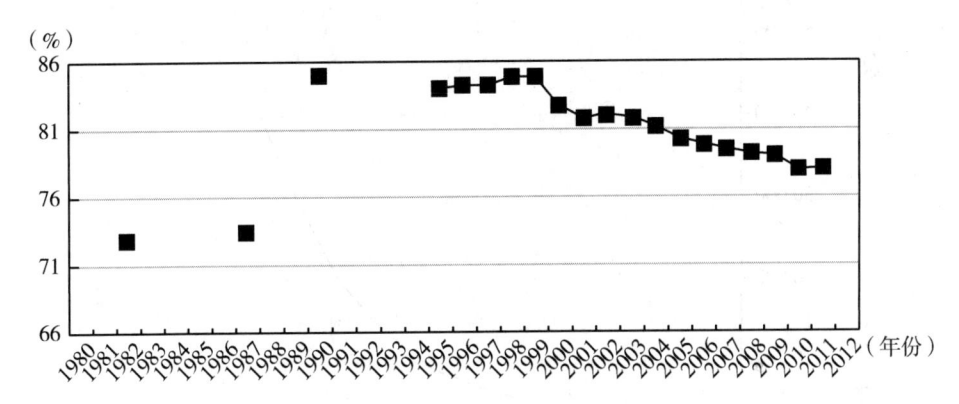

**图1 1980~2011年劳动参与率的变化情况**

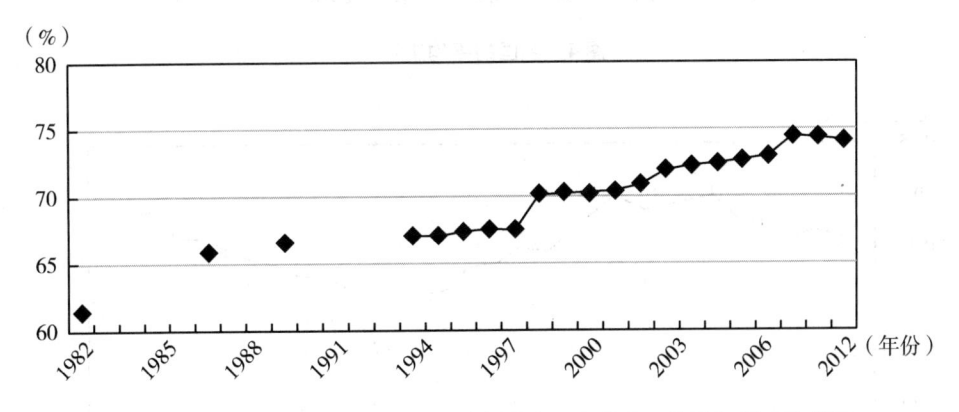

**图2 1980~2012年人口红利（劳动年龄人口占总人口比重）的变化情况**

---

① 根据经济学理论和各国的经验，劳动参与率反映了潜在劳动者个人对于工作收入与闲暇的选择偏好，它一方面受到个人保留工资、家庭收入规模，以及性别、年龄等个人人口学特征的影响，另一方面受到社会保障的覆盖率和水平、劳动力市场状况等社会宏观经济环境的影响。

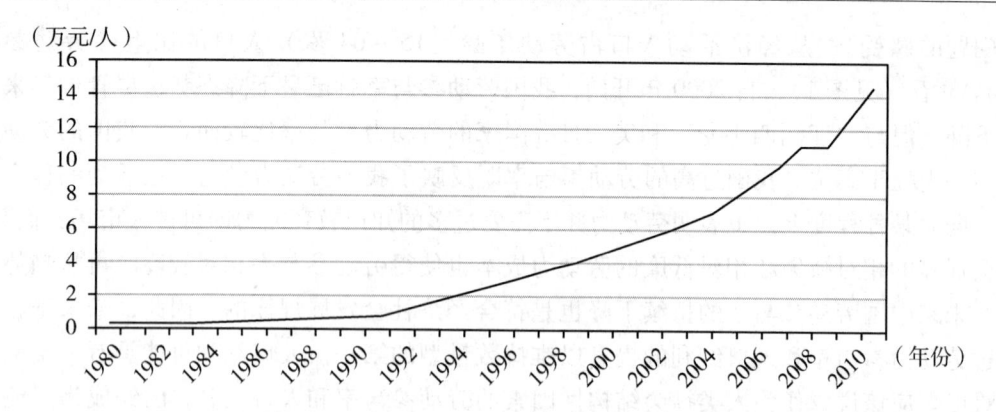

图3  1980~2011年工业劳动生产率的变化趋势

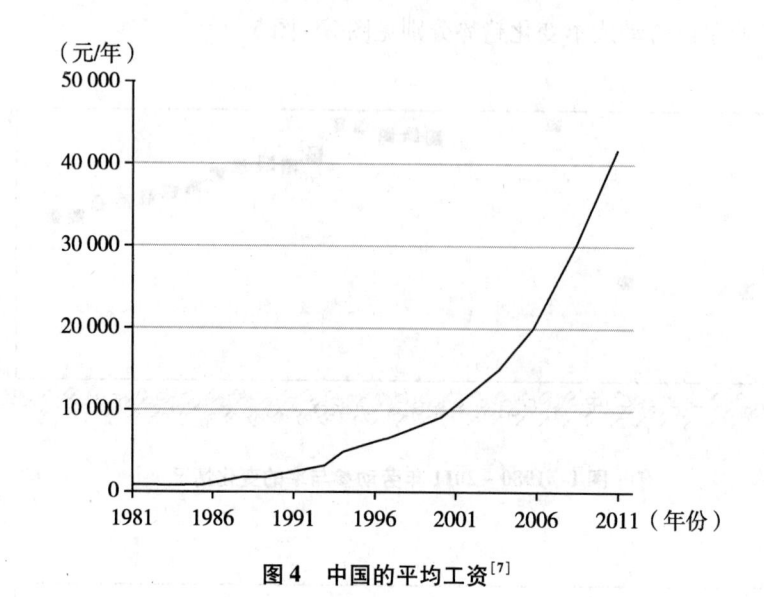

图4  中国的平均工资[7]

图5  1980~2011年工业单位劳动成本变化趋势

另一方面，人口红利阶段，尤其是农村存在大量富余劳动力的情况下，劳动力供应充足，劳动市场的竞争使得工资的上升幅度较慢。人口红利见顶回落，农村富余劳动力大幅减少之后，劳动力供应趋紧，工资增长速度相对于其他价格加快。[2] 而从我国实际情况看，劳动力成本的发展态势也大致符合这一规律。改革开放以来，中国的劳动力成本长期处于一个较低的水平，较之于发达国家，我国的制造业雇员工资水平大约是英国的1/27，日本的1/22，美国的1/21。较之于新兴国家，大约是韩国的1/13，新加坡的1/12。较之于发展中国家，大约是马来西亚的1/4，墨西哥的1/3。[6] 步入21世纪以来，中国的平均工资不断上升。过去几年工资涨幅明显，年薪从2006年的20 856元人民币升至2011年的41 799元人民币。但即使与大多数发展中国家相比，具有低成本就业优势的中国传统劳动力红利优势并未枯竭。虽然过去五六年平均工资水平迅速攀升，但仍远低于全球平均水平。2011年中国的平均工资仅为41 799人民币或6 568美元；而美国平均工资为52 607美元，是中国的八倍多。[7] 同时，研究产业竞争力，除劳动力成本之外，还要考虑劳动生产率。因为，劳动生产率的提高虽是提高一国工资水平的重要原因之一，但是因劳动生产率提高所引发的工资水平提高并不会降低一国的国际竞争比较优势。从劳动生产率①看，改革开放以来，我国工业劳动生产率不断提升，从1980年的0.30万元/人提升至2011年的14.64万元/人。20世纪90年代以前，中国制造业劳动生产率处于平缓发展时期，相当于美国当年劳动生产率的6%左右，1990年后，中国制造业劳动生产率表现大幅度增长趋势，并且与欧美发达国家的差距在不断缩小。[8]

此外，通过计算单位劳动成本（ULC）[8]② 可以反映一个产业或国家的成本优势，[9] 我们有必要将工业的人年均劳动报酬和劳动生产率结合起来，从单位劳动成本（人年均劳动报酬/劳动生产率）角度来反映我国工业的成本比较优势。改革开放以来，我国单位劳动成本大致在0.2~0.3的范围区间内上下波动，1980年为0.26，曾向上到1986年、1987年的相对高点0.30，又逐步回落到1998年的相对低点0.20，再不断攀升至2009年、2010年、2011年的相对高位，分别为0.29、0.28和0.29（见表2）。应该说，2009年相对于2008年有一明显跃升，之后又维持相对高位。但总体而言，基于我国劳动生产率的不断提升，工资水平的提高并不会成为当前和未来一段时期内妨碍我国工业竞争比较优势的重要原因。在剔除劳动生产率提高对劳动力工资水平的影响后，我国劳动力工资水平相对于发达贸易伙伴国而言处于一个更低的水平。[10] 因此，一方面，受到第一次人口红利不断枯竭和劳动生产率不断提升的双重影响；另一方面，我国的工资水平与发达贸易伙伴国相比，还处于相当低的水平，所以，未来相当长的一段时间内，我国工业客观上还存在着逐步提高工人劳动报酬的可能空间。从已经达到的人口转变阶段看，年

---

① 劳动生产率是提升成本竞争优势的重要环节，是说明劳动效率的综合指标，计算公式为：全员劳动生产率 = 工业增加值/全部从业人员平均人数。
② 单位劳动成本指单位产量的总劳动成本，或者说每获得一单位产出所要支付的劳动成本，也叫单位产出劳动成本（Labor Cost Per Unit of Output），简称单位劳动成本（Unit Labor Cost, ULC），其通常被认为是从生产（或成本）角度衡量一个国家制造业贸易品的生产价格或生产成本，单位劳动成本越低，表示该国产品价格竞争力越强。亦可表示劳动产出能力与效率的高低，单位劳动成本越低，则表明劳动力的产出效率越高。

龄结构的变化正在使我国逐步丧失劳动力充足且廉价的比较优势，随着劳动力短缺和劳动力成本上升，第一次人口红利终究是会枯竭的。其实，人口红利期结束并不一定是坏事。一个国家发展到一定阶段，人口结构发生变化，最终走向老龄化，这是不可逆转的，是经济规律决定的。[11]

**表2　1978~2011年工业增加值、工业劳动生产率、人均劳动报酬和单位劳动成本**

| 年份 | 工业增加值 总量（亿元） | 增速（%） | 劳动生产率 总量（万元/人） | 增速（%） | 人年均劳动报酬 总量（元） | 增速（%） | 单位劳动成本 总量（元/元） | 增速（%） |
|---|---|---|---|---|---|---|---|---|
| 1978 | 1 607 | n/a | n/a | n/a | 615 | n/a | n/a | n/a |
| 1979 | 1 769.7 | 10.12 | n/a | n/a | 668 | 8.62 | n/a | n/a |
| 1980 | 1 996.5 | 12.82 | 0.30 | n/a | 762 | 14.07 | 0.26 | n/a |
| 1981 | 2 048.4 | 2.60 | 0.29 | -1.24 | 772 | 1.31 | 0.26 | 2.58 |
| 1982 | 2 162.3 | 5.56 | 0.30 | 2.20 | 798 | 3.37 | 0.27 | 1.14 |
| 1983 | 2 375.6 | 9.86 | 0.32 | 7.00 | 826 | 3.51 | 0.26 | -3.26 |
| 1984 | 2 789 | 17.40 | 0.35 | 9.51 | 974 | 17.92 | 0.28 | 7.68 |
| 1985 | 3 448.7 | 23.65 | 0.41 | 17.45 | 1 148 | 17.86 | 0.28 | 0.35 |
| 1986 | 3 967 | 15.03 | 0.44 | 6.95 | 1 329 | 15.77 | 0.30 | 8.25 |
| 1987 | 4 585.8 | 15.60 | 0.49 | 11.12 | 1 459 | 9.78 | 0.30 | -1.20 |
| 1988 | 5 777.2 | 25.98 | 0.60 | 21.82 | 1 747 | 19.74 | 0.29 | -1.71 |
| 1989 | 6 484 | 12.23 | 0.68 | 13.31 | 1935 | 10.76 | 0.29 | -2.25 |
| 1990 | 6 858 | 5.77 | 0.71 | 4.36 | 2 140 | 10.59 | 0.30 | 5.97 |
| 1991 | 8 087.1 | 17.92 | 0.81 | 14.97 | 2 340 | 9.35 | 0.29 | -4.89 |
| 1992 | 10 284.5 | 27.17 | 1.01 | 23.79 | 2 711 | 15.85 | 0.27 | -6.41 |
| 1993 | 14 187.97 | 37.95 | 1.36 | 34.69 | 3 371 | 24.35 | 0.25 | -7.68 |
| 1994 | 19 480.71 | 37.30 | 1.81 | 33.39 | 4 538 | 34.62 | 0.25 | 0.92 |
| 1995 | 24 950.61 | 28.08 | 2.27 | 25.53 | 5 348 | 17.85 | 0.24 | -6.12 |
| 1996 | 29 447.61 | 18.02 | 2.69 | 18.62 | 6 210 | 16.12 | 0.23 | -2.11 |
| 1997 | 32 921.39 | 11.80 | 3.06 | 13.61 | 6 444 | 3.77 | 0.21 | -8.67 |
| 1998 | 34 018.43 | 3.33 | 3.65 | 19.29 | 7 446 | 15.55 | 0.20 | -3.14 |

续表

| 年份 | 工业增加值 总量（亿元） | 工业增加值 增速（%） | 劳动生产率 总量（万元/人） | 劳动生产率 增速（%） | 人年均劳动报酬 总量（元） | 人年均劳动报酬 增速（%） | 单位劳动成本 总量（元/元） | 单位劳动成本 增速（%） |
|---|---|---|---|---|---|---|---|---|
| 1999 | 35 861.48 | 5.42 | 3.96 | 8.47 | 8 319 | 11.72 | 0.21 | 3.00 |
| 2000 | 40 033.59 | 11.63 | 4.49 | 13.35 | 9 333 | 12.19 | 0.21 | -1.03 |
| 2001 | 43 580.62 | 8.86 | 5.11 | 13.93 | 10 834 | 16.08 | 0.21 | 1.89 |
| 2002 | 47 431.31 | 8.84 | 5.56 | 8.73 | 12 373 | 14.21 | 0.22 | 5.03 |
| 2003 | 54 945.53 | 15.84 | 6.23 | 12.12 | 13 969 | 12.90 | 0.22 | 0.69 |
| 2004 | 65 210.03 | 18.68 | 6.76 | 8.52 | 15 920 | 13.97 | 0.24 | 5.02 |
| 2005 | 77 230.78 | 18.43 | 7.56 | 11.80 | 18 200 | 14.32 | 0.24 | 2.25 |
| 2006 | 91 310.94 | 18.23 | 8.39 | 10.97 | 20 856 | 14.59 | 0.25 | 3.26 |
| 2007 | 110 534.9 | 21.05 | 9.50 | 13.20 | 24 721 | 18.53 | 0.26 | 4.71 |
| 2008 | 130 260.2 | 17.85 | 11.10 | 16.85 | 28 898 | 16.90 | 0.26 | 0.04 |
| 2009 | 135 240 | 3.82 | 11.23 | 1.23 | 32 244 | 11.58 | 0.29 | 10.22 |
| 2010 | 160 722.2 | 18.84 | 12.88 | 14.70 | 36 539 | 13.32 | 0.28 | -1.20 |
| 2011 | 188 470.2 | 17.26 | 14.64 | 13.61 | 41 799 | 14.40 | 0.29 | 0.69 |

注：劳动生产率＝工业增加值/工业从业人员；单位劳动成本（ULC）＝平均劳动报酬/劳动生产率。

资料来源：相关年份《中国统计年鉴》、《中国劳动统计年鉴》。

因人口年轻构成的"第一次人口红利"正在快速枯竭的同时，[12]未来我们可能需要大力挖掘第二次人口红利的潜能，即"质"的红利，主要是指教育和健康等赋予劳动力的价值。某种程度上，第二次人口红利的潜力可以说是无限的。从受教育程度看，人口的受教育程度明显上升，大专及以上学历人口占总人口的比重从1996年的2上升到2010年的近9。[2]而根据2010年第六次全国人口普查数据显示，与2000年人口普查相比，每十万人中具有大学文化程度的由3 611人上升为8 930人，具有高中文化程度的由11 146人上升为14 032人；具有初中文化程度的由33 961人上升为38 788人；具有小学文化程度的由35 701人下降为26 779人。文盲率（15岁及以上不识字的人口占总人口的比重）为4.08，比2000年人口普查的6.72下降2.64个百分点。[4]理论和经验都表明，教育水平的整体改善是劳动生产率提高的主要源泉。一项计量分析表明，在制造业，职工受教育年限每提高1年，劳动生产率就会上升17%。因此，第二次人口红利也只有从劳动力供给和人力资本积累的角度来观察，才具有显著的意义。[11]

## (二) 我国工业发展的资本条件变化分析①

对于中国这类追赶型经济体而言,在中长期内推动经济增长的主要因素是资本的快速形成和积累。[13]资本的要素数量效应一直是我国工业发展的来源和动力。同时,根据投资乘数理论、加速数理论、Harrod – Doma 模型、Solow 新古典增长模型以及内生增长理论等相关理论模型,资本的要素数量效应也都是增长的核心要素。因此,准确把握资本条件的变化特征和趋势,是正确认识、合理判断我国工业发展变化趋势的基础。工业投资规模增速趋势变化图见图 6。

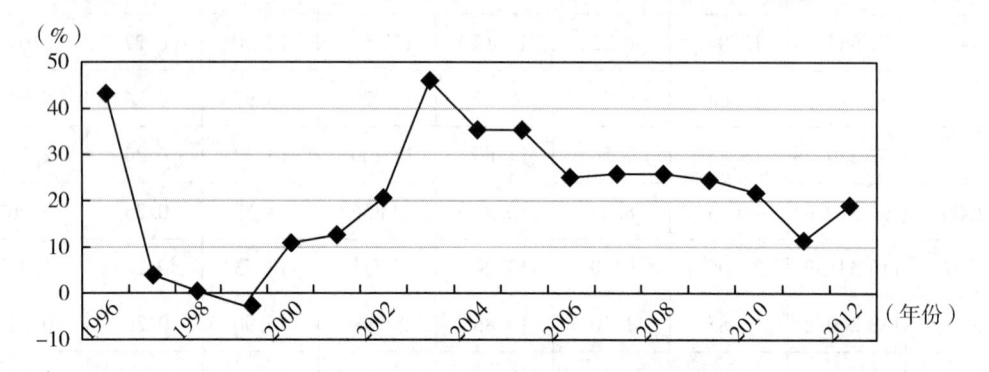

**图 6 1996~2012 年工业投资规模增速趋势变化图**

一方面,鉴于工业行业开展的固定资产投资,即工业投资,[14]②直接影响和决定着工业产业结构的形成及其发展变化,进而影响和决定着工业发展的质量和效益,因此,我们将首先对工业投资的总量规模、占城镇固定资产投资比重、工业投资率、工业投资资金来源中外资比重等指标进行简要分析。从总体上来看,我国工业投资始终保持增长态势,在一定程度上支撑了工业经济的高速发展。以当年价格计算,我国工业投资从 1995 年的 6 232.5 亿元大幅提升至 2011 年的 129 119.6 亿元,增长 20.72 倍。与此同时,投资增速却呈现大幅波动的态势。从 1996 年的高达 43.79% 增速下滑到 1999 年的 -2.66%,又迅速攀升至 2003 年的 46.27%,然后逐步下滑到 2011 年的 11.99%。而且,1995 年到 2011 年间,我国工业投资占城镇固定资产投资的比重基本维持在 40%~50% 的区间范围内(见图 7)。同时,反映一段时期工业净产出转化为投资需求比率的工业投资率[14](工业投资与工业增加值之比),由 1995 年的 24.98% 一路攀升至 2008 年的 57.89%。特

---

① 工业部门统计口径发生过几次大的变化。例如:1998 年以前统计口径为独立核算企业;1998~2005 年,口径变为全部国有及年主营业务收入在 500 万元以上非国有工业企业;2007~2010 年口径为主营业务收入 500 万元以上的工业企业;2011 年开始,口径扩大为主营业务收入在 2 000 万元以上的工业企业。样本数据前后不一的问题可能会导致估计结果与真实情况的偏离。但是,如果我们关注的是数据的中长期趋势而非短期波动的话,那么口径的变化也许就是可以忽略的问题。

② 工业投资是以货币形式表现的、在一定时期内工业领域以建造和购置固定资产为主的工作量以及与此有关的费用的总称,其形成主体是用于工业生产经营的、具有一定生产能力的固定资产,表现为土地、厂房、设备工具器具等。

别是次贷危机后的2009年、2010年、2011年，我国工业投资率又出现了一次跃升，连续三年都保持在高位，分别为69.70%、71.74%、68.51%（见图8）。应该说，我国工业投资率不仅是当前主要发达国家与新兴市场国家中最高的，即使与日本、韩国等东亚经济体的历史可比时期相比，前者也是最高的。[15]

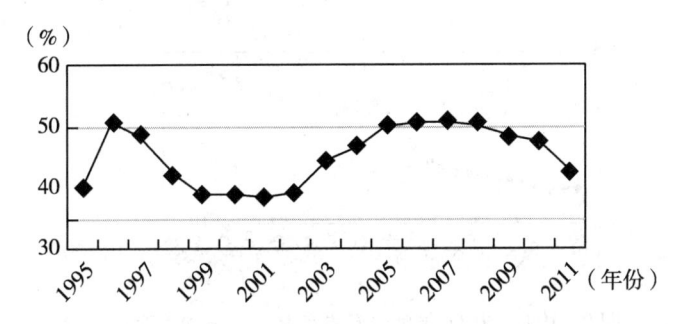

图7 1995~2011年工业投资占城镇固定资产投资的比重

此外，从工业投资的资金来源看，外资在中国工业发展和经济高速增长过程中发挥了重要作用，从规模总量上看，基本保持了稳定上升的态势，从1995年的2 114.05亿元上升到2011年的5 061.99亿元，增长2.39倍；但其占我国工业投资的比重逐年下降，从1995年的33.92%一路下滑到2011年的3.92%。应该说，未来相当长的一段时期内，工业投资依旧还是推动我国工业发展的主要驱动力。但是，一方面，我国当前的工业高投资率会形成巨大产能，并导致我国工业领域的产能过剩，从而降低投资对经济的驱动作用；另一方面，持续的高投资率也是难以持续的，同时，我国吸引外资还面临着众多发展中国家的激烈竞争，更加剧了高投资率的风险。因此，未来我们必须在继续发挥投资对工业增长带动作用的前提下，通过维持必要的投资规模、调整投资结构等方式，推动工业的持续发展、转型升级和竞争力的提升。

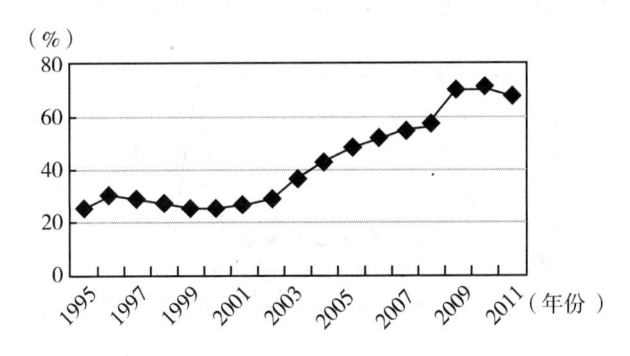

图8 1995~2011年工业投资率的趋势变化图

另一方面，我们分析了反映资本效率的部分指标，如单位资本存量工业增加值、工业增量资本产出率、工业资本积累率、工业资本产出比等指标。鉴于单位资本存量工业增加值是单位资本存量工业产能外在的实际反映，因此，单位资本存量工业增加值的演化态势在一定程度上反映了单位资本存量工业产能的内在演化规律。[16]从1981年到2011

年的单位资本存量工业增加值发展趋势看（见图9），从1981年的0.30提升到2011年的1.19，整体呈上升趋势，其中，2007年和2008年分别为1.31和1.33，属于这一期限的高位，之后又回落到2009~2011年的1.17~1.19，但这种下行究竟是阶段性的变化态势还是拐点性的变化态势目前还难判断。

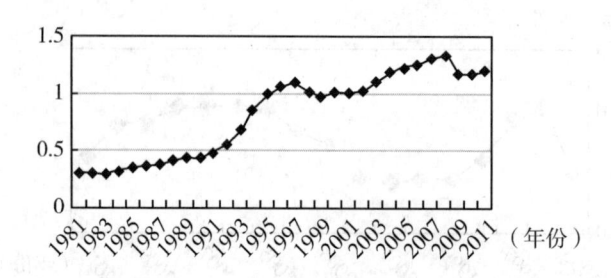

**图9　1981~2011年单位资本存量工业增加值变化趋势**

增量资本产出率（Incremental Capital-Output Ratio，ICOR）反映的是年度投资与当年增量产出之比，即要让产出增加一个单位，需要多少投资。一般而言，ICOR提高，表明增加单位总产出所需要资本增量增大，意味着投资效率的下降。因此，增量资本产出比率越低，经济就明显更有效率。从1995~2011年的数据看（见图10），我国工业领域的ICOR持续提升，从1995年的1.14提升到2011年的4.65，即每增加单位工业产出所需的投资额有了明显提高，意味着要用相对较多的资本获得相对少的产出，也就是说，我国工业行业的投资效率呈明显下降的态势。同时表明，依据现有趋势，要实现工业的高增长必须依赖更高的投资比率，需要大量资本。而根据Paul S. Anderson（1961）和John E. La Tourette（1969）对资本产出比的研究，在短期，资本产出比会保持稳定，但是在长期，资本产出比有下降趋势。[17]因此，我们认为，未来继续依靠加大资本投入的粗放型增长道路可能已经走到尽头，更应着重考虑的是如何提高投资效率。

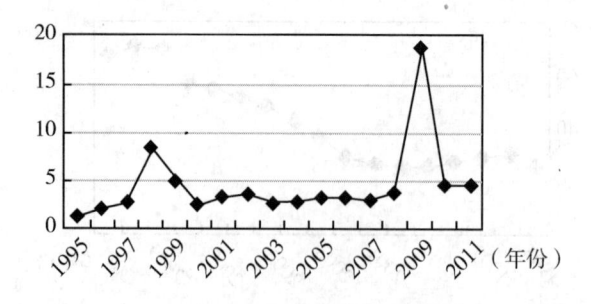

**图10　1995~2011年工业增量资本产出率变化趋势**

工业资本积累率表明行业的当年资本积累能力，是行业扩大再生产的源泉，是评价行业发展潜力重要指标。该指标越高，表明行业的资本积累越多，行业资本保全性越强，应付风险、持续发展的能力越大。从1998~2010年的工业资本积累率指标看（见图11），先是从1998年的13.12%下降到2001年的8.69%，又迅速攀升到2003年的

30.61%，随后到 2007 年基本稳定在 20% 附近，之后 2008、2010 年则继续下降到 13.35%、12.28%，属于这一期限的相对低位。应该说，近年来资本积累能力的下降，对于行业应付风险、改善内外部条件、进一步扩大再生产、增强持续发展活力、存储发展后劲等方面将产生不利影响。

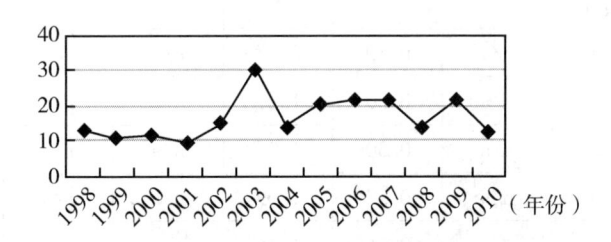

图 11　1998~2010 年的工业资本积累率变化趋势

再从 1981 年到 2011 年的工业资本劳动比变化趋势看（见图 12），资本—劳动比持续、大幅提升，从 1981 年的 0.97 万元/人大幅提升到 2011 年的 12.3 万元/人，增长 12.7 倍。由此，我们可以认为，中国工业发展在过去的 30 多年中确实表现出资本深化态势。特别是，2008 年以后，我国已进入资本深化加速阶段，表现为资本—劳动比的增速大幅提升，即从 2005 年、2006 年、2007 年的 7.18%、8.12%、8.78% 大幅提升到 2008 年、2009 年、2010 年的 15.22%、15.42%、14.19%，从人均资本量看，近年来资本对劳动替代的特征日趋明显。应该说，资本替代劳动是现代经济发展以及工业发展进程中必然经历的过程，在所有已经实现工业化的国家在其实现工业化过程中，都曾经历过资本—劳动比不断上升随后逐步企稳的历史阶段；同时，资本深化也直接导致了重化工业化。但是，资本深化虽然能在短期提高资本回报率，但长期却降低了资本回报率。[18] 因此，有学者提出中国工业出现的资本深化现象是过度投资和金融资源配置失效的结果，"过早的资本深化" 会由于资本的边际报酬递减使要素驱动型的中国经济增长趋缓。[19] 有关资本要素的相关指标见表 3。

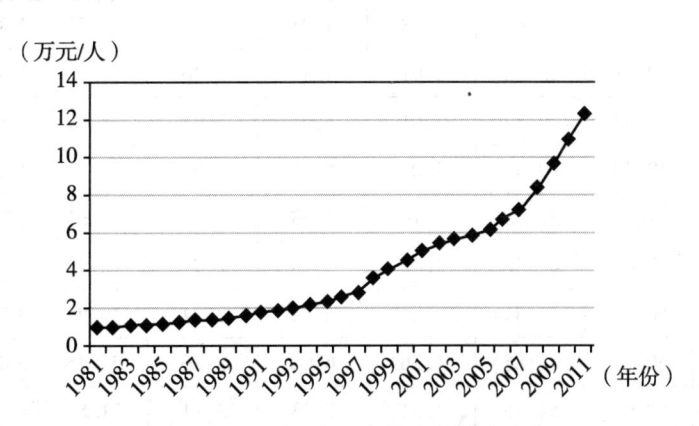

图 12　1981~2011 年工业资本劳动比变化图

表3　　　　　　　　　　　1981~2011年有关资本要素的相关指标

| 年份 | 工业投资规模（亿元） | 工业投资占城镇固定资产投资比重（%） | 工业投资率（%） | 单位资本存量工业增加值 | 工业资本劳动比（万元/人） | 工业资本产出率 | 工业增量资本产出率 | 工业资本积累率（%） | 工业外商直接投资规模（亿元） | 工业外商直接投资比率（%） |
|---|---|---|---|---|---|---|---|---|---|---|
| 1981 | n/a | n/a | n/a | 0.30 | 0.97 | n/a | n/a | n/a | n/a | n/a |
| 1982 | n/a | n/a | n/a | 0.30 | 1.01 | n/a | n/a | n/a | n/a | n/a |
| 1983 | n/a | n/a | n/a | 0.30 | 1.06 | n/a | n/a | n/a | n/a | n/a |
| 1984 | n/a | n/a | n/a | 0.32 | 1.09 | n/a | n/a | n/a | n/a | n/a |
| 1985 | n/a | n/a | n/a | 0.36 | 1.16 | n/a | n/a | n/a | n/a | n/a |
| 1986 | n/a | n/a | n/a | 0.36 | 1.21 | n/a | n/a | n/a | n/a | n/a |
| 1987 | n/a | n/a | n/a | 0.38 | 1.31 | n/a | n/a | n/a | n/a | n/a |
| 1988 | n/a | n/a | n/a | 0.42 | 1.41 | n/a | n/a | n/a | n/a | n/a |
| 1989 | n/a | n/a | n/a | 0.44 | 1.53 | n/a | n/a | n/a | n/a | n/a |
| 1990 | n/a | n/a | n/a | 0.44 | 1.61 | n/a | n/a | n/a | n/a | n/a |
| 1991 | n/a | n/a | n/a | 0.48 | 1.70 | n/a | n/a | n/a | n/a | n/a |
| 1992 | n/a | n/a | n/a | 0.55 | 1.82 | n/a | n/a | n/a | n/a | n/a |
| 1993 | n/a | n/a | n/a | 0.69 | 1.97 | n/a | n/a | n/a | n/a | n/a |
| 1994 | n/a | n/a | n/a | 0.85 | 2.12 | n/a | n/a | n/a | n/a | n/a |
| 1995 | 6 232.5 | 39.84 | 24.98 | 0.99 | 2.29 | 1.14 | n/a | n/a | 2 114.05 | 33.92 |
| 1996 | 8 961.74 | 50.84 | 30.43 | 1.07 | 2.53 | 1.99 | n/a | n/a | 3 018.4 | 33.68 |
| 1997 | 9 356.15 | 48.74 | 28.42 | 1.09 | 2.80 | 2.69 | n/a | n/a | 2 424.49 | 25.91 |
| 1998 | 9 446.6 | 42.00 | 27.77 | 1.02 | 3.57 | 8.61 | 13.12 | | 2 377.89 | 25.17 |
| 1999 | 9 195.71 | 38.75 | 25.64 | 0.98 | 4.03 | 4.99 | 10.73 | | 1 832.21 | 19.92 |
| 2000 | 10 256 | 39.11 | 25.62 | 1.01 | 4.44 | 2.46 | 12.18 | | 1 526.15 | 14.88 |
| 2001 | 11 544.78 | 38.48 | 26.49 | 1.01 | 5.04 | 3.25 | 8.69 | | 1 570.5 | 13.60 |
| 2002 | 13 965.6 | 39.35 | 29.44 | 1.02 | 5.45 | 3.63 | 14.75 | | 1 825.83 | 13.07 |
| 2003 | 20 427.1 | 44.59 | 37.18 | 1.10 | 5.68 | 2.72 | 30.61 | | 2 211.7 | 10.83 |
| 2004 | 27 776.5 | 47.06 | 42.60 | 1.18 | 5.73 | 2.71 | 13.95 | | 2 706.6 | 9.74 |
| 2005 | 37 717.8 | 50.23 | 48.84 | 1.23 | 6.14 | 3.14 | 19.95 | | 3 386.4 | 8.98 |
| 2006 | 47 353.6 | 50.72 | 51.86 | 1.26 | 6.64 | 3.36 | 21.45 | | 3 811 | 8.05 |
| 2007 | 59 851.49 | 50.95 | 54.15 | 1.31 | 7.23 | 3.11 | 21.67 | | 4 549 | 7.60 |
| 2008 | 75 405.36 | 50.70 | 57.89 | 1.33 | 8.33 | 3.82 | 13.35 | | 4 695.79 | 6.23 |

续表

| 年份 | 工业投资规模（亿元） | 工业投资占城镇固定资产投资比重（%） | 工业投资率（%） | 单位资本存量工业增加值 | 工业资本劳动比（万元/人） | 工业增量资本产出率 | 工业资本积累率（%） | 工业外商直接投资规模（亿元） | 工业外商直接投资比率（%） |
|---|---|---|---|---|---|---|---|---|---|
| 2009 | 94 258.3 | 48.61 | 69.70 | 1.17 | 9.61 | 18.93 | 21.52 | 3 983.55 | 4.23 |
| 2010 | 115 299.87 | 47.76 | 71.74 | 1.17 | 10.97 | 4.52 | 12.28 | 4 339.64 | 3.76 |
| 2011 | 129 119.6 | 42.70 | 68.51 | 1.19 | 12.30 | 4.65 | n/a | 5 061.99 | 3.92 |

注：工业投资率＝工业投资/工业增加值；存量资本回报率＝工业增加值/工业资本存量；① 资本劳动比＝工业资本存量/工业劳动总量；增量资本产出率（ICOR）＝当期工业投资/Δ工业增加值；工业资本积累率＝当年所有者权益增长额/年初所有者权益；工业外商直接投资比率＝工业外商和港澳台商直接投资企业的固定资产年均余额/工业投资；资产周转率＝本期销售收入净额/本期资产总额平均余额，其中：本期资产总额平均余额 =（资产总额期初余额＋资产总额期末余额）/2。

资料来源：相关年份《中国统计年鉴》、《中国劳动统计年鉴》。

总体而言，尽管"经济发展的核心事实是快速的资本积累"，但是综合考虑我国过去20多年中资本条件的变化，我们认为，一方面，高资本投入是我国过去二十多年工业发展最主要的驱动力量，但是，高投资也造成了工业的资本产出比持续走高、单位资本产出能力的削弱，使得产出效率有所降低，资本的低效状态表明工业增长对资本的依赖性趋于强化，可能会影响到工业增长的可持续性；另一方面，未来相当长的一段时期内，我们必须要改变以牺牲投资效率和增长质量为代价的扩张，通过优化投资导向、改善资本利用效率，减弱工业发展对资本投入的过度依赖，力争实现以较少的资本投入实现较高的产出增长，实现工业发展的转型。

## （三）我国工业发展的技术变化和全要素生产率的变化分析

### 1. 我国工业发展的技术变化分析（见表4、表5）

表4　　　　　　　1991~2010年我国大中型工业企业的技术能力情况表

| 年份 | 引进技术经费支出（亿元） | 消化吸收经费支出（亿元） | 消化吸收比 | 购买国内技术经费支出（亿元） | 技术改造经费支出（亿元） | 技术改造比 | 对外技术依存度 | R&D经费内部支出（亿元） |
|---|---|---|---|---|---|---|---|---|
| 1991 | 90.2 | 4.1 | 0.05 | 3.7 | 322.8 | 3.44 | 0.61 | 58.6 |
| 1992 | n/a | n/a | n/a | n/a | n/a | n/a | n/a | 76.1 |

---

① 工业资本存量：由于现有统计资料没有固定资本存量数据，因此本文在工业历年固定资本形成总额的基础上，运用永续盘存法进行处理；参照相关研究，折旧率设为5%，固定投资序列的平减指数参考《中国固定资产投资统计数典》中对应年份的固定资本投资平减指数。

续表

| 年份 | 引进技术经费支出（亿元） | 消化吸收经费支出（亿元） | 消化吸收比 | 购买国内技术经费支出（亿元） | 技术改造经费支出（亿元） | 技术改造比 | 对外技术依存度 | R&D经费内部支出（亿元） |
|---|---|---|---|---|---|---|---|---|
| 1993 | 159.2 | 6.2 | 0.04 | 4.7 | 622.2 | 3.80 | 0.63 | 95.2 |
| 1994 | n/a | n/a | n/a | n/a | n/a | n/a | n/a | 122.0 |
| 1995 | 360.9 | 13.1 | 0.04 | 25.5 | 1 137.8 | 2.94 | 0.72 | 141.7 |
| 1996 | 322.1 | 13.6 | 0.04 | 25.8 | 1 249.9 | 3.59 | 0.67 | 160.5 |
| 1997 | 236.5 | 13.6 | 0.06 | 14.6 | 1 102.4 | 4.39 | 0.56 | 188.3 |
| 1998 | 214.8 | 14.6 | 0.07 | 18.2 | 919.6 | 3.95 | 0.52 | 197.1 |
| 1999 | 207.5 | 18.1 | 0.09 | 13.8 | 845.6 | 3.82 | 0.45 | 249.9 |
| 2000 | 245.4 | 18.2 | 0.07 | 26.4 | 1 132.6 | 4.17 | 0.41 | 353.4 |
| 2001 | 285.9 | 19.6 | 0.07 | 36.3 | 1 264.8 | 3.93 | 0.39 | 442.3 |
| 2002 | 372.5 | 25.7 | 0.07 | 42.9 | 1 492.0 | 3.59 | 0.40 | 560.2 |
| 2003 | 405.4 | 27.1 | 0.07 | 54.3 | 1 896.4 | 4.13 | 0.36 | 720.8 |
| 2004 | 367.9 | 54 | 0.15 | 69.9 | 2 588.5 | 5.91 | 0.28 | 954.5 |
| 2005 | 296.8 | 69.4 | 0.23 | 83.4 | 2 792.9 | 7.35 | 0.19 | 1 250.3 |
| 2006 | 320.4 | 81.9 | 0.26 | 87.8 | 3 019.6 | 7.40 | 0.16 | 1 630.2 |
| 2007 | 452.5 | 106.6 | 0.24 | 129.6 | 3 650 | 6.27 | 0.18 | 2 112.5 |
| 2008 | 440.4 | 106.4 | 0.24 | 166.2 | 4 167.2 | 6.87 | 0.14 | 2 681.3 |
| 2009 | 394.6 | 163.8 | 0.42 | 174.7 | 3 671.4 | 6.45 | 0.11 | 3 210.2 |
| 2010 | 386.1 | 165.2 | 0.43 | 221.4 | 3 638.5 | 5.99 | 0.09 | 4 015.4 |

注：消化吸收比 = 消化吸收经费支出/引进技术经费支出；技术改造比 = 技术改造经费/（购买国内经费支出 + 引进技术经费支出）；对外技术依存度 = 引进技术经费支出/（引进技术经费支出 + R&D经费内部支出）。

资料来源：相关年份的《中国科技统计年鉴》。

表5　　　　　　　　　　　大中型工业企业的研发基本情况

| 年份 | R&D经费支出 总量（亿元） | R&D经费支出 增速（%） | 投入强度（%） | R&D项目数 总量（项） | R&D项目数 增速（%） | R&D人员全时当量数 总量（人年） | R&D人员全时当量数 增速（%） |
|---|---|---|---|---|---|---|---|
| 1991 | 58.6 | n/a | 0.28 | n/a | n/a | n/a | n/a |
| 1992 | 76.1 | 29.86 | 0.29 | n/a | n/a | n/a | n/a |
| 1993 | 95.2 | 25.10 | 0.25 | n/a | n/a | n/a | n/a |

续表

| 年份 | R&D 经费支出 总量（亿元） | R&D 经费支出 增速（%） | 投入强度（%） | R&D 项目数 总量（项） | R&D 项目数 增速（%） | R&D 人员全时当量数 总量（人年） | R&D 人员全时当量数 增速（%） |
|---|---|---|---|---|---|---|---|
| 1994 | 122 | 28.15 | 0.29 | n/a | n/a | n/a | n/a |
| 1995 | 141.7 | 16.15 | 0.27 | n/a | n/a | 28.2 | n/a |
| 1996 | 160.5 | 13.27 | 0.28 | n/a | n/a | 33.8 | 19.86 |
| 1997 | 188.3 | 17.32 | 0.30 | n/a | n/a | 32.2 | -4.73 |
| 1998 | 197.1 | 4.67 | 0.31 | n/a | n/a | 27 | -16.15 |
| 1999 | 249.9 | 26.79 | 0.36 | n/a | n/a | 30.3 | 12.22 |
| 2000 | 353.4 | 41.42 | 0.42 | 46 844 | n/a | 32.9 | 8.58 |
| 2001 | 442.3 | 25.16 | 0.47 | 51 678 | 10.32 | 37.9 | 15.20 |
| 2002 | 560.2 | 26.66 | 0.51 | 57 744 | 11.74 | 42.4 | 11.87 |
| 2003 | 720.8 | 28.67 | 0.50 | 64 095 | 11.00 | 48 | 12.74 |
| 2004 | 954.5 | 32.42 | 0.48 | 67 259 | 4.94 | 43.8 | -8.37 |
| 2005 | 1 250.3 | 30.99 | 0.50 | 70 580 | 4.94 | 60.6 | 38.36 |
| 2006 | 1 630.2 | 30.38 | 0.52 | 87 207 | 23.56 | 69.6 | 14.85 |
| 2007 | 2 112.5 | 29.59 | 0.53 | 92 913 | 6.54 | 85.8 | 23.28 |
| 2008 | 2 681.3 | 26.93 | 0.54 | 103 234 | 11.11 | 101.4 | 18.18 |
| 2009 | 3 210.2 | 19.73 | 0.59 | 133 852 | 29.66 | 115.9 | 14.30 |
| 2010 | 4 015.4 | 25.08 | 0.58 | 145 589 | 8.77 | 137 | 18.21 |
| 2011 | 5 030.7 | 25.29 | 0.60 | n/a | n/a | n/a | n/a |

注：投入强度 = R&D 经费内部支出/主营业务收入

资料来源：相关年份的《中国科技统计年鉴》。

改革开放以来，我国工业领域的技术进步投入不断增加，技术进步产出效果也初步显现。从技术进步的途径看，技术引进、技术开发和技术改造是我国产业技术进步的三条基本途径。[14]自1991年以来的20年间，无论是技术引进经费支出、消化吸收经费支出、购买国内技术经费支出，还是从技术改造经费支出、R&D经费支出等指标都大幅提升；分别从1991年的90.2亿元、4.1亿元、3.7亿元、322.8亿元和58.6亿元大幅提升到2010年的386.1亿元、165.2亿元、221.4亿元、3 638.5亿元和4 015.4亿元，分别增长4.28倍、40.29倍、59.84倍、11.27倍和68.52倍。从反映自主创新投入指标的大中型工业企业的研发投入强度（见图13）、R&D项目数两项指标（见表6）看，也分别从1991年的0.28%和46 844项提升到2011年的0.60%和145 589项,[①] 分别增长了2.10倍和3.11倍；再从反映科技人员投入指标的R&D人员全时当量数看，也从1995年的28.2人年大幅提升到2010年的137人年，增长了4.86倍。

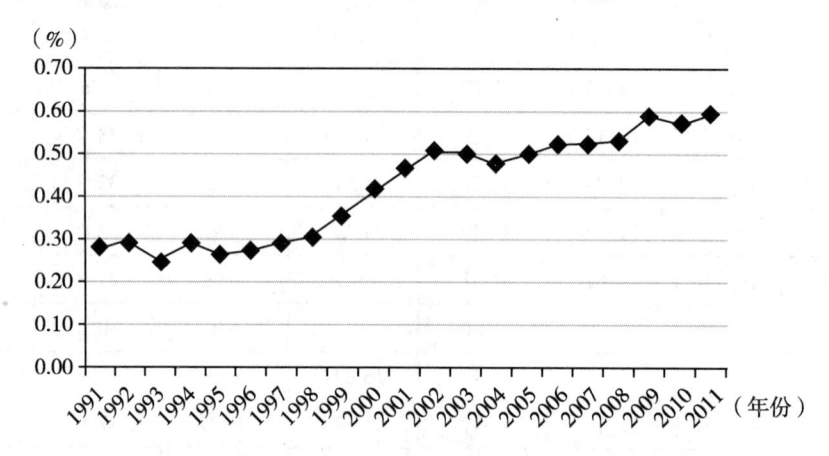

**图13　1991~2011年大中型工业企业的研发投入强度**

**表6　2000~2010年我国大中型工业企业的专利情况**

| 年份 | 专利申请数（件）总量 | 国有 | 外资 | 发明专利申请数（件）总量 | 国有 | 外资 | 专利质量 总量 | 国有 | 外资 | 有效发明专利数（件）总量 | 国有 | 外资 |
|---|---|---|---|---|---|---|---|---|---|---|---|---|
| 2000 | 11 819 | n/a | n/a | 2 792 | n/a | n/a | 0.24 | n/a | n/a | 6 394 | n/a | n/a |
| 2001 | 15 338 | 2 201 | 1 142 | 3 625 | 527 | 243 | 0.24 | 0.24 | 0.21 | 8 088 | 1 526 | 513 |
| 2002 | 21 297 | 2 681 | 2 726 | 5 770 | 661 | 1 478 | 0.27 | 0.25 | 0.54 | 9 388 | 1 840 | 1 118 |
| 2003 | 31 382 | 3 307 | 5 332 | 9 395 | 730 | 2 759 | 0.30 | 0.22 | 0.52 | 15 409 | 1 715 | 2 031 |
| 2004 | 42 318 | n/a | n/a | 13 908 | n/a | n/a | 0.33 | n/a | n/a | 17 988 | n/a | n/a |
| 2005 | 55 271 | 2 900 | 8 487 | 18 292 | 961 | 3 750 | 0.33 | 0.33 | 0.44 | 22 971 | 2 030 | 3 591 |
| 2006 | 69 009 | 4 388 | 9 183 | 25 685 | 1 488 | 3 260 | 0.37 | 0.34 | 0.36 | 29 176 | 2 257 | 4 984 |
| 2007 | 95 905 | 5 745 | 13 460 | 36 074 | 1 921 | 5 034 | 0.38 | 0.33 | 0.37 | 43 652 | 3 077 | 7 899 |
| 2008 | 122 076 | 9 427 | 17 705 | 43 773 | 2 951 | 5 934 | 0.36 | 0.31 | 0.34 | 55 723 | 3 757 | 9 679 |
| 2009 | 166 762 | 12 108 | 27 339 | 63 011 | 4 263 | 11 362 | 0.38 | 0.35 | 0.42 | 81 592 | 5 732 | 13 523 |
| 2010 | 198 890 | 14 731 | 34 193 | 72 523 | 5 280 | 15 369 | 0.36 | 0.36 | 0.45 | 113 074 | 7 067 | 18 443 |

注：专利质量＝发明专利申请数/专利申请数
资料来源：相关年份的《中国科技统计年鉴》。

从技术进步的产出效果看，以自主创新最主要的成果形式——专利为例，2000年以来的11年间，我国无论是专利申请数、发明专利申请数，还是专利质量、有效发明专利

---

[①] 2010年数据。

数都有了明显提升，分别从2000年的11 819件、2 792件、0.24和6 394件大幅提高到2010年的198 890件、72 523件、0.36和113 074件，分别增长16.83倍、25.98倍、1.54倍和17.68倍。此外，从反映技术创新成果产业化以及国际经济和科技竞争制高点的高技术产业看，我国高技术产业规模不断提升，在工业中的份额也越来越大，高技术产业占工业的比重从1995年的5.55%[①]提升到2011年的10.75%。[②]

应该说，改革开放后，我们通过加大技术引进、自主创新的方式，工业领域的技术进步取得了不小成绩，自主创新能力也不断提升，带动了工业的快速发展。

**2. 我国工业发展的全要素生产率分析**

全要素生产率（Total Factor Productivity，TFP）是分析产业增长源泉、衡量技术进步的重要指标，是指产出增长率超过要素投入增长率的部分，是除去劳动力、资本等要素投入后的"余值"，对科学评价工业的发展具有重要意义。全要素生产率可以分解为两个相互独立又完全互补的部分：技术因素和非技术因素。其中，技术进步主要反映科学发现、创造发明和技术扩散等纯技术因素带来的生产效率的提升。非技术因素的改变通常来自生产组织形式的改变、先进管理方法的引进、结构优化等方面的改善。[20]

目前，测算全要素生产率的方法主要包括四类：[21]一是，指数分析法，在严格假设下利用有限数据测算全要素生产率的变化量；二是，索洛余值法，用扣除经济增长各主要投入要素贡献后的余值估算全要素生产率；三是，数据包络分析（Data Envelopment Analysis，DEA），运用线性规划方法构建观测数据的非参数前沿，并根据这一前沿计算全要素生产率；四是，随机前沿分析（Stochastic Frontier Analysis，SFA），根据生产函数计量方程中误差项的分布假设来估计前沿生产函数，进而计算全要素生产率。其中，第一种方法相对简单，只能为研究者提供对全要素生产率的初步认识，第二种方法应用非常广泛，同时也取得了许多丰富的研究成果，然而缺陷也十分明显，主要问题在于，一是假设技术变动是希克斯中性的，技术进步是外生的；二是假设规模报酬不变；三是无法剔除测算误差的影响，从而将所有残差均归因于TFP的增长。针对指数分析法、索洛余值法两种方法的缺陷，即均假定厂商或产业均是完全有效的，即其生产位于生产可能性边界上，但一般而言，现实中的生产往往位于边界之下；研究者放松了生产有效假设，转而分解全要素生产率的组成部分，研究导致全要素生产率增长的因素。这样处理的前提是要估计生产前沿，解决这一问题有两类主要方法，非参数的数据包络分析方法和参数化的随机前沿分析。这两类方法的共同点是，都通过构造生产前沿的基础上度量技术效率，不假设厂商有效，不要求价格信息，不需设定行为目标，度量出的技术效率是相对效率，其效率值在样本内部具有很强的可比性，但在不同样本间计算出的效率值可比性不强。但它们在构造生产前沿的方法、计算结果的稳定性等方面有明显差异。[22]其中，

---

① 此处用的是高技术产业增加值占工业增加值比重。
② 此处用的是高技术产业产值占规模以上工业产值比重。

DEA 方法是把样本观测值与生产前沿的偏差都视为无效率的结果，完全忽略测度误差，这样处理的最大好处是不需要任何生产行为假设，即不需要具体函数形式或误差分布的假设，适用性强；但问题在于 DEA 分析实际上是确定性前沿分析，没有把测量误差和其他扰动来源考虑进去，从而导致测算偏误；同时，在规划求解过程中，可能会出现多个最优解的问题，这会给分析带来麻烦。随机前沿分析则引入了表示统计扰动的随机误差项来解决这个问题，同时还能够进行一些额外的模拟计算。总体而言，随机生产前沿分析在测度与分解全要素生产率时相对更加有效，当然为保证随机前沿生产函数参数估计的有效性，样本数量应尽可能多。当随机生产前沿应用于面板数据时，研究者还能够放松误差项分布的强假设，获得技术效率的一致性预测，并且能够研究技术效率如何随时间变动。

（1）全要素生产率对经济增长贡献率的测算。首先将采用索洛残差法对我国全要素生产率对经济增长贡献率进行测算。基本思路是估算出总量生产函数后，采用产出增长率扣除各投入要素增长率后的残差来测算全要素生产率增长，故也称生产函数法。在规模收益不变和希克斯中性技术假设下，全要素生产率增长就等于技术进步率。常采用两要素（资本和劳动力）的 C–D 生产函数：

$$Y_t = AK_t^a L_t^b \tag{1}$$

其中 $Y_t$ 为现实产出，$L_t$ 为劳动投入，$K_t$ 为资本存量，$a$、$b$ 分别为平均资本产出份额和平均劳动力产出份额。两边同时取自然对数有：

$$Ln(Y_t) = Ln(A) + aLn(K_t) + bLn(L_t) + \varepsilon_t \tag{2}$$

$\varepsilon_t$ 为误差项，通常我们假设 $a + b = 1$，即规模收益不变，则有回归方程：

$$Ln(Y_t/L_t) = Ln(A) + aLn(K_t/L_t) + \varepsilon_t \tag{3}$$

从计量设定角度，误差项 $\varepsilon_t$ 可能包含明显的线性时间趋势项，难以满足经典 OLS 假设，因此令 $\varepsilon_t = \delta t + \tau$，并假设 $\varepsilon_t$ 服从经典假设，对上面的计量方程可以使用 OLS，则有二元一次回归方程：

$$Ln(Y_t/L_t) = Ln(A) + aLn(K_t/L_t) + \delta t + \tau \tag{4}$$

本章选择中国工业增加值作为全要素产出指标。全部工业增加值数据来自《中国统计年鉴2012》，并按照工业产品出厂价格指数统一处理换算成1990年可比价工业增加值。工业资本存量以固定资产净值来代替，并按固定资产价格指数进行换算。考虑到统计资料的易得性和可靠性，从中国目前的现实情况出发，本章采用全部从业人员年平均人数来衡量劳动投入。本文采用 SPSS16.0 对数据进行了处理，模型估计结果较好。

通过测算，我们发现，从1991年到2011年的20余年，我国工业全要素生产率的增长率均值达5.4%，贡献率为43.2%。分阶段看，1991~1995年，全要素生产率的增长率均值为10.3%，贡献率为55.6%；1996~2000年，全要素生产率的增长率均值为6.4%，贡献率为63.0%；2001~2005年，全要素生产率的增长率均值为3.9%，贡献率为 36.1%；2006～2011 年，全要素生产率的增长率均值为 2.4%，贡献率为 20.8%。应该说，分阶段看，20 世纪 90 年代全要素生产率的贡献对工业增长贡献相对较大，但 21 世纪以来，全要素生产率的贡献对工业增长贡献日益变小。特别是，2006 年以来，我国工业全要素生产率的增长率下降到 3% 以下，贡献率也降到 20%，反映出技术进步和效率的提升对我国工业增长贡献日益变小的态势。与此同时，资本贡献率明显高于其他要素的贡献，20 年来我国工业的资本贡献率均值为 52.0%；分阶段看，1991～1995 年、1996～2000 年、2001～2005 年、2006～2011 年，资本贡献率的均值分别为 38.9%、53.0%、53.8% 和 63.6%，呈明显上升的态势（见表 7、图 14）。

表 7　　　　　　　1991～2011 年全要素生产率的增速及对工业的贡献率　　　　　　单位：%

| 年份区间 | | 工业增长率 | 资本增长率 | 劳动力增长率 | 全要素生产率增长率 | 资本贡献率 | 劳动力贡献率 | 全要素生产率贡献率 |
|---|---|---|---|---|---|---|---|---|
| 以 5 年为一阶段 | 1991～1995 | 18.5 | 12.0 | 2.5 | 10.3 | 38.9 | 5.5 | 55.6 |
| | 1996～2000 | 10.2 | 9.0 | -4.1 | 6.4 | 53.0 | -16.0 | 63.0 |
| | 2001～2005 | 10.9 | 9.8 | 2.7 | 3.9 | 53.8 | 10.1 | 36.1 |
| | 2006～2011 | 11.5 | 12.2 | 4.5 | 2.4 | 63.6 | 15.6 | 20.8 |
| 以 10 年为一阶段 | 1991～2000 | 13.8 | 10.3 | -1.2 | 8.1 | 44.8 | -3.5 | 58.6 |
| | 2001～2011 | 11.2 | 11.1 | 3.7 | 3.1 | 59.2 | 13.2 | 27.6 |
| 1991～2011 | | 12.4 | 10.7 | 1.5 | 5.4 | 52.0 | 4.7 | 43.2 |

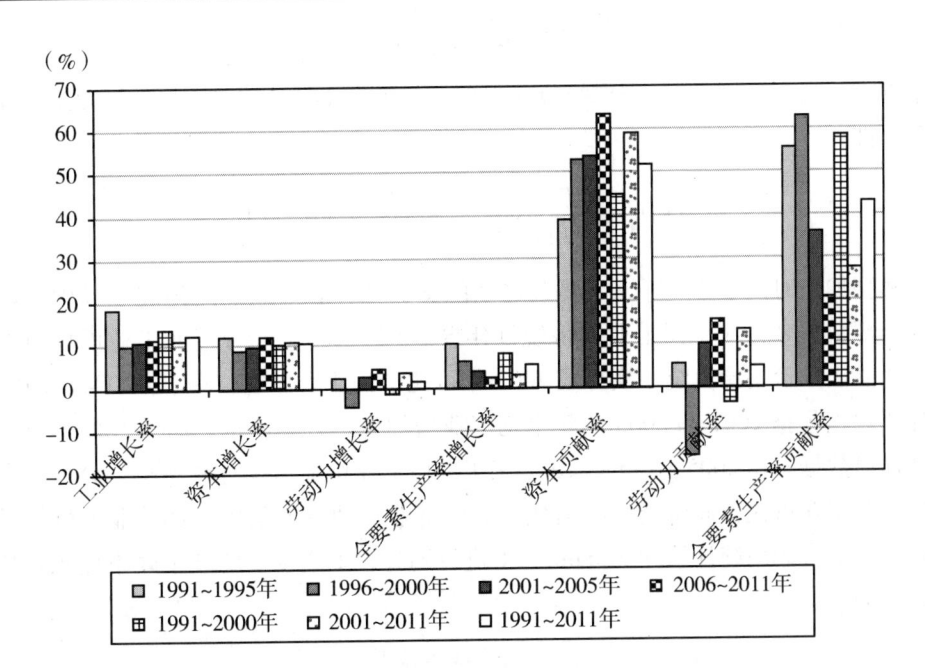

图 14　1991～2011 年工业的资本、劳动力、TFP 和增加值增速变化图

(2) 全要素生产率增长中技术变化和效率变化的贡献份额。为进一步考察工业全要素增长的源泉，本文拟利用面板数据，选择随机生产前沿分析方法估计我国工业部门全要素生产率的变化，并将其测算结果分解为技术效率变化和技术变化，然后根据技术变化率来测算技术进步对经济增长的贡献率。具体而言，我们首先需设定并估计随机前沿生产函数。随机前沿生产模型不仅要考虑前沿技术进步，还必须考虑前沿技术进步与投入要素对生产率的交互效应，以及投入要素之间的替代效应。因此，我们选用对数形式的时变（time-varying）技术效率随机前沿生产模型：

$$\ln Y_{it} = \beta_0 + \beta_K \ln K_{it} + \beta_L \ln L_{it} + \beta_T t + \frac{1}{2}\beta_{KK}(\ln K_{it})^2 + \beta_{KL} \times \ln K_{it} \times \ln L_{it} + \beta_{KT}\ln K_{it} \times t$$
$$+ \frac{1}{2}\beta_{LL}(\ln L_{it})^2 + \beta_{LT}\ln L_{it} \times t + \frac{1}{2}\beta_{TT}t^2 + v_{it} - u_{it}$$
$$t = 1,2,\cdots,T \tag{5}$$

其中，$Y_{it}$为实际产出；$\beta$为回归系数；时间趋势变量 $t = 1, 2, \cdots, T$，反映技术变化；$K$为资本存量和$L$为从业人员；$v_{it}$为随机误差，$v_{it} \sim (0, \sigma_v^2)$；$u_{it}$为生产无效率项，按照 Battese 和 Coelli（1992）设定的随机前沿模型，假定 $u_{it} = u_i \exp[-\eta(t-T)]$，这里，假定 $u_{it}$ 的分布服从非负断尾正态分布，即 $u_{it} \sim N+(u_i, \sigma_u^2)$，$\eta$ 为技术效率指数的变化率。其中技术进步是控制了要素投入之后技术前沿随时间的推移而变化的速率，即：

$$TP_{it} = \frac{\partial \ln Y_{it}}{\partial_t} = \beta_t + \beta_{tt}t + \beta_{lt}\ln L_{it} + \beta_{kt}\ln K_{it} \tag{6}$$

技术效率水平的测算公式为：

$$TE_{it} = \exp(-u_{it}) \tag{7}$$

根据 Malmquist 全要素生产率指数的定义，它等于技术效率变化指数和技术变化指数的乘积，即：

$$TFP_{it} = \frac{TE_t}{TE_{t-1}}\exp[1/2(TP_{it} + TP_{it-1})] \tag{8}$$

该模型加入时间趋势 t 与投入要素之间的交叉项，表明该设定体现了非中性的技术变化。全部数据来自《中国工业经济统计年鉴 2003 - 2012》。分行业工业增加值按照分行业工业品出厂价格指数统一换算成 2002 年可比价工业增加值。其中，2004 年分行业工业增加值数据根据 2002 和 2003 两年平均工业增加值率计算获得。2008 ~ 2011 年分行业工业增加值数据根据 2005、2006、2007 三年平均工业增加值率计算获得。分行业资本存量数据以各行业可比价固定资产净值代替。分行业劳动投入采用全部从业人员年平均人数度量。本报告运用统计软件 Frontier 4.1 进行测算，工业发展的技术效率变化和技术进步变化见图 15。

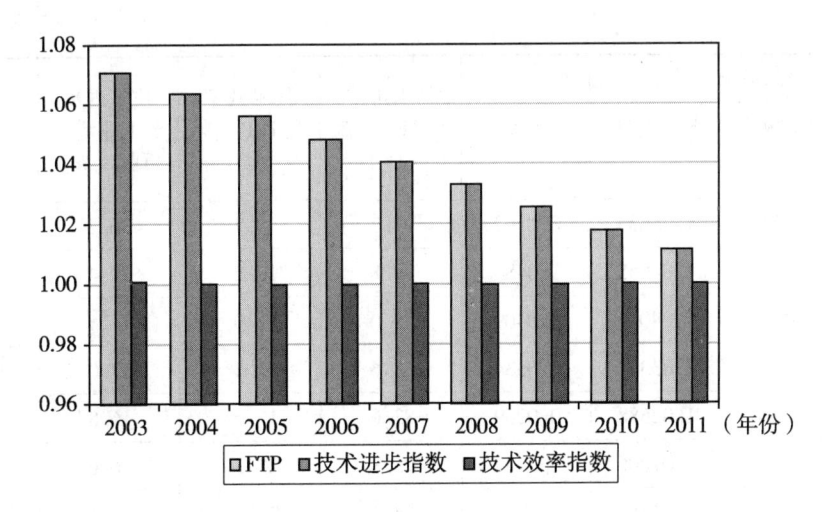

**图 15　1982～2011 年工业发展的技术效率变化和技术进步变化**

确定全要素生产率增长中技术变化和效率变化①的贡献份额有助于政府选择政策重点，因为前者主要来自创新，需要制定鼓励 R&D 投入的政策并创造良好的创新环境；而后者则可以来自学习和模仿，需要加强技术扩散机制的建设。[23] 通过测算，我们发现，在 2003～2011 年间，工业发展的全要素生产率呈现明显的下降态势（见表 8）。其中，效率变化幅度不大，而技术变化总体上呈下降趋势。从构成看，工业发展的全要素生产率增长主要依赖于技术变化的增长，同时，效率变化则基本稳定（见图 16）。即全要素生产率的增长主要依靠技术进步，而不是来自效率的改善；只有技术进步增长较快时，全要素生产率才相应快速增长。因此，我国工业发展中表示技术因素的技术进步贡献相对较大，而表示非技术因素的技术效率的贡献相对较小。从政策含义上说，工业部门对新技术的利用程度较低，远未达到最优的生产可能性边界；今后我国工业发展在大力推动生产技术创新的同时，更要重视全要素生产率中非技术因素的作用，即必须加强企业对新技术的吸收和利用程度，加速技术转移速度以更有效地提高生产率。

**表 8　2003～2011 年的工业全要素增长率变化**

| 年份 | 技术效率 | 技术进步 | TFP | 技术进步对TFP贡献（%） | 技术效率对TFP贡献（%） | 技术进步对工业增长贡献（%） | 技术效率对工业增长贡献（%） |
|------|---------|---------|------|------|------|------|------|
| 2003 | 1.0010 | 1.07093 | 0.0720 | 90.5 | 9.5 | 24.9 | 2.6 |
| 2004 | 1.0001 | 1.06366 | 0.0638 | 91.4 | 8.6 | 16.7 | 1.6 |

---

① 效率变化最初由 Farrell 提出，是指在给定一组投入要素不变的情况下，一个企业的实际产出同一个假设同样投入情况下的最大产出之比，而这个差距就是技术非效率。效率变化有可以分解为技术效率（Tech）和规模效率（Sech），其中，技术效率反映生产领域中技术更新速度的快慢和技术推广的有效程度，规模效率的变化反映投入增长对总要素生产率变化的影响。

续表

| 年份 | 技术效率 | 技术进步 | TFP | 技术进步对TFP贡献（%） | 技术效率对TFP贡献（%） | 技术进步对工业增长贡献（%） | 技术效率对工业增长贡献（%） |
|---|---|---|---|---|---|---|---|
| 2005 | 0.9999 | 1.05633 | 0.0562 | 91.3 | 8.7 | 36.2 | 3.5 |
| 2006 | 0.9999 | 1.04855 | 0.0484 | 89.8 | 10.2 | 19.4 | 2.2 |
| 2007 | 1.0001 | 1.04075 | 0.0409 | 89.0 | 11.0 | 14.5 | 1.8 |
| 2008 | 0.9999 | 1.03354 | 0.0334 | 88.6 | 11.4 | 17.0 | 2.2 |
| 2009 | 1.0000 | 1.02588 | 0.0259 | 83.0 | 17.0 | 16.8 | 3.4 |
| 2010 | 1.0001 | 1.01806 | 0.0182 | 78.8 | 21.2 | 6.6 | 1.8 |
| 2011 | 1.0001 | 1.01158 | 0.0117 | 74.5 | 25.5 | 6.1 | 2.1 |

总体而言，从增长因素的分解来看，过去20余年，我国工业增长呈现出明显的资本驱动型增长模式，而非全要素驱动型增长模式。特别是近十年来，全要素生产率（TFP）增速明显下降，而资本对工业增长的贡献达到最高水平。这说明，政府为中心的资源配置方式在动员要素投入方面富有成效，然而却抑制了创新活动，从而造成经济效益的下降。[24]因此，未来实现工业发展转型必须要突破依靠加大资本、劳动力等要素投入的传统规模扩张型的发展模式，要转型为强调依靠技术进步、管理优化、效率提升等非物质要素以提高全要素生产率的发展模式。

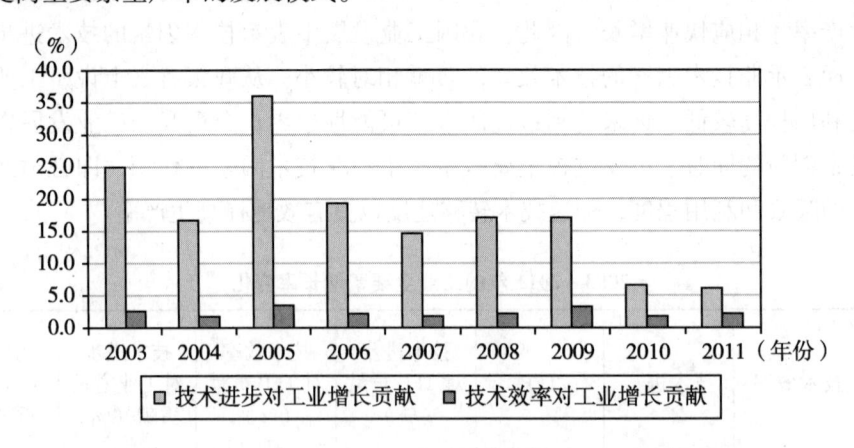

图16 2003～2011年技术进步、技术效率对工业增长的贡献

## 二、要素条件与工业发展的匹配关系分析

从改革开放后工业发展的经验看，抓产出、保增长的经济目标一直延续到21世纪，

增长长期被放在政策取向的优先位置。应该说，这一目标虽有其历史合理性，但是，在我国工业总量规模不断提升的背景下，我国工业发展中的一些长期问题、供给问题逐步凸显。当前我国工业发展面临的很多困难、困扰或困境，其背后反映的主要是劳动力供给拐点、高资本投入难以持续、技术进步贡献率低等要素问题。

### （一）劳动力市场面临"招工难"与"就业难"的双难局面

一方面，通过我国劳动年龄人口（15~64岁）的变化趋势（见图17），我们认为，未来几年，我国的劳动供求关系将发生根本性变化。尽管目前劳动年龄人口总量仍在增长，但每年的增加量正在减少，劳动年龄人口的增速正在逐步下降。预计到2015年，我国劳动年龄人口将停止增长并随后转为负增长，传统意义上的人口红利就此消失。这个人口转变是伴随经济增长和社会发展必然发生的，是不可以逆转的，甚至不能指望以生育政策的调整来改变它。[11]可以说，2004年以来，沿海经济发达地区时常出现的"招工难"、"用工荒"的现象正是这一变化趋势的初步体现。许多严肃的证据都表明，在大规模进行部门转移和区域流动之后，农业中剩余劳动力的数量和比例，已经迥然不同于20世纪80年代和90年代。随着2004年以来"民工荒"现象反复在全国范围出现，普通劳动者工资的持续上涨，刘易斯转折点到来的证据愈益充分。[11]而"刘易斯转折点"只是意味着工资不变而劳动力无限供给的时代结束了，但不意味着资源重新配置过程的结束。毕竟，与相同发展阶段国家相比，我国农业劳动力比重至少还高出10个百分点。并且，随着户籍制度改革深入、产业向中西部转移，在农业和非农产业之间重新配置劳动力的效率仍有潜力。[12]

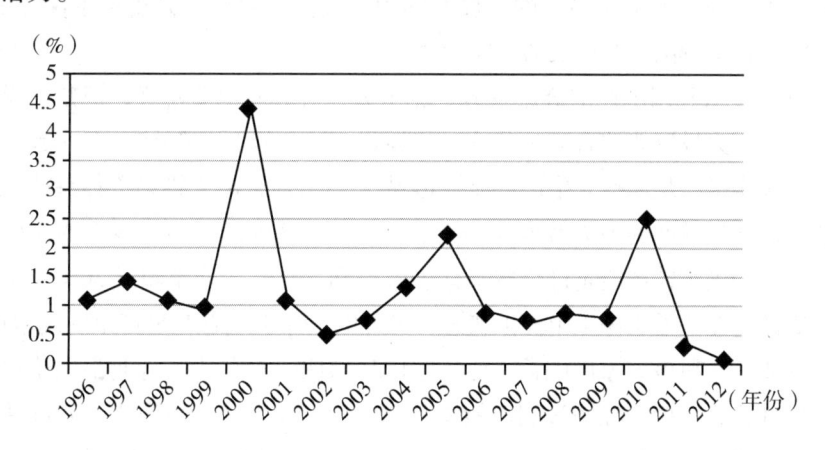

图17 1996~2012年的劳动年龄（15~64岁）人口增速变化趋势

另一方面，在刘易斯转折点到来之际，本应意味着劳动力市场供求的总量趋于平衡，但高校毕业生的就业却越来越困难。智联招聘发布的"2013高校应届毕业生就业形势报告"称，上海平均每101人竞争一个岗位，而去年为69人；这一数字在北京为96人，广州为115人，深圳为109人，苏州为102人。这种趋势会在未来几年内持续甚至有所加剧，从而导致中国城镇失业率的上升。[26]同时，2013年，据调查显示，1/3的企业称很难找到高技能员工，61%的企业将此归因于应届毕业生缺乏基本的职场技能。而根据麦肯锡的研究结果，2020年，中国将需要2 400万受过高等教育和先进技术教育的高技能劳动力。[25]

应该说，"招工难"与"就业难"的"双难"局面，表明我国劳动力人口的需求和供给出现了严重错位的局面。具体体现为产业结构与人才结构出现整体性错位，大学生就业市场，供需双方出现意愿性错位，互联网环境下成长的90后梦想与现实之间的错位，经济疲软带来更多急功近利、企业更愿意使用有经验人士[27]等层面。我们认为，造成这一"双难"局面的核心关键可能在于，"第一次人口红利"的逐步消逝以及"第二次人口红利"的有待发掘。我们最应该避免的，是不顾所有人的警告，仍然生活在"中国人口太多"的心态里，错过了为"人口负利"时代到来做好准备的最后机会。[28]

## （二）投资拉动增长模式面临产能过剩、效率下滑、资本约束等问题

中国大陆经济发展模式在很大程度上是对日本、中国台湾和韩国的模仿与放大，它们在经济转型期投资结构升级的经验教训对中国大陆有很强的借鉴意义。从中国台湾地区和韩国的发展经验来看，在经济发展过程中，制造业投资占总投资比例并未显著下降，仍维持在1/3（中国台湾）甚至1/2（韩国）。[29]同时，根据国研网宏观经济研究部的分析，通过对我国1999～2010年36个工业行业截面数据的估计，中国工业行业属于风险偏好者，即在需求不确定性加大的情况下，工业行业会采用更高的资本—劳动力比率进行运营。[30]因此，我们有理由认为，未来相当长的一段时间内，我国工业行业处于资本深化的进程中，工业投资仍将是拉动我国工业增长的重要力量之一。

虽然工业投资对我国工业的健康发展、竞争力提升具有重要意义；但是，投资之所有有利于增长，是因为投资能够合理地将人、机器设备、市场环境等结合在一起，提升整体的合理性与技术水平，从而推升生产可能性边界[31]。当前，由于投融资体系改革滞后，过多的信贷资源流向低效率的地方政府与国有企业，[32]导致中国存在着庞大的无效投资与过剩产能。例如，中国钢铁产能超过全球其他国家总和，过剩产能率超过30%；中国造船行业目前有1/3的造船厂处于停工半停工状态，另外的1/3也缺乏充足订单。其他如电解铝、平板玻璃、太阳能、风电、家用电器、化工、LED照明、水泥等等行业都处于严重的产能过剩状态。整体而言，中国经济过剩产能率从20世纪80年代个位数水平直线飙升，目前超过31%，达到1997年韩国金融危机或1989年日本金融危机前的水平。[31]

同时，从反映投资效率的比较投资产出率（见图18）、① 投资效果系数②看（见图19、表9），一方面，工业领域的比较投资产出率自2003年以来一直小于1；另一方面，

---

① 比较投资产出率反映工业相对于国民经济其他产业的投资产出效率。
② 投资效果系数指工业增加值增量占当年工业固定资产投资额之比。

工业领域的投资效果系数从 1996 年的 0.50 下降到 2011 年的 0.21，特别是 2003 年后几乎成单边下降态势。鉴于 2002～2010 年中，工业投资增速持续超过 20%，部分年份（2003 年）的投资增速甚至达到 40% 以上，在工业投资规模日益增加的背景下，投资效率的逐步下降不仅将会加大提升工业发展质量的难度，更会增加工业可持续发展的难度。根据日本、中国台湾地区和韩国的经验，未来制造业投资将集中在推动质量提升，数量规模扩张将放缓。[29]

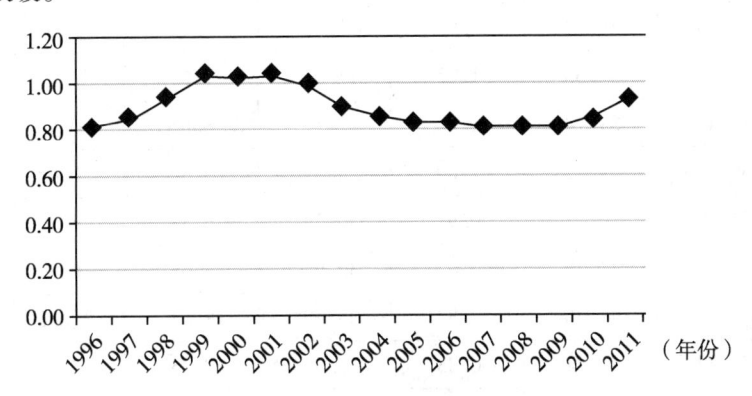

图 18　1996～2011 年比较投资产出率变化趋势

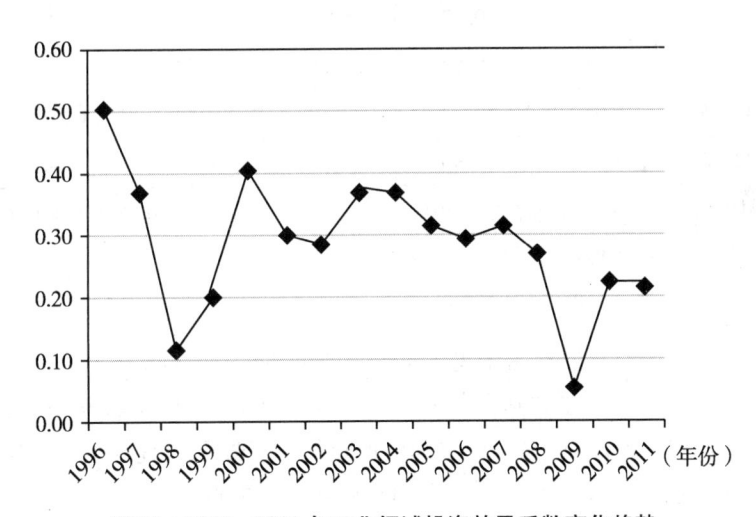

图 19　1996～2011 年工业领域投资效果系数变化趋势

表 9　　　　　　　　　　1996～2011 年工业投资效率变化

| 年份 | 工业投资占城镇固定资产投资比重（%） | 工业增加值占GDP比重（%） | 比较投资产出率 | 工业投资增速（%） | 工业增加值增速（%） | 投资边际效率 | 投资效果系数 |
| --- | --- | --- | --- | --- | --- | --- | --- |
| 1996 | 50.84 | 41.37 | 0.81 | 43.79 | 18.02 | 0.41 | 0.50 |
| 1997 | 48.74 | 41.69 | 0.86 | 4.40 | 11.80 | 2.68 | 0.37 |

续表

| 年份 | 工业投资占城镇固定资产投资比重（%） | 工业增加值占GDP比重（%） | 比较投资产出率 | 工业投资增速（%） | 工业增加值增速（%） | 投资边际效率 | 投资效果系数 |
|---|---|---|---|---|---|---|---|
| 1998 | 42.00 | 40.31 | 0.96 | 0.97 | 3.33 | 3.45 | 0.12 |
| 1999 | 38.75 | 39.99 | 1.03 | -2.66 | 5.42 | -2.04 | 0.20 |
| 2000 | 39.11 | 40.35 | 1.03 | 11.53 | 11.63 | 1.01 | 0.41 |
| 2001 | 38.48 | 39.74 | 1.03 | 12.57 | 8.86 | 0.71 | 0.31 |
| 2002 | 39.35 | 39.42 | 1.00 | 20.97 | 8.84 | 0.42 | 0.28 |
| 2003 | 44.59 | 40.45 | 0.91 | 46.27 | 15.84 | 0.34 | 0.37 |
| 2004 | 47.06 | 40.79 | 0.87 | 35.98 | 18.68 | 0.52 | 0.37 |
| 2005 | 50.23 | 41.76 | 0.83 | 35.79 | 18.43 | 0.52 | 0.32 |
| 2006 | 50.72 | 42.21 | 0.83 | 25.55 | 18.23 | 0.71 | 0.30 |
| 2007 | 50.95 | 41.58 | 0.82 | 26.39 | 21.05 | 0.80 | 0.32 |
| 2008 | 50.70 | 41.48 | 0.82 | 25.99 | 17.85 | 0.69 | 0.26 |
| 2009 | 48.61 | 39.67 | 0.82 | 25.00 | 3.82 | 0.15 | 0.05 |
| 2010 | 47.76 | 40.03 | 0.84 | 22.32 | 18.84 | 0.84 | 0.22 |
| 2011 | 42.70 | 39.84 | 0.93 | 11.99 | 17.26 | 1.44 | 0.21 |

注：比较投资产出率 =（工业增加值/GDP）/（工业投资占城镇固定资产投资的比重）；

投资边际效率 = 工业增加值增长率/工业投资增长率；

投资效果系数 = Δ工业增加值/当期工业投资；

此外，尽管我国正处于投资密集型的高速增长时期，这意味着工业企业的杠杆率相对会更高一些，而且我国工业领域的资产负债率自1994年的66.66%下降到2011年的58.10%（见表10、图20）。但是，一方面资产负债率仍处于适宜水平（40%~60%）的上限，且负债占工业增加值比重一直处在200%附近，2009~2011年更是达到近十年的高点（见图21）；另一方面，2006年以来，资产负债率已经初步显现出缓步向上的拐点迹象，且全部规模以上工业企业负债总额的增速一直保持在15%~25%。总体而言，对于债务某种程度上的依赖是维持我国工业快速增长的重要因素之一。随着外界对我国工业领域债务问题的日益担忧，以及近期和未来可预期的较长一段时间内，全球资金从新兴市场陆续撤出而重新回流美国，我国工业企业可能会遇到利率和资本流动急剧逆转的压力考验，继续依靠银行贷款、债券发行等手段拉动投资并维持工业快速增长的可能性会下降。而且过去的一百年里，任何一个长期依靠投资维持经济增长奇迹的国家最终都陷入了债务危机，或者陷入经济缓慢增长的失落十年，或者两者兼而有之。[33]

表 10　　1994~2011 年全部规模以上工业企业资产、负债相关指标

| 年份 | 负债 总额（亿元） | 负债 增速（%） | 资产 总额（亿元） | 资产 增速（%） | 负债占工业增加值比重（%） | 资产负债率（%） |
|---|---|---|---|---|---|---|
| 1994 | 41 718.53 | n/a | 62 583.08 | n/a | 214.15 | 66.66 |
| 1995 | 51 390.01 | 23.18 | 79 234 | 26.61 | 205.97 | 64.86 |
| 1996 | 58 265.06 | 13.38 | 90 016 | 13.61 | 197.86 | 64.73 |
| 1997 | 66 140.2 | 13.52 | 103 400 | 14.87 | 200.90 | 63.97 |
| 1998 | 69 363.79 | 4.87 | 108 821.9 | 5.24 | 203.90 | 63.74 |
| 1999 | 72 322.98 | 4.27 | 116 968.9 | 7.49 | 201.67 | 61.83 |
| 2000 | 76 743.84 | 6.11 | 126 211.2 | 7.90 | 191.70 | 60.81 |
| 2001 | 79 843.42 | 4.04 | 135 402.5 | 7.28 | 183.21 | 58.97 |
| 2002 | 85 857.42 | 7.53 | 146 217.8 | 7.99 | 181.01 | 58.72 |
| 2003 | 99 527.97 | 15.92 | 168 807.7 | 15.45 | 181.14 | 58.96 |
| 2004 | 124 847.41 | 25.44 | 215 358 | 27.58 | 191.45 | 59.17 |
| 2005 | 141 509.84 | 13.35 | 244 784.3 | 13.66 | 183.23 | 57.81 |
| 2006 | 167 322.23 | 18.24 | 291 214.5 | 18.97 | 183.24 | 57.46 |
| 2007 | 202 913.68 | 21.27 | 353 037.4 | 21.23 | 183.57 | 57.48 |
| 2008 | 248 899.38 | 22.66 | 431 306 | 22.17 | 191.08 | 57.71 |
| 2009 | 285 732.81 | 14.80 | 493 692.9 | 14.46 | 211.28 | 57.88 |
| 2010 | 340 396.39 | 19.13 | 592 881.9 | 20.09 | 211.79 | 57.41 |
| 2011 | 392 644.64 | 15.35 | 675 796.9 | 13.99 | 208.33 | 58.10 |

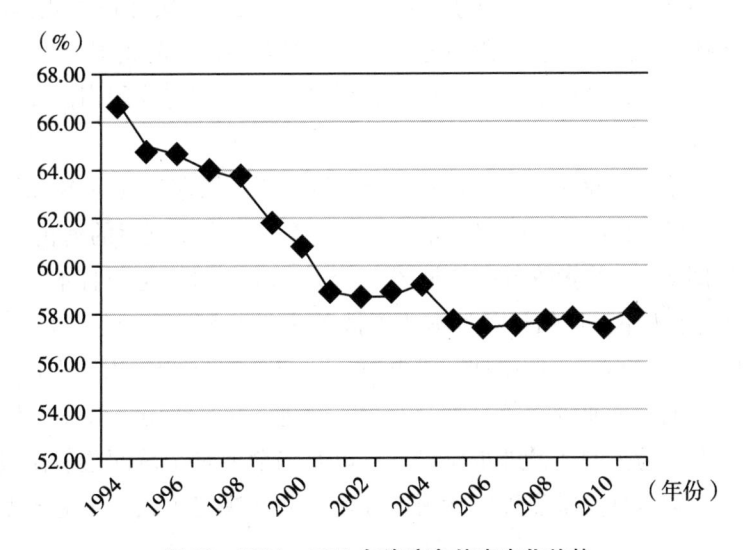

图 20　1994~2011 年资产负债率变化趋势

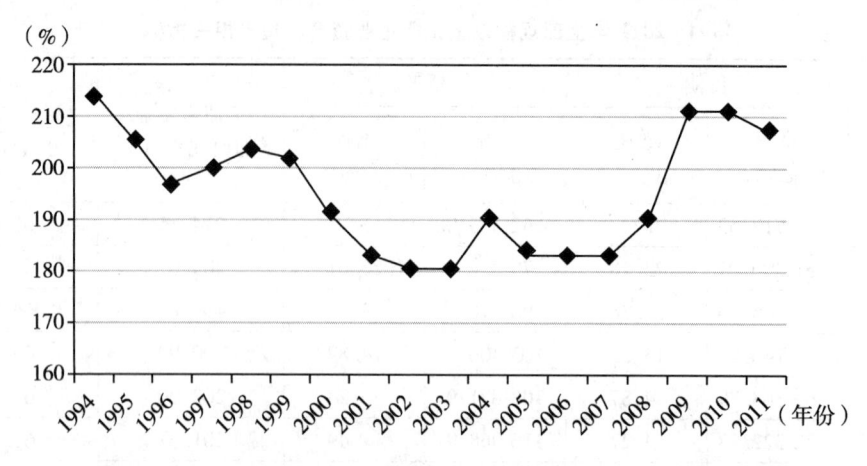

**图 21　1994～2011 年全部规模以上工业企业负债占工业增加值比重**

毫无疑问,严重威胁投资收益率的资本形成体制以及金融制度将是中国经济未来高速增长的严重制约因素。它们的存在及其作用也使得中国维持一贯高速增长的代价变得越来越大,因为在目前体制下,大量无效率的资本一旦形成,就会进一步强化金融资源的无效分配,而在短期,对投资的鼓励甚至有可能进一步加强长期制约因素的形成,这些问题都将对增长的持续性产生负面的影响。[34]

## (三) 以技术引进为主的技术进步模式拖累工业转型升级

改革开放后,我国与发达国家之间存在着巨大的技术差距,通过国际技术贸易并采用许可证交易(Licensing)、产品贸易和包建工程以及合作生产或灵活贸易(如来料加工及装配业务、补偿贸易、合资经营等)等技术引进方式,不仅加速了我国的技术进步,而且也带动经济社会快速发展;但我们也必须清醒地看到,当前我国产业结构升级缓慢、产品国际竞争力不强、部分行业固化在产业链低端等困境都与我国当前以技术引进为主的技术进步模式有关。[35]

尽管改革开放以来,我国大中型工业企业的对外技术依存度(见图22)和专利质量(见图23)均有所提升,而且大中型工业企业日益重视技术引进后的消化、吸收、改进,消化吸收比(见图24)、技术改造比(见图25)均明显提升,但与日本的高技术引进研究费率①相比则差距不小。据估计,日本的钢铁工业在 1957～1961 年间,技术引进研究费率约为 1∶3,20 世纪 60 年代中期,机电行业研究费的 16.9% 用于引进,68.1% 用于引进技术的改进,电子工业研究费的 24.4% 用于引进,48.1% 用于引进技术的改进。

我国以技术引进为主的技术进步模式特点以及当前要素全球配置、模块化生产分工格局、内外资企业竞争日益激烈等国际国内环境,共同决定了我国工业转型升级面临着

---

① 即引进技术投入一单位费用,在研究再开发时所消耗的费用。

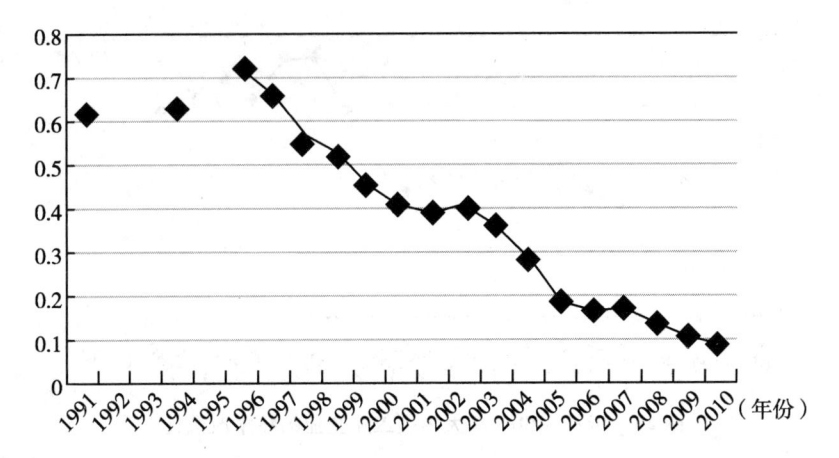

图22 1991~2011年大中型工业企业的对外技术依存度

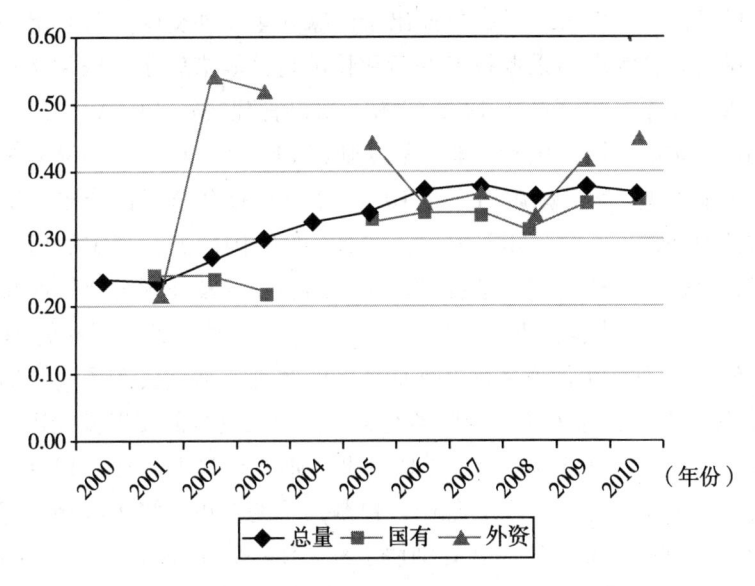

图23 2000~2010年大中型工业企业专利质量

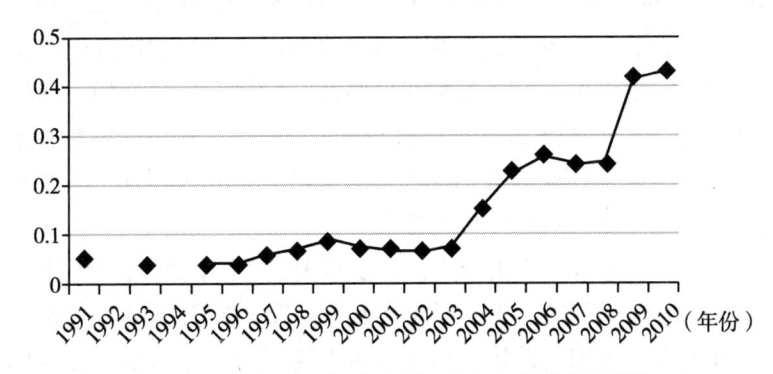

图24 1991~2010年大中型工业企业的消化吸收比

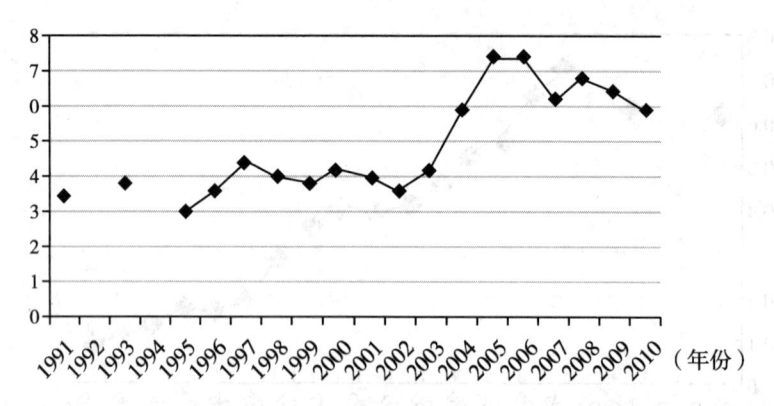

图 25　1991～2010 年大中型工业企业的技术改造比

诸多挑战。一是难以获得有价值的核心技术，容易受制于人。技术先发国家一方面出于获取独占利润的经济利益考量，另一方面出于国家安全、外交政策等政治利益考量，一般倾向于对本国的高技术产品采取技术垄断和技术封锁等措施予以限制出口。例如，美国现行的出口管制体系，主要基于1979年的《出口管理法》（EAA），有两份不同的管制清单，分别由国防部依据《国际武器交易规则》（ITAR）和商务部依据《出口管理条例》（EAR）实施管理。[36] 美国政府于2010年12月9日公布了四个出口管制新规的草案，涉及管制清单和许可证政策相关内容，主要包括美国商务部拟定的《出口管制现代化：战略贸易许可例外授权》、《商业控制清单：物项描述及外国可获得性修改》和美国国务院拟定的《对〈美国军品清单〉的修订》、《对〈国际武器贸易管理条例〉的修改》。2011年6月16日，美国商务部在前面草案的基础上继续公布了《战略贸易许可例外规定》。[37] 欧盟则基于国家安全、国际条约义务、国家政策需要以及促进贸易四个方面的考虑实施出口管制；[38] 2000年6月，欧盟理事会通过1334号法令，1334号法令共8章22条，规定了出口控制的范围，主管部门，控制物项的变更、海关程序，行政合作和控制措施等。此外，1996年成立的《瓦森纳协定》（The Wassenaar Arrangement）（全称是《关于常规武器和两用物品及技术出口控制的瓦森纳安排》，《The Wassenaar Arrangement on Export Controls for Conventional Arms and Dual-Use Good and Technologies》），作为世界主要的工业设备和武器制造国旨在控制常规武器和高新技术贸易的国际性组织包含2份控制清单，一份是武器控制清单，涵盖各类武器弹药、作战平台及其相关部件、设备、材料和技术，共22类；另一份是涵盖多数高科技成果的所谓"军民两用"技术清单，涵盖先进材料、材料处理、电子、计算机、电信、信息安全、传感与激光、导航与航空电子仪器、船舶与海事设备、推进系统等9大类。[39]

二是部分产业陷入"技术引进陷阱"，对发达国家、跨国公司产生技术依赖。由于我国"重引进、轻吸收"，出现了我国不断从发达国家、跨国公司引进先进技术，而部分行业的技术水平与发达国家、跨国公司的技术差距不仅没有缩小，有的甚至还出现了扩大的局面，陷入了"引进—落后—再引进—再落后"以及"技术能力弱—依赖—越依赖技术能力越弱"的"技术引进陷阱"。此外，由于技术发展具有路径依赖性，[40]① 这就导致我国对引进技术产生依赖性，被动跟随发达国家、跨国公司的技术变化，从而抑制了我国自主技术研究和开发能力的提升。三是本土企业技术开发动力受挫。长期以来，我国以税收优惠为主的超国民待遇政策让外商投资企业相对本土企业在市场竞争中具有先天优势，使得大部分本土企业，特别是中小企业仅限于维持生存的初级阶段，因此，本土企业往往将关注重点放在提高生产能力方面，以此快速获取市场回报；而缺乏对支撑企业长期发展的新技术开发的长久规划。此外，我国部分行业的市场结构并不完善，表现为产业组织或企业规模结构不合理导致的市场集中度过低，规模经济效益较差，同一产业的企业产品差别化程度较低，企业进退避垄较高等，这种市场结构更有助于企业的寻租行为，而非企业需长期投入的技术开发活动。[41]

应该说，"我们只有掌握产业发展中的核心技术，才能在国际经济竞争中居于主导地位，控制产业链中的分工和利润分配，有更大的自主权决定产品推出和淘汰的时间表，获得高于行业平均水平的超额利润。如果中国也能出现若干个像通用汽车、IBM、摩托罗拉、英特尔、微软那样的企业，进而形成以中国企业为主的产业链，就能极大地提高中国企业的经济增加值，为国民经济的持续健康发展提供新的拉动力量"。[42]

### （四）一个值得探讨的问题：国有及国有控股工业企业与工业的长期可持续性发展的匹配关系

从所有制工业经济效益指标的变动看，资金利税率、劳动生产率、产值利税率等指标看，各所有制工业的效益水平在本世纪以来，都呈现上升态势，特别是国有及国有控股工业的经济效益指标要优于其他类型工业（见表11）。

表11　2001~2011年规模以上工业经济效益水平（按所有制类型分）

| 年份 | 2001 | 2002 | 2003 | 2004 | 2005 | 2006 | 2007 | 2008 | 2009 | 2010 | 2011 |
|---|---|---|---|---|---|---|---|---|---|---|---|
| 资金利税率（%） |||||||||||||
| 全部规模以上工业 | 9.01 | 9.67 | 10.99 | 9.28 | 12.91 | 14.02 | 15.59 | 15.41 | 15.16 | 17.68 | 18.03 |
| 国有工业及国有控股 | 9.27 | 9.91 | 12.03 | 11.59 | 17.16 | 20.09 | 22.97 | 21.10 | 20.70 | 25.28 | 23.98 |
| 其他类型工业 | 8.66 | 9.40 | 10.01 | 7.71 | 10.48 | 11.04 | 12.46 | 13.36 | 13.17 | 15.13 | 15.93 |
| 劳动生产率（万元/人年） |||||||||||||
| 全部规模以上工业 | 5.21 | 5.98 | 7.30 | 8.28 | 10.47 | 12.38 | 14.86 | 14.74 | 15.31 | 16.84 | 20.56 |
| 国有工业及国有控股 | 5.48 | 6.57 | 8.71 | 11.76 | 14.50 | 18.06 | 22.93 | n/a | n/a | n/a | n/a |

---

① 所谓路径依赖，是指技术发展或制度变迁受到其初始选择的影响和制约，人们一旦确定了某种选择，就会对这种选择产生依赖性，这种选择本身也具有发展的惯性，具有自我加强的放大效应，从而不断强化这种初始选择。

续表

| 年　份 | 2001 | 2002 | 2003 | 2004 | 2005 | 2006 | 2007 | 2008 | 2009 | 2010 | 2011 |
|---|---|---|---|---|---|---|---|---|---|---|---|
| 其他类型工业 | 4.94 | 5.51 | 6.46 | 6.80 | 8.96 | 10.53 | 12.57 | n/a | n/a | n/a | n/a |
| 产值利税率（%） |||||||||||||
| 全部规模以上工业 | 10.80 | 10.85 | 11.16 | 8.25 | 10.46 | 10.73 | 11.25 | 10.75 | 11.13 | 12.41 | 11.89 |
| 国有工业及国有控股 | 14.26 | 14.64 | 15.82 | 12.02 | 15.21 | 16.20 | 16.70 | 13.70 | 15.00 | 16.74 | 15.80 |
| 其他类型工业 | 8.03 | 8.24 | 8.35 | 6.24 | 8.09 | 8.24 | 8.96 | 9.58 | 9.72 | 10.84 | 10.50 |

对这一结果的合理解释应该包括两方面，一方面，经过多年改革，国有及国有控股工业的绩效通过微观激励和企业内部治理机制的完善而效率有所提升，且国有及国有控股工业企业在"抓大放小"策略下正日益集中于特定领域并获得规模优势；另一方面，我国国有企业在资源类等基础性行业占据绝对主导地位，并且能凭借其强大的政治优势和资源优势，通过垄断定价、垄断地位获得更高的产品毛利率，并快速地进行资本积累和自我扩张。例如，中央企业82.8%的资产集中在石油石化、电力、国防、通信、运输、矿业、冶金、机械行业，承担着我国几乎全部的原油、天然气和乙烯生产，发电量约占全国的55%，汽车产量占全国的48%，生产队高附加值钢材约占全国的60%，生产的水电设备占全国的70%，火电设备占75%。在国民经济重要行业和关键领域的中央企业户数占全部中央企业的25%，资产总额占75%，实现利润占到80%。[43] 同时，天则经济研究所的报告显示，国有企业表现出来的绩效并非其真实绩效，是国有企业在享受着种种政策优惠，和民营企业在不平等的经营环境下所体现出的绩效。这种不平等主要体现在资源租金、融资成本以及政府财政补贴等方面。[44] 因此，对于国有及国有控股工业经济效益指标较佳的结果需要给出一个全面和正确的评价。我们不能因为国有及国有控股工业经济效益指标较佳，就盲目地认为应该通过更趋向于国有及国有控股工业的资本配置以推进工业的集约化增长。

我们认为，一方面，追求政绩而不是利润的国有企业难以选择并运营具有经济合理性的投资项目，[45] 无论是资产规模还是营业总额的规模往往偏大，但经济效益却往往劣于民营企业。例如，入围2012年中国制造业企业500强的216家国有企业的营业总额为14.7万亿元，占总数的67.67%；资产总额为14.7万亿元，占总数的74.69%。而284家民营企业的营业收入总额为7.0万亿元，仅占总数的32.33%；资产总额为5.0万亿元，占总数的25.31%。从盈利水平看，2012年中国制造业企业500强中216家国有企业的平均收入利润率为2.65%，低于284家民营企业的3.43%；平均资产利润率为2.65%，低于民营企业的4.84%。从资产管理效率来看，2012年中国制造业企业500强中的国有企业的平均资产周转率为1.00次/年，低于民营企业的1.41次/年。从劳动生产率指标来看，国有企业的人均营业收入为168.8万元，低于民营企业的179.9万元；国有企业的人均利润为4.0万元，低于民营企业的6.0万元。[46]

另一方面，依靠垄断地位获利的本质是对民企、消费者征税，将降低民间经济活力、消费与投资，最终有害于经济增长。[45]根据天则经济研究所课题组的研究，结果发现，对国有企业的名义收入加以还原，即扣除应交未交的土地租金、其他资源租金、利息优惠和补贴等，2001～2009年，国有及国有控股工业企业累计亏损5 112亿元，平均的真实净资产收益率为 -1.47%。[44]同时，姚洋利用第三次工业普查的资料，按企业规模分层随机抽样的方法抽取了14 670个样本，就非国有经济成分对中国工业企业技术效率的内部和外部效应进行了实证研究，结果发现，非国有经济成分对提高我国工业企业技术水平的内部效应，非国有企业的效率高于国有企业。[47]我们的研究也发现，国有资本比例"国退民进"的变动趋势表现出了促进技术进步的作用。估计结果表明，国有资本比例每下降1个百分点，技术进步率就提高0.0042个百分点。[48]

因此，我们有理由认为，从工业整体发展的角度看，国有及国有控股工业企业的"挤出效应"可能会替代工业中民营企业等其他类型企业的发展，甚至有可能阻碍或者破坏了工业的长期可持续发展。

### （五）基于五个维度的工业发展要素资源总配置效应

资源总配置效应分析方法是对增长因素分析法的深化，它反映了产业间资源流动和结构变化对于生产率增长和经济增长的作用。所谓资源总配置效应，是指一个经济整体的综合要素生产率增长率不等于各部门相应增长率的加权平均数，而是多出一个余额，这个余额就是资源总配置的效应。它的两个数理基础是：(1)经济总产出增长率等于各部门产出增长率的加权平均数；(2)计算各部门综合要素生产率增长率的平均数以各部门在总产出中的比重为权重。[49]从理论上说，如果资源（资本或劳动）向生产力高或生产率增长快的部门流动，或者资源流动减少了整个经济的不均衡（结构趋于协调），资源总配置一般会有较高的效应；如果资源向生产率低或生产率增长慢的部门流动，或资源流动增加了整个经济的不均衡（结构失衡加深），资源总配置的效应一般会降低甚至是负数。资源总配置效应包括综合要素生产率的总配置效应，以及劳动生产率和资本生产率的总配置效应。[50]下面，我们将从工业结构、区域结构、所有制结构、内外资结构和规模结构等五个方面，分别计算2001～2011年全要素生产率的总配置效应、劳动生产率的总配置效应和资本生产率的总配置效应，根据分析结果，对我国工业发展的总配置效应及其变动作些初步考察（见表12～表14）。

表12　　　　　2003～2011年各类别工业全要素生产率的总配置效应

| 年份 | 按注册登记类型分(1)的部门总配置效应 | 按所有制结构分的部门总配置效应 | 按轻重分的部门总配置效应 | 按地区分的部门总配置效应 | 按企业规模分的部门总配置效应 |
|---|---|---|---|---|---|
| 2003 | -0.023 | 0.000 | -0.011 | -0.012 | -0.055 |
| 2004 | -0.014 | 0.172 | -0.012 | 0.020 | 0.016 |

续表

| 年份 | 按注册登记类型分（1）的部门总配置效应 | 按所有制结构分的部门总配置效应 | 按轻重分的部门总配置效应 | 按地区分的部门总配置效应 | 按企业规模分的部门总配置效应 |
|---|---|---|---|---|---|
| 2005 | -0.033 | -0.055 | -0.003 | 0.106 | -0.010 |
| 2006 | -0.028 | 0.006 | -0.005 | -0.036 | 0.000 |
| 2007 | -0.043 | -0.002 | -0.003 | -0.148 | 0.000 |
| 2008 | -0.086 | 0.024 | -0.002 | 0.121 | 0.015 |
| 2009 | -0.005 | -0.006 | -0.003 | -0.132 | -0.003 |
| 2010 | -0.043 | -0.044 | -0.002 | 0.013 | -0.002 |
| 2011 | -0.066 | -0.055 | 0.000 | -0.017 | -0.012 |
| 2003~2007 | 0.018 | 0.023 | -0.006 | -0.035 | 0.000 |
| 2008~2011 | 0.005 | -0.021 | -0.001 | -0.004 | 0.000 |

注：按注册登记类型分（1）（内资企业、港澳台商投资企业、外商投资企业）的部门总配置效应 = 规上工业年均增长率 - 按注册登记类型分（1）的部门增长率的加权平均数；

按注册登记类型分（2）（国有工业及国有控股、其他类型工业）的部门总配置效应 = 规上工业年均增长率 - 按注册登记类型分（2）的部门增长率的加权平均数；

按轻重分的部门总配置效应 = 规上工业年均增长率 - 按轻重分的部门增长率的加权平均数；

按地区分的部门总配置效应 = 规上工业年均增长率 - 按地区分的部门增长率的加权平均数；

按企业规模分的部门总配置效应 = 规上工业年均增长率 - 按企业规模分的部门增长率的加权平均数。

表13 　　　　2001~2011年各类别工业劳动生产率的总配置效应

| 年份 | 按内外资分的部门总配置效应 | 按所有制结构分的部门总配置效应 | 按轻重分的部门总配置效应 | 按地区分的部门总配置效应 | 按企业规模分的部门总配置效应 |
|---|---|---|---|---|---|
| 2001 | 1.978 | 1.252 | -0.194 | n/a | -0.747 |
| 2002 | 1.533 | 1.021 | -0.290 | n/a | -0.828 |
| 2003 | 2.276 | 0.530 | -0.031 | n/a | -7.561 |
| 2004 | 3.184 | -1.493 | -0.817 | -5.136 | -2.565 |
| 2005 | 0.382 | -0.851 | -0.094 | n/a | 2.190 |
| 2006 | 0.391 | -1.032 | -0.013 | n/a | 0.359 |
| 2007 | 0.418 | -1.115 | 0.297 | -4.583 | -0.214 |
| 2008 | -0.105 | -0.949 | 0.547 | -0.140 | -0.844 |
| 2009 | -0.011 | -0.103 | 0.198 | -0.120 | 0.242 |

续表

| 年份 | 按内外资分的部门总配置效应 | 按所有制结构分的部门总配置效应 | 按轻重分的部门总配置效应 | 按地区分的部门总配置效应 | 按企业规模分的部门总配置效应 |
| --- | --- | --- | --- | --- | --- |
| 2010 | -0.032 | -0.649 | 0.314 | -0.117 | 0.666 |
| 2011 | -0.218 | 0.239 | 0.587 | -0.152 | 3.968 |
| 2000~2002 | 1.723 | 1.049 | -0.231 | n/a | -0.634 |
| 2003~2007 | 1.078 | -0.897 | -0.121 | 0.515 | 0.020 |
| 2008~2011 | -0.019 | -0.115 | 0.384 | -0.064 | 1.736 |

注：按注册登记类型分（1）（内资企业、港澳台商投资企业、外商投资企业）的部门总配置效应 = 规上工业年均增长率 - 按注册登记类型分（1）的部门增长率的加权平均数；

按注册登记类型分（2）（国有工业及国有控股、其他类型工业）的部门总配置效应 = 规上工业年均增长率 - 按注册登记类型分（2）的部门增长率的加权平均数；

按轻重分的部门总配置效应 = 规上工业年均增长率 - 按轻重分的部门增长率的加权平均数；

按地区分的部门总配置效应 = 规上工业年均增长率 - 按地区分的部门增长率的加权平均数；

按企业规模分的部门总配置效应 = 规上工业年均增长率 - 按企业规模分的部门增长率的加权平均数。

表14　2001~2011年各类别工业资本生产率的总配置效应

| 年份 | 按内外资分的部门总配置效应 | 按注册登记类型分（2）的部门总配置效应 | 按轻重分的部门总配置效应 | 按地区分的部门总配置效应 | 按企业规模分的部门总配置效应 |
| --- | --- | --- | --- | --- | --- |
| 2001 | 0.984 | 0.147 | -1.066 | n/a | -3.836 |
| 2002 | 0.665 | 2.843 | -0.842 | n/a | -2.445 |
| 2003 | 1.074 | 4.507 | -0.167 | n/a | -2.866 |
| 2004 | 1.670 | 6.660 | -10.574 | n/a | -15.648 |
| 2005 | 0.046 | 2.168 | 8.899 | n/a | 10.185 |
| 2006 | 0.252 | 1.404 | -0.142 | n/a | -0.475 |
| 2007 | 0.286 | -0.378 | -0.750 | n/a | -1.189 |
| 2008 | -0.062 | -0.952 | -0.746 | n/a | -0.806 |
| 2009 | -0.563 | 0.133 | -0.546 | n/a | -0.578 |
| 2010 | -0.197 | 3.068 | -0.333 | n/a | -0.257 |
| 2011 | -0.461 | 1.127 | 0.165 | n/a | -2.793 |
| 2000~2002 | 0.878 | 1.491 | -0.976 | n/a | -3.199 |

续表

| 年份 | 按内外资分的部门总配置效应 | 按注册登记类型分（2）的部门总配置效应 | 按轻重分的部门总配置效应 | 按地区分的部门总配置效应 | 按企业规模分的部门总配置效应 |
| --- | --- | --- | --- | --- | --- |
| 2003~2007 | 0.608 | 2.821 | -0.100 | n/a | -0.665 |
| 2008~2011 | -0.207 | 1.449 | -0.086 | n/a | -0.851 |

注：按注册登记类型分（1）（内资企业、港澳台商投资企业、外商投资企业）的部门总配置效应＝规上工业年均增长率－按注册登记类型分（1）的部门增长率的加权平均数；

按注册登记类型分（2）（国有工业及国有控股、其他类型工业）的部门总配置效应＝规上工业年均增长率－按注册登记类型分（2）的部门增长率的加权平均数；

按轻重分的部门总配置效应＝规上工业年均增长率－按轻重分的部门增长率的加权平均数；

按地区分的部门总配置效应＝规上工业年均增长率－按地区分的部门增长率的加权平均数；

按企业规模分的部门总配置效应＝规上工业年均增长率－按企业规模分的部门增长率的加权平均数。

通过测算，我们发现，21世纪以来，从内外资结构的角度看，工业全要素生产率的总配置效应、劳动生产率总配置效应和资本生产率的总配置效应都出现了阶梯形下降的态势，且2008年以来总配置效应多为负数，这说明我国目前的内外资结构变动情况使得工业配置效率出现了恶化（见图26~图28）。尽管，无论从劳动生产率和资本生产率看，21世纪以来，外资都有了明显提升，但与同期的内资企业相比而言，提升速度略显缓慢。因此，我们有必要继续推动内资企业在平等竞争基础上的发展，同时，进一步重视外资对我国工业发展所起到的促进作用，特别是要加速推动引资"质"的提升。

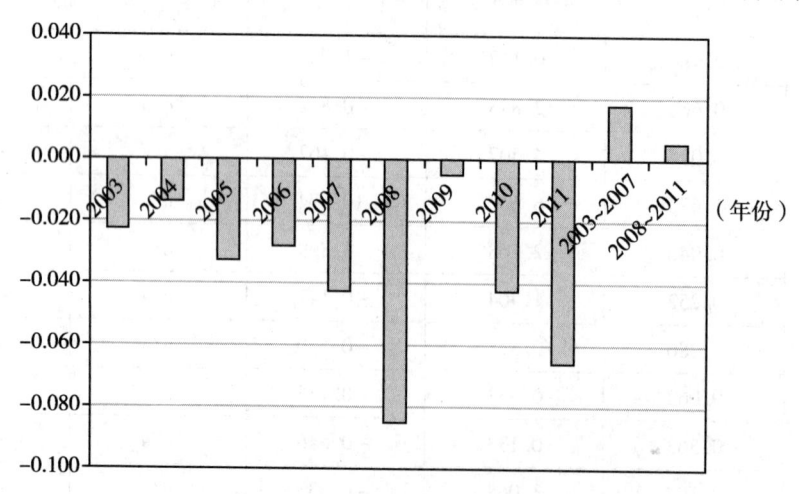

图26 按内外资分的工业全要素生产率的总配置效应

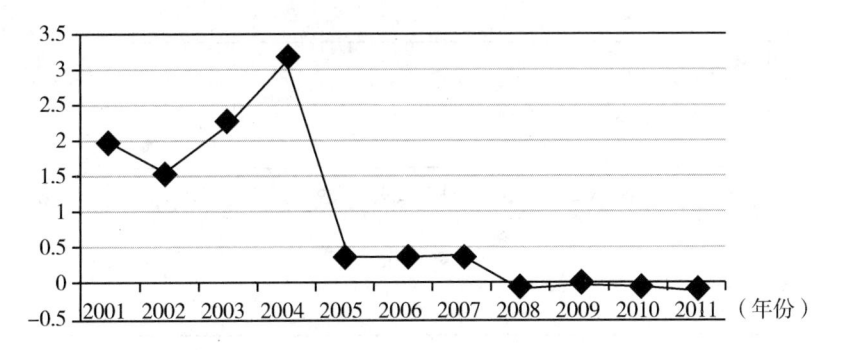

图27　按内外资分的工业劳动生产率总配置效应

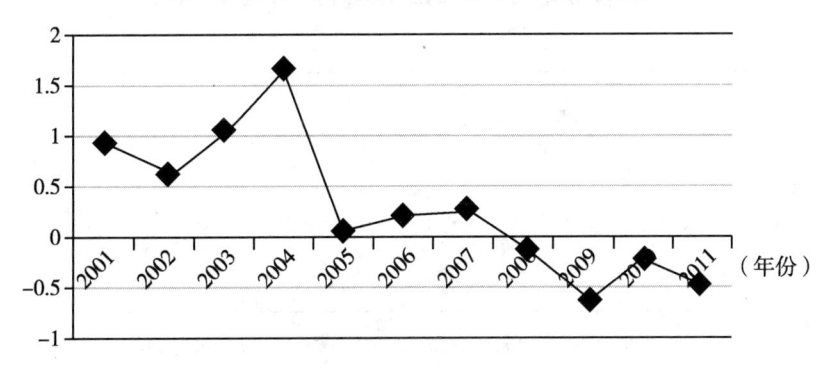

图28　按内外资分的工业资本生产率的总配置效应

从所有制结构的角度看，工业全要素生产率的总配置效应呈下降态势，特别是2009年以来，不仅总配置效应为负数且负值越来越大；同时，2004年以来，尽管工业劳动生产率总配置效应在缓慢提升但多为负数，而资本生产率的总配置效应随多为正数但整体呈下降态势，这说明我国目前的所有制结构变动正在使工业配置效率不断恶化。因此，推进国有企业的制度变革并推动非国有企业的发展，特别是要为非国有企业的迅速发展创造适当条件，从而有利于提高工业资源的总体配置效应并促进工业增长和效率的提升（见图29～图31）。

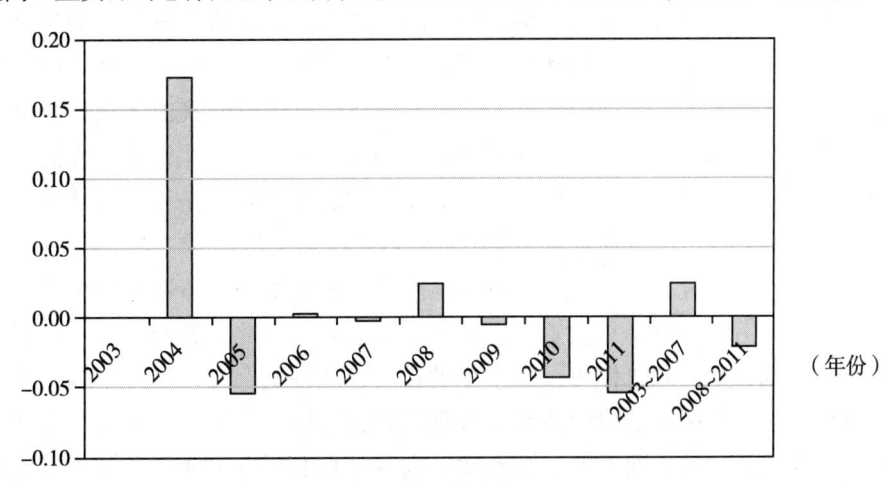

图29　按所有制结构分的工业全要素生产率的总配置效应

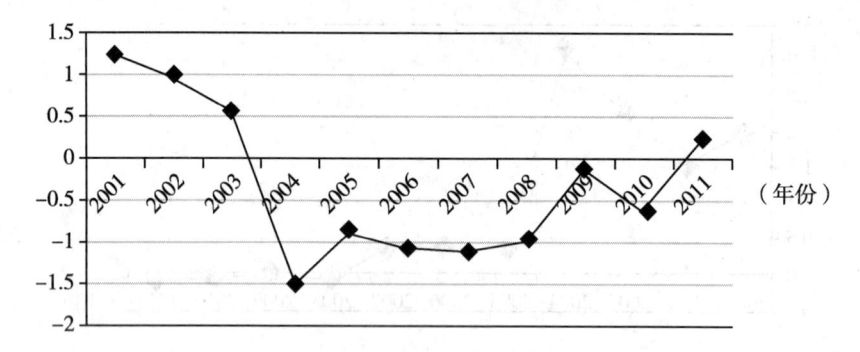

图 30　按所有制结构分的工业劳动生产率总配置效应

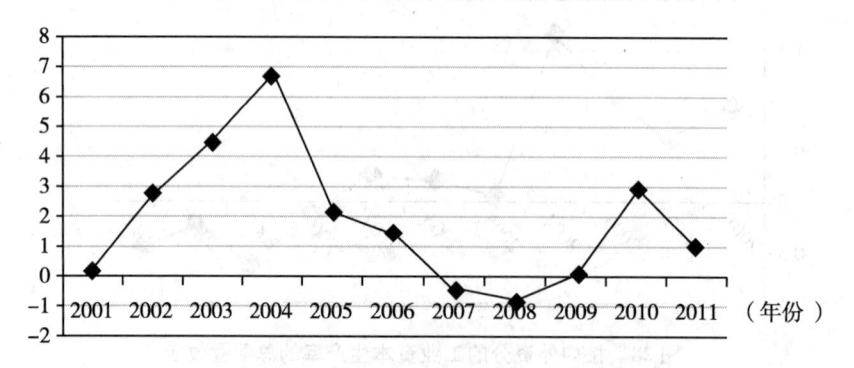

图 31　按所有制结构分的工业资本生产率的总配置效应

从工业内部结构的角度看，工业全要素生产率的总配置效应、劳动生产率总配置效应和资本生产率的总配置效应都呈现上升态势，尽管工业全要素生产率的总配置效应持续为负直到 2011 年才为 0，同时资本生产率的总配置效应也多年持续为负直到 2011 年才转正。其中，重工业的劳动生产率提升速度明显优于轻工业，而轻工业的资本生产率提升速度则明显优于重工业。此外，重工业的全要素生产率增长率增速自 2008 年后下降明显。因此，我们认为，目前轻重工业结构的变动带来资源总体再配置效率的提升，从理论上说，这种结构变动就是有效的和合理的，只有当轻重工业结构的变动导致资源总配置效应下降时，才有从客观上加以调整的必要。当然，鉴于目前我国要素价格形成机制还有很多不适应市场的方面，特别是在资金的使用价格方面，因此，未来我们还有必要进一步考虑在恢复正常市场价格后的工业内部结构的总配置效应是否也依然显示出其有效性和合理性，而且也应注重提升重工业的全要素生产率（见图 32～图 34）。

从区域结构的角度看，尽管工业全要素生产率的总配置效应多数年份为负，但总体呈上升态势，同时劳动生产率总配置效应出现明显改善。因此，我们认为，目前工业发展的区域结构变动带来资源总体再配置效率的提升，从理论上说，这种结构变动就是有效的和合理的，只有当区域结构的变动导致资源总配置效应下降时，才有从客观上加以调整的必要。当然，这种表面上的合理有效，也并不表明所有工业行业都可以转移。尤其是西部，生态资源脆弱，很多地方需要保护（见图 35～图 36）。

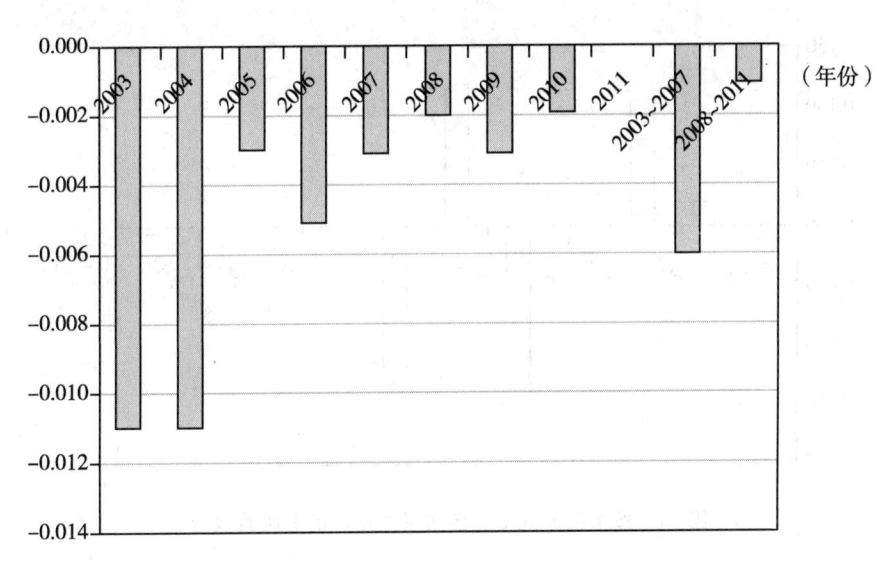

图 32　按轻重分的工业全要素生产率的总配置效应

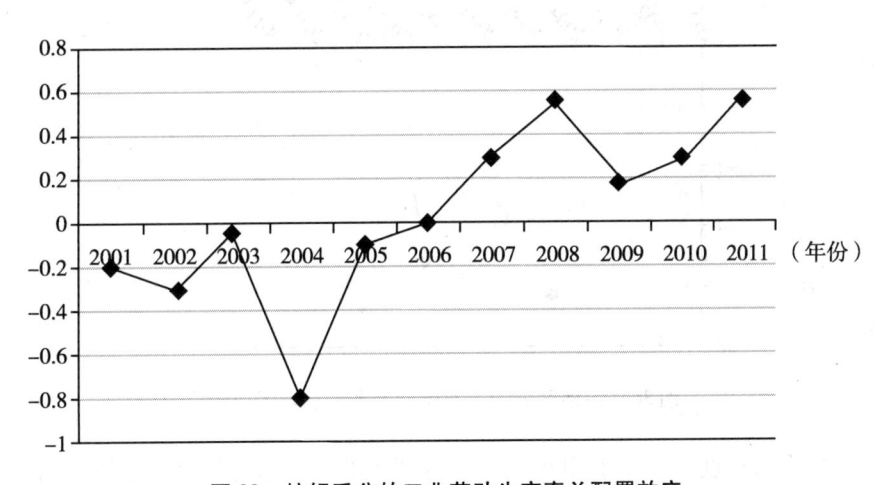

图 33　按轻重分的工业劳动生产率总配置效应

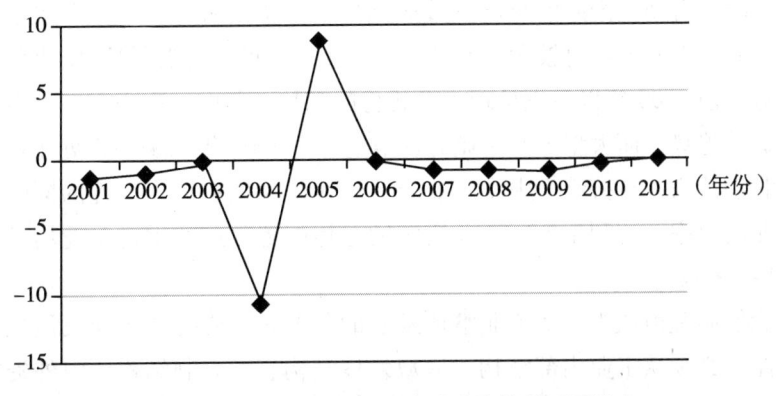

图 34　按轻重分的工业资本生产率的总配置效应

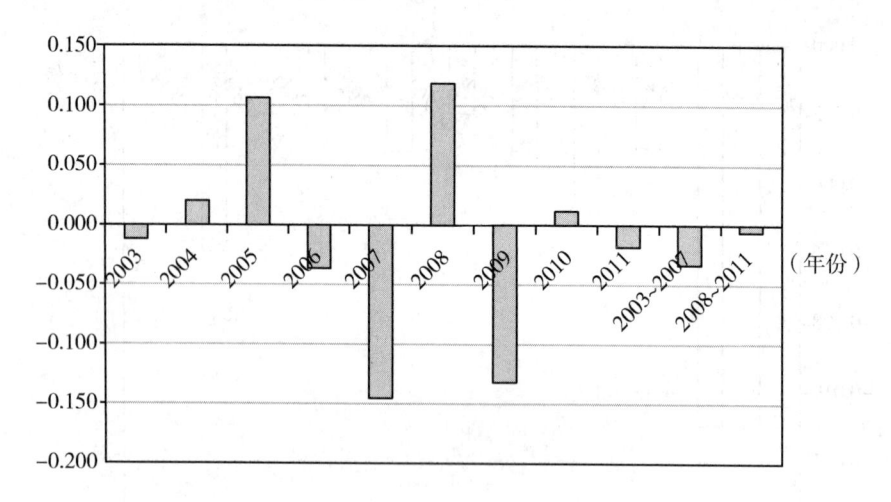

图 35  按地区分的工业全要素生产率的总配置效应

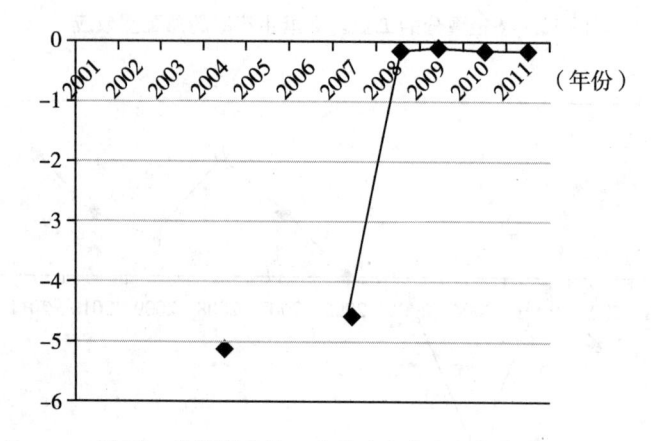

图 36  按地区分的工业劳动生产率总配置效应

从规模结构的角度看,工业全要素生产率的总配置效应在 2008 年以后有恶化的趋势,特别是大型工业企业的全要素生产率增速回落明显快于中小型工业企业的全要素生产率增速。同时,劳动生产率的总配置效应则持续大幅改善,其中,大型企业和小型企业的劳动生产率改善幅度相对较大。此外,资本生产率的总配置效应 21 世纪以来总体上呈改善的趋势,但 2008 年以后也呈现小幅恶化的态势,其中,中小型工业企业的资本生产率总体呈提升趋势,而大型工业企业的资本生产率 2007 年以来一直处于停滞徘徊的状态。因此,我们认为,在持续为中小工业企业迅速发展创造适当条件的同时,有效提升大型工业企业的效率,有利于提高工业资源的总体配置效应并促进工业增长和效率的提升(见图 37~图 39)。

因此,我们有理由认为,从工业整体发展的角度看,要提高产业发展质量、走可持续发展的道路,必须从工业内部结构、区域发展结构、所有制结构、内外资结构和规模结构等方面不断完善,以改善要素资源的配置效率。即,一方面,要做到要素资源真正

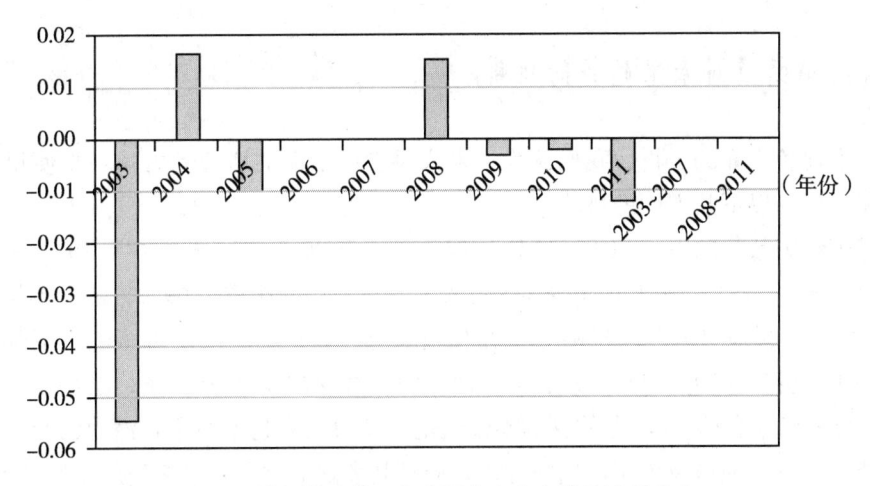

图 37　按规模分的工业全要素生产率的总配置效应

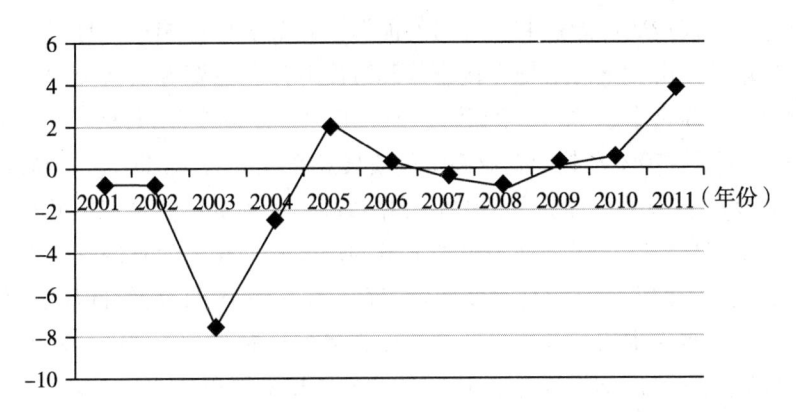

图 38　按规模分的工业劳动生产率总配置效应

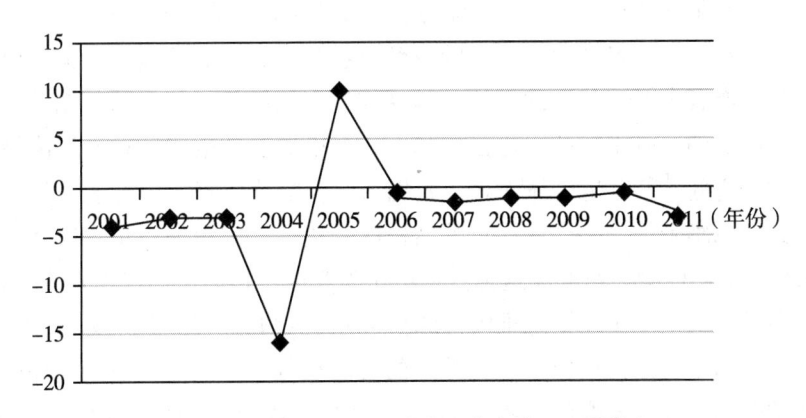

图 39　按规模分的工业资本生产率的总配置效应

流向要素生产率较高的部门；另一方面，要实现要素资源的部门流动可以有效降低要素部门分配的不均衡度，同时，部门间要素资源分配格局的改变更加有利于部门内部要素组合比例的优化和协调而非相反。

### (六) 小结及对未来趋势的判断

通过上述各方面的分析，我们认为，未来要素供给端的增长动力减弱将使得我国工业的发展将面临以下几方面的挑战：

一是劳动力数量的下降和年龄结构的变化。截至 2012 年年末，中国 15～59 岁劳动年龄人口 9.3727 亿人，比上年减少 345 万人，占总人口的比重为 69.2，比上年年末下降 0.6 个百分点。这是中国劳动年龄人口在相当长时期内，第一次出现了绝对下降。马建堂认为，中国劳动年龄人口在比较长的一段时间，至少在 2030 年以前，会稳步、逐步有所减少。[51] 人口红利结束/消退的影响不仅仅是劳动力供应趋紧对增长潜力的影响，更重要的可能是对资产泡沫及信用周期的冲击，而且其表现形式是由量变到质变的过程。[2]

二是高投资受到杠杆率过高的约束难以持续。我们认为，过去长期依靠投资拉动工业增长的方式，不仅造成产能过剩、过高的能源消耗等负面影响；而且伴随着工业固定资产投资不断增长，由大量污染物直接排放和过度开发自然资源所造成的工业污染和生态环境恶化也在不断趋于严重。[14] 根据海通证券的测算，2008 年以来，总负债占 GDP 的比重从 200% 上升到 270%，其中企业部门负债与 GDP 之比接近 120%，金融部门负债与 GDP 之比接近 90%。其中，企业部门的杠杆率过高表现为资产负债率上升和制造业产能过剩，而金融部门杠杆率过高表现为表外业务的爆发式增长，而且缺乏足够的监控，导致金融风险的上升。因此，从可持续发展角度看，这是一个难以持续的局面。[52]

三是以技术引进为主的技术进步模式将面临诸多挑战。增长理论和发展政策分析表明，一个后发国家离技术前沿越远，其可资借鉴的技术知识越多，学习的空间就越大，而在一个国家开始进入中等收入阶段后，随着离技术前沿曲线越来越近，学习所带来的红利越来越小，必须通过迅速建立技术能力、逐步实现创新来支持进一步的增长。[53]

应该说，供给方面，各种生产要素的瓶颈日益严重，生态环境、能源、资源、人力资本、技术创新等各大要素的制约已经成为现实存在的严峻挑战。从长期看，增长要素方面诸种瓶颈的制约，既是挑战，也是机遇，是未来的发展空间所在。解决挑战就意味着打开新的增长空间。[54] 但是总体而言，我们认为，继续依赖人口红利、投资驱动的工业快速发展是难以维系的。一方面，年龄结构的变化正在使中国逐步丧失劳动力充足且廉价的比较优势，[11] 劳动力市场的这种变化正在改变过往我国工业快速发展的损益格局，那些依赖低薪工人的工业企业则将难以为继。同时，人口红利结束/消退的影响不仅仅是劳动力供应趋紧对增长潜力的影响，更重要的可能是对资产泡沫及信用周期的冲击，而且其表现形式是由量变到质变的过程。[2] 劳动力供给方面，按照现在的人口预测，劳动年龄人口（15～64 岁）的增长在未来 10 年平均不到 0.2%，尤其需要关注的是劳动年龄人口的绝对数从 2016 年开始下降；其中 15～59 岁的劳动年龄人口在 2012 年已经第一次出现下降。[2] 因此，我们认为，未来较长一段时间内，工业从业人口的增速有可能趋于 0，甚或负增长；而劳动人口增速下降的趋势将在 2020 年前导致工业增长潜力的下降。

另一方面，鉴于中国的人均资本存量以及资本劳动力依然处于低位，同时，通过对我国1999~2010年36个工业行业截面数据的估计，中国工业行业属于风险偏好者，即在需求不确定性加大的情况下，工业行业会采用更高的资本－劳动力比率进行运营，[30]因此，投资自我驱动的增长也许在短期内还是有效且是可行的。但是，从中长期看，判断投资的可持续性，必须要关注资本是否能获取合理的资本回报率以及资金来源的可获得性。目前，我国工业企业的杠杆率已经相对较高，以及对资源错误配置所导致的巨量过剩产能导致了投资项目的低盈利能力而且也使得投资对工业增长的拉动效率不断走低，这些因素共同决定了我国工业投资增速的重心很可能会不断下移，寄希望于以高投资继续维持我国工业的快速增长将会更加困难。我们认为，未来较长一段时间内，工业投资增速可能会维持在两位数以上，但会低于20%；同时，工业投资率大概会维持在40%~50%；而长期来看，投资增速的相对下滑将抑制工业增长的潜力。

此外，随着进一步推进市场化改革的难度和风险大幅提升，通过改变资源配置方式和激发微观主体积极性的制度红利极有可能不断衰减；而且，我国工业技术水平从一个低起点开始追赶并大幅缩小了与发达国家的技术差距，以技术引进为主的技术进步模式也会变得更加困难。因此，我们认为，未来很长一段时间内，全要素生产率的增速也难以实现大幅的跃升，过去30年平均5.4%的增速在未来也可能会难以持续；而全要素生产率增速的下降也会在2020年前导致工业增速的进一步下滑。综上所述，如果不推进工业领域要素资源的变革，要素资源将会对未来我国工业发展的制约越来越严重。

## 三、政策建议

通过对我国要素条件的变化以及要素条件与工业发展匹配关系的分析，我们认为，中国工业发展的长期因素（供应面）正在发生变化，即国内劳动力、资金、技术等要素的稀缺性问题会变得越来越严重，而当所有要素供给都已开始偏紧的背景下，依赖于成本优势继续保持增长的格局也越来越难维持，所以，如果生产函数不发生变化的话，潜在的工业增长一定是减速的。当然，这种变化并非突变，因此，如果我们还陶醉于既往年份已经取得的成就而缺乏紧迫感的话，那么从未来的长期发展看也许我们将会付出巨大代价。因此，鉴于我国工业发展已走到了十字路口，面对人口、投资等要素红利逐渐稀释乃至消失的新特征，化解要素瓶颈、取得工业的稳定可持续增长是我们未来很长一段时间内所需解决的主要问题。我们可能正面临着一个艰难的选择，必须以下两者之间二选一，即防止工业的高速增长在短期内进一步放缓和重视和促进工业增长模式在中期内实现健康转型。我们必须针对当前要素条件的变化，采取一系列措施促进工业发展模式的转变，在传统增长动力逐渐衰减的过程中及时为工业发展提供新的动力。

## （一）大力发掘"第二次人口红利"，提升劳动生产率

面对"第一次人口红利"逐步消退的趋势，我们只要具备必要的制度条件，同样可以具有人口的优势，即提供第二次人口红利。[11]我们可以利用新的人口结构特征，在老龄化条件下，创造新的制度环境，挖掘经济增长长期可持续源泉。包括建立有利于资金积累的养老保障制度，以弥补储蓄率的降低；加强培训和教育，提高人力资本以适应产业结构升级的需要；发育和完善劳动力市场，消除劳动力供给制度障碍。[12]

鉴于劳动人口占比的下降以及劳动力成本的上升，以及生产要素如果不能持续升级和专业化，它对竞争优势的价值就会越来越低[55]这一原理；我们认为，对我国工业部门而言，通过提高劳动力的教育水平和加强职业培训等措施以提高单位劳动力的生产率更为紧迫。就我国工业领域的劳动生产率而言，当前以"农民工"为主的工人队伍由于缺乏必要的职业技术教育，劳动生产率不高。据国际劳工组织（International Labour Organisation）的数字，中国高素质的劳动力仅有4%。只有36%的工人具备初中学历，其余60%缺乏或不掌握任何技能。[56]

中国制造业劳动生产率目前在世界上仍处于落后地位，增长空间较大，劳动生产率对于抵偿劳动力成本增长的负面效应起到了关键作用。[8]根据有关资料，1970~1985年，韩国制造业的劳动生产率年均增长速度高达8.5%，1986~1988年，韩国制造业的劳动生产率更以两位数的速度增长，分别达到12.7%、11%和7.1%。[50]工人劳动报酬的提高，在劳动生产率大幅度提高的背景下，不仅不会削弱我国制造业现有的国际竞争力优势，甚至会强化这种既有优势，即通过降低单位劳动力成本来提高我国工业制成品的国际竞争优势。[9]因此，提升工业部门的劳动生产率，也意味着劳动力对工业产出的影响从成本、数量优势向素质优势的转变[14]。我们所要做的就是，预测未来所需技能，努力使对技能的供给与需求匹配，帮助劳动者适应变化。

## （二）继续改善资本配置效率，加大有效投资

工业投资不仅决定了我国工业的增长速度，而且影响和决定着我国工业发展的质量。改革开放以来，如果没有强劲的工业投资增长，我国工业是很难实现如此的高增速。目前，我国工业过高的投资率、不断攀升的增量资本产出率、逐步下降的工业资本积累率、放缓的长期资本流入以及表现不佳的资本总配置效应，使得过去30多年高度依赖于资本高投入以换取工业高增长的发展模式将面临挑战。应该说，工业投资向下调整是必然的，且如影随形的将是工业增速的下降；但是长期而言，我国工业发展的确还需要更多投资。我们认为，盘活存量和发展增量是推动我国工业发展转型的最有效方法，因此，纠正资源配置扭曲，改善工业资本配置效率，加大有效投资是维持工业稳定、快速、可持续发展的首要任务。

鉴于目前我国工业的资本配置效率整体较低，不仅存在着行业内部的差异，而且也存在很大的区域差异。如果我们不能将资源配置于能够带来生产力提升的机会，而是浪费在过剩产能与无效投资，其增速潜力必然较低。[31]同时，据白重恩的研究，调整价格之后的税后投资回报率，从1993年的15.67%的高水平持续下降，在2000~2008年还曾稳定在8%~10%，金融危机后投资回报率水平大幅下降，到2012年，已经降低到2.7%的新低。毫无疑问，投资回报的下降将是我国工业未来稳定增长的严重制约因素。

因此，通过政策转变实现主动的、有序的、可控的调整，提高资本配置效率，即使得资本从低回报率的行业（地区、企业）流向高回报率行业（地区、企业），就能提高整体的工业发展水平。也就意味着在高资本回报率的行业（地区、企业）继续追加投资，在低资本回报率的行业（地区、企业）及时削减资金流入；使金融资源配置到效益好、效率高并且具有较高成长性的行业（地区、企业）中去，提高要素生产率和投资效益，改善行业（地区、企业）结构，提高储蓄资金的使用效率和安全性，进而推动工业的集约化增长。

具体而言，就是要实现三个转变：第一个转变是投资领域要从"法无明文授权不可为"转为"法无明文禁止即可为"。即政府简政放权和减少审批事项，不仅有利于减少行政过程中可能存在的权力滥用现象，提升行政管理效率，而且有利于将调控权归还市场，以及社会资源配置的更为合理。第二个转变是投资主体要从国有及国有控股工业企业转为民营企业等其他类型企业。近年出现的"国进民退"的争议，某种意义上显示出国有企业和民营企业身份的不平等。国有企业凭借国有身份，就可以兼并收购比它效率高的民营企业，出现了"劣币驱逐良币"的现象。[57]因此，要想保持较高速度而又不失平衡的经济增长，就必须对国有企业进行改革。国企应主要集中于涉及国家安全和提供公共产品的领域，以及其他极少数特殊行业，才不至于对市场化的资源配置和公平竞争的环境和法治体系构成实质性妨碍。[58]第三个转变是实现工业投资结构的优化。鉴于现有投资结构是未来工业结构的前瞻反映，优化投资结构是应对当前工业结构失衡、实现结构调整战略目标的重要举措。因此，必须把限制低水平加工工业投资、加强高附加值精深加工工业和高新技术产业投资放在突出的战略位置。[14]尤其是要利用增加投资带动和优化存量资产，不断改善传统产业，发展高新技术产业，通过加大设备更新和技术创新的投资力度，推动工业经济增长方式由外延式向内涵式转变，由规模化向集约化发展。

此外，从理论上讲，资本的合理配置又必须以市场定价为基础；不过从目前的实际情况来看，相对于经济发展和实际资本要素供需而言，我国的资本要素价格并不是完全市场化的。应该说，非市场化的资本要素价格对于过去30多年我国工业的发展起到了积极的推动作用，不仅降低了项目的融资成本，使得工业项目可以以较低成本实施；而且，加快了工业发展的资本积累速度，为工业的快速发展创造了必要的条件。但是随着我国工业的进一步发展，非市场化的资本要素价格的负面作用越来越明显。一是人为压低的资本定价使得工业发展不可避免地偏向于资本密集型行业，陷入投资主导的工业发展模式而不能自拔，从而造成严重的投资过剩局面。二是市场配置资源的功能被行政手段配置资源取代所导致的资本要素定价过低，势必会引发资本的供不应求，并派生出大量的寻租和腐败；而且，也必然会有利于融资成本低的国有企业的不公平竞争。因此，加快资本要素价格的市场化推进，也是推动我国工业发展转型升级的关键。

### （三）加强技术引进后的消化吸收再创新，摆脱对外依赖

尽管我国工业技术进步取得了不小的成就，但目前美、日、欧等发达国家和地区主导全球技术方向的格局并未发生根本改变，我国总体上仍扮演着"跟随者"的角色（见表15）。根据Batelle2011年的一项调查，美国、日本、德国等发达国家在汽车、航空航天、新材料、新能源、信息和通信技术等领域仍保持着全球技术领先的"领导者"角色。根据"蛙跳效应"理论，经济欠发达国家可以通过技术的模仿、引进或创新，最终实现技术和经济水平的赶超。技术模仿带来的生产效率的提高将取决于国与国之间的技术差距，而技术创新的有效程度则取决于一国干中学的能力和经验的积累。[59]从自主创新的投入看，我国的水平已经不算太低，但我国企业对购买的技术特别是引进技术的消化吸收力度还不够。而且，我国工业部门的全要素生产率增长主要是由技术进步引起的，而技术效率的改善速度远低于技术进步。如果不能对引进的技术进行充分的消化吸收，就会永远摆脱不了对外国技术的依赖，还造成资金的浪费。[14]因此，我们认为，尽管随着我国与发达国家之间技术差距的不断缩小，技术引进的成本、难度和负效应逐渐增加，但是，我国工业企业还是必须在广泛吸引国外先进科学技术成果的基础上，不断通过消化、吸收以培育自己的技术能力，逐步实现我国自主创新能力的飞跃。

表15  重点行业/领域技术领先的国家[60]

| 汽车和其他机动车 | 商用航空航天、火车和其他非汽车交通工具 | 军用航空航天，国防，安全 | 复合材料、纳米技术和其他新材料 | 再生能源和高效利用 | 环境和可持续发展 | 卫生健康、医药、生命科学和生物技术 | 信息和通讯技术（包括集成电路） | 仪器设备和其他非集成电路元器件 |
|---|---|---|---|---|---|---|---|---|
| 日本 | 美国 | 美国 | 美国 | 美国 | 德国 | 美国 | 美国 | 美国 |
| 德国 | 中国 | 中国 | 日本 | 德国 | 美国 | 英国 | 日本 | 日本 |
| 美国 | 法国 | 俄罗斯 | 德国 | 中国 | 日本 | 日本 | 中国 | 德国 |
| 中国 | 德国 | 英国 | 中国 | 日本 | 英国 | 日本 | 印度 | 中国 |
| 韩国 | 日本 | 法国 | 英国 | 英国 | 中国 | 中国 | 德国 | 英国 |

资料来源：Battelle Survey。

要真正提升我国工业的技术水平和创新能力，就必须着力营造有助于我国工业企业消化、吸收技术并进行再创新的制度安排和政策体系。具体而言，一是必须强化资源的顶层设计和统筹安排，加强对技术引进、技术扩散、消化吸收再创新的组织管理；针对

工业发展的前沿关键领域、共性技术、核心设备、重点环节,确立明确的技术引进重点,防止盲目引进、重复引进和低水平引进,并集中力量、整合资源、联合攻关。二是通过构建有利于官产学研合作的社会信用环境,建立促进产学研结合的服务机构和研究机构,加大研究人员在大学、科研院所和企业间互相流动的力度等措施,降低企业消化吸收再创新过程中可能面对的高昂的交易费用以及遇到的技术不确定性,促进国内外知名院校、研究机构、核心企业的紧密配合以实现官产学研的联合创新。三是在积极推动技术引进后消化吸收再创新的过程中,政府不应该试图替代市场的作用,而只是在市场激励不足的时候,为其提供补充。[61]同时,要加强研究全球动态和我国工业发展的监测分析,并为相关的行为创造激励,而不应直接向企业提供研究经费,因为给企业划拨的研究经费未必有助于政府希望达到的研究或技术目标。[61]即将扶持重点逐步从注重规模扩张向注重技术能力提升转变,从注重生产者的补贴向注重给新技术消费者的补贴转变,从注重对特定企业的政策支持向注重广泛适用面的转变。此外,政策的支持要适时适度,要明确择机退出的节点,要及时取消对失败项目的支持,以便把资源从效率不高的经济活动中解放出来。[61]

(执 笔 人:张于喆　杨　威)
(数据处理:杨　威　吕海清)

### 参考文献

[1] 王一鸣:《转变经济增长方式与体制创新》,载于《经济与管理研究》2007年第8期,第5~10页。

[2] 彭文生:《渐行渐远的红利:寻找中国新平衡》,载于《社会科学文献出版社》2013年版。

[3] 汪涛:《中国经济未来十年(二):人口结构变化的挑战和应对》,百度文库,2012-05-09,http://wenku.baidu.com/view/42ef4fc22cc58bd63186bd8b.html。

[4] 马建堂:《第六次全国人口普查主要数据发布》,统计局网站,2011-04-28,http://www.stats.gov.cn/tjfx/jdfx/t20110428_402722238.htm。

[5] 秦丽娟:《从工资成本角度,论中国制造业的产业竞争力》,载于《商业文化(学术版)》2008年第8期,第209页。

[6] 海通国际:《积极演进还是神话破灭:中国人口红利路向何方?》,百度文库,2012-08-20,http://wenku.baidu.com/view/e27005e9f8c75fbfc77db271.html。

[7] 辛永容:《基于单位劳动成本的中国制造业成本竞争优势实证研究》,南京航空航天大学2010年学位论文。

[8] 王燕武、李文溥、李晓静:《基于单位劳动力成本的中国制造业国际竞争力研究》,载于《统计研究》2011年第10期,第60~67页。

[9] 刘厚俊、王丹利:《劳动力成本上升对中国国际竞争比较优势的影响》,载于《世界经济研究》2011年第3期,第9~13,33页。

[10] 蔡昉:《超越人口红利》,社会科学文献出版社2011年版。

[11] 文汇报:《中国社会科学院人口与劳动经济研究所所长蔡昉:创造条件挖掘"第二次人口红

利"》，全国哲学社会科学规划办公室网站，2012 - 07 - 09，http：//www. npopss - cn. gov. cn/n/2012/0709/c219470 - 18471425 - 1 - 1. html。

[12] 高善文：《经济运行的逻辑》，中国人民大学出版社 2013 年版。

[13] 中国社会科学院工业经济研究所：《中国工业发展报告 2008：中国工业改革开放 30 年》，经济管理出版社 2008 年版。

[14] 张明：《中国经济增长的质量堪忧》，载于《投资者报》，2012 年 9 月 20 日。

[15] 袁捷敏：《我国工业产能利用率测算方法研究——基于单位资本存量工业增加值指标》，载于《唐山学院学报》2012 年第 4 期，第 71 ~ 73 页。

[16] 徐大丰：《资本产出比的省际差异和资本回报》，载于《经济论坛》2007 年第 2 期，第 6 ~ 8 页。

[17] 黄先海、杨君、肖明月：《资本深化、技术进步与资本回报率：基于美国的经验分析》，载于《世界经济》2012 年第 9 期，第 3 ~ 19 页。

[18] 黄健柏、刘维臻：《金融发展、资本深化与新型工业化道路》，载于《金融研究》2008 年第 2 期，第 61 ~ 74 页。

[19] 邵立国、贺石昊、成卓：《从全要素生产率变化看我国工业转型升级的成效》，赛迪智库，2013 - 03 - 27，http：//www. ccidthinktank. com/plus/view. php? aid = 2907。

[20] T. J. Coelli, D. S. P. Rao, C. J. O'Donnell, G. E. Battese. An Introduction To Efficiency and Productivity Analysis [M]. Boston：Kluwer Academic Publishers, 1998。

[21] 李双杰、范超：《随机前沿分析与数据包络分析方法的评析与比较》，载于《统计与决策》2009 年第 7 期，第 25 ~ 28 页。

[22] 傅晓霞、吴利学：《随机生产前沿方法的发展及其在中国的应用》，载于《南开经济研究》2006 年第 2 期，第 130 ~ 141 页。

[23] 诸建芳：《2013 年下半年中国经济展望：放权解局》，惠博投资咨询网，2013 - 06 - 26，http：//www. hibor. com. cn/。

[24] Li-Kai Chen, Mona Mourshed, Andrew Grant：《关乎 2 500 亿美元：把握中国高速增长的高技能人才需求》，麦肯锡网站，2013 - 06 - 28，http：//www. mckinseychina. com/zh/2013/06/28/the - 250 - billion - question - can - china - close - the - skills - gap - zh/。

[25] 胡一帆：《大学生就业难：过剩还是结构性错配？》，华尔街日报中文网，2013 - 07 - 11，http：//cn. wsj. com/gb/20130711/HYF071626. asp。

[26] 智联招聘：《2013 高校应届毕业生就业形势报告——错位的大学生就业市场，就业/招聘两难局面如何破解？!》，智联招聘网，2013 - 06 - 09，http：//article. zhaopin. com/pub/view/212418 - 26074. html。

[27] 郭凯：《王二的经济学故事》，浙江人民出版社 2012 年版。

[28] 范贵龙：《经济结构转型研究系列（一）——中长期固定资产投资趋势研究》，证券之星，2012 - 08 - 22, http：//pg. jrj. com. cn/acc/Res/CN_RES/MAC/2012/8/22/ddedd79d - d7d1 - 42b3 - 853e - c7131903c0fd. pdf。

[29] 国研网宏观经济研究部：《需求不确定性与资本—劳动力比率——基于中国工业部门的实证分析》，国研网，2013 - 01 - 17，http：//www. drcnet. com. cn/eDRCnet. common. web/DocSummary. aspx? leafid = 208&docid = 3088226。

[30] 刘海影：《投资能否继续拉动中国经济？》，FT中文网，2013-08-28，http://www.ftchinese.com/story/001052201?full=y。

[31] 刘海影：《中国经济的未来十年》，《金融时报》中文网，2012-12-24，http://www.ftchinese.com/story/001048156。

[32] Tom Orlik，北大教授佩蒂斯：《中国经济为何会减速？》，华尔街日报中文网，2013-03-19，http://cn.wsj.com/gb/20130319/rec075548.asp。

[33] 张军：《张军自选集》，山西经济出版社2013年版。

[34] 王岳平等：《"十二五"时期中国产业结构调整研究》，中国计划出版社2011年版。

[35] 许平、潘坚、张莉敏：《美国出口管制体系改革进展》，载于《中国航天》2011年第2期，第9~12页。

[36] 赵召：《美国出口管制法律改革的启示》，载于，《经济》2012年第3期，第60~61页。

[37] 杨莹：《出口管制系列之二——欧盟出口管制的最新进展与启示》，载于《经济》2012年第5期，第78~80页。

[38] 翟玉成：《欧盟对华军售禁令的历史现状与前景评析》，中国网，2005-03-28，http://news.sina.com.cn/w/2005-03-28/14566218665.shtml。

[39] 魏后凯：《现代区域经济学》，经济管理出版社2006年版。

[40] 张嵎喆：《国家自主创新能力的评价指标体系及国际比较研究》，国家发改委产业所2005年版。

[41] 魏新：《走出中国制造的阴影》，载于《商务周刊》2004年第6期，第60~61页。

[42] 韦森：《大转型：中国改革下一步》，中信出版社2012年版。

[43] 天则经济研究所课题组：《国有企业的性质、表现与改革》，天则经济研究所网站，2011-04-12，http://www.unirule.org.cn/xiazai/2011/20110412.pdf。

[44] 刘海影：《数据透视下的重庆模式》，《金融时报》中文网，2012-04-11，http://www.ftchinese.com/story/001044036#utm_campaign=2G051005&utm_source=marketing&utm_medium=campaign。

[45] 新华财经：《2012中国制造业企业500强发布》，新华网，2012-09-01，http://news.xinhuanet.com/fortune/2012-09/01/c_123658961.htm。

[46] 姚洋：《非国有经济成分对我国工业企业技术效率的影响》，载于《经济研究》1998年第12期，第29~35页。

[47] 冯永晟、张嵎喆：《中国的市场化改革与技术进步》，载于《制度经济学研究》2011年第4期，第130~147页。

[48] 郭克莎：《我国资源总配置效应分析》，载于《经济研究》1992年第9期，第30~37，45页。

[49] 郭克莎：《工业增长质量研究》，经济管理出版社1998年版。

[50] 陈法善：《中国劳动年龄人口多年来首次下降》，财新网，2013-01-18，http://economy.caixin.com/2013-01-18/100484205.html。

[51] 姜超：《货币过剩，调节供给》，证券之星网，2013-06-27，http://pg.jrj.com.cn/acc/Res/CN_RES/MAC/2013/6/27/a432c881-1614-455b-aeaa-a29631ae090f.pdf。

[52] 刘世锦等：《陷阱还是高墙？中国经济面临的真实挑战和战略选择》，中信出版社2011年版。

[53] 史正富：《超常增长：1979-2049年的中国经济》，上海人民出版社2013年版。

[54] [美] 迈克尔·波特著，李明轩、邱如美译，郑风田校：《国家竞争优势》，华夏出版社2002

年版。

[55] 50 Ideas：《低技能劳动者》，FT 中文网，2013 - 10 - 09，http：//www.ftchinese.com/story/001052796#adchannel = NP_Other_story_page。

[56] 卫祥云：《国企改革新思路》，电子工业出版社2013年版。

[57] 张文魁：《下一个增长机会是国企改革》，财新网，2012 - 09 - 06，http：//special.caixin.com/2012 - 09 - 06/100433587.html。

[58] 张义梁、张嵎喆、王君：《影响我国自主创新能力的内外部环境分析》，载于《科学学研究》2006年第S2期，第599~605页。

[59] Battelle：《R&D Magazine. 2012 Global RD Funding Forecast》，Battelle 网，2011 - 12 - 16，http：//www.battelle.org/。

[60] 林重庚、迈克尔·斯宾塞：《中国经济中长期发展和转型》，中信出版社2011年版。

# 第五章

# 中国工业发展的资源环境约束

**内容提要:** 我国工业能源消费总量一直保持增长,同时工业能源消耗强度则稳步下降。从钢铁、水泥、石化、造纸等高耗能行业来看,我国目前工业能源消耗强度与发达国家20世纪90年代水平差距也比较大。另外,我国工业污染排放总量不断增加,但排放强度逐步降低。与发达国家相比,我国工业污染排放强度比较大,工业污染的控制和处理的任务艰巨。再者,我国工业能源消耗强度和污染强度的下降归因于技术效应,结构效应的节能潜力仍需充分挖掘。未来,随着资源环境约束将增强,进而会严重影响我国工业经济增长速度和效益;工业资源环境指标的高位"拐点"端倪已现,如果不加强政策干预,工业资源环境效率则可能下降。

随着我国全面进入工业化快速发展阶段,能源、水、土地、矿产等资源的消耗势必将不断增加,工业环境污染排放总量也在不断增加,工业发展的资源支撑能力和环境保障能力将面临严峻挑战。长期以来,我国的经济发展模式呈现出"高投入、高能耗、低效益"的粗放型特征,尽管工业发展的资源环境效率不断提高,但与国外发达国家相比,仍有巨大的改善空间与潜力。本文着重从能源、工业污水、工业二氧化硫、工业固废排放等指标,对我国工业发展的资源环境约束及变化原因进行研究,以期为未来工业发展资源环境治理提供有益参考。

## 一、近年来工业发展的资源消耗与污染排放及变化趋势

相对增加值占我国 GDP 的比重,工业的资源消耗和环境污染比重更大。自1980年以来,工业占全部能源消费的比重一直在70%左右。[1] 同时,随着工业污染排放总量不断增加,工业也已成为环境污染的主要源头,约占总污染比重的70%。[2] 因此,工业发展的资源消耗和环境污染问题更值得关注。

---

[1] 由《中国能源统计年鉴1986-2011》计算。
[2] 《中国企业公民报告(2009)》。

## （一）工业总体和重点行业资源能源利用水平的国际比较

总体来看，我国工业能源消费总量一直保持增长，同时工业能源消耗强度一直稳步下降。2010 年，我国工业能源消耗量为 231 101.8 万吨标准煤，比 1980 年增长了近 5 倍。工业能源消耗强度[①]由 1980 年的 19.3 降低到 2010 年的 1.79 吨标准煤/万元（2000 年不变价，下同），年均降低 2.3%，高于全球工业能源强度下降速度[②]（1.7%）。具体来看（见图 1），工业能源消耗强度的变动呈现一定的波动性。1980~1985 年缓慢下降，1985~1990 年快速上升，1990~1995 年快速下降，1995~2010 年持续下降。

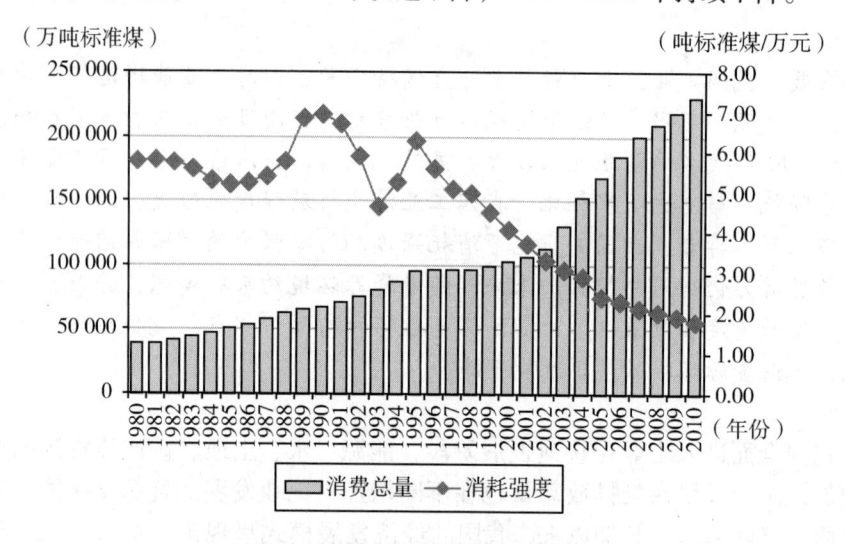

**图 1　我国工业能耗总量及强度**

资料来源：由《中国能源统计年鉴 1986 - 2011》整理。

与发达国家相比，我国工业能源消耗强度仍比较大。2011 年我国工业能源消耗强度为 1.757 吨标准煤/万元，远高于同期世界工业能源消耗强度（1.205 吨标准煤/万元）。与发达国家相比，工业能源消耗强度差距更是巨大。2011 年我国工业能源消耗强度分别是德国、美国、日本和韩国的 2.6、1.5、2.7 和 1.6 倍。与日本历史时期的工业能源消耗强度相比，我国 2011 年工业能源消耗强度仍高于 1985 年日本工业能源消耗强度（1.189 吨标准煤/万元），稍低于 1970 年日本工业能源消耗强度（1.989 吨标准煤/万元）。

表 1　　　　　　　　中国与发达国家能耗强度比较（2000 年价）　　　　单位：吨标准煤/万元

|   | 1990 年 | 2000 年 | 2005 年 | 2006 年 | 2007 年 | 2008 年 | 2009 年 | 2010 年 | 2011 年 |
|---|---|---|---|---|---|---|---|---|---|
| 世界 | 1.647 | 1.299 | 1.256 | 1.256 | 1.222 | 1.197 | 1.214 | 1.205 | 1.205 |
| 中国 | 4.015 | 2.173 | 2.224 | 2.207 | 2.071 | 1.952 | 1.876 | 1.791 | 1.757 |

---

① 工业能耗强度 = 工业能耗消耗量/工业增加值。
② 联合国工业发展组织：《2011 年工业发展报告》，2011 年。

续表

|  | 1990 年 | 2000 年 | 2005 年 | 2006 年 | 2007 年 | 2008 年 | 2009 年 | 2010 年 | 2011 年 |
|---|---|---|---|---|---|---|---|---|---|
| 德国 | 0.832 | 0.620 | 0.662 | 0.671 | 0.679 | 0.671 | 0.679 | 0.730 | 0.688 |
| 美国 | 2.148 | 1.502 | 1.180 | 1.205 | 1.154 | 1.171 | 1.163 | 1.197 | 1.163 |
| 日本 | 0.849 | 0.747 | 0.747 | 0.738 | 0.713 | 0.671 | 0.798 | 0.764 | 0.654 |
| 韩国 | 1.621 | 1.494 | 1.231 | 1.188 | 1.154 | 1.188 | 1.120 | 1.103 | 1.078 |

资料来源：由《中国能源统计年鉴 1986－2011》、World Energy Council 网站整理。

另外，从钢铁、水泥、石化、造纸等高耗能行业来看，我国工业能源消耗强度也比较大。2011 年，我国钢可比能耗为 675 千克标准煤/吨，高于日本、德国、美国、韩国等国 1990 年水平。水泥综合能耗 138 千克标准煤/吨，仍高于日本 1990 年水平。乙烯综合能耗为 895 千克标准煤/吨，高出同期世界先进水平 42%，与 1990 年世界先进水平大致相同。合成氨综合能耗（大型装置）为 1 568 千克标准煤/吨，高出同期美国水平的 58%，与其 1990 年水平大致相同。2010 年我国纸和纸板综合能耗为 1 080 千克标准煤/吨，为日本同期的将近 2 倍，比其 1990 年的综合能耗还要高近 0.5 倍。

表 2　　　　　我国主要高耗能行业产品能耗比较　　　单位：千克标准煤/吨

| 国家 | 指标 | 1990 年 | 1995 年 | 2000 年 | 2005 年 | 2006 年 | 2007 年 | 2008 年 | 2009 年 | 2010 年 | 2011 年 |
|---|---|---|---|---|---|---|---|---|---|---|---|
| 中国 | 钢[①] | 997 | 976 | 784 | 732 | 729 | 718 | 709 | 697 | 681 | 675 |
| 日本 | 钢 | 629 | 656 | 646 | 640 | 627 | 610 | 626 | 612 | 530 |  |
| 德国 | 钢 | 543 |  | 447 | 434 | 431 | 439 | 461 | 479 | 453 |  |
| 美国 | 钢 | 610 |  | 504 | 420 | 401 | 397 | 413 | 504 | 434 |  |
| 韩国 | 钢 | 371 |  | 427 | 441 | 464 | 437 | 444 | 441 | 453 |  |
| 中国 | 水泥[②] | 201 | 199 | 181 | 167 | 161 | 158 | 151 | 148 | 143 | 138 |
| 日本 | 水泥 | 123 | 124 | 126 | 127 |  | 118 |  | 119 |  |  |
| 中国 | 乙烯 | 1 580 |  | 1 125 | 1 073 | 1 013 | 1 026 | 1 003 | 976 | 950 | 895 |
| 国外先进水平 | 乙烯 | 897 |  | 714 | 629 | 629 | 629 | 629 | 629 | 629 | 629 |
| 中国 | 合成氨 | 1 343 | 1 347 | 1 327 | 1 340 |  |  | 1 661 | 1 591 | 1 587 | 1 568 |
| 美国 | 合成氨 | 1 000 | 1 000 | 970 | 970 |  |  | 990 | 990 | 990 |  |
| 中国 | 纸和纸板 | 1 550 |  | 1 540 | 1 380 | 1 290 | 1 255 | 1 153 | 1 090 | 1 080 |  |
| 日本 | 纸和纸板 | 744 |  | 678 | 640 | 627 | 610 | 626 | 580 | 581 |  |

资料来源：数据由《中国能源统计年鉴 1986－2011》、World Energy Council 整理。

注：①为可比能耗。
②水泥、乙烯合成氨、纸和纸板为综合能耗。

## （二）工业总体和重点行业环保水平的国际比较

总体来看，工业污染排放总量不断增加，但排放强度[①]逐步降低。随着我国工业的快

---

① 污染排放强度＝污染排放量/工业增加值。

速发展和污染形势的日益严重，国家加大了节能减排力度。从工业废水排放总量看，呈现平稳波动，总量基本保持在年度 200~250 亿吨；排放强度大幅降低，由 1980 年的 1 157.4 吨/万元逐年迅速降低到 2011 年的仅 54 吨/万元，年均降低 3.4%。从工业废气排放情况看，总量呈现逐年增长，由 1983 年的 63 167 亿标立方米增长到 2011 年的 674 509 亿标立方米，尤其是近十年来增长迅猛，年均增长达 15.4%；但排放强度呈现出波动性下降，由 1983 年的 26.5 标立方米/万元增长到 1990 年的 29.4 标立方米/万元，再波动性降低到 2011 年的 15.8 标立方米/万元。从工业固体废弃物产生量看，总量逐年上升，与工业废物排放走势基本一致，特别是近十年以年均增长 17.7%；排放强度与废物排放强度趋势也基本一致，呈波动性下降，2010 年较 1981 年降低了 70%（见图 2 ~ 图 4）。

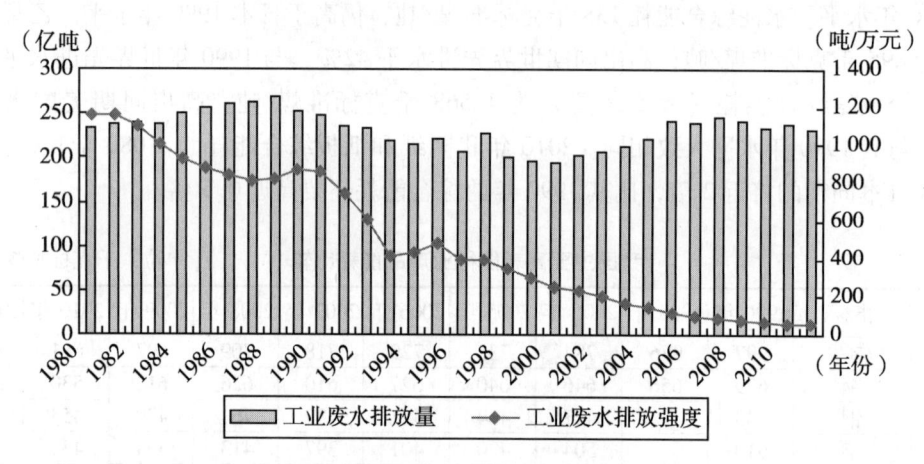

**图 2　我国工业废水排放量及强度**

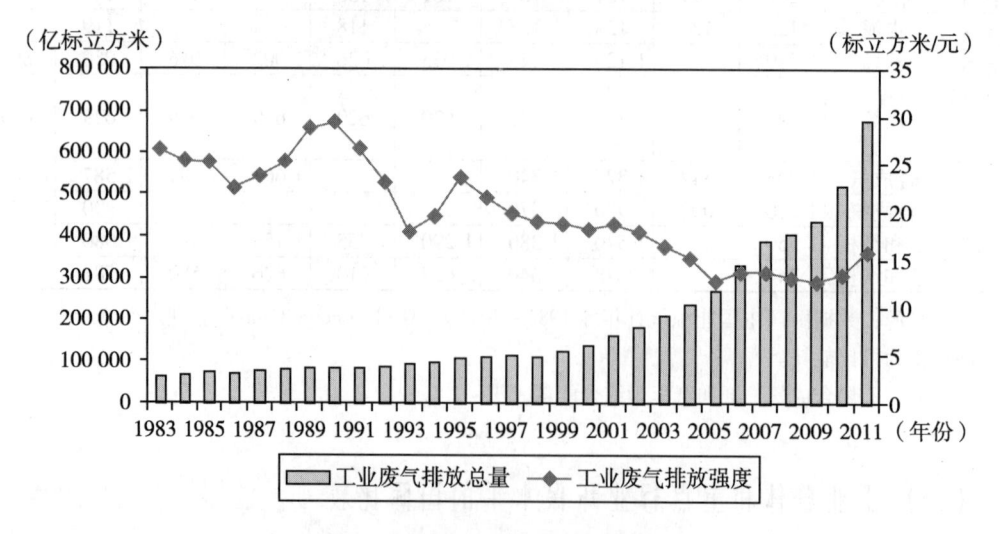

**图 3　我国工业废气排放量及强度**

与发达国家相比，我国工业污染排放强度比较大。在当前我国还处于重化工业发展特殊阶段背景下，钢铁、石化等行业产生的废水、废气及固体废弃物等的强度均较大。

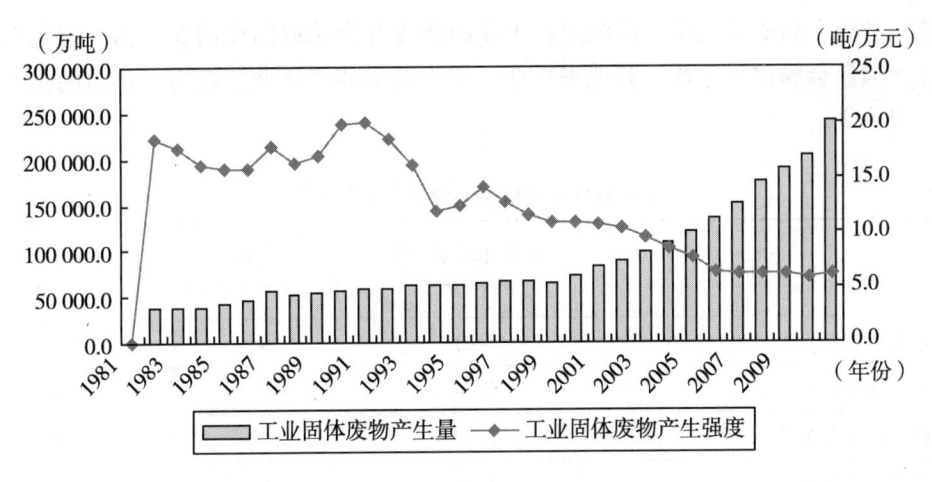

图4 我国工业固体废弃物产业量及强度

以固体废弃物产生强度为例，我国工业的排放强度远远高于日本。日本从20世纪80年代以来，工业发展产生的固体废弃物的强度①均保持在0.31~0.35吨/万元的低水平，也处于世界先进水平。同期，我国工业污染物产生强度虽然逐年降低，由1985年的6.04吨/万元降低到2009年的1.89吨/万元，但仍然远远高出日本同期0.35吨/万元的排放强度，工业污染的控制和处理的任务艰巨（见图5）。

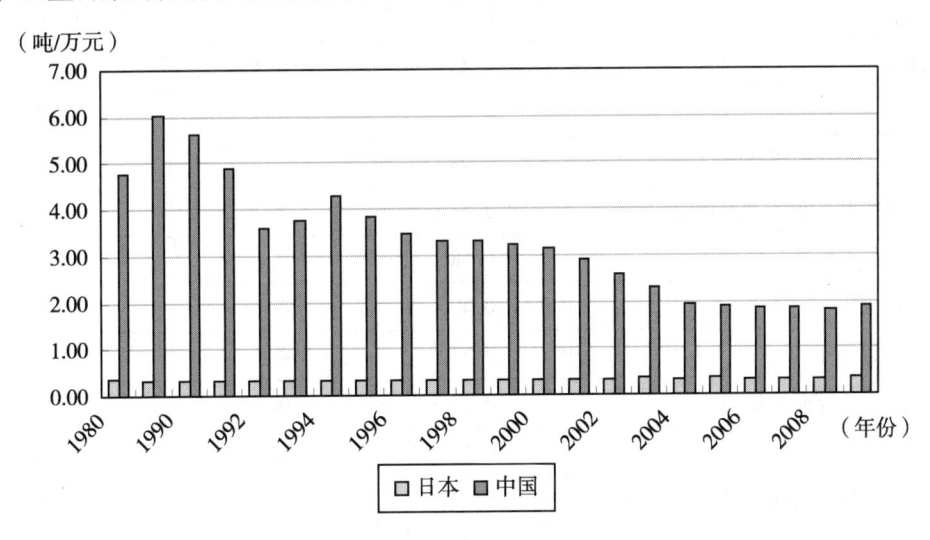

图5 中国与日本工业固体废物排放强度比较

我国工业不同行业污染排放强度差异大，工业废气排放强度前5位为：电力、热力的生产和供应业、非金属矿物制品业、造纸及纸制品业、其他采矿业、黑色金属冶炼及压延加工业；工业废水排放强度前5位为：造纸及纸制品业、水的生产和供应业、其他

---

① 比较中所采用资料来源于《日本统计年鉴》和《中国统计年鉴》，工业固体废弃物排放强度 = 工业固体废物物产生总量/工业增加值，其中工业增加值以2000年基准价测算。

采矿业、有色金属矿采选业、纺织业；工业固体废弃物排放强度前5位为：有色金属矿采选业、黑色金属矿采选业、其他采矿业、煤炭开采和洗选业、电力、热力的生产和供应业（见表3）。

**表3　　　　　　　　　　工业各行业污染排放强度\*（2010年）**

| 行　　业 | 工业废水排放强度（吨/万元） | 工业$SO_2$排放强度（千克/万元） | 工业固体废弃物排放强度（吨/万元） |
|---|---|---|---|
| 行业总计 | 3.03 | 2.4 | 0.32 |
| 煤炭开采和洗选业 | 4.74 | 0.7 | 1.24 |
| 石油和天然气开采业 | 1.17 | 0.4 | 0.02 |
| 黑色金属矿采选业 | 2.56 | 0.9 | 5.33 |
| 有色金属矿采选业 | 10.23 | 2.9 | 7.72 |
| 非金属矿采选业 | 2.48 | 1.3 | 0.58 |
| 其他采矿业 | 11.99 | 4.2 | 2.32 |
| 农副食品加工业 | 4.10 | 0.5 | 0.06 |
| 食品制造业 | 4.81 | 1.0 | 0.06 |
| 饮料制造业 | 8.25 | 1.2 | 0.10 |
| 烟草制品业 | 0.46 | 0.2 | 0.01 |
| 纺织业 | 8.61 | 0.9 | 0.03 |
| 纺织服装、鞋、帽制造业 | 0.98 | 0.1 | 0.00 |
| 皮革毛皮羽毛（绒）及其制品业 | 3.57 | 0.2 | 0.01 |
| 木材加工及木竹藤棕草制品业 | 0.68 | 0.4 | 0.03 |
| 家具制造业 | 0.49 | 0.1 | 0.00 |
| 造纸及纸制品业 | 37.73 | 4.9 | 0.22 |
| 印刷业和记录媒介的复制 | 0.44 | 0.1 | 0.00 |
| 文教体育用品制造业 | 0.34 | 0.0 | 0.00 |
| 石油加工、炼焦及核燃料加工业 | 2.39 | 2.2 | 0.12 |
| 化学原料及化学制品制造业 | 6.45 | 2.2 | 0.30 |
| 医药制造业 | 4.48 | 0.7 | 0.03 |
| 化学纤维制造业 | 8.55 | 2.2 | 0.09 |
| 橡胶制品业 | 1.19 | 0.7 | 0.02 |
| 塑料制品业 | 0.36 | 0.2 | 0.01 |
| 非金属矿物制品业 | 1.01 | 5.3 | 0.16 |

续表

| 行　业 | 工业废水排放强度（吨/万元） | 工业 $SO_2$ 排放强度（千克/万元） | 工业固体废弃物排放强度（吨/万元） |
| --- | --- | --- | --- |
| 黑色金属冶炼及压延加工业 | 2.26 | 3.4 | 0.73 |
| 有色金属冶炼及压延加工业 | 1.11 | 2.9 | 0.31 |
| 金属制品业 | 1.50 | 0.2 | 0.02 |
| 通用设备制造业 | 0.37 | 0.1 | 0.02 |
| 专用设备制造业 | 0.45 | 0.2 | 0.01 |
| 交通运输设备制造业 | 0.47 | 0.1 | 0.01 |
| 电气机械及器材制造业 | 0.27 | 0.0 | 0.00 |
| 通信计算机及其他电子设备制造业 | 0.65 | 0.0 | 0.00 |
| 仪器仪表及文化办公用机械制造业 | 0.78 | 0.0 | 0.00 |
| 工艺品及其他制造业 | 0.45 | 0.2 | 0.01 |
| 废弃资源和废旧材料回收加工业 | 0.50 | 0.1 | 0.03 |
| 电力、热力的生产和供应业 | 3.20 | 22.2 | 1.33 |
| 燃气生产和供应业 | 0.81 | 0.8 | 0.03 |
| 水的生产和供应业 | 27.43 | 0.2 | 0.02 |

资料来源：数据由《中国统计年鉴2011》及《中国工业经济统计年鉴2011》整理。

注：＊行业污染排放强度＝污染排放量/工业总产值。

## 二、能源消耗强度及环境排放强度变化的原因分析

能源消耗强度和污染排放强度是衡量工业单位产出的资源环境成本的重要指标，也是节能减排的重要指标。但是影响能源消耗强度和污染排放强度的因素是多方面的，必须了解影响能源消耗和污染排放强度的主要因素，才能制定具有针对性的能耗降低和污染控制策略。

### （一）能源消耗强度及环境排放强度变化的原因分析

工业能源消费变化及其机制早已引起学者的关注，大量的研究多是通过分解技术对其变动机制进行详细考察。[①] 一般而言，经济活动或生产的总量、经济结构及单位能源消

---

[①] Na Liu, B. W. Ang. Factors shaping aggregate energy intensity trend for industry: Energy intensity versus product mix. Energy Economics, 2007, 29.

费强度是影响能源消费水平的三个关键因素。[1] 因此,两个时期的能源变化量可以分解为规模、技术和结构三种效应。[2] Ki-Hong Choi 通过对韩国制造业能源消费变动的分解分析发现,技术效应是能源消费变化的主要因素,而结构效应和交互效应的作用非常小。[3] A. Miketa 基于 39 个国家 10 个制造业行业的 1971~1996 年数据,分析了部门工业经济产出、资本形成及工业能源价格对能源消费强度的影响,认为资本形成对能源强度具有正向作用,且随部门工业经济产出的增加而增强。[4] Arjaree 通过 Laspeyres 指数分解,对泰国工业能源的需求格局、消费总量和能源强度进行了分析,发现工业能源消费强度呈现 U 型曲线,且 1997 年之后曲线向上,食品工业、饮料工业和非金属矿选业工业部门的能源需求有着显著的影响。[5] Sudhakara 等通过分解分析,对印度的制造业能源消费进行了分析,结果发现结构效应是能源消费强度降低的最重要的驱动因素,而非能源消费的技术提升。[6] 许多学者变动认为中国工业能源消费强变化的主导因素是技术,而结构调整和规模因素的作用都相对较弱。[7][8][9][10][11] 但也有一些学者强调结构转换是中国能源消费强度提高的主要原因。[12][13][14] 另外一些学者利用面板数据,通过计量模型研究中国工业能源消费变化的多因素作用,强调技术进步、产权、贸易结构、能源价格等对工业行业能源消费强度都有着明显的影响。[15][16] 本文选取 1985 年、1995 年、2004 年、2008 年、2011 年 5 个年份工业分行业数据,采用分解方法,将工业能源消费量完全分解为结构效应、技术效应和规模效应,以期深入分析中国工业能源消费变动情况及其影响机制,进而为制定能源政策提供科学决策。

---

[1] Nooji M, Kruk R, Soest DP. International comparisons of domestic energy consumption. Energy Economics 2003, 25.
[2] Ang BW, Lee SY. Decomposition of industrial energy consumption: some methodological and application issues. Energy Economics, 1994, 16.
[3] KI-HONG CHOI, B. W. Ang, K. K. RO. Decomposition of the energy intensity index with application for the Korean manufacturing industry. Energy, 1995, 20 (9).
[4] A. Miketa. Analysis of energy intensity developments in manufacturing sectors in industrialized and developing countries. Energy Policy, 2001, 29.
[5] Arjaree Ussanarassamee, Subhes C. Bhattacharyya. Changes in energy demand in Thai industry between 1981 and 2000. Energy, 2005, 30.
[6] B. Sudhakara Reddy, Binay Kumar Ray. Decomposition of energy consumption and energy intensity in Indian manufacturing industries. Energy for Sustainable Development, 2010, 14.
[7] 张晓平、孙磊:《中国工业能源消费强度变化的分解分析》,载于《资源科学》2010 年第 9 期。
[8] 王玉潜:《能源消耗强度变动的因素分析方法及其应用》,载于《数量经济技术经济研究》2003 年第 8 期。
[9] Donglan Zha, Dequn Zhou, Ning Ding. The contribution degree of sub-sectors to structure effect and intensity effects on industry energy intensity in China from 1993 to 2003. Renewable and Sustainable Energy Reviews, 2009, 13 (4).
[10] 刘叶、王磊:《我国工业能源强度变动的影响因素分解分析——基于 LMDI 分解法》,载于《中国矿业大学学报(社会科学版)》2009 年第 4 期。
[11] 刘红玫、陶全:《大中型工业企业能源密度下降的动因探析》,载于《统计研究》2002 年第 9 期。
[12] Hua Liao, Ying Fan, Yi-ming Wei. What induced China's energy intensity to fluctuate: 1997-2006. Energy Policy, 2007, 35.
[13] 孙鹏、顾晓薇、刘敬智等:《中国能源消费的分解分析》,载于《资源科学》2005 年第 5 期。
[14] 刘凤朝、潘雄锋、徐国泉:《基于结构份额与效率份额的中国能源消费强度研究》,载于《资源科学》2007 年第 4 期。
[15] 刘畅、孔宪丽、高铁梅:《中国工业行业能源消耗强度变动及影响因素的实证分析》,载于《资源科学》2008 年第 9 期。
[16] 周鸿、林凌:《中国工业能耗变动因素分析:1993-2002》,载于《产业经济研究》2005 年第 5 期。

**1. 研究方法与数据处理**

能源消费强度作为衡量能源利用效率的指标之一已经得到广泛应用。[1] 从具体的指标来看，又可分为多要素指标法和单要素指数分解法。其中，多要素指标法主要以基于生产前沿的假定，考察最优能源投入与实际能源投入的比值，以此反映能源消费的强度。通常以工业能源消费为主要投入要素，并把与其相关的人力、资本也作为投入要素，同时以工业产值作为产出要素。在具体的计算模型中，又可分为参数的随机前沿分析（SFA）[2] 和非参数的数据包络分析（DEA）。[3][4][5][6][7] 另外，单要素指标分解法也得到了广泛应用。[8][9][10][11][12][13] 单要素指数分解法通常是以单位生产总值的能源消费总量为量化指标，采用分解分析法对其变化进行考察。其核心思想是将能源消费强度的变动分解为有关各因素变动的和，以测度各因素对总体能源消费强度变动贡献的大小。[14] 而具体的分解技术又可概括为结构分解和技术分解，其中指数分解易于进行时间序列的对比，而结构分解则对数据要求比较高。[15] 指数分解方法主要有 Laspeyres、Divisia、Paasche、Fisher 等，[16] 分解的形式有加法形式和乘法形式等。比较而言，由于加法形式分解运算简洁且结果直观明了，易于解读，因此加法形式在应用研究中占绝大多数。本文借鉴已有的分解方法，以工业各行业为基础，将工业能源消费量完全分解为结构效应、技术效应和规模效应，克服了结构分解法存在资料难以获取的困难，能够较容易地进行时间序列比较。

---

[1] 张晓平、孙磊：《中国工业能源消费强度变化的分解分析》，载于《资源科学》2010 年第 9 期。
[2] P. Zhou, B. W. Ang, D. Q. Zhou. Measuring economy–wide energy efficiency performance: A parametric frontier approach. Applied Energy (2011), doi: 10.1016/j.apenergy.2011.02.025.
[3] 李廉水、周勇：《技术进步能提高能源效率吗？——基于中国工业部门的实证检验》，载于《管理世界》2006 年第 10 期。
[4] Jin Li Hu, Shi Chuan Wang. Total factor energy efficiency of regions in China. Energy Policy, 2006, 34 (17): 3206–3217.
[5] 魏楚、沈满洪：《能源效率及其影响因素：基于 DEA 的实证分析》，载于《管理世界》2007 年第 8 期。
[6] Mukherjee K. Energy use efficiency in US manufacturing: A nonparametric analysis. Energy Economics, 2008, 30.
[7] 李世祥、成金华：《中国工业行业的能源效率特征及其影响因素——基于非参数前沿的实证分析》2009 年第 7 期。
[8] Park Se-Hark. Decomposition of industrial energy consumption. Energy Economics 1992, 13.
[9] B. Sudhakara Reddy, Binay Kumar Ray. Decomposition of energy consumption and energy intensity in Indian manufacturing industries. Energy for Sustainable Development, 2010, 14.
[10] Chunbo Ma, David I. Stern. China's changing energy intensity trend: A decomposition analysis. Energy Economics, 2008, 30.
[11] F. L. Liu, B. W. Ang. Eight methods for decomposing the aggregate energy-intensity of industry. Applied Energy, 2003, 76.
[12] Mukherjee K. Energy use efficiency in the Indian manufacturing sector: An inter state analysis. Energy policy, 2007, (10).
[13] Han, Lakshmanan, T. K. Structural changes and energy consumption in the Japanese economy 1975–1985: An input-output analysis. Energy Journal, 1994, 15.
[14] 张晓平、孙磊：《中国工业能源消费强度变化的分解分析》，载于《资源科学》2010 年第 9 期。
[15] 梁进社、郑蔚、蔡建明：《中国能源消费增长的分解：基于投入产出分析方法》，载于《自然资源学报》2007 年第 6 期。
[16] 刘叶、王磊：《我国工业能源强度变动的影响因素分解分析——基于 LMDI 分解法》，载于《中国矿业大学学报（社会科学版）》2009 年第 4 期。

具体方法如下:[①]

$$E_t = \sum_i Y_t \frac{Y_{i,t}}{Y_t} \frac{E_{i,t}}{Y_{i,t}} = \sum_i Y_t S_{i,t} I_{i,t} \tag{1}$$

$$\Delta E_{tot} = E_t - E_0 = \Delta E_{out} + \Delta E_{str} + \Delta E_{int} \tag{2}$$

$$\Delta E_{out} = \sum_i w_{i,t} \ln(Y_t/Y_0) \tag{3}$$

$$\Delta E_{str} = \sum_i w_{i,t} \ln(S_{i,t}/S_{i,0}) \tag{4}$$

$$\Delta E_{int} = \sum_i w_{i,t} \ln(I_{i,t}/I_{i,0}) \tag{5}$$

$$\Delta E_{tot} = E_t - E_0 = \sum_i w_{i,t} \ln\left(\frac{Y_t S_{i,t} I_{i,t}}{Y_t S_{i,0} I_{i,0}}\right) \tag{6}$$

$$w_{i,t} = L(E_{i,t}, E_{i,0}) = \frac{(E_{i,t} - E_{i,0})}{\ln E_{i,t} - \ln E_{i,0}} \tag{7}$$

$$C_{out} = \frac{\Delta E_{out}}{\Delta E_{out} + \Delta E_{str} + \Delta E_{int}} \times 100\% \tag{8}$$

$$C_{str} = \frac{\Delta E_{out}}{\Delta E_{out} + \Delta E_{str} + \Delta E_{int}} \times 100\% \tag{9}$$

$$C_{int} = \frac{\Delta E_{out}}{\Delta E_{out} + \Delta E_{str} + \Delta E_{int}} \times 100\% \tag{10}$$

其中,$Y_t$ 为 $t$ 时期的工业总产值,$Y_0$ 为其初始时期的工业总产值。$Y_{it}$ 为 $t$ 时期分行业工业总产值,$S_{it}$ 表示各行业总产值占所有行业总产值的比例,$E$ 表示能源消耗总量,$I$ 表示能源强度。$\Delta E_{out}$、$\Delta E_{str}$ 和 $\Delta E_{int}$ 分别表示为规模效应、结构效应和技术效应。$\Delta C_{out}$、$\Delta C_{str}$ 和 $\Delta C_{int}$ 分别表示规模效应贡献率、结构效应贡献率和技术效应贡献率。

能源消费强度通常量化为单位生产总值的能源消费总量,[8]鉴于近年来工业分行业工业增加值数据的不完整,本文选用工业总产值指标,也能度量这一指标。数据主要来源《中国能源统计年鉴2012》、《中国经济普查年鉴2008》、《中国经济普查年鉴2004》、《中华人民共和国1995年第三次全国工业普查资料汇编》(地区卷)、《中华人民共和国1985年工业普查资料》(第四册)。由于各年份统计口径不同,为了便于研究,对相关行业进行了归并,最终确定为25个部门。另外,为了保证数据的可比性,对数据进行了以下处理。首先,基于工业品出厂价格指数,将各年份的现价分行业工业总产值转变为1980年的不变价数据。其次,根据能源折算系数对各行业不同种类的能源消费数据进行了换算。通过数据预处理,可以有效保证在分解过程中各时期之间的数据具有可比性,以较真实地反映工业能源消费量的变化情况。

---

[①] Ang, B. W., 2004. Decomposition analysis for policymaking in energy: which is the preferred method. Energy Policy 32.

## 2. 结果分析

总体而言，我国工业能源消耗强度的下降归因于技术效应，贡献率都超过了70%。结构变动在不同的时段内，对我国工业能源消耗强度变动的作用方向和大小都不一（见图6）。在1985～1995年、1995～2004年和2008～2011年等三个时段内，结构变动对我国工业能源消耗都起着节约能源效应。而在2004～2008，则起着增长能源消耗效应。这一时期，能源消耗强度比较大的非金属矿物制品业、黑色金属冶炼及压延加工业、有色金属冶炼及压延加工业、石油加工业等行业增长迅速，在工业行业结构中的比重有所上升，进而导致工业结构更加趋向"重型化"，增加了工业能源消耗。规模增长一直对工业能源消耗起着增加能耗的作用，这也表明通过规模增长节约我国工业能源消耗的效应一直未能显现。

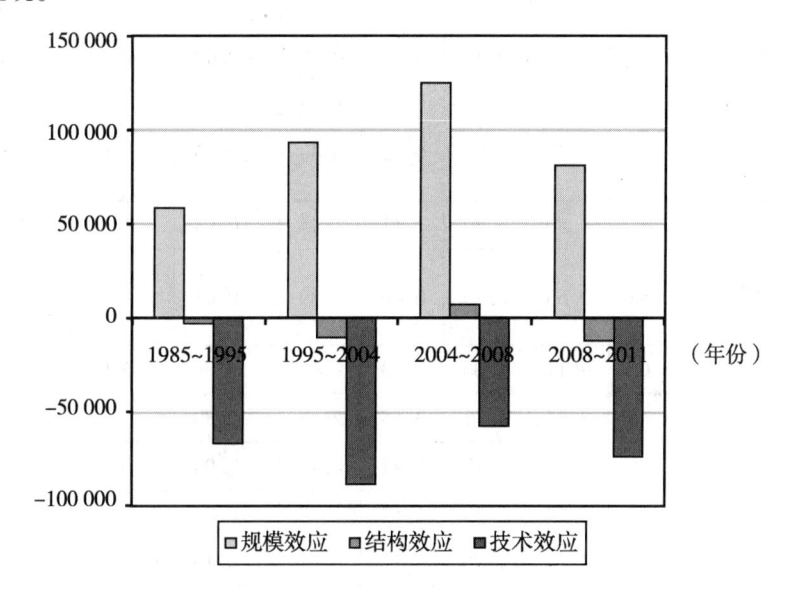

**图6 中国工业总体能源消费强度变化的分解结果**

各工业部门的能源消费强度差异巨大，非金属矿物制品业、黑色金属冶炼及压延加工业、有色金属冶炼及压延加工业、石油加工业、化学工业、造纸及纸制品业和采矿等行业的能耗强度显著高于其他行业（见表4）。1995年、1995年、2004年和2008年四个年份，非金属矿物制品业的能源消费强度位居各部门之首；2011年黑色金属冶炼及压延加工业成为能源消费强度最高的工业部门。同时，这7个高耗能行业占全国能源消费总量的比重也比较高，在所有年份比重都在65%左右。这些行业能源消耗强度的技术效率提升对降低整个工业能源消耗强度的贡献最大。但在，2004～2008年这一时期，正是这些高耗能行业规模扩张产生的结构效应在一定程度上抵消了技术效应，阻碍了工业能源消费强度的降低。

表 4　　我国工业各部门能源消费强度变化*　　单位：tce/万元

|  | 能耗强度 ||||| 能耗强度变化 ||||
|---|---|---|---|---|---|---|---|---|---|
|  | 1985 年 | 1995 年 | 2004 年 | 2008 年 | 2011 年 | 1985~1995 年 | 1995~2004 年 | 2004~2008 年 | 2008~2011 年 |
| 采矿业 | 5.30 | 6.74 | 3.65 | 2.09 | 1.21 | 1.45 | -3.09 | -1.56 | -0.88 |
| 食品工业 | 1.88 | 1.97 | 0.89 | 0.56 | 0.32 | 0.09 | -1.09 | -0.32 | -0.25 |
| 饮料烟草工业 | 1.69 | 1.28 | 0.75 | 0.54 | 0.35 | -0.41 | -0.53 | -0.21 | -0.19 |
| 纺织业 | 0.72 | 1.60 | 1.54 | 1.25 | 0.84 | 0.88 | -0.06 | -0.29 | -0.40 |
| 服装及其他纤维制品制造业 | 0.29 | 0.86 | 0.41 | 0.32 | 0.24 | 0.57 | -0.45 | -0.09 | -0.08 |
| 皮革、毛皮及其制品业 | 1.01 | 0.59 | 0.35 | 0.28 | 0.18 | -0.42 | -0.24 | -0.08 | -0.09 |
| 木材加工及家具制造业 | 2.06 | 1.51 | 0.91 | 0.62 | 0.40 | -0.55 | -0.59 | -0.30 | -0.21 |
| 造纸及纸制品业 | 5.44 | 4.50 | 3.20 | 2.11 | 1.45 | -0.94 | -1.30 | -1.08 | -0.66 |
| 印刷及文教体育用品制造业 | 0.58 | 0.63 | 0.76 | 0.46 | 0.39 | 0.05 | 0.13 | -0.30 | -0.07 |
| 石油加工业 | 5.02 | 9.11 | 4.06 | 2.53 | 1.65 | 4.09 | -5.04 | -1.53 | -0.88 |
| 化学工业 | 11.45 | 8.55 | 5.41 | 3.55 | 2.48 | -2.89 | -3.15 | -1.85 | -1.08 |
| 医药工业 | 2.00 | 2.04 | 1.12 | 0.72 | 0.44 | 0.04 | -0.92 | -0.40 | -0.28 |
| 化学纤维工业 | 4.25 | 3.29 | 2.33 | 1.52 | 1.00 | -0.96 | -0.96 | -0.81 | -0.52 |
| 橡胶制品业 | 1.58 | 1.77 | 1.70 | 1.32 | 0.91 | 0.19 | -0.07 | -0.38 | -0.40 |
| 塑料制品业 | 0.82 | 0.88 | 0.94 | 0.78 | 0.57 | 0.06 | 0.06 | -0.16 | -0.21 |
| 非金属矿物制品业 | 18.15 | 9.34 | 8.47 | 5.06 | 3.32 | -8.81 | -0.87 | -3.41 | -1.74 |
| 黑色金属冶炼及压延加工业 | 15.84 | 13.80 | 6.02 | 4.83 | 4.30 | -2.04 | -7.77 | -1.19 | -0.53 |
| 有色金属冶炼及压延加工业 | 3.97 | 4.78 | 3.69 | 2.24 | 1.70 | 0.81 | -1.09 | -1.44 | -0.55 |
| 金属制品业 | 1.94 | 1.14 | 1.33 | 0.84 | 0.67 | -0.80 | 0.20 | -0.50 | -0.17 |
| 机械工业 | 1.65 | 1.27 | 0.73 | 0.47 | 0.37 | -0.38 | -0.54 | -0.27 | -0.09 |
| 交通运输设备制造业 | 1.18 | 0.79 | 0.53 | 0.34 | 0.28 | -0.39 | -0.26 | -0.19 | -0.06 |

续表

|  | 能耗强度 |  |  |  |  | 能耗强度变化 |  |  |  |
|---|---|---|---|---|---|---|---|---|---|
|  | 1985年 | 1995年 | 2004年 | 2008年 | 2011年 | 1985~1995年 | 1995~2004年 | 2004~2008年 | 2008~2011年 |
| 电气机械及器材制造业 | 0.75 | 0.41 | 0.35 | 0.25 | 0.19 | -0.34 | -0.07 | -0.10 | -0.05 |
| 电子及通信设备制造业 | 0.35 | 0.18 | 0.20 | 0.21 | 0.18 | -0.17 | 0.02 | 0.01 | -0.03 |
| 仪器仪表及其他计量器具制造业 | 0.65 | 0.56 | 0.27 | 0.24 | 0.18 | -0.09 | -0.28 | -0.04 | -0.05 |
| 电力、煤气及水生产和供应业 | 4.50 | 6.73 | 2.38 | 2.60 | 1.34 | 2.24 | -4.35 | 0.22 | -1.25 |

注：*此处工业能源强度为能源消耗总量与工业总产值比重。

## （二）主要工业污染物排放强度变化的原因分析

工业经济快速发展过程中环境污染问题受到越来越多的关注。Grossman 和 Krueger 认为，经济发展通过三种途径影响污染排放，分别为规模效应、结构效应和技术效应，且作用机理不尽相同。[①] 之后的一些研究采用因素分解法检验了主要污染物排放的影响因素。如，De Bruyn 和 Sander 对 1980~1990 年荷兰与西德 $SO_2$ 排放的分解发现，两国单位产出的 $SO_2$ 排放减少主要归功于技术效应，而结构效应的作用十分有限。[②] Hamilton 和 Turton 对 1982~1997 年 OECD 国家 $CO_2$ 排放的分解发现，人均 GDP 增加和人口增长提高了污染排放，而资源消耗强度降低和化石资源使用减少降低了污染排放。[③] Levinson 对 1970~2002 年美国四种主要污染物排放的分解发现，技术效应是降低污染排放量的主要原因。[④] 近年来，中国学者也开始利用分解的方法研究环境和资源问题。刘睿劼、张智慧采用对数平均迪氏指数（LMDI）法将影响工业二氧化硫排放的因素进行分解，并指出了目前工业二氧化硫减排的主要方向与障碍。[⑤] 何建武、李善同（2008）利用结构分解法将经济增长对于环境影响分解为规模效应、结构效应和技术效应，并对 2000 年以来工业

---

[①] Grossmann G M, Krueger A B. Environmental Impact of A North American Free Trade Agreement. NBER Working Paper, No. 3914, 1991.
[②] De Bruyn, Sander M. Explaining the Environmental Kuznets Curve: Structural Change and International Agreements in Reducing Sulphur Emissions. Environment and Development Economics, 1997, 2 (4).
[③] Hamilton C, Turton H. Determinants of Emissions Growth in OECD Countries. Energy Policy, 2002, 30 (1).
[④] Levinson A. Technology, International Trade, and Pollution from U. S. Manufacturing. NBER Working Paper, No. 13616, 2007.
[⑤] 刘睿劼、张智慧：《中国工业二氧化硫排放趋势及影响因素研究》，载于《环境污染与防治》2012 年第 10 期。

部门的数据进行了分析，得出规模效应是污染排放量大幅增长的主要原因，技术效应是抑制污染排放的主要因素。[1] 齐志新、陈文颖使用拉氏分解法对 1980~2003 年中国资源效率提高的分解发现，产业结构调整和各产业部门资源消耗强度的降低提高了资源使用效率。[2] 黄菁使用 LMDI 方法对 1994~2007 年中国四种主要工业污染物排放的分解发现，规模效应是增加工业污染的主要原因，技术效应是减少污染排放的最重要力量，结构效应的变化在一定程度上增加了中国的工业污染。[3] 本文选取 2002 年和 2010 年两个年份工业分行业数据，采用分解方法，将工业污染排放完全分解为结构效应、技术效应和规模效应，以期深入分析中国工业污染排放变动情况及其影响机制，进而为制定污染减排政策提供科学决策。

### 1. 研究方法与数据说明

参照上文工业能源强度分解方法，在此不再赘述。其中，工业分行业产出数据选用工业总产值指标，资料来源于《中国统计年鉴》（2003 年、2011 年）。分行业环境污染物排放资料来源于《中国环境统计年鉴》（2003 年、2011 年）。另外，为了保证数据的可比性，对数据进行了以下处理。首先，基于工业品出厂价格指数，将各年份的现价分行业工业总产值转变为 2000 年的不变价数据。其次，由于各年份统计口径不同，为了便于研究，对相关行业进行了归并，最终确定为 25 个部门。

### 2. 结果分析

从工业废水排放、工业二氧化硫和工业固体排放强度变化来看，我国工业污染物排放强度下降的原因源于工业结构效应。2002~2010 年，工业结构效应对三者强度都起着降低作用。其中，对工业二氧化硫排放强度降低作用最大，对工业废水和工业固体排放强度的效应仍较弱，未来仍需进一步发挥结构调整的减排潜力。规模增长是阻碍我国工业污染强度降低的主要原因，总体来看，规模效应对阻碍三者主要工业污染强度降低的贡献都超过了 50%。技术效应对工业二氧化硫和工业固体废物排放强度降低起着主要作用，对两者强度降低的贡献率都超过了 60% 以上。而对工业废水排放强度却起着反向作用，这主要由于占废水排放总量比重较大的造纸、电力等行业废水排放强度并未实现有效降低（见图 7）。

---

[1] 何建武、李善同：《近年来经济增长对于环境影响的因素分析》，载于《发展研究》2008 年第 8 期。
[2] 齐志新、陈文颖：《结构调整还是技术进步：改革开放后我国资源效率提高的因素分析》，载于《上海经济研究》2006 年第 6 期。
[3] 黄菁：《环境污染与工业结构：基于 Divisia 指数分解法的研究》，载于《统计研究》2009 年第 12 期。

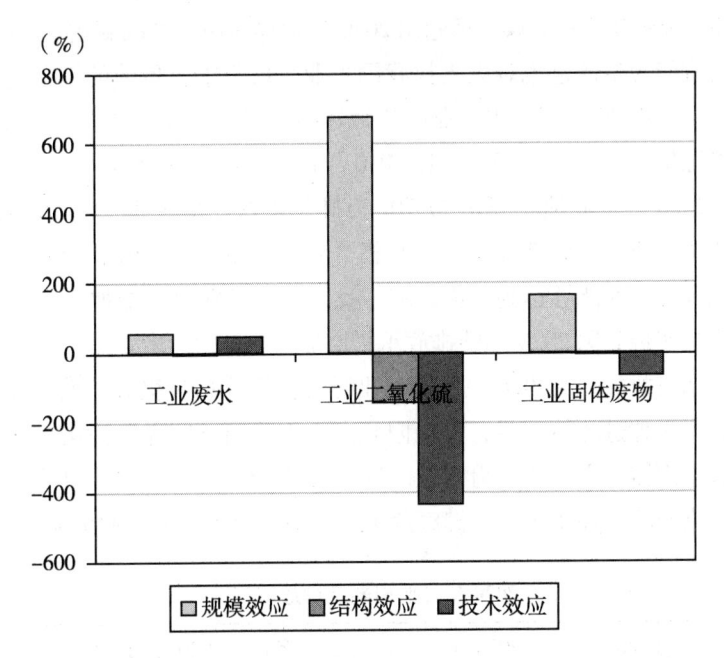

图 7　中国工业废水排放、二氧化硫排放、工业固体废物排放强度变化因素

## 三、中国工业发展的资源环境约束趋势判断

以上分析表明，尽管改革开放以来，我国工业发展的资源环境效率水平有了大幅提升，但仍远落后于世界发达国家。尤其在工业能源效率等一些关键指标，目前仍未达到世界平均水平。工业发展的资源环境效率低下，对我国工业经济增长产生了严重的负面影响。

### （一）资源环境约束日趋增强

首先，与当前国际先进水平相比，到 2020 年，我国工业节能减排的任务艰巨。从能耗看，按 2010 年中国工业能耗强度及世界先进水平能源强度预测，到 2020 年，我国工业应至少减少能耗总量 44 万吨标准煤。从污染排放看，按 2009 年中国及日本（先进水平）工业固体废弃物产生强度测算，到 2020 年，我国至少应减少固体废弃物排放 59.3 亿吨。

其次，工业能源消耗的约束趋势更加强化，工业碳排放压力加大。其一，若以 2010 年中国工业能耗强度为标准，2020 年工业能耗总量 698 771 万吨标准煤，占世界能源生产总量的 33.1%，比 2010 年占比提高 21.9 个百分点。另外从工业能源消耗增量来看，2020 年工业消费新增 467 669 万吨标准煤，远超出 2020 年世界能源生产的新增量。① 这也表明在此背景下，世界所有能源生产量也难以支撑我国工业发展需求，目前的工业能源消耗方式根本行不通。其二，若以 2010 年日本工业能耗为标准，2020 年工业能耗总量 258 804 万吨标准煤，占世界能源生产总量的 12.3%，比 2010 年占比下降 1.0 个百分点。另外从工业能源消耗增量来看，2020 年工业消费新增 27 702 万吨标准煤，低于 2020 年世界能源生产新增量。这则要求我国工业结构调整和技术水平提升必须取得重大突破，否则在短期内很难能达到日本能耗标准。即使能够达到先进标准，我国工业发展也将增加 27 702 万吨标煤产生的碳排放，这将为实现我国 2020 年碳排放承诺增加了一定的难度。

再次，工业污染排放压力更大。我国工业污染物排放总量很大，而且逐年增加，许多地区环境污染已大大超过环境容量，呈极限状态。工业固体废弃物污染成为环境的主要污染源，即使以日本固体废弃物产生为标准，我国仍将产生 134 781 万吨工业固体废弃物。由于累积性环境污染影响，环境污染对健康危害及经济社会等负面影响更加凸显（见表5）。

表 5　　　　　　　　　　2020 年工业能耗及排放测算*

| 指标 | 2010 年 | 2020 年 | 备注（2020 年目标值测算参数） |
|---|---|---|---|
| 工业增加值（亿元） | 127 359 | 385 089 | 以"十一五"期间我国工业增加增平均增速 11.7% 为参考 |
| 工业能耗总量（万吨标准煤） | 231 102 | 698 771 | 以 2010 年我国工业能耗强度 1.815 吨标准煤/万元为参考 |
|  |  | 258 804 | 以 2010 年日本工业能耗强度 0.672 吨标准煤/万元为参考 |
| 差额（亿吨标准煤） |  | 439 967 |  |
| 工业固体废弃物产生量（万吨） | 240 944 | 727 818 | 以 2009 年我国工业固体废弃物产生强度 1.89 吨/万元为参考 |
|  |  | 134 781 | 以 2009 年日本工业固体废物产生强度 0.35 吨/万元为参考 |
| 差额（万吨） |  | 593 037 |  |

注：* 我国及日本能耗强度、固体废弃物产生强度均以 2 000 年价为基准测算。

## （二）资源环境约束严重影响工业经济增长速度和效益

日本通过环保法律法规及科技创新等手段的综合运用，成为世界环保大国，工业能

---

① 根据 BP Energy Outlook 2030：January 2013，2010 年世界能源生产总量为 1 738 322 万吨标准煤，2020 年世界能源生产总量为 2 110 267 万吨标准煤。

耗和排放标准处于领先地位。我国工业发展的高能耗、高排放状况与日本相比尤为明显。按固体废弃物排放及能耗标准测算，若达到同期日本标准，我国的工业增加值产出将大大降低。从固体废弃物排放测算，1985年、1990年、2000年和2009年仅能产生同期工业增加值的7%、5.3%、10.2%和19.5%，可见固废排放对工业的约束极其严重，减排的压力巨大。从能耗强度测算，1990年、2000年和2009年仅能产生同期工业增加值的22.1%、87.3%和90.3%，可见我国工业节能成效显著，与日本的差距快速缩小。

表6　　按日本固废排放及能耗水平测算中国工业增长情景

| 年份 | 工业增加值（亿元，2000年价） | 按日本同期固废排放强度计可产生的工业增加值（亿元） | 按日本同期排放标准可产生工业增加值占同期实际比值（%） | 按日本同期能耗强度计可产生的工业增加值（亿元） | 按日本同期能耗强度可产生工业增加值占同期实际比值（%） |
| --- | --- | --- | --- | --- | --- |
| 1985 | 9 678 | 675 | 7.0 | | |
| 1990 | 9 583 | 507 | 5.3 | 2 121 | 22.1 |
| 1991 | 10 479 | 583 | 5.6 | | |
| 1992 | 12 716 | 840 | 6.6 | | |
| 1993 | 17 180 | 1 551 | 9.0 | | |
| 1994 | 16 456 | 1 488 | 9.0 | | |
| 1995 | 15 049 | 1 151 | 7.6 | | |
| 1996 | 17 068 | 1 446 | 8.5 | | |
| 1997 | 18 837 | 1 787 | 9.5 | | |
| 1998 | 19 233 | 1 983 | 10.3 | | |
| 1999 | 21 880 | 2 214 | 10.1 | | |
| 2000 | 25 065 | 2 562 | 10.2 | 21 880 | 87.3 |
| 2001 | 28 329 | 3 092 | 10.9 | | |
| 2002 | 33 737 | 3 976 | 11.8 | | |
| 2003 | 41 969 | 5 699 | 13.6 | | |
| 2004 | 51 629 | 7 618 | 14.8 | | |
| 2005 | 69 336 | 12 362 | 17.8 | 51 629 | 74.5 |
| 2006 | 79 590 | 13 822 | 17.4 | 69 336 | 87.1 |
| 2007 | 93 449 | 15 925 | 17.0 | 79 590 | 85.2 |
| 2008 | 102 109 | 16 946 | 16.6 | 93 449 | 91.5 |
| 2009 | 113 060 | 22 014 | 19.5 | 102 109 | 90.3 |

## （三）资源环境效率的高位"拐点"已现端倪

学术界通常采用人均收入与资源环境效率关系的二次方程来刻画库兹涅茨曲线（EKC），部分研究为了凸显曲线形状，对人均收入取自然对数处理，得到明显的倒"U"形曲线。此外，由于资源环境效率的影响因素众多且日趋复杂，一些学者开始尝试用三次方程进行曲线拟合，使对EKC的研究更加深入。传统的EKC曲线显示，资源环境效率与人均 GDP 之间存在"U"形曲线关系,但 Zaim 和 Taskin (2000) 等人基于一元三次函数拟合的研究发现,二者之间存在"N"形曲线关系,即资源环境效率随人均 GDP 的增加先增加后减少再增加。[①] Frield 和 Getzner (2002) 应用奥地利 1960~1999 年度经济增长与 $CO_2$ 排放量的时间序列数据检验 EKC 假说,发现对数据拟合度最佳的是三次方形("N"形)而非通常的倒"U"形关系。[②] Halkos 等 (2009) 通过对欧盟 17 国的研究发现,人均 GDP 与环境效率之间存在负相关,即环境效率并没有随着经济水平的提高而提高,不断增加的经济活动无法确保相应的环境保护力度,环境难以得到有效保护,由此得出经济的增长方式比增长本身更重要的结论。[③] 国内部分学者初步尝试以污染强度为纵坐标描述二者关系,[④][⑤][⑥] 认为中国城市工业污染强度与经济增长的关系曲线有明显的幂函数特征。由于各国发展阶段和产业结构的差异性,以及学者采用数据的不同,导致其研究结论各有不同,EKC 假说也很难被严格验证。[⑦] 鉴于以上研究基础,本文基于 1990~2011 年我国工业发展的资源、环境效率和人均 GDP 数据及日本历史时期数据,以可比价人均 GDP 为横坐标,以工业发展的资源、环境效率为纵坐标,研究我国及日本工业发展的资源环境效率库兹涅茨曲线的走向和特征。

**1. 研究方法与指标选取**

本文采用 EKC 的简化模型进行分析,设定模型时,将代表资源环境效率的各种指标作为被解释变量,将可比人均 GDP 及其平方项和立方项作为模型中的解释变量。基本函数如下:

$$Y = \beta_0 + \beta_1 X + \beta_2 X_2 + \beta_3 X_3 + \varepsilon \tag{11}$$

式中,$Y$ 表示工业发展的资源环境效率指标,$X$ 表示可比价人均 GDP,$\varepsilon$ 为随机误差项。模型的待定参数 $\beta_1$、$\beta_2$、$\beta_3$ 可以反映出经济水平与资源环境效率之间的不同关系:(1) $\beta_1 = \beta_2 = \beta_3 = 0$,$X$ 和 $Y$ 没有相关关系;(2) $\beta_1 > 0$,$\beta_2 = \beta_3 = 0$,$X$ 和 $Y$ 是单调递增关系;(3) $\beta_1 < 0$,$\beta_2 = \beta_3 = 0$,$X$ 和 $Y$ 是单调递减关系;(4) $\beta_2 < 0$,$\beta_3 = 0$,$X$ 和 $Y$ 是倒"U"形关系;(5) $\beta_2 > 0$,$\beta_3 = 0$,$X$ 和 $Y$ 是"U"形关系;(6) $\beta_2 < 0$,$\beta_3 > 0$,$X$ 和 $Y$ 是"N"形关系;(7) $\beta_2 > 0$,$\beta_3 < 0$,$X$ 和 $Y$ 是倒"N"形关系。

本文选取产业发展的单位能耗、单位电耗、单位水耗、单位废水排放、单位废气排

---

① Zaim, O., Taskin, F. A Kuznets curve in environmental efficiency: an application on OECD countries. Environmental and Resource Economics, 2000, 17 (1).
② Friedl, B. and Getzner, M., 2002, "Environment and Growth in a Small Open Economy: An EKC Case - study for Austrian $CO_2$ Emissions", Discussion Paper of the College of Business dministration University of Klagenfurt, Austria.
③ Halkos, G., Tzeremes, N. Trade efficiency and economic development: evidence from a cross country comparsion. Journal of Applied Economics. 2008, 40 (21).
④ 崔宁宁、李升峰:《江苏省经济发展模式与污染排放趋势探究》,载于《河南科学》2005 年第 5 期。
⑤ 王志华:《城市经济增长与环境污染负荷的耦合机制研究》,清华大学 2007 年博士学位论文。
⑥ 谭琦璐、温宗国、陈吉宁:《中国城市工业污染强度与经济增长耦合关系》,载于《城市环境与城市生态》2010 年第 1 期。
⑦ Huang, Y., Barker, T. The clean development mechanism and sustainable development: a panel data analysis, Department of Land Economy, University of Cambridge, No 39. 2008.

放、单位二氧化硫排放和单位固废产出的工业增加值 7 个单项指标，通过二项式和三项式的 EKC 模型拟合运算，曲线拟合的结果及相应参数详见表 7 和图 8。在此基础上，基于拟合曲线调整 $R^2$ 和 F 值检验，确定最佳模型，并根据拟合曲线的参数，判断曲线的形状类别。

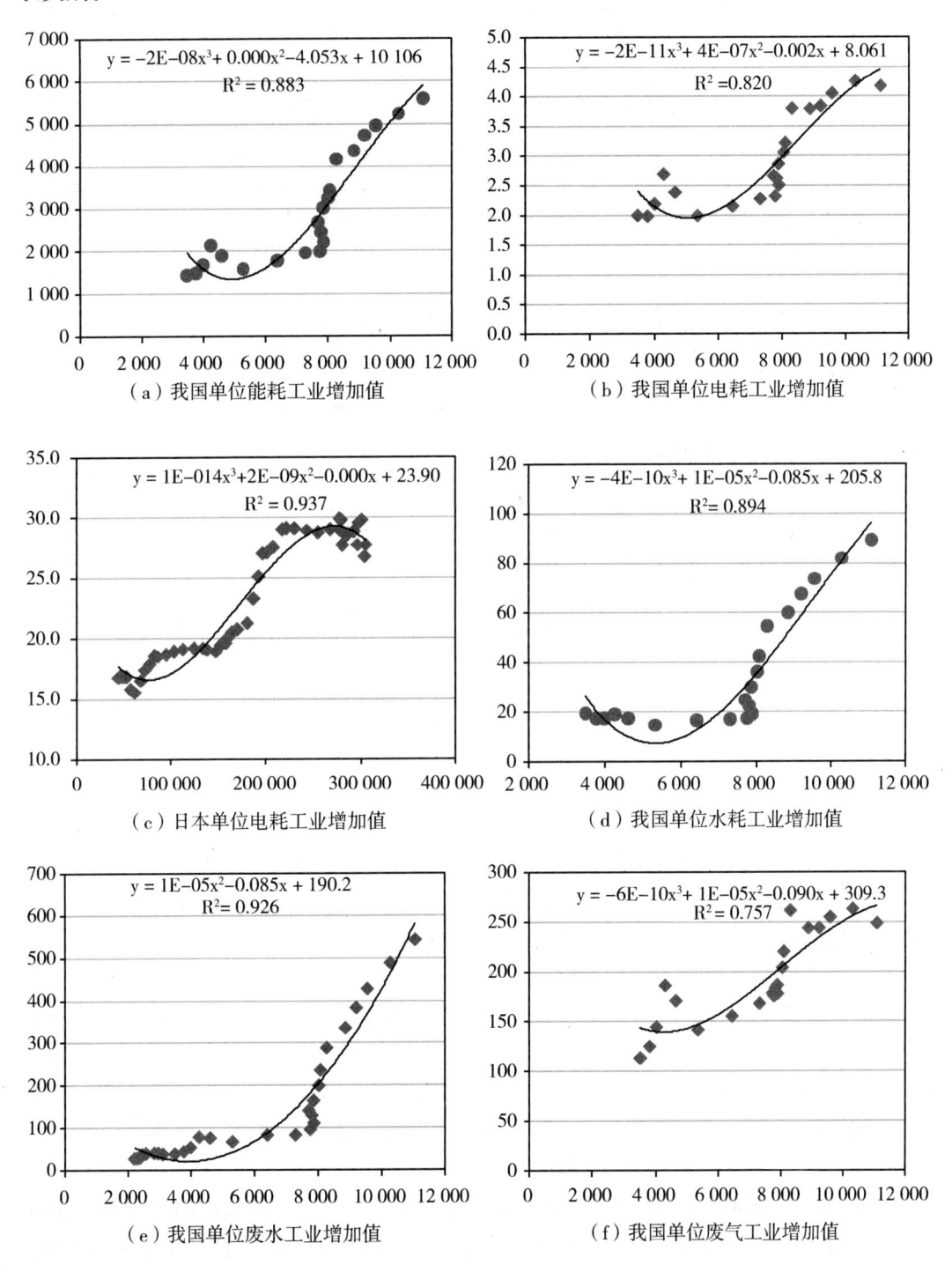

（a）我国单位能耗工业增加值

（b）我国单位电耗工业增加值

（c）日本单位电耗工业增加值

（d）我国单位水耗工业增加值

（e）我国单位废水工业增加值

（f）我国单位废气工业增加值

(g) 我国单位二氧化硫工业增加值

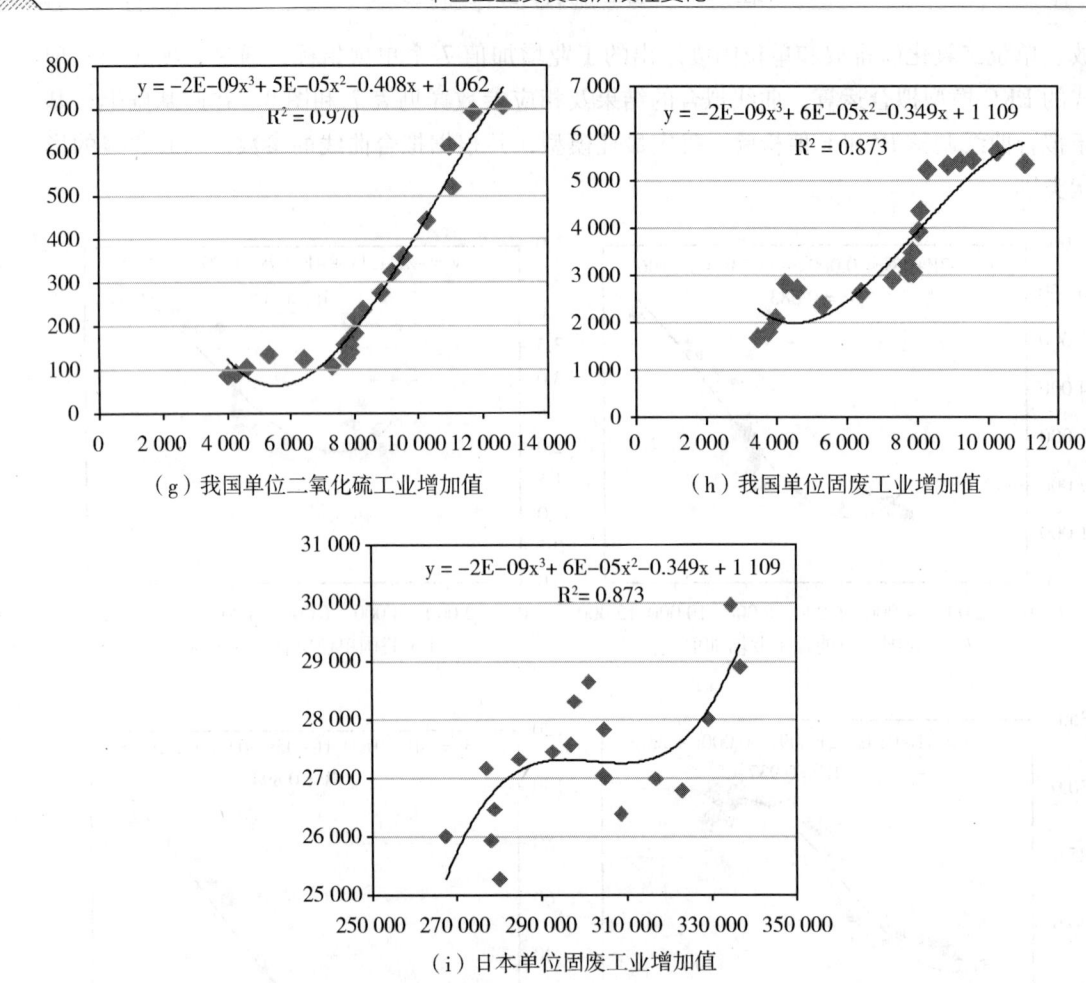

$y = -2\text{E}-09x^3 + 5\text{E}-05x^2 - 0.408x + 1\,062$
$R^2 = 0.970$

(h) 我国单位固废工业增加值

$y = -2\text{E}-09x^3 + 6\text{E}-05x^2 - 0.349x + 1\,109$
$R^2 = 0.873$

(i) 日本单位固废工业增加值

$y = -2\text{E}-09x^3 + 6\text{E}-05x^2 - 0.349x + 1\,109$
$R^2 = 0.873$

**图 8　人均 GDP 与各项资源环境效率指标拟合曲线**

## 2. 结果分析

中国和日本人均 GDP 与资源环境效率所有指标均有较好的拟合效果。调整 $R^2$ 均在 0.740 以上，F 检验值也均能通过，表明人均 GDP 与资源、环境效率均呈现出高度的相关性。从模型类型看，一元三次方程的拟合效果更好。通过结果分析，我们可以得出如下结论：

（1）我国多数指标的拟合曲线在 1994 年前后出现了拐点。这一时期也是我国工业化进程的历史节点。剧烈的经济结构和产业结构变动引发了资源环境效率的波动，在 EKC 曲线上以"拐点"的形式表现出来。各个资源环境指标的高位"拐点"端倪已现，表明未来我国节能、减排的压力比较大。如果不加强政策干预，工业资源环境效率则可能下降。

（2）日本工业资源环境效率也出现不同程度的波动。工业电耗效率的"拐点"分别在 1965 年和 1995 年前后。前一"拐点"之后，日本电耗工业增加值效率呈上升趋势。

而后者则是日本电耗效率高位"拐点",自此日本电耗工业增加值效率呈下降趋势。日本工业固废产出效率的"拐点"分别在1995年和2005年前后。两者之间时间较短,且下降幅度较小。从日本资源环境效率随工业化进程的演进趋势可以看出,工业发展的资源环境效率波动趋势不可避免,但并非不可作为。未来为了提高我国工业发展的资源环境效率,应积极延长低位"拐点"至高位"拐点"的时间,尽可能缩短高位"拐点"至低位"拐点"的时间。

表7　　　　　　　　　人均 GDP 与资源环境效率的关系模型*

| 指标 | 模型 | $\beta_0$ | $\beta_1$ | $\beta_2$ | $\beta_3$ | 调整 $R^2$ | 最佳模型 | 曲线形状 |
| --- | --- | --- | --- | --- | --- | --- | --- | --- |
| 我国单位能耗工业增加值 | 二项式 | 3 091 | -0.757 | 9.00E-05 |  | 0.866 |  |  |
|  | 三项式 | 10 106 | -4.053 | 0 | -2.00E-08 | 0.883 | √ | 倒"N" |
| 我国单位电耗工业增加值 | 二项式 | 3.947 | 0 | 7.00E-08 |  | 0.760 |  |  |
|  | 三项式 | 8.061 | -0.002 | 4.00E-07 | -2.00E-11 | 0.820 | √ | 倒"N" |
| 日本单位电耗工业增加值 | 二项式 | 13.58 | 5.00E-05 | 4.00E-11 |  | 0.899 |  |  |
|  | 三项式 | 23.9 | 0 | 2.00E-09 | -1.00E-14 | 0.937 | √ | 倒"N" |
| 我国单位水耗工业增加值 | 二项式 | 79.64 | -0.025 | 3.00E-06 |  | 0.877 |  |  |
|  | 三项式 | 205.8 | -0.085 | 1.00E-05 | -4.00E-10 | 0.894 | √ | 倒"N" |
| 我国单位废水排放工业增加值 | 二项式 | 357.1 | -0.132 | 1.00E-05 |  | 0.917 |  |  |
|  | 三项式 | 756.3 | -0.322 | 4.00E-05 | -1.00E+09 | 0.922 | √ | 倒"N" |
| 我国单位废气排放工业增加值 | 二项式 | 127.2 | -0.002 | 1.00E-06 |  | 0.744 |  |  |
|  | 三项式 | 309.3 | -0.09 | 1.00E-05 | -6.00E-10 | 0.757 | √ | 倒"N" |
| 我国单位二氧化硫排放工业增加值 | 二项式 | 387.1 | -0.121 | 1.00E-05 |  | 0.961 |  |  |
|  | 三项式 | 1 062 | -0.408 | 5.00E-05 | -2.00E-09 | 0.97 | √ | 倒"N" |
| 我国单位固废产出工业增加值 | 二项式 | 2 098 | -0.199 | 5.00E-05 |  | 0.864 |  |  |
|  | 三项式 | 1 109 | -0.349 | 6.00E-05 | -2.00E-09 | 0.873 | √ | 倒"N" |
| 日本单位固废产出工业增加值 | 二项式 | 27 228 | -0.035 | 1.00E-07 |  | 0.438 |  |  |
|  | 三项式 | 1 109 | -0.349 | 6.00E-05 | -2.00E-09 | 0.873 | √ | 倒"N" |

注：*篇幅所限，F 检验等值未标注。

(执笔人：杨　威　余贵玲)

## 参考文献

[1] Na Liu, B. W. Ang. Factors shaping aggregate energy intensity trend for industry: Energy intensity versus product mix. Energy Economics, 2007, 29。

[2] Nooji M, Kruk R, Soest DP. International comparisons of domestic energy consumption. Energy Economics 2003, 25。

[3] Ang BW, Lee SY. Decomposition of industrial energy consumption: some methodological and application issues. Energy Economics, 1994, 16。

[4] KI-HONG CHOI, B. W. Ang, K. K. RO. Decomposition of the energy intensity index with application for the Korean manufacturing industry. Energy, 1995, 20 (9)。

[5] A. Miketa. Analysis of energy intensity developments in manufacturing sectors in industrialized and developing countries. Energy Policy, 2001, 29。

[6] Arjaree Ussanarassamee, Subhes C. Bhattacharyya. Changes in energy demand in Thai industry between 1981 and 2000. Energy, 2005, 30。

[7] B. Sudhakara Reddy, Binay Kumar Ray. Decomposition of energy consumption and energy intensity in Indian manufacturing industries. Energy for Sustainable Development, 2010, 14。

[8] 张晓平、孙磊：《中国工业能源消费强度变化的分解分析》，载于《资源科学》2010年第9期。

[9] 王玉潜：《能源消耗强度变动的因素分析方法及其应用》，载于《数量经济技术经济研究》2003年第8期。

[10] Donglan Zha, Dequn Zhou, Ning Ding. The contribution degree of sub-sectors to structure effect and intensity effects on industry energy intensity in China from 1993 to 2003. Renewable and Sustainable Energy Reviews, 2009, 13 (4)。

[11] 刘叶、王磊：《我国工业能源强度变动的影响因素分解分析——基于LMDI分解法》，载于《中国矿业大学学报（社会科学版）》2009年第4期。

[12] 刘红玫、陶全：《大中型工业企业能源密度下降的动因探析》，载于《统计研究》2002年第9期。

[13] Hua Liao, Ying Fan, Yi-ming Wei. What induced China's energy intensity to fluctuate: 1997 – 2006. Energy Policy, 2007, 35。

[14] 孙鹏、顾晓薇、刘敬智等：《中国能源消费的分解分析》，载于《资源科学》2005年第5期。

[15] 刘凤朝、潘雄锋、徐国泉：《基于结构份额与效率份额的中国能源消费强度研究》，载于《资源科学》2007年第4期。

[16] 刘畅、孔宪丽、高铁梅：《中国工业行业能源消耗强度变动及影响因素的实证分析》，载于《资源科学》2008年第9期。

[17] 周鸿、林凌：《中国工业能耗变动因素分析：1993 – 2002》，载于《产业经济研究》2005年第5期。

[18] P. Zhou, B. W. Ang, D. Q. Zhou. Measuring economy-wide energy efficiency performance: A parametric frontier approach. Applied Energy (2011), doi: 10.1016/j.apenergy.2011.02.025。

[19] 李廉水、周勇：《技术进步能提高能源效率吗？——基于中国工业部门的实证检验》，载于《管理世界》2006年第10期。

[20] Jin Li Hu, Shi Chuan Wang. Total factor energy efficiency of regions in China. Energy Policy, 2006, 34 (17)。

[21] 魏楚、沈满洪：《能源效率及其影响因素：基于DEA的实证分析》，载于《管理世界》2007

年第 8 期。

[22] Mukherjee K. Energy use efficiency in US manufacturing: A nonparametric analysis. Energy Economics, 2008, 30。

[23] 李世祥、成金华:《中国工业行业的能源效率特征及其影响因素——基于非参数前沿的实证分析》,载于《财经研究》2009 年第 7 期。

[24] Park Se-Hark. Decomposition of industrial energy consumption. Energy Economics 1992, 13。

[25] B. Sudhakara Reddy, Binay Kumar Ray. Decomposition of energy consumption and energy intensity in Indian manufacturing industries. Energy for Sustainable Development, 2010, 14。

[26] Chunbo Ma, David I. Stern. China's changing energy intensity trend: A decomposition analysis. Energy Economics, 2008, 30。

[27] F. L. Liu, B. W. Ang. Eight methods for decomposing the aggregate energy-intensity of industry. Applied Energy, 2003, 76。

[28] Mukherjee K. Energy use efficiency in the Indian manufacturing sector: An inter state analysis. Energy policy, 2007, (10)。

[29] Han, Lakshmanan, T. K. Structural changes and energy consumption in the Japanese economy 1975–1985: An input-output analysis. Energy Journal, 1994, 15。

[30] 梁进社、郑蔚、蔡建明:《中国能源消费增长的分解:基于投入产出分析方法》,载于《自然资源学报》2007 年第 6 期。

[31] Ang, B. W., 2004. Decomposition analysis for policymaking in energy: which is the preferred method. Energy Policy 32。

[32] Zaim, O., Taskin, F. A Kuznets curve in environmental efficiency: an application on OECD countries. Environmental and Resource Economics, 2000, 17 (1)。

[33] Friedl, B. and Getzner, M., 2002, "Environment and Growth in a Small Open Economy: An EKC Case-study for Austrian CO2 Emissions", Discussion Paper of the College of Business dministration University of Klagenfurt, Austria。

[34] Halkos, G., Tzeremes, N. Trade efficiency and economic development: evidence from a cross country comparsion. Journal of Applied Economics. 2008, 40 (21)。

[35] 崔宁宁、李升峰:《江苏省经济发展模式与污染排放趋势探究》,载于《河南科学》2005 年第 5 期。

[36] 王志华:《城市经济增长与环境污染负荷的耦合机制研究》,清华大学 2007 年博士学位论文。

[37] 谭琦璐、温宗国、陈吉宁:《中国城市工业污染强度与经济增长耦合关系》,载于《城市环境与城市生态》2010 年第 1 期。

[38] Huang, Y., Barker, T. The clean development mechanism and sustainable development: a panel data analysis, Department of Land Economy, University of Cambridge, No 39. 2008。

[39] Grossmann G M, Krueger A B. Environmental Impact of A North American Free Trade Agreement. NBER Working Paper, No. 3914, 1991。

[40] De Bruyn, Sander M. Explaining the Environmental Kuznets Curve: Structural Change and International Agreements in Reducing Sulphur Emissions. Environment and Development Economics, 1997, 2 (4)。

[41] Hamilton C, Turton H. Determinants of Emissions Growth in OECD Countries. Energy Policy,

2002，30（1）。

[42] Levinson A. Technology, International Trade, and Pollution from U. S. Manufacturing . NBER Working Paper, No. 13616, 2007。

[43] 刘睿劼、张智慧：《中国工业二氧化硫排放趋势及影响因素研究》，载于《环境污染与防治》2012年第10期。

[44] 何建武、李善同：《近年来经济增长对于环境影响的因素分析》，载于《发展研究》2008年第8期。

[45] 齐志新、陈文颖：《结构调整还是技术进步：改革开放后我国资源效率提高的因素分析》，载于《上海经济研究》2006年第6期。

# 第六章

# 中国工业发展的需求条件及变化

**内容提要**：当前工业发展的需求条件处于阶段性变化的关键时期，城乡消费差距长期存在和政府消费比重上升，居民消费结构更加偏向享受性和发展性消费品对工业发展提出了更高要求，工业投资出现增长疲软态势和投资占比过高制约投资需求进一步快速扩张，工业制成品出口增速明显回落，外需市场面临发达国家"再工业化"和后发国家赶超挑战。通过三大需求对工业发展的实证研究可以发现，虽然工业固定资产投资增长对第二产业增长的作用十分显著，工业发展对投资的依赖程度趋于上升，但2007年之后投资对工业的拉动作用开始弱化；近年来消费对工业增长的拉动作用趋于上升，但效果依然不够显著；最近十年出口对我国工业发展具有显著的积极作用，但2007年之后净出口的工业拉动作用大幅回落，工业发展对净出口的依赖程度也出现转折性变化。因此，未来工业增长形势严峻。根据初步预测估算，2013~2020年，工业增加值年均实际增速大约在8.5%~9%。

需求总量和结构变化对工业发展产生重要拉动和引导作用。近年来，投资需求在工业发展中占据越来越明显的主导地位，并且受外向型经济发展战略影响，外部需求对我国工业发展的带动作用举足轻重，而许多国家倚重的消费需求在我国工业发展中的作用却受到抑制。随着我国经济进入"次高"增长阶段，投资产出效率趋于下降和政府主导型投资模式弊端的日益显现，主要发达国家经济复苏步伐缓慢，外需市场长期得不到根本改善，社会保障制度不健全，储蓄率居高不下，抑制居民消费，需求端对工业发展的促进作用不容乐观，可能直接导致工业增长出现阶段性变化。因此，着重分析不同需求因素对工业及其行业发展的影响，能更加明确当前严峻经济形势对工业发展的潜在影响，还能对完善工业发展的需求政策产生重要的启示意义。

## 一、需求条件与工业发展的作用机制

### (一) 我国需求水平及结构变化历史回顾

**1. 宏观需求水平及结构变化**

由于当前工业在我国国民经济中占据绝对多数份额,经济增长主要来源于工业增长,因此对国民经济影响巨大的宏观需求也一定程度上决定了工业发展。按照国民经济核算中支出法的划分方法,宏观需求由最终消费支出、资本形成和净出口三部分构成。自改革开放以来,三大需求总量均保持了快速增长势头,且存在明显的阶段性波动特征。其中,1979~2011年,实际最终消费支出年均增长9.2%,实际资本形成年均增长11%,外需在加入世贸组织(2001年12月)之后增长尤为强劲,2002~2011年实际净出口年均增长达到23.2%。如果将中国加入世界贸易组织的时间作为分界线,可以发现三大需求实际值波动性均大幅缩小。其中,1978~2001年,实际最终消费支出、资本形成和净出口的变异系数分别为55.6%、59.2%和188.2%,2002~2011年,三大需求实际值对应的变异系数分别变为30.8%、43.6%和59.1%,三大需求稳定性明显增强,特别是外需变异系数大幅减小,减小了129.1个百分点(见图1)。

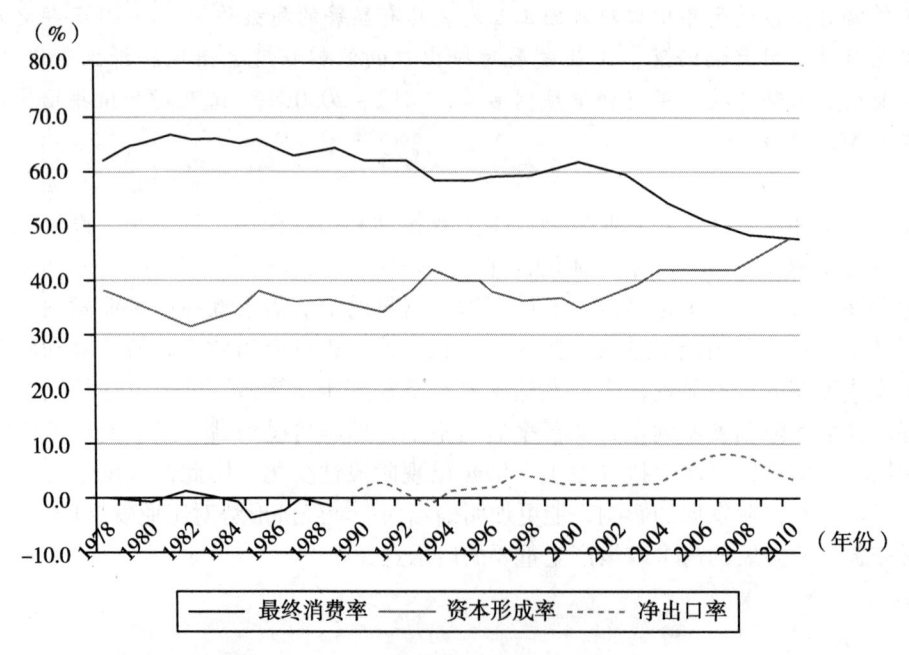

**图1 三大需求占比变化情况**

注:来源于《中国统计年鉴》(2012年),其中最终消费率指最终消费支出占支出法国内生产总值的比重,资本形成率和净出口率均按此方法计算。

三大需求间的比例关系变化也表现出了诸多引人注目的特征。首先，最终消费率趋于下降，资本形成率和净出口率趋于上升。自1978年以来，最终消费率从20世纪80年代的高于60%，到2007年之后的低于50%。与此相反，资本形成率从20世纪80年代的不足40%，到2003年之后超过40%，并与最终消费率日趋接近。净出口率在1994年超过0之后，保持正值，并一度接近10%（见图1）。这一结果表明，内需结构中投资的重要性不断攀升，需求结构中外需的作用愈加不可忽视。其次，内需结构处于阶段性变化的关键时期。虽然最终消费率趋于下降，但2008年以来，最终消费率呈现触底反弹态势，最终消费贡献率更是在2003年之后止跌回升，并于2011年再度超过资本形成贡献率成为经济增长最大推动力（见图2）。从图2中还可以发现，资本形成贡献率与净出口贡献率之间存在明显的反向变动关系，说明当国内投资形势不好时，往往转而依赖外需拉动，该模式成为过去30年我国经济增长需求结构中的一大特色。鉴于当前国内决策层和学术界对于过度依赖投资和外需增长模式的担忧，以及对依靠国内消费驱动经济增长模式的认可度越来越高，经济增长中需求驱动因素的结构调整将成为今后一段时期改革的重要方向。

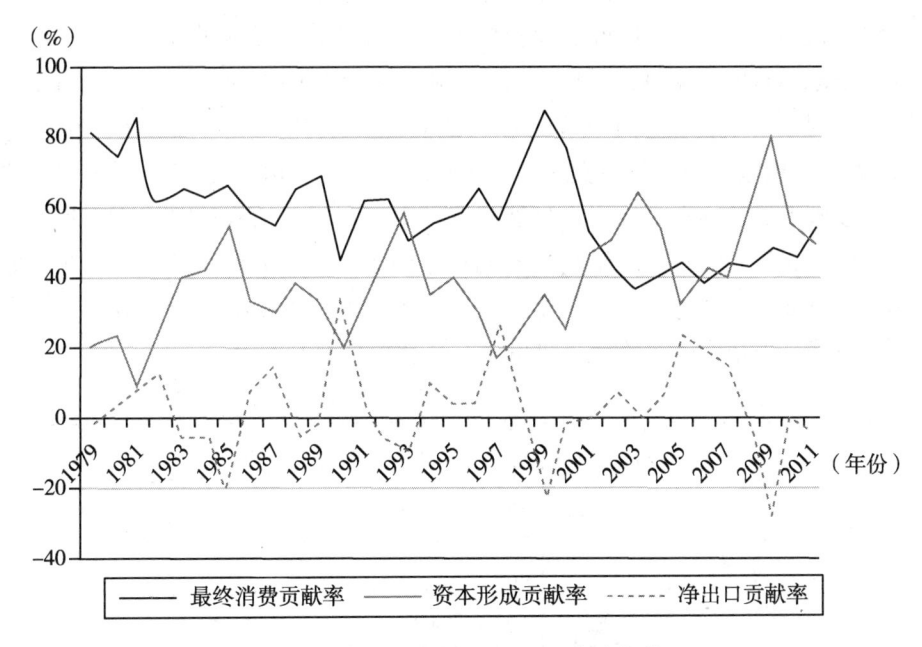

**图2　三大需求对经济增长贡献率变化情况**

注：根据《中国统计年鉴》（2012年）计算而得，其中贡献率指三大需求增量与支出法国内生产总值增量之比。

### 2. 国内外宏观需求结构变化比较

发达国家处于后工业化时期，消费占GDP比重稳步上升，达到70%~90%的高位，投资、净出口占GDP比重趋势下行，投资占比大多低于20%，净出口占比基本为负数。较为特殊的是德国，1970年以来，其消费占GDP比重基本保持稳定，维持在超过75%

的高位，净出口占 GDP 比重表现为上升趋势，尤其是 1993 年以来，一举扭转了 1970 年以来的负值，变为正值，这主要得益于德国出口的快速增长，其出口占 GDP 比重在 2011 年升至创纪录的 50.2%，远高于其他主要发达经济体。从工业增加值占 GDP 比重与需求结构的关系可以看出，随着工业增加值占 GDP 比重的增加，发达国家消费占比趋于下降，投资占比趋于缓慢上升，净出口占比保持相对稳定（见图 3 中发达国家代表——美国图示）。虽然发达国家工业增加值占 GDP 比重均呈下降趋势，但是从发达国家的经验可以看出，若发达国家工业处于上升态势，其投资需求的重要性会上升，消费需求的重要性会下降，中国也表现出了相同的变化特征（见图 4）。中国与发达国家相比，宏观需求结构的差异主要表现在：三大需求占比的变动方向均正好相反，消费占比明显偏低，而投资和净出口占比偏高，尤其是投资占比比发达国家高 10 个百分点以上，在净出口占比也与大多数发达国家该值为负数不同，较为相近的发达国家是德国。

发展中国家大多处于工业化过程中，消费占 GDP 比重稳步下降，投资占 GDP 比重趋势上升，净出口占 GDP 比重的变化具有多样性，很大程度上取决于该国的资源要素禀赋和对外贸易战略，东亚的出口导向型国家净出口占比趋于上升，资源出口型国家净出口占比长期居于较高水平，并受国际资源价格和竞争格局变化影响明显。从工业增加值占 GDP 比重与需求结构的关系可以看出，随着工业增加值占 GDP 比重的增加，与发达国家类似，发展中国家消费占比趋于下降，投资占比趋于上升，净出口占比保持相对稳定（见图 3 中发展中国家代表——印度图示）。与发达国家不同的是，发展中国家消费占比下降更快，投资占比上升也更快，这显然和发展中国家产业结构相对变化剧烈有关。中国与发展中国家相比，宏观需求结构的异同点主要表现在：消费、投资占比变动方向相同，净出口占比变动方向与出口导向型发展中国家相似，不同的是大多数发展中国家消费占比虽然下降，但依然保持绝对优势份额，且远大于投资占比。

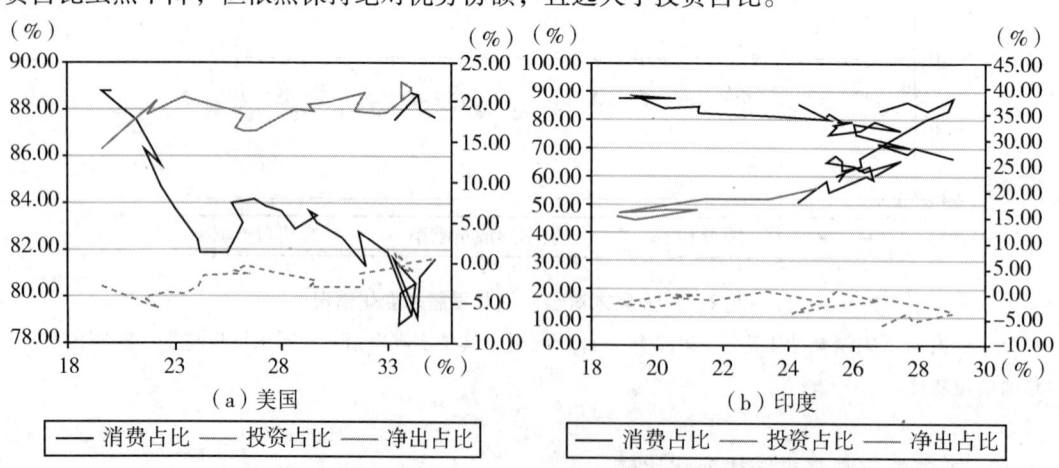

图 3 美国、印度工业增加值占 GDP 比例与需求结构关系

注：根据世界银行数据库整理计算而得，其中纵横坐标单位均为%，横坐标为工业增加值占 GDP 比重，消费占比使用的是左纵坐标，投资占比和净出口占比使用的是右纵坐标。

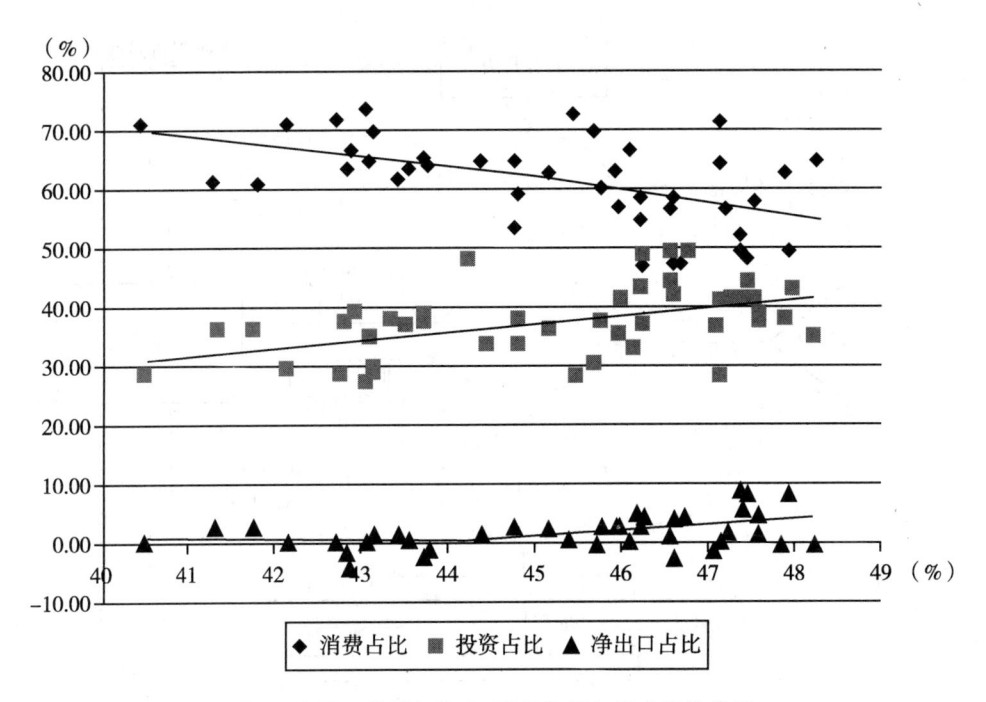

**图 4　中国工业增加值占 GDP 比例与需求结构关系**

注：根据世界银行数据库整理计算而得，横坐标为工业增加值占 GDP 比重。

## (二) 需求因素与工业发展的作用机制

新古典经济学理论通常假设长期投资自动等于储蓄，因而需求等于供给，市场能够自动实现出清，长期经济增长的关键被归功于生产能力的提升，在长期内需求因素对经济增长的作用被严重忽视。事实上，一个经济体面对的产品市场和要素市场是开放的，受信息不完全和交易成本等因素制约，需求不能自动等于或直接决定于供给，因此，需求与供给之间的缺口是一种常态，即使在长期内需求强劲或不足对经济增长潜力的发挥也可能产生相应的拉动或抑制作用 (见图5)。

从三大需求因素对工业增长的直接效应来看，消费增长能够刺激工业消费品销售增加，投资增长能够带动工业投资品需求增加，出口增长能够促进工业产品外需增加，这些均能推动总需求曲线向右移动，继而实现工业增长。同时，一些经济因素也会通过三大需求因素间接影响工业增长。首先，消费升级能够通过产业结构效应影响工业发展。消费升级意味着消费结构的变化，这会使不同消费品之间的相对价格发生变化，因为不同商品的价格弹性不同，价格体系的变化会使不同商品的消费需求量发生变化，进而使对应的不同产业的产出发生变化，引发产业结构变动。如果这种产业结构的变动方向是升级和更加高效，那么工业发展也将更加健康。其次，城市化能够通过影响消费和投资间接促进工业发展。城市化意味着农村人口市民化的过程，这将改变一国城乡人口结构，

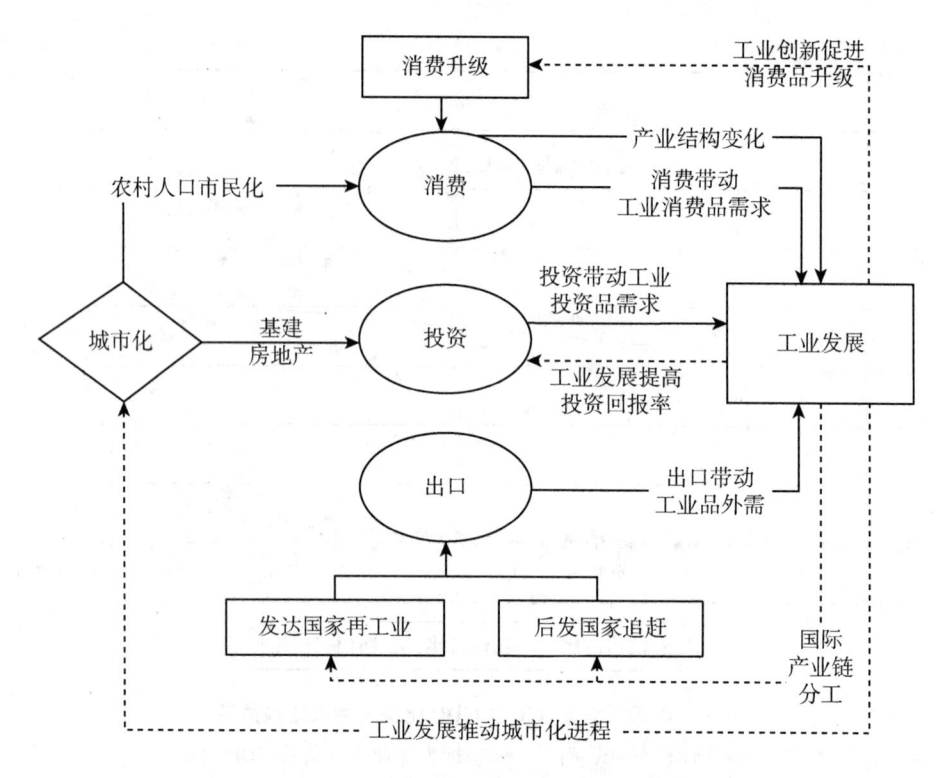

**图 5 需求因素与工业发展作用机制图**

城市人口比例增加，人均居民收入水平相应提高，这不仅能够带来耐用消费品需求总量的提升，也会因为不同消费品的收入弹性不同，带来消费结构的变动，继而通过对工业产业结构的影响作用于工业增长。同时，城市化还意味着大规模城市基础设施建设和房地产业的快速发展，这将直接刺激投资需求增加，扩大建材、机械等工业投资品市场。第三，发达国家"再工业化"和后发国家赶超战略通过影响外需市场给我国工业发展带来严峻挑战。发达国家"再工业化"将阻碍我国制造业转型升级，后发国家追赶将争夺我国工业全球市场份额，我国工业发展中愈发倚重的外需市场将同时面临产业链高端和中低端竞争。

同时，工业发展也会反作用于需求因素，最终形成需求因素与工业发展之间的相互作用机制。首先，工业消费品创新能够加速消费升级步伐，或者推动消费向更高层次升级；其次，从世界各国城市化的经验来看，工业发展是城市化发展的前提，因为只有工业发展，才能创造更多的就业岗位和财富，继而为城市吸纳更多人口和为城市居民福利改善提供基础；第三，一国工业发展的一个维度即为在全球产业链分工中地位的提升，至少在一些工业领域实现产业链分工地位向上流动，这样有利于挑战发达国家高端产业链地位，强化产业链中端产业竞争力，为转移产业链低端产能提供空间，继而实现巩固和提升外需市场。

## 二、工业发展的内需条件及变化

### （一）国内消费需求水平及结构变化

自改革开放以来，国内消费保持了连续增长态势，实际最终消费支出从不足3 000亿元，一路攀升至2011年的40 474.3亿元，增长了17倍。在消费构成上，居民消费虽然一直占据绝对多数份额，但占比处于不断下降之中，从1978年的接近78.6%下滑至2011年的72.2%。与此相对，政府消费持续上升，从1978年的21.4%上升至2011年的27.8%，升幅达6.4个百分点（见图6）。从关键时间点上可以看出，1994年财政制度改革之后，政府消费占比持续上升，在收入决定消费的规律作用下，这一结果显然与该阶段政府收入快速上涨、政府收入占比持续上扬关系密切。此外，居民消费支出还表现出典型的二元城乡结构。改革开放以来，农村居民人均消费支出占城镇居民人均消费支出的比重从未超过50%，1984年之前，城乡居民消费差距不断缩小，此后当改革开放的重心转移到城市之后，两者差距开始不断缩小，直到2010年，城乡居民消费支出差距才又重新开始趋势缩小，这主要得益于国家一系列支农惠农政策、农村产权制度改革和农村

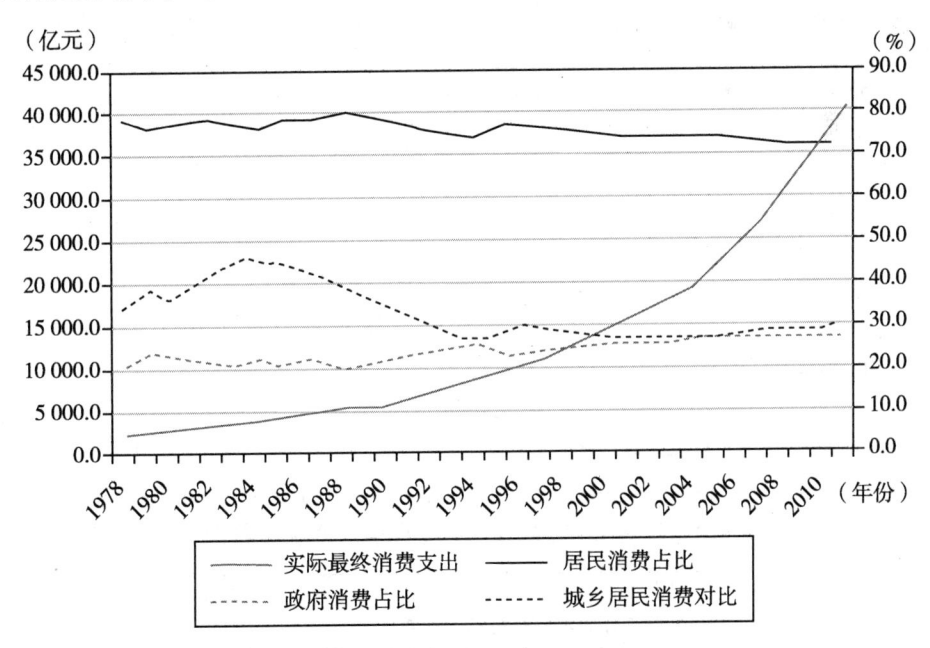

**图6 最终消费支出及其构成**

资料来源：根据《中国统计年鉴》（2012年）计算而得，其中城乡居民消费对比指农村居民人均消费占城镇居民人均消费的比重。

居民外出务工条件改善等因素，使得农村居民收入增幅超过了城镇居民，城乡居民收入差距不断缩小。由于低收入者边际消费倾向更高，随着城乡居民收入差距的缩小，城乡居民消费差距的缩小的同时，也将释放更多居民消费，为居民消费占比提升提供支撑。

## （二）工业投资需求水平及结构变化

**1. 工业投资需求总量变化情况**

1996年以来，我国工业投资需求总量及占比趋势上升，增速起伏明显。实际工业固定资产投资在2000年及之前相对平稳，之后进入快速上涨通道，实际工业固定资产投资增速在2003年达到创纪录的43.1%，使得实际工业固定资产投资额轻松突破10 000亿元，随后增速有所回落，但仍保持在10%以上，实际工业固定资产投资额也快速攀升至2011年的47 575.4亿元，是1996年实际值的10.3倍。伴随着工业固定资产投资的快速增长，工业固定资产投资占全社会固定资产投资的比重也在2002年之后快速上升，并于2008年达到峰值43.6%（见图7）。

但是近几年来，工业固定资产投资增长表现出了明显的疲软态势。在2009年实际工业固定资产投资增速在4万亿投资计划的刺激下有一个小幅反弹之后，便开始下滑，2010和2011年增速均低于15%。与此相对，工业固定资产投资占全社会固定资产投资的比重也从2009年的峰值开始下降。

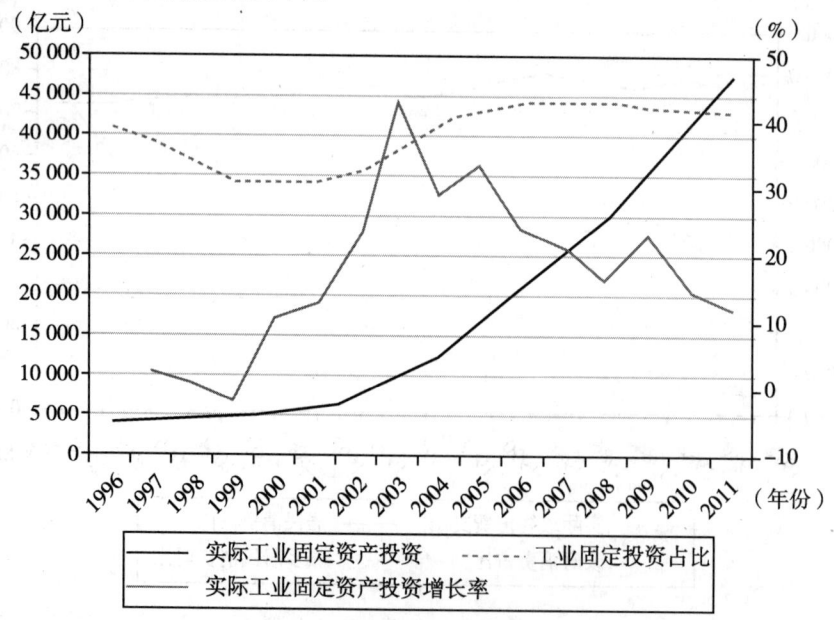

**图7 工业固定资产投资变化情况**

资料来源：根据中经网统计数据库数据计算而得，其中工业固定资产投资等于采矿业、制造业和电力、燃气及水的生产和供应业全社会固定资产投资之和，实际值均以1990年为基期的固定资产投资指数计算而得。

## 2. 工业投资需求结构变化情况

从近年来工业投资的构成上来看，地方和内资始终占据主导，私人控股的工业固定资产投资重要性日益凸显。地方政府长期以来就存在所谓的"投资冲动"，在工业领域也是如此。从工业固定资产投资中央和地方构成来看，2004~2011年中央工业固定资产投资占比均低于20%，在2011年甚至跌破10%。与此相对的是地方工业固定资产投资比重日益上升，2011年达到创纪录的91.7%，比2004年增长了10.6个百分点（见表1）。这主要是因为工业投资活动大多集中于地方，但是目前中国地方政治晋升锦标赛模式，以及获取财政收益的刺激下，地方官员不惜一切手段去发展经济（周黎安，2007），有利用各种合法或违规优惠政策进行引资的强烈动机，从而引发企业投资冲动（郭庆旺、贾俊雪，2006），导致地方工业投资过热，形成了地方工业固定资产投资比重的不断上升的政治激励机制。同时，内资在工业固定资产投资中的地位在不断强化。内资占工业固定资产投资的比重从2004年的80.6%，一路攀升至2011年的92%，随之包括港澳台在内的外资工业固定资产投资占比从2004年的接近20%跌至2011年的8%（见表1），这表明中国工业投资需求越来越倚重内资，这一方面是因为外资超国民待遇逐渐取消，内外资投资环境一致性增强，市场竞争不断强化，另一方面企业生产成本上升，其他经济体相对吸引力增强，外资在华投资的动力逐渐弱化。

表1　　　　　　　　工业固定资产投资各部分构成情况　　　　　　　　单位：%

| 年份 | 中央 | 地方 | 内资 | 港澳台商投资 | 外商投资 | 国有控股 | 集体控股 | 私人控股 |
|---|---|---|---|---|---|---|---|---|
| 2004 | 18.9 | 81.1 | 80.6 | 6.8 | 12.6 | 54.4 | 2.7 | 8.6 |
| 2005 | 17.1 | 82.9 | 82.4 | 6.6 | 11 | 44.8 | 2.7 | 13 |
| 2006 | 15.9 | 84.1 | 84.2 | 5.8 | 10 | 38.9 | 6.7 | 40.8 |
| 2007 | 15.1 | 84.9 | 85.3 | 5.3 | 8.7 | 35.8 | 6.1 | 45.9 |
| 2008 | 15.2 | 84.8 | 87.3 | 4.8 | 7.9 | 34.4 | 5.4 | 49.3 |
| 2009 | 12.8 | 87.2 | 89.9 | 3.8 | 6.4 | 32.2 | 4.9 | 54.7 |
| 2010 | 10.9 | 89.1 | 91.2 | 3.4 | 5.4 | 29 | 4.5 | 58.1 |
| 2011 | 8.3 | 91.7 | 92 | 3.2 | 4.8 | 22.9 | 3.9 | 63.1 |

注：①根据历年《中国统计年鉴》计算而得，其中工业固定资产投资等于采矿业、制造业和电力、燃气及水的生产和供应业全社会固定资产投资之和。

②在注册类型的划分上，2004~2005年分别是国有及国有控股、集体和私营个体。

③由于注册类型还存在表中所列三类之外的类型，所以这三类占比之和不等于1。

从注册类型来看，工业固定资产投资中国有控股比重持续下滑，私人控股比重不断上升，并开始占据绝对多数。工业固定资产投资的这种所有制格局逆转，仅仅发生在

2004年前后，2004年国有控股依然保持54.4%的多数份额，但是到了2011年国有控股比重大幅下滑至22.9%，加上集体控股比重，两者合计也仅为26.8%。与此同时，私人控股占比在2009年首次超过50%大关，并于2011年达到63.1%的份额。从这一数据，可以发现在工业固定资产投资领域，并不存在所谓的"国进民退"现象。

从工业固定资产投资行业结构来看，国有及集体控股在采矿及电力、燃气及水的生产和供应等基础性行业中占据主导地位，私人控股在制造业中占据绝对优势。采矿业固定资产投资中，国有及集体控股占比一直超过50%，2004年时高达86%，但是私人控股占比增长迅速，2007~2011年，年均增长3.8个百分点，2011年已达41.8%。从采矿业的细分行业来看，除了石油和天然气开采业基本由国有控股进行固定投资之外（2011年，国有控股占比高达93.4%），其他类型的采矿业中私人控股固定资产投资占比均较大。这说明在采矿业中，除了石油和天然开采业之外，对私人资本开放度越来越高。在更具公共品特性的电力、燃气及水的生产和供应业固定资产投资中，国有控股占据绝对多数，私人控股占比处于缓慢上升阶段，但是2011年与2010年相比，增长了3.6个百分点，远高于之前年份年均增长不足1个百分点的水平，说明该领域对民营资本开放的步伐逐渐扩大。

制造业固定资产投资方面，近年来私人控股占据绝对优势，并保持了快速增长，2007~2011年，年均增长3.8个百分点。国有控股从2004年的40%一路下滑至2011年的13%（见表2），但与采矿业一样，国有控股在制造业的关键行业固定资产投资中占比依然很高，例如，2011年，实行国营专卖制度的烟草制品业固定资产投资中，国有控股占比高达87.7%，寡头垄断的石油加工、炼焦及核燃料行业固定资产投资中，国有控股占比达45%，均明显高于相应行业中私人控股占比。2006~2011年，制造业中私人控股固定资产投资占比均呈现快速上升趋势，重工业及其分类的固定资产投资构成中私人控股占比均接近70%，尤其是原材料工业，私人控股占比增长了21.7个百分点，轻工业固定资产投资占比更是达到80.4%。与此对应的是国有控股占比的大幅下降，轻工业固定资产投资中国有控股占比下降至10%以下，重工业占比也仅为15%（见表3）。制造业固定资产投资的所有制性质结构变化，说明我国制造业吸引了大量社会资本，有助于提升制造业活力和竞争力。

表2　　　　　　　按注册类型分各工业行业固定资产投资构成情况　　　　　　单位:%

| 年份 | 采矿业 | | | 制造业 | | | 电力、燃气及水的生产和供应业 | | |
|---|---|---|---|---|---|---|---|---|---|
| | 国有控股 | 集体控股 | 私人控股 | 国有控股 | 集体控股 | 私人控股 | 国有控股 | 集体控股 | 私人控股 |
| 2004 | 83.8 | 2.2 | 5.7 | 40 | 3.3 | 11.5 | 81.1 | 1.4 | 1.8 |
| 2005 | 74.6 | 2.9 | 8.8 | 28.4 | 3.2 | 17.5 | 77.7 | 1.2 | 2 |

续表

| 年份 | 采矿业 ||| 制造业 ||| 电力、燃气及水的生产和供应业 |||
|---|---|---|---|---|---|---|---|---|---|
| | 国有控股 | 集体控股 | 私人控股 | 国有控股 | 集体控股 | 私人控股 | 国有控股 | 集体控股 | 私人控股 |
| 2006 | 70.4 | 5.5 | 23 | 21.8 | 7.2 | 52.8 | 77.8 | 5.9 | 11.5 |
| 2007 | 65.8 | 6.5 | 26.2 | 20.5 | 6.1 | 57.3 | 78 | 5.5 | 12.9 |
| 2008 | 63.2 | 5.8 | 29.6 | 20.3 | 5.4 | 60.4 | 77.8 | 5.1 | 13.6 |
| 2009 | 58.2 | 6 | 34.5 | 17.7 | 4.9 | 67 | 79.3 | 4.5 | 13.6 |
| 2010 | 54.8 | 5.1 | 38.3 | 16.3 | 4.5 | 69 | 76.3 | 4.5 | 15.4 |
| 2011 | 48.5 | 5.4 | 41.8 | 13 | 3.7 | 71.8 | 71.7 | 4.5 | 19 |

注：根据历年《中国统计年鉴》计算而得，在注册类型的划分上以及三类结构百分百之和不等于1的解释上参见表1注释。

表3　　　　　按注册类型分制造业分类固定资产投资构成情况　　　　　单位：%

| 年份 | 轻工业 ||| 重工业 ||| 原材料工业 ||| 加工制造业 |||
|---|---|---|---|---|---|---|---|---|---|---|---|---|
| | 国有控股 | 集体控股 | 私人控股 | 国有控股 | 集体控股 | 私人控股 | 国有控股 | 集体控股 | 私人控股 | 国有控股 | 集体控股 | 私人控股 |
| 2004 | 27.6 | 4.1 | 16.3 | 44.0 | 3.0 | 10.0 | 50.6 | 2.7 | 9.5 | 33.0 | 3.6 | 10.8 |
| 2005 | 15.4 | 4.4 | 24.4 | 32.8 | 2.7 | 15.2 | 40.3 | 2.7 | 13.4 | 22.1 | 2.8 | 17.8 |
| 2006 | 10.5 | 8.0 | 65.3 | 25.8 | 6.9 | 48.3 | 32.8 | 7.1 | 47.8 | 17.4 | 6.7 | 48.9 |
| 2007 | 9.0 | 6.7 | 69.2 | 24.4 | 5.9 | 53.8 | 31.7 | 6.2 | 51.8 | 16.1 | 5.6 | 55.0 |
| 2008 | 8.7 | 5.5 | 72.4 | 23.8 | 5.3 | 56.7 | 30.9 | 5.7 | 54.6 | 15.9 | 4.9 | 59.2 |
| 2009 | 8.0 | 4.5 | 77.6 | 20.5 | 5.0 | 63.9 | 25.2 | 5.5 | 62.2 | 15.7 | 4.5 | 65.6 |
| 2010 | 8.1 | 3.5 | 78.5 | 18.8 | 4.7 | 66.1 | 20.9 | 5.1 | 66.3 | 16.7 | 4.4 | 66.0 |
| 2011 | 6.5 | 2.9 | 80.4 | 15.0 | 3.9 | 69.1 | 16.9 | 3.8 | 69.5 | 13.4 | 4.0 | 68.7 |

注：参见表2。

## （三）居民消费结构升级与工业发展的关系

**1. 居民消费结构更加偏向享受性和发展性消费品**

随着收入水平的增加，居民消费结构存在明显的升级现象。以统计数据时序较长的城镇居民为例，基本性消费品比重逐渐下降，诸如食品、衣着、家庭设备用品及服务在人均消费性支出中的比重分别从1985年的52.2%、14.6%和10.7%下降至2012年的36.2%、10.9%和6.7%。居住支出是较为特殊的基本性消费，由于我国人口众多且房地产市场扭曲等原因，居民住房需求长期得不到满足，但是自1998年住房分配货币化改革至今，居民住房条件得到极大改善，居住支出的基本性消费属性逐渐实现，所以自2001年以来，居住消费性支出占比呈下降趋势。相反，享受性和发展性消费品，诸如医疗保健、交通通信、教育文化娱乐服务占比均出现大幅提升，尤其是交通通信消费性支出占比从1990年至今，增长了11.5个百分点（见表4），这与中国进入"汽车时代"以及信息网络技术的快速发展与普及密切相关。

表4　　　　　　城镇居民家庭平均每人全年消费性支出结构　　　　　　单位：%

| 年份 | 食品 | 衣着 | 家庭设备用品及服务 | 医疗保健 | 交通通信 | 教育文化娱乐服务 | 居住 | 杂项商品与服务 |
| --- | --- | --- | --- | --- | --- | --- | --- | --- |
| 1985 | 52.2 | 14.6 | 10.7 | 0.9 | — | — | — | — |
| 1986 | 52.4 | 14.1 | 11.1 | 0.9 | — | — | — | — |
| 1987 | 53.5 | 13.7 | 11.4 | 1 | — | — | — | — |
| 1988 | 51.4 | 13.9 | 13.5 | 1.1 | — | — | — | — |
| 1989 | 54.5 | 12.3 | 11.1 | 1.3 | — | — | — | — |
| 1990 | 54.2 | 13.4 | 8.5 | 2 | 3.2 | — | — | — |
| 1991 | 53.8 | 13.7 | 9.6 | 1.7 | 0.9 | — | — | — |
| 1992 | 52.9 | 14.1 | 8.4 | 2.5 | 2.6 | 8.8 | 6 | 4.7 |
| 1993 | 50.1 | 14.2 | 8.8 | 2.7 | 3.8 | 9.2 | 6.6 | 4.5 |
| 1994 | 49.9 | 13.7 | 8.8 | 2.9 | 4.7 | 8.8 | 6.8 | 4.5 |
| 1995 | 50.1 | 13.5 | 7.4 | 3.1 | 5.2 | 9.4 | 8 | 3.2 |
| 1996 | 48.6 | 13.5 | 7.6 | 3.7 | 5.1 | 9.6 | 7.7 | 4.3 |
| 1997 | 46.4 | 12.4 | 7.6 | 4.3 | 5.6 | 10.7 | 8.6 | 4.4 |
| 1998 | 44.7 | 11.1 | 7.1 | 4.7 | 6.4 | 12.1 | 10.5 | 3.3 |
| 1999 | 42.1 | 10.5 | 7.3 | 5.3 | 7.3 | 13 | 11.1 | 3.4 |
| 2000 | 39.4 | 10 | 7.5 | 6.4 | 8.5 | 13.4 | 11.3 | 3.4 |
| 2001 | 38.2 | 10.1 | 7.1 | 6.5 | 9.3 | 13.9 | 11.5 | 3.5 |
| 2002 | 37.7 | 9.8 | 6.4 | 7.1 | 10.4 | 15 | 10.4 | 3.2 |
| 2003 | 37.1 | 9.8 | 6.3 | 7.3 | 11.1 | 14.4 | 10.7 | 3.3 |
| 2004 | 37.7 | 9.6 | 5.7 | 7.4 | 11.7 | 14.4 | 10.2 | 3.3 |
| 2005 | 36.7 | 10.1 | 5.6 | 7.6 | 12.5 | 13.8 | 10.2 | 3.5 |
| 2006 | 35.8 | 10.4 | 5.7 | 7.1 | 13.2 | 13.8 | 10.4 | 3.6 |

续表

| 年份 | 食品 | 衣着 | 家庭设备用品及服务 | 医疗保健 | 交通通信 | 教育文化娱乐服务 | 居住 | 杂项商品与服务 |
|---|---|---|---|---|---|---|---|---|
| 2007 | 36.3 | 10.4 | 6 | 7 | 13.6 | 13.3 | 9.8 | 3.6 |
| 2008 | 37.9 | 10.4 | 6.2 | 7 | 12.6 | 12.1 | 10.2 | 3.7 |
| 2009 | 36.5 | 10.5 | 6.4 | 7 | 13.7 | 12 | 10 | 3.9 |
| 2010 | 35.7 | 10.7 | 6.7 | 6.5 | 14.7 | 12.1 | 9.9 | 3.7 |
| 2011 | 36.3 | 11 | 6.7 | 6.4 | 14.2 | 12.2 | 9.3 | 3.8 |
| 2012 | 36.2 | 10.9 | 6.7 | 6.4 | 14.7 | 12.2 | 8.9 | 3.9 |

资料来源：根据中经网统计数据库数据计算而得。

**2. 居民消费结构升级对工业发展的影响**

居民更高层次消费需求的出现，将使相应的工业发展形态发生重大变化。首先，基本性消费品相关工业生产将面临产品升级压力。食品工业、纺织服装产业及家庭设备相关制造业主要面向居民基本性消费，但是随着居民消费需求层次的提高，部分基本性需求将向享受性需求过渡。具体表现为，食品需求方面将更加重视安全性、营养化、保健功能以及方便性；衣着需求方面将趋向于差异化、时尚化、舒适性等；家庭设备在传统的电视、洗衣机和电冰箱需求逐渐饱和之后，逐渐转向数码产品、家庭娱乐电子产品等更新换代迅速的电子信息产业产品。因此，基本性消费品工业生产需要不断满足居民新的消费需求，这势必促使相关产业加快产品升级步伐，增加行业竞争度，并使成功实施差异化战略的企业获得高额回报。其次，居住消费支出占比下滑将不利于相关产业发展。居住消费直接决定房地产业增长和就业吸纳能力，并间接影响建材、机械、装饰装潢用品、家具、家电等工业行业的生产和销售。考虑到未来房地产业将是重点改革领域，近年来持续升温的房地产业将面临诸多不确定性，居民住房消费支出占比的下降更是加剧了这一趋势，与之相关工业行业因此也将可能结束"黄金发展期"。第三，与享受和发展性消费品相关的制造业发展将更具可持续性。医疗保健相关的医药制造业，交通通信相关的交通运输设备制造业、通信设备、计算机及其他电子设备制造业等将面临消费升级重大机遇期，并将在相关产业产品成为居民基本性需求之前保持持续增长。第四，不同收入阶层间消费梯次升级对工业稳定发展的影响不可忽视。由于我国居民收入差距明显，更是存在典型的城乡二元体制，居民内部不同收入阶层间的消费需求差异明显。2011年，城镇中、低收入者食品、住房等基本性消费支出占比超过全国城镇居民平均水平，高收入者在交通通信、文教娱乐等享受性发展性消费支出占比上超过全国城镇居民平均水平，而且在衣着和家庭设备用品消费支出占比上，高收入者高于低收入者。随着居民收入水平的不断提高，中、低收入者将发生消费梯次升级，持续增加对享受性发展性消费品的需求，并对食品和居住等基本性消费需求的要求越来越高，这将促进交通设备、电子信息以及高端食品、品牌服装、多功能家电等的发展。

### (四) 城市化与工业发展的关系

**1. 城市化对工业发展作用的理论分析**

从城市化对工业发展的一般理论可知，城市可以提供良好的基础设施条件，完善的生产、金融、信息、技术服务，集中和规模化的市场，并且通过聚集效应在技术、知识、信息传递、人力资本贡献等方面形成溢出效应，进而对工业持续增长起到拉动作用（王小鲁和夏小林，1999）。根据新经济地理学对城市化与产业之间关系的微观诠释，城市化主要是对产业（主要是工业）的空间聚集产生影响，并通过聚集对产业竞争力产生正向效应，而聚集的强弱取决于两种方向相反的作用力，向心力包括城市的市场规模效应、高素质劳动力市场和纯外部经济性，离心力包括要素的不可流动性、地租和纯外部非经济性（Krugman，1991；周莉萍，2013）。具体而言，城市化对工业发展的拉动作用可以划分为直接效应和间接效应。直接效应表现在城市化能通过大规模基础设施建设，直接带动建筑、建材、工程机械、电子等产业发展，并给科技含量高的新兴产业，例如通信设备、新材料、节能环保设备、医药等提供发展空间（王小鲁、夏小林，1999）。间接效应表现在城市化过程中，大量农村人口进城，借助城市相对高收入的就业岗位，将有利于提高全社会居民人均收入水平，提高农村进城居民收入增长预期，增加总需求量，并通过高收入阶层的消费示范效应改变进城农村居民消费习惯和需求结构（胡日东、苏梽芳，2007），带动整个社会消费结构升级，进而促进耐用消费品、文化娱乐用品、医药保健等产业发展。

**2. 城市化与工业各行业发展的相关关系分析**

2011年，我国城镇人口比重首次超过50%，中国城市化进入一个新的发展阶段，这将对我国工业行业发展产生深刻影响。总的来看，城市化率与工业总产值实际增速之间显著相关，相关系数达0.526。

从分行业来看，城市化与工业各行业发展存在广泛关联。与城市化率相关系数显著且超过0.5的采矿业包括煤炭开采和洗选业、黑色金属矿采选业、有色金属矿采选业等（见表5），这是因为煤炭是我国能源结构中最重要的构成部分，支撑城市居民和工业生产的供暖和用电，金属是城市基建的重要材料；食品工业各行业增长与城市化的相关度也很高，且均显著，这与大量农村人口进入城市，其食品消费从传统的农产品逐渐转向食品工业产品，促进了食品消费结构升级，为食品工业快速增长提供了持续稳定的需求动力；纺织业、家具制造业、造纸及纸制品业、燃气生产和供应业等与居民基本消费相关的行业也与城市化水平存在显著的正相关关系，说明随着城市化水平的提高，相关行业的产品消费需求也保持了快速增长，但是与之类似的服装、木材加工、电力及水的生产等行业的增长与城市化率的相关性并不显著，所以，城市化进程中，居民生活相关性工业行业并不一定都能同步增长,这可能受制于时间滞后性、行业结构特征、行业增长因素与城市化的相关性等原因;化学原料及化学制品制造业和橡胶制品业增长与城市化率也存在显著的正相关关系,化学原料及化学制品制造业通过日化、食品、建材等,橡胶制品业通过轮胎、橡胶输送带、日用及医用橡胶制品等产品,能够吸纳城市化过程中释放出的大量需求;医药制造业被普遍认为是城市化建设投资热点领域,在我国城市化率提升的过程中,我国居民医疗保健支出也保持了同步增长,居民对医疗保健需求持续增长保证了城市化率与医药制造业增长之间的显著正相关关系;城市化的过程中必然伴随着大量城市基础设施建设,与之相关行业也因此获得了巨大的市场机会,所以非金属矿物制品业、有色金属冶炼及压延加工业、通用设备制造业、电气机械及器材制造业等与城市房地产业密切相关的工业行业增长与城市化率显著正相关。

表5　　　1991~2011年城市化率与工业及其各行业实际产值增长率相关关系

| 行　　业 | 相关系数 | 行　　业 | 相关系数 |
| --- | --- | --- | --- |
| 工业总产值 | 0.526** | 化学原料及化学制品制造业 | 0.751*** |
| 煤炭开采和洗选业 | 0.621*** | 医药制造业 | 0.55*** |
| 石油和天然气开采业 | -0.123 | 化学纤维制造业 | 0.305 |
| 黑色金属矿采选业 | 0.511** | 橡胶制品业 | 0.68*** |
| 有色金属矿采选业 | 0.542** | 塑料制品业 | 0.366 |
| 非金属矿采选业 | 0.197 | 非金属矿物制品业 | 0.436** |
| 农副食品加工业 | 0.614*** | 黑色金属冶炼及压延加工业 | 0.235 |
| 食品制造业 | 0.52** | 有色金属冶炼及压延加工业 | 0.496** |
| 饮料制造业 | 0.519 | 金属制品业 | 0.328 |
| 烟草制品业 | 0.461** | 通用设备制造业 | 0.637*** |
| 纺织业 | 0.559*** | 专用设备制造业 | 0.002 |
| 纺织服装、鞋、帽制造业 | 0.263 | 交通运输设备制造业 | 0.08 |
| 皮革、毛皮、羽毛（绒）及其制品业 | -0.148 | 电气机械及器材制造业 | 0.432* |
| 木材加工及木、竹、藤、棕、草制品业 | 0.322 | 通信设备、计算机及其他电子设备制造业 | -0.283 |
| 家具制造业 | 0.405* | 仪器仪表及文化、办公用机械制造业 | -0.033 |
| 造纸及纸制品业 | 0.569*** | 电力、热力的生产和供应业 | 0.115 |
| 印刷业和记录媒介的复制 | 0.308 | 燃气生产和供应业 | 0.662*** |
| 文教体育用品制造业 | -0.332 | 水的生产和供应业 | -0.426 |
| 石油加工、炼焦及核燃料加工业 | 0.286 |  |  |

注:根据中经网统计数据库数据,采用SPSS11.0软件计算而得,其中***、**、*分别代表1%、5%和10%显著性水平。

# 三、工业发展的外需条件及变化

## （一）出口需求及其结构变化

一般来说，出口可以被简单地划分为初级产品出口和工业制成品出口，后者即体现了一国的工业品外需水平。从图 5 很明显可以看出，我国工业制成品出口在加入世界贸易组织（2001 年）之后，出现了极大的提升，2004 年即突破 5 000 亿美元大关，并于 2011 年快速攀升至接近 2 万亿美元（见图 8）。工业制成品出口占比并没有发生大的阶段性变化，基本处于缓慢上升趋势，但是工业制成品占比增速也出现了明显的阶段性变化。1987~2001 年，工业制成品出口占比年均增长 2.4%，2002~2012 年，工业制成品出口占比年均增长只有 0.5%，增速明显回落，工业制成品占比已接近极限值。

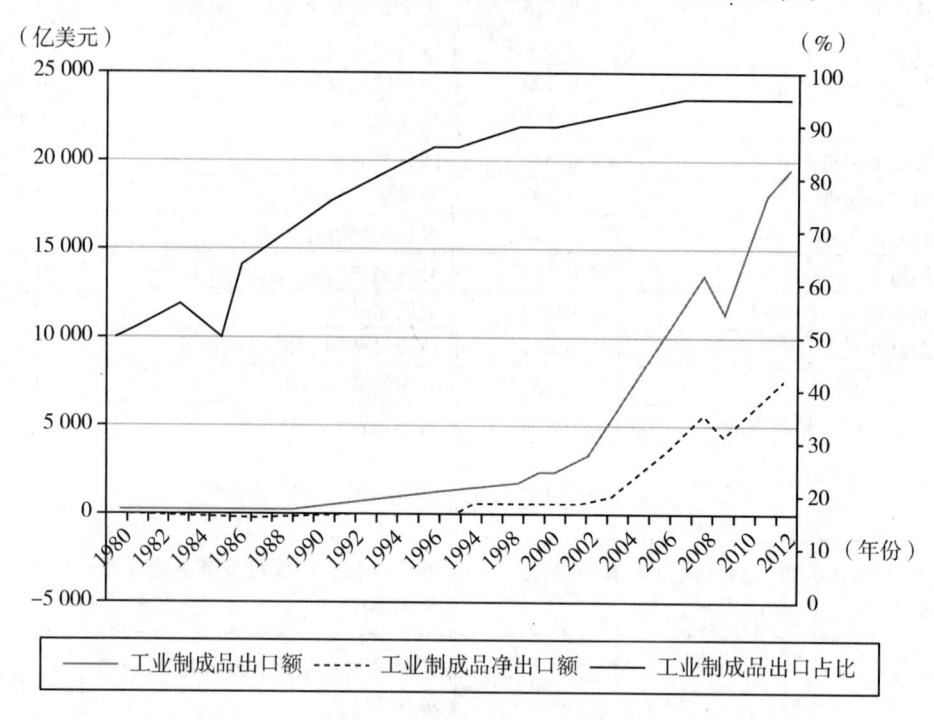

**图 8　工业出口变化情况**

资料来源：根据中经网统计数据库数据计算而得，其中工业制成品出口占比指工业制成品出口额除以货物出口总额。

从工业制成品出口需求的行业结构来看，可以发现不同行业出口需求变化差异巨大，机械及运输设备出口占比增长最为明显。1990~2011 年，化学及有关产品出口占货物出口总额的比重基本保持不变，维持在 4%~6% 之间；轻纺产品、橡胶制品、矿冶产品及其制品占比平稳下降，从1990年的超过20%，下降到了2011年的不足17%；杂项制品占比先增后降，先是从20世纪90年代初快速上升，在1992~1994年达到创纪录的40%以上，而后不断下降，近年来又接近1990年度初的水平。机械及运输设备占比出现高速增长，从1990年的9%迅速上升至2010年的49.5%，虽然2011年占比下降了2个百分点，但依然在工业行业中保持绝对高位。

从出口需求的国别结构来看，对发达国家出口比重下降，对发展中国家出口重要性上升。长期以来，我国对发达国家出口均占据绝对多数，在2005年以前都超过80%，从2006年开始，对发达国家出口占比首次低于80%，到2011年该比例跌至70%（见图9）。与此同时，对发展中国家出口表现出了快速增长势头，占比已接近30%。考虑到国际金融危机之后，发达国家市场普遍疲软，我国必将加大对发展中国家，尤其是新兴市场国家的出口，未来外需结构中对发展中国家出口比例将会进一步上升，外需结构也将更加多元化，外需市场风险也会相对随之降低。

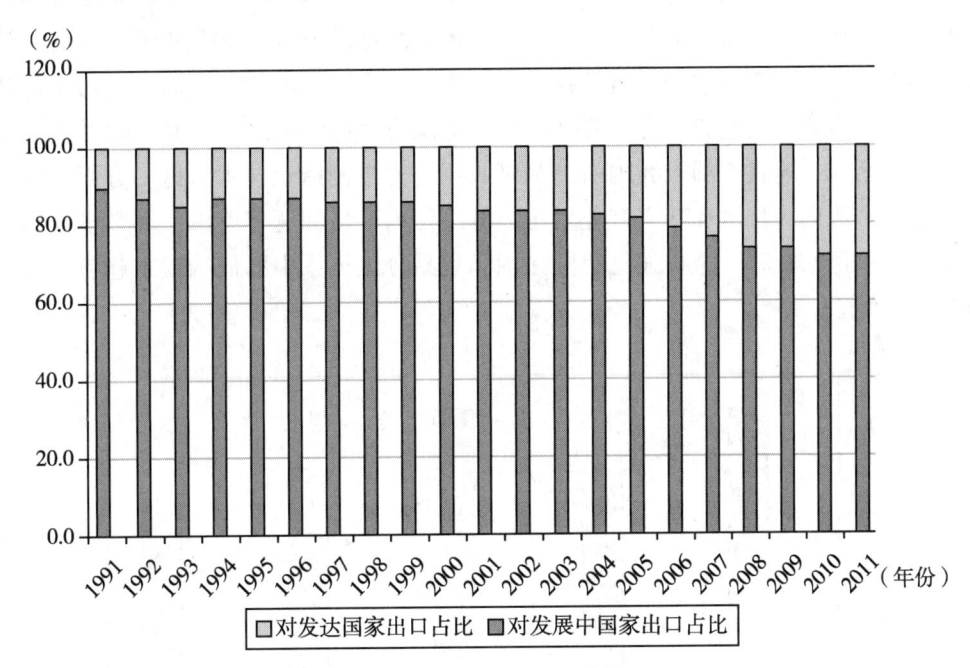

**图 9　出口需求的国别结构**

资料来源：根据中经网统计数据库数据计算而得，其中发达国家和发展中国家的划分参照联合国的界定。

## （二）国际贸易新格局与工业结构调整

### 1. 发达国家"再工业化"的挑战

美国等西方发达国家在金融危机之后，提出了"再工业化"战略，旨在实现旧工业部门复兴，并鼓励新兴工业部门增长，其重点是以新技术创新为核心，通过发展先进制造业来推动产业结构持续升级，重新强化实体经济尤其是制造业部门的基础地位，缓解国内就业压力和国际贸易不平衡。为此，发达国家出台了一系列再工业化政策措施，包括鼓励出口、提出制造业新战略、直接扶持战略新兴产业、加大教育和研发投入、解决资源和环境问题等（李大元等，2011），并取得了初步成效，制造业在发达国家的地位被重新确立，新型产业发展得到了大量投入和政策支持，这将对我国工业发展产生重大影响。

首先，产业转移扭转与低端化并存，制约中国制造业升级步伐。一方面，发达国家通过一系列政策措施重新确立了制造业的基础地位，引起资本向发达国家回流，加大了发达国家间的外资吸引力度，促进中高端产业回流发达国家。从国家统计局公布的分行业外商直接投资及其增长速度数据可以看出，2009年中国制造业中外商直接投资的企业数量和实际使用金额均出现了大幅下降，通信设备、计算机及其他电子设备制造业为代表的高技术行业实际利用外资金额下降幅度更大。而且，2008~2012年通信设备、计算机及其他电子设备制造业的外商直接投资项目个数、实际利用外资金额以及占全部利用外资金额的比重均出现趋势下降（见图10），这说明发达国家逐渐收缩了先进技术行业的对外投资活动，这将不利于我国引进和吸收国外先进制造业技术。另一方面，发达国家基于实现资源向高技术和新兴产业集中、解决国内环境问题等考虑，进一步推动低端产业向发展中国家转移，这将强化我国在国际贸易分工体系中的低端锁定趋势，阻碍制造业转型升级。

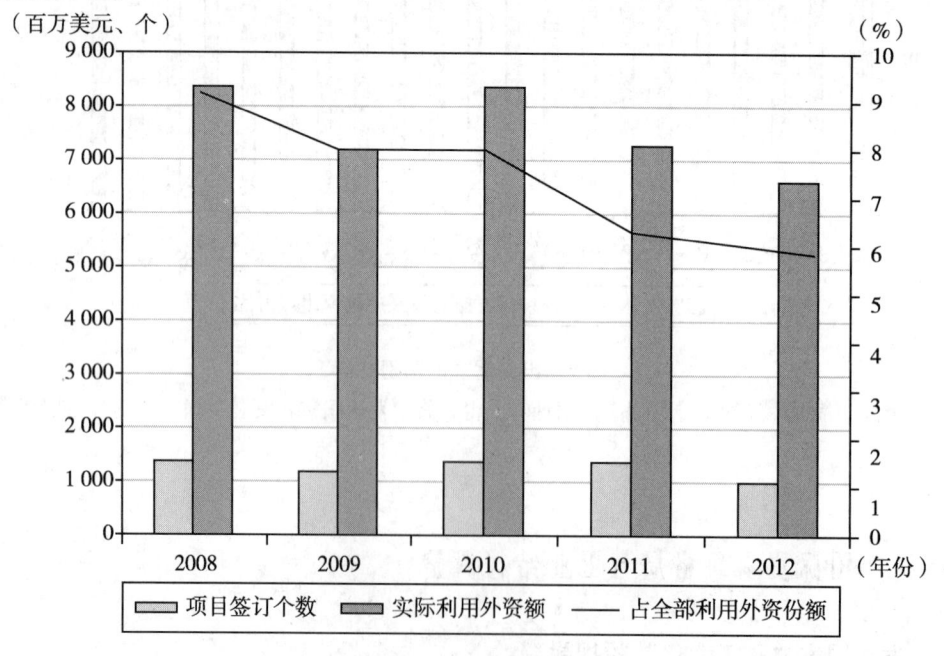

**图10 通信设备、计算机及其他电子设备制造业外商直接投资情况**

资料来源：根据历年《中国统计月报》整理计算而得。

其次，市场竞争加剧，国际贸易摩擦不断。美国等西方发达国家再工业化的重心是新材料、新能源、环保、信息和生物等产业，与我国制造业升级方向高度吻合，这势必加剧高技术行业竞争度，发达国家也将凭借研发和技术优势，率先抢占产业制高点，并在标准、规则和市场等方面设置进入门槛，阻止我国企业的海外并购和实施技术封锁。由于发达国家的国内市场是其实现再工业化的重要砝码，因此，在较长时期内发达国家将采取贸易保护主义政策来维护国内消费市场，这将加剧国际贸易摩擦。例如2009年以来，美国先后对我国出口的钢铁、轮胎、风电设备、光伏组件、汽车零部件等产品发起反倾销或反补贴调查。同时，为了扭转在国际贸易中的不利地位，开放外需市场，发达国家再工业化的一个重要策略就是扩大出口，为企业出口提供便利和援助，采取量化宽松货币政策以促使本币贬值，并迫使贸易伙伴开放市场等手段，这将对我国与发达国家出口相近的制造业造成冲击，冲抵相关行业的成本优势。

**2. 后发国家追赶下的压力**

目前，劳动密集型制造业向中国转移的趋势开始放缓，越南、印度、墨西哥与东欧等新兴市场以比中国更低的成本优势，成为接纳工业发达国家产业转移的新目的地。中国正面临全球范围内的产业"供给替代"，我国世界制造业大国的地位将因此被削弱，劳动密集型制造业的世界份额将会逐步下滑。同时，中国与许多发展中国家的工业结构重合度较高，导致出口相似度非常高，这将加剧我国与其他发展中国家在第三方市场上的竞争（鲁晓东、何昌周，2010），引发贸易摩擦。在具体表现上，中国与发展中国家间的贸易摩擦具有典型的单向性，即发展中国家对华发起的贸易救济案远远超过中国对其发起的贸易救济案，发生次数及对中国的贸易制裁力度均超过发达国家（尤宏兵，2010），且贸易摩擦逐渐具有联动性和集体性（沈瑶，2007），这造成我国出口产业面临的反倾销风险大增，导致相关商品丢失一部分国际市场，大量与国际市场重合的低端产能无法释放。

另外，许多发展中国家在中高端制造业上也与我国形成了竞争。如印度在电子信息技术、空间技术、分子生物等领域，巴西在航空制造、钢铁、造船等领域，俄罗斯在航空航天、核工业等领域，为了发展自身的中高端制造业，发展中国家会在相关领域设置贸易壁垒，不利于我国中高端制造业开拓发展中国家市场。

## 四、需求条件变化对工业发展影响的实证分析

### （一）需求因素对工业发展的投入产出分析

为了更为准确地把握需求因素对工业各行业发展的影响，本文采用较为成熟的投入

产出分析法，重点依据最终需求生产诱发系数和依存度系数来进行准确量化分析。

**1. 最终需求对工业生产的诱发程度及变化**

最终需求的生产诱发系数指每增加一单位某项最终需求所诱发的产业部门生产额，它可以说明需求增加对产业结构产生影响的基本指向（王岳平，2000）。在2000年之前，消费对工业行业增加值的生产诱发系数均大于其他行业，此后被服务业超越，这说明随着21世纪以来工业的重化工业特征日趋强化，以往依靠居民消费推动的轻工业黄金发展时代结束了，随之而来的是相对服务业，消费对工业的拉动作用被赶超了。与此相对，投资对工业的拉动作用始终在所有行业中保持领先地位，体现了工业的投资拉动型特征，这也表明相对于其他行业，工业的投资拉动效应最明显，因此未来工业发展依然需要借助于持续的投资。虽然净出口对工业的拉动作用大于农业和建筑业，但总体上表现为起伏不定，在大多数年份里净出口的拉动作用并不比服务业大，尤其是1997年和2007年之后国际金融危机导致的外需市场萎缩，对工业行业的冲击非常明显，致使净出口对工业增加值的生产诱发系数低于服务业。从纵向时间变化看，1990年至今，工业行业消费需求生产诱发系数在经历了21世纪初的下滑之后，又趋于上升，但仍在三大需求生产诱发系数中位居末位，并表现出增长疲软态势；工业行业投资需求生产诱发系数存在明显的上升趋势，但2007年之后开始出现下降，说明投资对工业的拉动作用开始弱化；净出口对工业的拉动作用起伏不定，2007年之后也出现了大幅下降（见图11）。所以，2007年之后，工业发展面临的需求形势严峻。

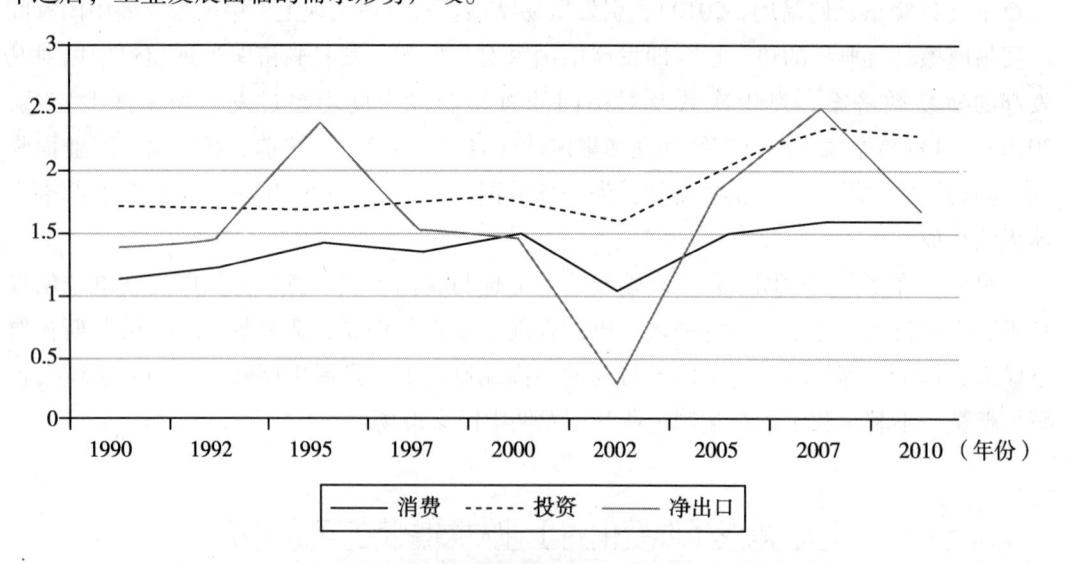

**图11 工业行业最终需求生产诱发系数变化**

资料来源：根据历年中国投入产出表数据计算而得。

大多数工业行业的生产诱发系数变化不大，若以生产诱发系数达到0.1为临界值，将工业行业部门进行简单分类，①可以发现属于消费拉动型的行业分别是食品制造及烟草加工业和化学工业，电力、热力的生产和供应业在2007年超越临界值，成为新的消费拉动型行业；属于投资拉动型的行业分别是化学工业、非金属矿物制品业、金属冶炼及压延加工业、通用、专用设备制造业、交通运输设备制造业，金属制品业在1997年之后的投资拉动效应大幅缩水，不再被归入投资拉动型行业，电气机械及器材制造业和通信设备、计算机及其他电子设备制造业近年来的投资拉动效应明显上升，尤其是2002之后投资生产诱发系数均超过0.1；属于出口拉动型的行业分别是纺织业、化学工业、金属冶炼及压延加工业、通用、专用设备制造业、电气机械及器材制造业、通信设备、计算机及其他电子设备制造业，纺织服装鞋帽皮革羽绒及其制品业从2005年开始不再主要依靠出口拉动，金属制品业则从2005年开始转为出口拉动型行业。

从纵向时间比较来看，最终消费的生产诱发系数出现上升的行业分别是煤炭开采和洗选业、石油和天然气开采业、金属矿采选业、石油加工、炼焦及核燃料加工业等重化工业相关行业和金属制品业、通用、专用设备制造业、交通运输设备制造业等与耐用品消费和住房需求密切相关的行业，以及仪器仪表及文化办公用品机械制造业、废品废料、电力、热力的生产和供应业、燃气生产和供应业等与居民生活性消费相关的行业，这说明我国当前的重化工业发展与国内需求基本是相适应的，然而大多数轻工产业，如食品制造及烟草加工业、纺织业、纺织服装鞋帽皮革羽绒及其制品业、造纸印刷及文教体育用品制造业等的消费生产诱发系数则表现为下降，表明消费对轻工行业的拉动作用在弱化。资本形成的生产诱发系数出现下降的行业分别是非金属矿及其他矿采选业和食品制造及烟草加工业、纺织业、纺织服装鞋帽皮革羽绒及其制品业、造纸印刷及文教体育用品制造业等主要轻工业，以及非金属矿物制品业、金属制品业、工艺品及其他制造业、水的生产和供应业。与此相反，与1997年相比，2007年投资生产诱发系数增长率超过100%的行业分别是通信设备、计算机及其他电子设备制造业、仪器仪表及文化办公用品机械制造业、废品废料、电力、热力的生产和供应业、燃气生产和供应业，尤其是与房地产业密切相关的公共设施相关行业增长最为迅猛，这说明房地产投资对工业行业的带动作用十分明显，也再次证实了房地产业在我国产业发展中的支柱作用；大多数行业的出口生产诱发系数均表现为持续增长，出现下降的行业与消费和资本形成高度重合，其中包括食品、纺织和服装在内的轻工产业是下降最明显的部门之一，这说明主要轻工业面临的内外需形势均不乐观，中国轻工业急需提升品质来改善需求疲软趋势。

对工业行业进行分类，可以发现制造业是典型的消费和出口拉动型行业，重工业是典型的资本拉动型行业。1997～2007年，除了轻工业之外，其他工业行业的最终消费生产诱发系数均表现为上升，最终消费对轻工业的拉动作用虽然整体出现下降，但2002年之后开始逐步回落，这说明消费对轻工业的积极作用出现了拐点，由于轻工业产品主

---

① 臧霄鹏和林秀梅（2011年）的研究采取了类似的划分标准，因为涉及4个年份，所以3个年份或4个年份均为0.1以上的才可以归入相应类型，下文基于依存度系数的分类也是如此，不再赘述。

要面向居民,因此这为今后扩大消费需求拉动内需奠定了工业基础。与此同时,资本形成和出口对轻工业的拉动作用表现为波动下滑,对重工业的拉动作用表现为明显上升(见表6),这与我国当前重化工业为主导的工业发展模式密切相关,并受我国重工业的资本密集型和倚重外需市场的特征决定。

表6　　　　　　　　按照工业行业分类的最终需求生产诱发系数

| 工业行业 | | 采矿业 | 轻工业 | 原材料工业 | 加工制造业 | 电力、热力、燃气和水的生产和供应业 |
|---|---|---|---|---|---|---|
| 最终消费 | 1997年 | 0.077 | 0.524 | 0.36 | 0.304 | 0.06 |
| | 2002年 | 0.074 | 0.352 | 0.319 | 0.284 | 0.076 |
| | 2005年 | 0.104 | 0.376 | 0.441 | 0.358 | 0.12 |
| | 2007年 | 0.110 | 0.445 | 0.441 | 0.357 | 0.131 |
| 资本形成 | 1997年 | 0.145 | 0.241 | 0.716 | 0.704 | 0.067 |
| | 2002年 | 0.135 | 0.15 | 0.618 | 0.769 | 0.079 |
| | 2005年 | 0.154 | 0.219 | 0.764 | 0.853 | 0.137 |
| | 2007年 | 0.214 | 0.194 | 0.913 | 0.955 | 0.152 |
| 出口 | 1997年 | 0.142 | 0.629 | 0.620 | 0.649 | 0.065 |
| | 2002年 | 0.125 | 0.475 | 0.575 | 0.784 | 0.077 |
| | 2005年 | 0.174 | 0.441 | 0.808 | 0.988 | 0.144 |
| | 2007年 | 0.204 | 0.478 | 0.871 | 1.072 | 0.150 |

**2. 工业各行业对最终需求的依存度及其变化**

各行业对最终需求的依存度系数是指某项最终需求对某行业的诱发额与该部门总产值的比率,它反映了各类最终需求对某部门增加值的需求贡献(王岳平、葛岳静,2007)。1990~2010年,工业行业对消费的依赖程度明显低于农业和服务业,对投资的依赖程度远低于建筑业,但明显高于农业和服务业,对净出口的依赖程度明显高于农业和建筑业。从纵向时间变化看,1990年至今,工业发展对消费的依赖程度明显趋于下降,2007年之后有趋稳回升态势;对投资的依赖程度明显趋于上升,2002年之后超越消费,至2010年上升势头依然明显;对净出口的依赖程度波动较大,2007年前后由上升变为下降,说明工业发展对净出口的依赖程度出现转折性变化(见图12)。

参照臧霄鹏和林秀梅(2011)的划分标准,在各行业对最终需求的依存度系数中以0.4为临界值,可以将工业各行业划分为消费依赖型、投资依赖型和出口依赖型以及混合型。其中,在大多数年份中石油和天然气开采业、石油加工、炼焦及核燃料加工业、化学工业等重化工行业,食品制造及烟草加工业、纺织服装鞋帽皮革羽绒及其制品业、

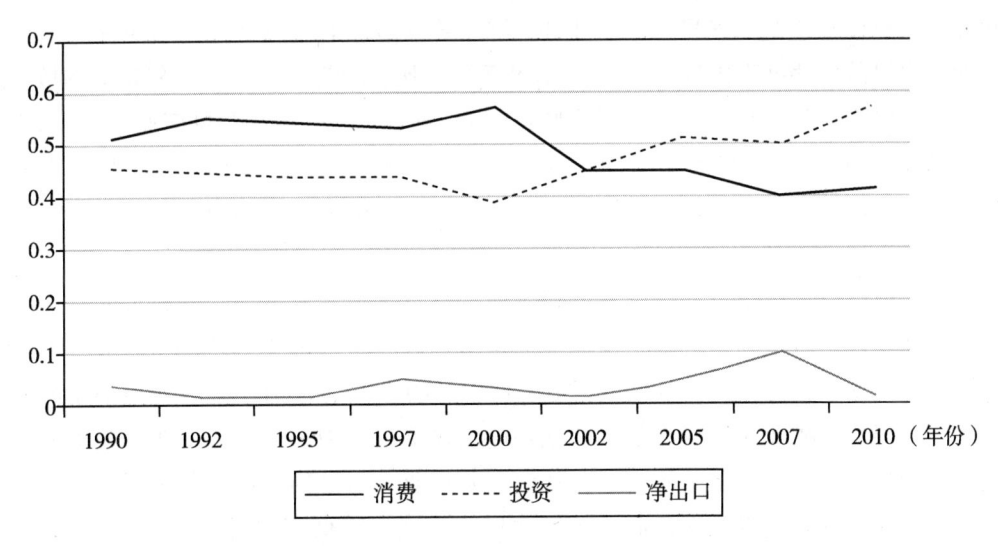

**图 12 工业行业最终需求依存度系数变化**

资料来源：根据历年中国投入产出表数据计算而得。

造纸印刷及文教体育用品制造业等轻工业，仪器仪表及文化办公用机械制造业，以及电力、热力的生产和供应业、燃气生产和供应业、水的生产和供应业等居民生活公共设施相关行业可归入消费依赖型。同时，大多数工业行业对消费的依存度系数均出现了下降，煤炭开采和洗选业、金属矿采选业、纺织业、木材加工及家具制造业、电气机械及器材制造业、通信设备、计算机及其他电子设备制造业、工艺品及其他制造业、废品废料等行业对消费依赖程度大大降低，对消费的依存度系数下降至 0.4 以下，与此对应的是这些行业对出口的依存度系数一直超过或最近几年超过了 0.4，尤其是 2007 年通信设备、计算机及其他电子设备制造业对出口的依存度系数高达 1.289，在所有工业行业中是最高的。所以，可以判断上述行业从消费依赖型转变为了出口依赖型，这也将使上述行业面临的国际市场风险增大。

投资依赖型工业行业主要包括煤炭开采和洗选业、石油和天然气开采业、金属矿采选业、非金属矿及其他矿采选业等采矿业，木材加工及家具制造业、石油加工、炼焦及核燃料加工业，和非金属矿物制品业、金属冶炼及压延加工业、金属制品业、通用、专用设备制造业、交通运输设备制造业、电气机械及器材制造业、通信设备、计算机及其他电子设备制造业、仪器仪表及文化办公用机械制造业等主要制造业，以及废品废料、电力、热力的生产和供应业。与 1997 年相比，2007 年大多数工业行业对投资的依存度系数都增加了，平均增幅 7.4%，其中增幅居于前三位的分别是燃气生产和供应业（95.8%）、金属采矿业（47.8%）和仪器仪表及文化办公用机械制造业（42.7%），与此相反，纺织业（-57.4%）和纺织服装鞋帽皮革羽绒及其制品业（-23.9%）对投资的依存度系数跌幅均超过 20%。

出口依赖型工业行业主要包括石油和天然气开采业、金属矿采选业、纺织业、纺织服装鞋帽皮革羽绒及其制品业、通信设备、计算机及其他电子设备制造业、仪器仪表及文化办公用机械制造业。1997~2007年间，除了普遍出现下降的2005年，几乎所有的工业行业对出口的依存度都出现了上升。与1997年相比，2007年工业行业对出口的依存度系数平均增幅高达72.5%，增幅超过100%的行业就包括燃气生产和供应业（225.8%）、金属采矿业（118.7%）和废品废料（110.9%），我国工业几乎全行业对出口依赖程度的增加，再次凸显了我国出口导向型工业发展特征，从侧面也说明改善需求结构，以更加偏重国内市场的艰难性。

按照工业行业进行分类，可以发现轻工业，以及电力、热力、燃气和水的生产和供应业属于典型的消费依赖型行业，采矿业和重工业属于典型的投资依赖型行业，采矿业和加工制造业属于典型的出口依赖型行业。1997~2007年，所有工业行业对消费的依赖度都趋于下降，采矿业对投资和出口的依赖度明显上升，制造业三大行业对投资的依赖程度波动明显。同时，除采矿业之外，其他工业行业对出口的依赖度均表现为先升后降（见表7），这一方面说明工业企业开始转向国内市场，降低了对外需市场的依赖程度；另一方面也说明注重培育国内需求市场的重要性。

表7 按照工业行业分类的最终需求依存度系数

| 工业行业 | | 采矿业 | 轻工业 | 原材料工业 | 加工制造业 | 电力、热力、燃气和水的生产和供应业 |
|---|---|---|---|---|---|---|
| 最终消费 | 1997年 | 0.504 | 0.651 | 0.459 | 0.405 | 0.601 |
| | 2002年 | 0.512 | 0.614 | 0.469 | 0.381 | 0.612 |
| | 2005年 | 0.548 | 0.518 | 0.431 | 0.329 | 0.533 |
| | 2007年 | 0.498 | 0.528 | 0.348 | 0.270 | 0.512 |
| 资本形成 | 1997年 | 0.604 | 0.191 | 0.584 | 0.601 | 0.430 |
| | 2002年 | 0.595 | 0.166 | 0.576 | 0.657 | 0.408 |
| | 2005年 | 0.669 | 0.248 | 0.615 | 0.645 | 0.501 |
| | 2007年 | 0.812 | 0.194 | 0.606 | 0.609 | 0.500 |
| 出口 | 1997年 | 0.343 | 0.291 | 0.294 | 0.322 | 0.244 |
| | 2002年 | 0.376 | 0.357 | 0.364 | 0.455 | 0.268 |
| | 2005年 | 0.645 | 0.425 | 0.553 | 0.634 | 0.448 |
| | 2007年 | 0.668 | 0.412 | 0.498 | 0.589 | 0.424 |

## （二）需求因素对工业增长影响的计量实证分析

**1. 计量实证模型及数据说明**

参照瞿华等（2013）的计量模型，我们将工业增长的需求因素拆分为消费、投资和出口，同时根据数据的可获得性加入需求结构变量，并控制预期因素和货币政策因素的影响。考虑到时间序列数据常见的序列自相关问题，在模型设定上使用了克服自相关问题的 ARMA 模型，[①] 具体模型设定如下：

$$gindiv_t = \alpha_0 + \alpha_1 ginvest_t + \alpha_2 gcons_t + \alpha_3 gexport_t + \beta_1 \Delta local_t + \beta_2 \Delta fada_t + \lambda_1 gm1_t \\ + \lambda_2 \Delta exchange_t + \lambda_3 \Delta realrate_t + \lambda_4 dummy_t + u_t$$

$$u_t = c + \phi_1 u_{t-1} + \phi_2 u_{t-2} + \phi_3 u_{t-3} + \varepsilon_t + \theta_1 \varepsilon_{t-1} \tag{1}$$

其中，各变量对应的含义详见表 8，Δ 代表一阶差分，dummy 代表金融危机虚拟变量。考虑到数据的可获得性，投资用全社会固定资产投资代替，消费用社会消费品零售总额代替。为了更为准确地把握与工业相关的需求因素对工业增长的影响，我们在方程（1）的基础上，进一步细化需求因素，需求结构及控制变量更加丰富，具体模型设定见方程（2）。

根据数据的可获得性，方程（1）变量为 1995 年第一季度至 2013 年第一季度的季度数据，方程（2）变量为 2003 年第一季度至 2012 年第四季度的季度数据。所有绝对数数据均扣除了物价因素的影响，并对所有数据进行了去季节性处理。从表 6 可以看出，投资结构的两个变量地方投资占比和国有企业投资占比波动性是所有变量中最大的，表明投资结构中存在明显的行政层级和所有制变化。消费结构中交通通信支出占比波动性最大，机械设备出口占比在工业品出口结构中的波动性最大，这与近年来居民交通通信支出和机械设备出口迅猛增长密切相关。出于避免"伪回归"的问题，我们对所有变量均做了平稳性检验。其中，所有增长率变量均是平稳序列，其他变量均为一阶单整（见表8），因此在模型设定上对所有不平稳序列均取一阶差分。

$$gindiv_t = \alpha_0 + \alpha_1 gindinvest_t + \alpha_2 gcons_t + \alpha_3 indexport_t + \beta_1 \Delta rfood_t \\ + \beta_2 \Delta rclothes_t + \beta_3 \Delta rappl_t + \beta_4 \Delta rcare_t + \beta_5 \Delta rtran_t \\ + \beta_6 \Delta rlive_t + \beta_7 \Delta local_t + \beta_8 \Delta state_t + \beta_9 \Delta fada_t \\ + \beta_{10} \Delta chem_t + \beta_{11} \Delta mate_t + \beta_{12} \Delta mech_t + \beta_{12} \Delta sundry_t \\ + \lambda_1 gm1_t + \lambda_2 \Delta exchange_t + \lambda_3 \Delta realrate_t + \lambda_4 \Delta expect_t \\ + \lambda_5 dummy_t + u_t$$

$$u_t = c + \phi_1 u_{t-1} + \phi_2 u_{t-2} + \phi_3 u_{t-3} + \varepsilon_t + \theta_1 \varepsilon_{t-1} \tag{2}$$

表8　　　　　　　　　主要变量统计性描述及平稳性检验

| 自变量 | 自变量名称 | 均值 | 标准差 | 样本数 | ADF 检验 | 一阶差分 ADF 检验 |
|---|---|---|---|---|---|---|
| giniv | 第二产业增加值增长率 | 2.58 | 2.126 | 72 | -9.76*** | |
| ginvest | 全社会投资增长率 | 4.435 | 5.506 | 72 | -12.419*** | |

---

[①] 在 ARMA 模型的设定上以尽可能消除自相关为目标，所以不同模型中自回归和移动平均的设定可能有所不同。从表 9 和表 10 可以发现，在设定 ARMA 模型后，大多数模型的 DW 值均在 2 附近，说明自相关问题得到了很好的控制。

续表

| 自变量 | 自变量名称 | 均值 | 标准差 | 样本数 | ADF 检验 | 一阶差分 ADF 检验 |
|---|---|---|---|---|---|---|
| gindinvest | 工业投资增长率 | 6.258 | 5.387 | 40 | -12.877*** | |
| gcons | 消费增长率 | 2.918 | 1.748 | 72 | -7.647*** | |
| gexport | 出口增长率 | 3.421 | 4.987 | 72 | -4.988*** | |
| gindexport | 工业制成品出口增长率 | 3.588 | 5.071 | 72 | -5.071*** | |
| gM1 | M1 增长率 | 3.896 | 1.809 | 72 | -4.533*** | |
| exchange | 汇率 | 7.771 | 0.735 | 73 | -1.267 | -13.727*** |
| realrate | 房地产开发综合景气指数 | 101.307 | 4.177 | 73 | -0.481 | -7.174*** |
| expect | 消费者信心指数 | 108.337 | 4.209 | 57 | -2.248 | -8.018*** |
| rfood | 食品支出占比 | 37.147 | 0.899 | 40 | -0.168 | -3.369*** |
| rclothes | 衣着支出占比 | 10.817 | 0.831 | 40 | -2.514 | -7.835*** |
| rappl | 家庭设备支出占比 | 6.176 | 0.429 | 40 | -3.106 | -8.919*** |
| rcare | 医疗保健支出占比 | 6.892 | 0.461 | 40 | -0.858 | -8.79*** |
| rtran | 交通通信支出占比 | 13.207 | 1.193 | 40 | -1.807 | -7.663*** |
| rlive | 居住支出占比 | 9.41 | 0.93 | 40 | -1.428 | -9.823*** |
| local | 地方投资占比 | 81.967 | 10.184 | 73 | -2.786 | -13.504*** |
| state | 国有企业投资占比 | 46.468 | 10.039 | 41 | -1.873 | -8.867*** |
| fada | 对 OECD 发达国家出口占比 | 57.101 | 4.17 | 73 | -1.526 | -7.237*** |
| chem | 化学成品出口占比 | 5.738 | 0.702 | 73 | -1.908 | -10.102*** |
| mate | 原料制成品出口占比 | 18.987 | 2.253 | 73 | -1.869* | -5.966*** |
| mech | 机械及运输设备出口占比 | 42.37 | 9.479 | 73 | -0.633 | -9.026*** |
| sundry | 杂项制品出口占比 | 32.781 | 7.421 | 73 | -0.12 | -5.525*** |

注：***、**、* 分别表示在 1%、5%、10% 的水平上显著。

### 2. 宏观需求及其结构的工业增长效应分析

从全时序数据来看，1995 年至今，出口对第二产业增加值的影响是显著的，出口每增长 1% 能够拉动第二产业增加值增长 0.15% 以上，控制变量中只有 M1 是显著的（见表 9），说明货币数量增长能显著的推动第二产业增长，当前我国工业表现出典型的资本密集型特征，对货币需求强烈。[①] 然而，全社会固定资产投资增长对工业增长的作用基本不显著，这可能源于全社会固定资产投资统计口径过宽，对工业增长的作用被分散化所致。

---

① 从表 9 输出结果来看，M1 对工业增长的作用并不显著，说明货币数量增加对工业增长的拉动作用并不具有稳健性，也可能是体现货币流动性的衡量标准出现了变化，M1 不再能够准确衡量货币数量。

## 表9　宏观需求及其结构对工业增长的影响

| 自变量 | 1995年第1季度~2013年第1季度 | | 1995年第1季度~2001年第4季度 | | 2002年第1季度~2013年第1季度 | |
|---|---|---|---|---|---|---|
| 固定资产投资增长率 | 0.032 | 0.05 | 0.014 | -0.038 | 0.031 | 0.086* |
| 社会消费品零售总额增长率 | 0.166 | 0.086 | -0.869** | -0.996** | 0.26* | 0.179 |
| 出口增长率 | 0.163*** | 0.152*** | 0.121 | -0.129 | 0.183** | 0.211*** |
| M1增长率 | 0.224*** | 0.233** | 0.502* | 1.12*** | 0.207* | 0.236* |
| 汇率一阶差分 | -0.314 | -0.692 | -65.426*** | -367.672*** | 0.261 | -0.34 |
| 房地产开发综合景气指数一阶差分 | 0.078 | 0.116 | 0.223 | 0.565** | -0.004 | -0.038 |
| 金融危机虚拟变量① | -0.419 | | -0.455 | | -0.556 | |
| 地方固定资产投资占比一阶差分 | -0.254** | | -0.592*** | | -0.173** | |
| 对OECD发达国家出口占比一阶差分 | 0.306* | | 0.135 | | 0.333 | |
| 常数项 | 0.827 | 0.664 | 2.009 | 0.149 | 0.773 | 0.047 |
| AR（1） | -0.328** | -0.451*** | | 0.448* | -0.221 | |
| AR（2） | | | | -0.078 | 0.045 | |
| AR（3） | | | | | -0.259 | |
| MA（1） | | | | | | -0.27* |
| 调整$R^2$ | 0.341 | 0.244 | 0.577 | 0.281 | 0.382 | 0.318 |
| D-W统计量 | 2.005 | 2.008 | 2.086 | 2.152 | 1.931 | 1.97 |
| F统计量 | 4.618*** | 4.226*** | 4.943*** | 2.174* | 3.268*** | 3.93*** |
| 样本数 | 71 | 71 | 27 | 25 | 45 | 45 |

注：①该变量设定上考虑了亚洲金融危机和美国次贷危机，在危机持续期内均为1，其他时间为0，增加该变量的目的是剔除金融危机因素的影响。

②所有变量的显著性均采用怀特异方差进行修正，即为怀特异方差稳健估计量。

③ ***、**、* 分别表示系数在1%、5%和10%的水平上显著。

如果将中国加入世界贸易组织的时间作为分界点，原数据可以被划分出两个阶段（第一阶段：1995~2001年，第二阶段：2002~2013年），我们因此可以检验新旧时期宏观需求因素对工业增长的不同影响。从表9可以发现，第一阶段中消费增长对工业增长的影响显著为负,说明第一阶段消费增长不利于工业增长。对此可能的解释是,在第一阶段,我国工业固定资产投资增速持续增加(见图7),消费更快增长意味着储蓄增速下降,这不利于满足该阶段中我国重化工业为代表的第二产业的资金需求。出口增长对第二产业增长的推动作用在两个阶段有明显的变化。从第二阶段开始,出口增长对工业增长的拉动十分明显,说明当前我国工业增长对出口的依赖程度大幅提升,与前述工业各行业对出口的依赖度增加的结论高度吻合。从投资结构来看,所有时段地方固定资产投资占比变化的系数始终显著为负,说明在当前的投资模式下,地方投资比重持续上升不利于第二产业增长。

### 3. 工业需求及其结构的工业增长效应分析

从表10可以发现,工业固定资产投资增长对第二产业增长的作用十分显著,工业固定资产投资每增长1%,可以促进第二产业增加值增长0.1%以上,而消费对工业增长的拉动作用不明显,这说明2003年以来,我国工业增长表现出典型的投资拉动型特征。与表9中结论一致,该时期工业制成品出口也表现为显著的正向影响,这再次验证了出口对我国工业增长的积极作用。控制变量均不显著,因此表10最后一列删除了所有控制变量。

表10 工业需求及其结构对工业增长的影响

| 自变量 | ARMA模型估计 | | | |
| --- | --- | --- | --- | --- |
| 工业固定资产投资增长率 | 0.423*** | 0.266** | 0.105* | 0.194** |
| 社会消费品零售总额增长率 | -0.119 | 0.022 | -0.006 | -0.056 |
| 工业制成品出口增长率 | 0.225*** | 0.17* | 0.195*** | 0.134** |
| M1增长率 | 0.195 | 0.209 | 0.157 | |
| 汇率一阶差分 | -2.8 | -0.491 | 1.635 | |
| 房地产开发综合景气指数一阶差分 | 0.357 | 0.164 | -0.125 | |
| 消费者信心指数一阶差分 | -0.233 | -0.016 | -0.022 | |
| 食品支出占比一阶差分 | | | -0.218 | -0.315 |
| 衣着支出占比一阶差分 | | | 0.009 | 0.269 |
| 家庭设备支出占比一阶差分 | | | 2.978** | 4.686*** |
| 医疗保健支出占比一阶差分 | | | -1.93 | -2.135 |
| 交通通信支出占比一阶差分 | | | -0.451 | -0.437 |
| 居住支出占比一阶差分 | | | 0.421 | 0.419 |
| 地方投资占比一阶差分 | | | -0.365*** | -0.348*** |
| 国有企业投资占比一阶差分 | | | -0.283 | -0.324* |

续表

| 自变量 | ARMA 模型估计 | | | |
|---|---|---|---|---|
| 对 OECD 发达国家出口占比一阶差分 | | | −0.183 | −0.265 |
| 化学成品出口占比一阶差分 | | | 5.23** | 5.433*** |
| 原料制成品出口占比一阶差分 | | | 2.597 | 2.597* |
| 机械及运输设备出口占比一阶差分 | | | 2.852** | 3.056** |
| 杂项制品出口占比一阶差分 | | | 2.306 | 2.175 |
| 金融危机虚拟变量 | | −0.508 | | |
| 常数项 | −0.681 | 0.193 | 0.75 | 1.0115* |
| AR（1） | −0.381* | −0.347** | −0.527* | −0.855*** |
| AR（2） | −0.078 | −0.166 | 0.377 | −0.014 |
| AR（3） | 0.127 | −0.022 | | |
| MA（1） | −0.622*** | | | |
| 调整 $R^2$ | 0.461 | 0.459 | 0.692 | 0.678 |
| D—W 统计量 | 1.984 | 2.079 | 2.03 | 2.053 |
| F 统计量 | 3.803*** | 3.777*** | 4.683*** | 5.212*** |
| 样本数 | 37 | 37 | 37 | 37 |

注：同表9。

从需求结构变量来看，消费结构中只有家庭设备支出占比变化对第二产业增长有显著的正影响，考虑到家庭设备用品大多为耐用消费品，提高家庭设备支出比例意味着增加对其需求，这必然会扩大相关制造业市场。投资结构中只有地方投资占比变化对第二产业增长产生显著的负影响，这一结果与表9相同，说明虽然地方投资在固定资产投资中占据绝对份额，但是随着地方投资份额的上升，其弊端也日渐显现，这与地方投资中存在重复建设、债务率高、政绩短视、忽视市场规律等不无关系。国有企业投资占比系数是预料中的负数，但显著性较差。出口结构中，对 OECD 发达国家出口比例上升对第二产业增长的是负影响不显著，所以当前继续扩大对发达国家的出口份额并不能促进我国工业增长，反而可能会产生不利影响。出口产品结构中，化学成品出口和机械及运输设备出口比例增加均能够明显推动工业增长，这与当前我国重化工为核心的工业结构密切相关，化学成品和机械及运输设备生产在工业产品结构中占据相当份额，而且中国在这两大领域的竞争优势愈发明显，具有挖掘外需市场的能力。

## 五、需求变化条件下我国工业发展新趋势

基于以上分析,未来我国工业发展中将面临严峻的需求结构调整形势,这势必在短期内会拖累工业增速,但是如果能够成功实现工业发展需求结构调整,从长期来看将有利于形成良性的工业发展需求结构,为工业可持续健康发展奠定基础。为了把握需求条件变化下我国工业发展的趋势,需要首先准确判断三大需求因素的未来变化趋势。考虑到国家间文化、经济发展模式类似,在三大需求未来走势的研判上我们参照了同为东亚国家的韩国。根据韩国历史数据,其工业增加值占GDP比重达至相对高位之后20年,即1986~2005年消费、投资、出口的年均增速分别为5.85%、7.7%和13.39%。以此为基准,并基于当前及未来我国面临的国内外经济形势和专家分析,综合判断各因素的未来变化趋势。

### (一) 未来消费增速将于经济增速持平,工业发展中消费需求贡献增加

消费被认为是最稳定的需求因素,也因此成为大多数国家经济平稳发展的最重要动力,未来十年中国经济发展也将取决于消费需求增长。影响消费增长的最重要因素是收入增长,过去20年居民可支配收入与经济总量保持了快速增长,实际年均增幅超过10%,这促进居民消费实际消费增速接近10%,鉴于未来经济增速下滑的共识性判断,到2020年,消费增速也将趋于下降,但受当前及今后我国正在或即将实施的一系列刺激消费政策措施影响,包括以人为本的城市化,到2020年城市化率将达到60%左右,构建完备公平的社会保障体系,缩小居民收入差距,居民收入翻番计划等,将能改善未来不确定性对消费性支出增长的弱化,提高整体边际消费倾向,以及为消费总量提升奠定收入基础,再加上网购等新型消费模式的蓬勃发展,以及持续的消费升级,例如汽车消费需求在2020年将仍能保持10%左右的增长(刘世锦等,2013),最终将使国内消费需求与经济增长大致保持同等增速。借鉴当前权威机构的预测(陈彦斌、姚一旻,2012;刘世锦等,2013),2013~2015年,经济年均增速为7.8%左右,对应的同期消费季度同比增速为7.8%左右,2016~2020年,经济增长可能出现明显下滑,年均增速为6%~7%,对应的同期消费季度同比增速为6%(悲观情形)或7%(乐观情形)。

同时,预计国内外经济环境的倒逼机制将促使工业增长对消费需求的依赖程度上升。由于长期以来依赖投资需求和外需的经济增长模式,正遭遇前所未有的危机,不仅导致政府债务不断积累,危机财政安全,还引发一系列国际贸易争端、货币超发以及人为扭曲要素价格等问题。在当前国际经济形势相对低迷,国内政府投资效率和债务风险不容乐观的情形下,最终消费的经济增长贡献率正缓慢复苏(见图2),整体工业发展也不得不依靠更为稳健的消费来驱动,而且我国与世界主要发达国家和很多发展中国家相比,

需求结构中消费占比明显偏低，有极大的提升空间。

## （二）未来投资实际增速下滑至10%以内，工业发展中投资需求拉动作用的发挥将更趋市场化

投资目前是驱动经济增长的最主要动力，随着国内大规模基础设施建设的上马、地方债务问题的日益凸显、投资效率的持续低下，未来影响投资的房地产、汽车等耐用消费品以及出口等出现下滑趋势，到2020年，投资需求长期保持名义增长15%~20%的速度将愈发困难。同时，参照东亚的日本和韩国历史经验，可以发现日本投资增长速度在20世纪60年代高达15%，随着经济增速下滑，其后十年内投资增速下降了10个百分点左右；韩国出现了类似的下滑趋势，经济增速下降后十年投资增速下降了8个百分点。但是，为了在长时期内保持较高的经济增速，较高的投资率依然是必要的（刘立峰，2013），这样才能逐渐为消费率的提升创造良好的经济增长环境。基于上述分析，预计2013~2020年投资季度同比实际增速在10%以内，悲观情形为7%，乐观情形为9%。通常工业投资主导整体经济投资活动，因此对应的工业投资增速与此相同。

当前投资需求本身的问题主要集中在非市场化干预色彩浓厚。投资主体结构中，以地方投资为主，国有企业投资占比较高且控制绝大多数要素资源。在国内统一市场尚未完全形成且地方官员升迁激励的背景下，地方投资主导模式往往意味着重复建设、无序竞争和资源浪费，增量资本产出率长期远高于国际平均水平，表明我国投资效率严重低下。政府对经济活动的深度干预，导致本是投资主体的企业成为了政府决策的附庸，再加上国有企业掌控上游要素资源，致使要素价格扭曲现象普遍，在行政配置和要素价格扭曲的双重压力下，国内企业实体经济活动投资回报率不高，资本流向房地产、强金融属性产品等高风险或非生产性经济活动，实体经济存在资本过剩与短缺并存的结构性矛盾。鉴于此，今后工业发展中的投资主体和投资决策将更加迫切需要市场化。除了上述问题对改革的反向刺激因素之外，政府正不断下放和缩减经济审批权限，不少地方正在推进行政体制改革，政府的经济管理职能在弱化，社会管理职能在强化，对民营企业等社会资本开放的步伐也在加快，解除利率管制等要素市场改革不断深化，这些都将推动国内投资向良性方向发展，提高投资需求的市场化作用和配置效率。

## （三）未来出口实际增速在10%左右，工业发展的外需结构将更加多元化

当前我国面临严峻的国际市场形势。根据IMF的最新预测，未来欧洲经济增长缓慢的情况极有可能长期持续，发达国家极有可能撤销极度宽松的货币政策，这都将使当前出口结构中主要依靠发达国家的我国遭遇出口需求下滑的风险。而且，我国贸易顺差不断收窄的趋势十分明显，在出口中占据重要地位的加工贸易同比增速从"入世"后的40%回落至10%，技术含量高的产品出口占比仍然偏低，出口产业升级尚需时日。再加

上人口红利的逐渐消失和人民币汇率的持续升值,在我国进出口中占据一半份额的外资企业投资增速下降,这都将拖累未来十年我国出口增速,出口需求增长将出现长期性放缓趋势(滕泰,2012)。日韩的增长经历也表明,随着经济发展阶段的推进,出口增速会趋于不断下滑。因此,预计2013~2020年,我国出口季度同比实际增速10%左右,工业制成品出口与此相当。

出口下滑的挑战正激发中国工业发展中的外需结构趋向更加多元化。首先,出口的国别结构更加偏重发展中国家。从20世纪90年代中期以来,我国的出口市场就开始逐渐转向发展中国家,虽然当前我国出口品主要还集中在发达国家,但发展中国家占据的出口份额正逐步上升(见图9)。随着我国制造业的不断转型升级和人民币国际化进程的持续推进,我国相当部分工业品在发展中国家市场中的竞争力也将逐渐提高。同时,与发达国家在中高端产业上的竞争将日趋激烈。随着科研体制改革逐步提上日程,国家树立并强化企业技术创新主体地位,以及对战略性新兴产业的扶持,我国工业转型升级的步伐将逐渐加快,这势必与发达国家在中高端制造业领域形成竞争,在鼓励国内企业对外直接投资的背景下,我国工业企业将更快融入世界中高端产业链,促使我国对发达国家的出口商品结构中技术含量和附加值高的比例趋于上升。

### (四) 需求约束条件下工业发展趋势的定量判断

根据我国三大需求增速的判断,对于未来我国工业发展趋势的分析采取多情景模拟(见图13)。为了简化分析,在预测模型设定上,自变量主要包含消费、工业投资、工业品出口,以及适合模型的自回归项和移动平均项。根据数据的可获得性,用于预测的基础模型采用的季度数据为1995年第一季度至2013年第二季度,2013年第三季度至2020年第四季度的自变量数据采取下述判断预先计算。为避免伪回归问题,我们将所有绝对数数据先扣除了物价因素和季节性因素影响,并转换为增长率数据。经单位根检验发现所有变量均为平稳序列。

悲观情景:2013~2015年,消费季度同比增速为7.8%,2016~2020年,消费季度同比增速为6%;2013~2020年第二产业固定资产投资季度同比实际增速7%,工业制成品出口季度同比实际增速10%。ARMA模型预测结果为2013~2015年,工业增加值年均实际增速达8.76%,2015年工业增加值达206 051.02亿元(以1995年为基期计算的实际值);2016~2020年,工业增加值年均实际增速达8.63%,2020年工业增加值达311 686亿元(以1995年为基期计算的实际值)。

乐观情景:2013~2015年,消费季度同比增速为7.8%,2016~2020年,消费季度同比增速为7%;2013~2020年第二产业固定资产投资季度同比实际增速9%,工业制成品出口季度同比实际增速10%。ARMA模型预测结果为2013~2015年,工业增加值年均实际增速达8.77%,比悲观情景高0.01个百分点,2015年工业增加值达206 672.82亿元(以1995年为基期计算的实际值);2016~2020年,工业增加值年均实际增速达

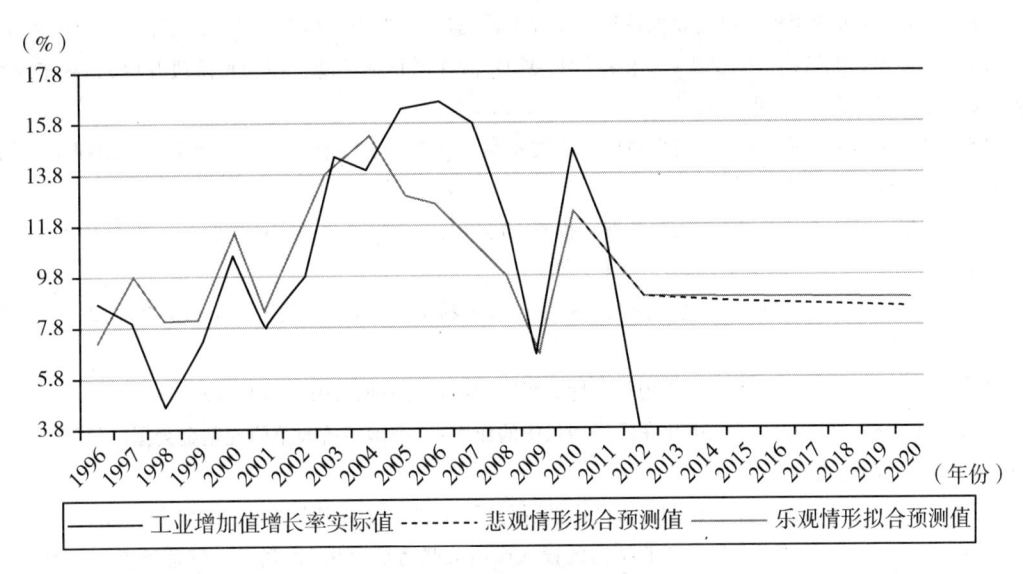

图 13　工业发展趋势变化

资料来源：历史数据来自于中经网统计数据库，拟合预测数据来自于 ARMA 模型。

8.82%，比悲观情景高 0.06 个百分点，2020 年工业增加值达 315 373.07 亿元（以 1995 年为基期计算的实际值）。

从图 13 也可以发现，两种情形结果较为接近。据此可以得出 2013～2015 年，工业增加值年均实际增速大致为 8.7%～8.8%，2016～2020 年，工业增加值年均实际增速大致为 8.6%～8.9%。就目前工业发展情形看，面临产能过剩、内需不足、实体经济投资收益不高、体制机制不畅等诸多挑战，未来为实现上述较高增长，工业发展不仅要顺应国内消费升级需要，注重产品创新研发和营销，也要改善生产要素人为扭曲现状和在产业链国际分工中的不利地位，着实提高投资效率和积极开拓中高端外需市场。

（执笔人：张义博）

**参考文献**

[1] Krugman P. Increasing Returns and Economic Geography. Journal of Political Economy, 1991 (99), 483–499.

[2] 陈彦斌、姚一旻：《中国经济增速放缓的原因、挑战与对策》，载于《中国人民大学学报》2012 年第 5 期。

[3] 郭庆旺、贾俊雪：《地方政府行为、投资冲动与宏观经济稳定》，载于《管理世界》2006 年第 5 期。

[4] 胡日东、苏梽芳：《中国城市化发展与居民消费增长关系的动态分析——基于 VAR 模型的实证研究》，载于《上海经济研究》2007 年第 5 期。

[5] 李大元、王昶、姚海琳：《发达国家再工业化及对我国转变经济发展方式的启示》，载于《现代经济探讨》2011 年第 8 期。

［6］刘立峰：《我国现阶段需要保持较高投资率》，载于《调查·研究·建议》2013 年 9 月 18 日。

［7］刘世锦、陈昌盛、何建武：《未来十年展望：潜在增长率下降，新增长阶段开启》，载于《中国发展评论》2013 年第 2 期。

［8］鲁晓东、何昌周：《中国与发展中国家贸易结构的竞争和互补——基于南南合作的视角》，载于《国际经贸探索》2010 年第 6 期。

［9］瞿华、夏杰长、马鹏：《我国消费、投资、出口与经济增长关系实证检验——基于 1978 - 2010 年数据》，载于《经济问题探索》2013 年第 3 期。

［10］沈瑶：《全球化背景下的中国与发展中国家贸易摩擦问题》，载于《上海大学学报（社会科学版）》2007 年第 14 卷第 6 期。

［11］滕泰：《中国出口增速将出现长期性放缓》，证券时报网，2012 - 10 - 19。

［12］王小鲁、夏小林：《城市化在经济增长中的作用》，中国经济改革研究基金会国民经济研究所 1999 年 12 月工作论文。

［13］王岳平：《我国产业结构的投入产出关联分析》，载于《管理世界》2000 年第 4 期。

［14］王岳平、葛岳静：《我国产业结构的投入产出关联特征分析》，载于《管理世界》2007 年第 2 期。

［15］尤宏兵：《中国与发展中国家贸易摩擦再透视》，载于《经济问题探索》2010 年第 3 期。

［16］臧霄鹏、林秀梅：《"三驾马车诱发效应与产业部门最终依存度牵扯"》，载于《改革》2011 年第 5 期。

［17］周黎安：《中国地方官员的晋升锦标赛模式研究》，载于《经济研究》2007 年第 7 期。

［18］周莉萍：《城市化与产业关系理论演进与述评》，载于《经济学家》2013 年第 4 期。

# 第七章

# 典型国家工业发展阶段性变化比较与启示

**内容提要**：纵观工业化国家的发展历程，虽然由于本国国情和外部环境的不同导致工业化道路千差万别，但在工业发展过程中存在着一定的共同特征。通过对具有先行优势的老牌工业国家和充分挖掘后发优势、成功实现工业化的赶超型国家工业发展的规律分析可知，一国工业发展到一定程度会出现明显的现阶段性变化。从工业总量的阶段性变化看，工业占比会经历由低到高再降低的倒"U"型转变；从工业结构的阶段性变化看，工业发展会经历由轻工业向重化工业再向高加工度工业的转变；从能源消耗的阶段性变化看，工业能耗会经历由低到高再逐渐降低的转变。目前，我国基本具备出现工业发展阶段性变化的主要特征，通过对相关国际经验和规律的把握和深化认识，对于我国未来工业发展和经济结构转型具有重要的启示和借鉴作用。

工业是社会分工发展的产物，是国民经济中最重要的物质生产部门之一。纵观工业化国家的发展历程，虽然由于本国国情和外部环境的不同导致其工业化道路千差万别，但通过对这些实现工业化国家的路径分析可知，工业发展存在一定规律性。随着经济社会的不断发展和产业结构的提升优化，各国工业发展基本都经历了由低速到高速、再从高速转为中、低速的过程，工业增加值占GDP的比重在人均GDP达到10 000国际元时，会达到峰值，之后会有所回落，第三产业特别是生产性服务业则在经济发展中扮演更为重要的角色；工业内部结构也会从劳动密集型向资本密集型再向技术密集型的转变；人均GDP单位能耗会呈现出一个持续上增，然后逐步下降或基本稳定在某一水平。本文将对已完成工业化的发达国家分成两类进行研究，第一类是具有先行优势的老牌发达国家，包括英国和美国；第二类是充分挖掘后发优势、成功实现工业化赶超、成功跨越"中等收入陷阱"的发达国家，包括德国、日本和韩国。在此基础上，进一步从工业总量、工业结构和能源消耗等三个维度分析工业发展的阶段性变化情况。

## 一、先行工业化国家工业发展阶段性变化情况及主要特点

从先行工业化国家和赶超型国家的工业发展历程看，自进入现代经济增长阶段以来，随着经济发展水平的提升，其工业发展经历了由低速增长到高速增长再到低速增长的发

展过程，相应的工业产出比重也经历了由低到高再降低的过程。

## （一）英国工业阶段性变化情况及发展特点

英国是人类历史上第一个进行和实现工业化的国家。英国的工业化不仅使英国经济长期领先全球，更为其他国家的经济发展开创了一条工业化道路。

**1. 英国工业阶段性变化情况**

英国的工业发展从棉纺业开始，通过率先推行机器生产以提高生产效率的示范效应，轻工业部门随后纷纷实行机器生产。机器的推广使用推动了蒸汽机和诸多其他机器的研发，并推动煤炭、冶金等工业快速发展。随着大工业和近代交通运输业的发展，机器制造业逐步成为在国民经济中占统治地位的主导产业，英国进入到重化工业阶段。

英国从工业化初期以来，工业增加值占 GDP 的比重一直在增长，并于 20 世纪 50 年代到 60 年代达到峰值 50% 以上，随后该比重不断下降，2010 年仅为 21.6%，并且近十年来保持在 21%～23% 的范围内小幅波动（图1）。

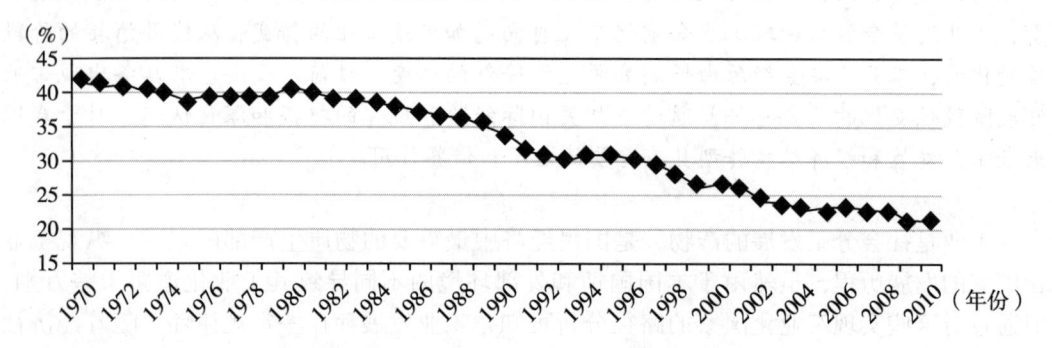

**图1　英国工业增加值占 GDP 比重变化情况**

资料来源：世界银行数据库。

从对经济增长拉动程度看，1970 年之后，英国 GDP 环比年均增长率已超过同期工业增加值环比年增长率，平均每年高出 1.82 个百分点（图2），这意味着拉动英国经济增长的最主要动力已不再是工业，而是转向第三产业。

**2. 英国工业发展的主要特点**

英国作为第一个工业化国家，经历了漫长的工业发展过程，是市场化内生型发展模式的典型代表，主要特点如下：

一是从发展阶段看，历经了由轻工业阶段向重化工业阶段发展的过程。英国工业革命始于棉纺业，因此其最初工业主导产业就是棉纺织业。在机器生产的示范效应和利益驱动下，轻工业部门随后纷纷实行机器生产。机器的推广使用加速了蒸汽机、煤炭、冶金工业等诸多行业的发展，进而出现了大量的人口流动现象，客观上推动交通运输业大发展。随着人口的集聚和大工厂大工业的发展，机器制造业逐步成为占国民经济统治地

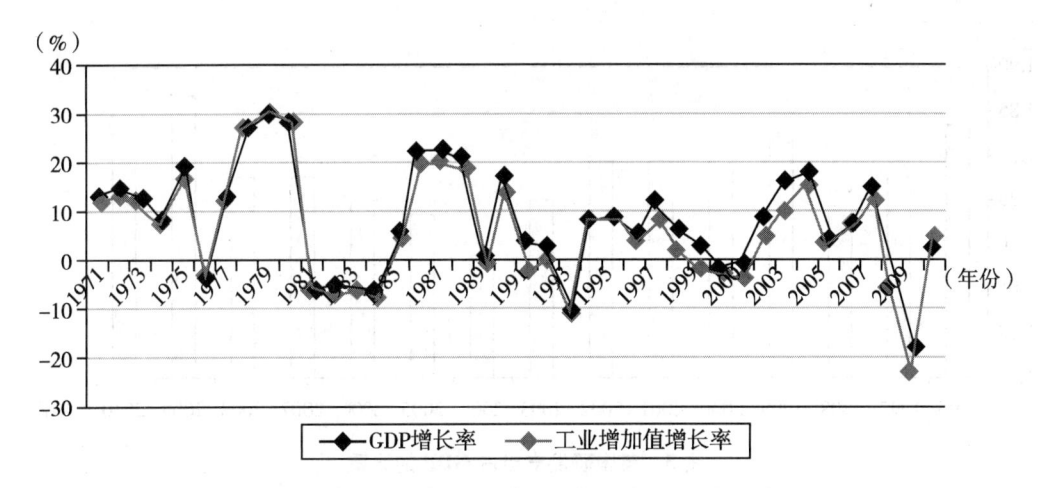

**图 2　英国 GDP 增长率与工业增加值增长率变化情况**

资料来源：世界银行数据库。

位的主导产业，顺利进入到重化工业阶段。

二是从发展模式看，主要实行经济自由主义。英国是最早进入资本主义的国家之一，奉行由私人资本主导的经济自由主义的市场经济模式。虽然在工业发展初期，由于棉纺业技术落后于印度，英国也曾禁止棉纺织品进口。但在棉纺织业逐步发展成为优势产业后，英国开始实行经济自由主义。私人资本家在市场利益的驱动下，在棉纺织业中率先引入技术革新，随即带动了各个行业的技术革新，最终在全国范围内实现了由机器制造代替手工操作的工业革命。其工业化发展的核心思想是限制政对工业产业发展的操控和制约，让市场机制发挥调节资源的作用，在私人资本对利润追逐的过程中实现工业的快速发展。

三是从政策支持看，重视教育、科研，对技术创新进行保护。为促进工业发展，英国积极推行教育改革，于1870年颁布了《初等教育法》，创立国民初等教育制度，对5～10岁的儿童实行免费教育，成为全球义务教育的先导。该教育重视培养独立思考和开拓创新能力，注重提高国民素质，并加大了对研发的投入，其占 GDP 的比重在1.75%左右（见图3）。同时，英国深刻认识到技术创新在工业发展过程中的巨大作用，于1624年颁布了世界上第一部反垄断成文法——《垄断法》。由于重视教育、鼓励创新，英国涌现了一大批的科学家、发明家和企业家，成为当时世界的科技中心，第一次工业革命中涌现的重要的新机器和新技术主要也由英国发明。

## （二）美国工业阶段性变化情况及发展特点

美国的工业化起步晚于英法，但速度较快，历时约一百年的工业化取得了重大成就，创造了世界上最发达、最强大的国家和所谓的"美国奇迹"。

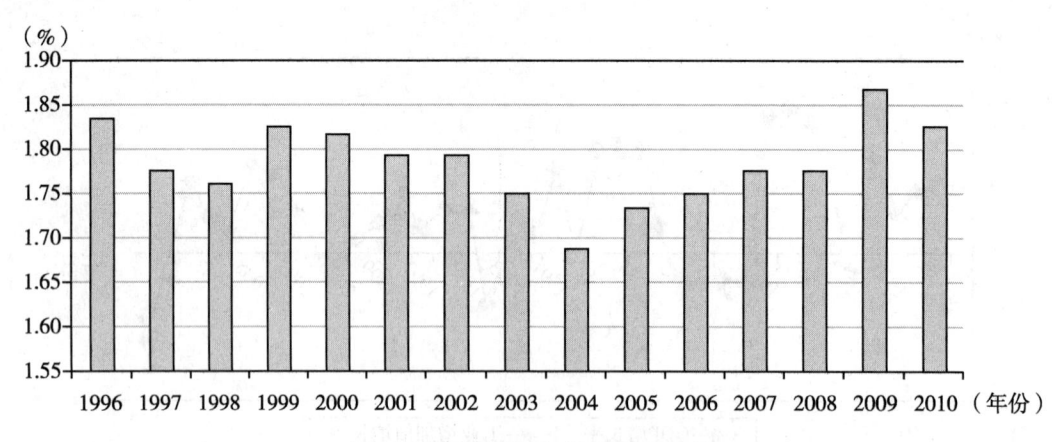

图3  英国研发支出占GDP的比重

资料来源：世界银行数据库。

**1. 美国工业阶段性变化情况**

美国的工业发展呈现出明显的先上升后下降的"倒U型"曲线。工业占GDP的比重由1929年的19%上升至1950年的40%，之后不断下降，2010年仅为20.04%，并且近十年来保持在20%~22%的范围内小幅波动（图4）。

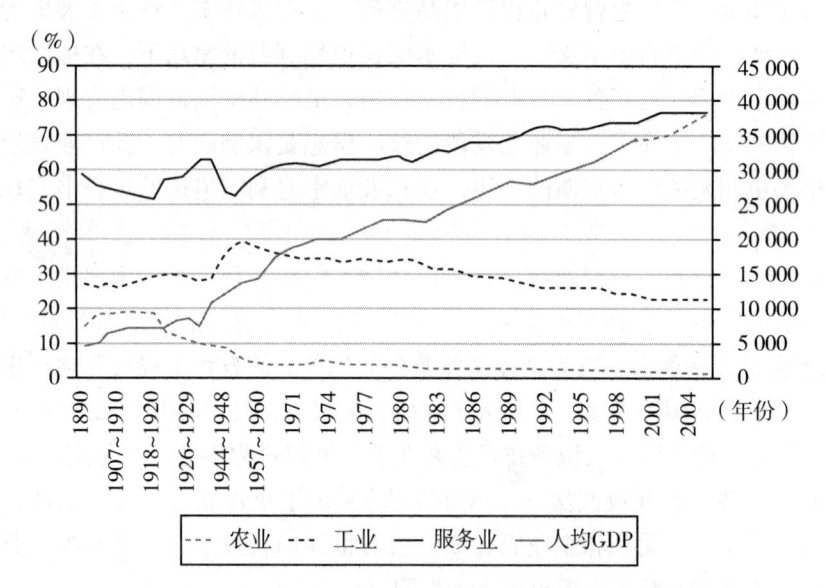

图4  美国工业增加值占GDP比重变化情况（1890~2004年）

资料来源：王金照等：《典型国家工业化历程比较与启示》，中国发展出版社2010年12月版。

从对经济增长拉动程度看，1970年之后，美国GDP环比年均增长率已超过同期工业增加值环比年增长率，平均每年高出1.15个百分点（图5），这意味着此时拉动美国经济增长的最主要动力已不再是工业，而是第三产业。

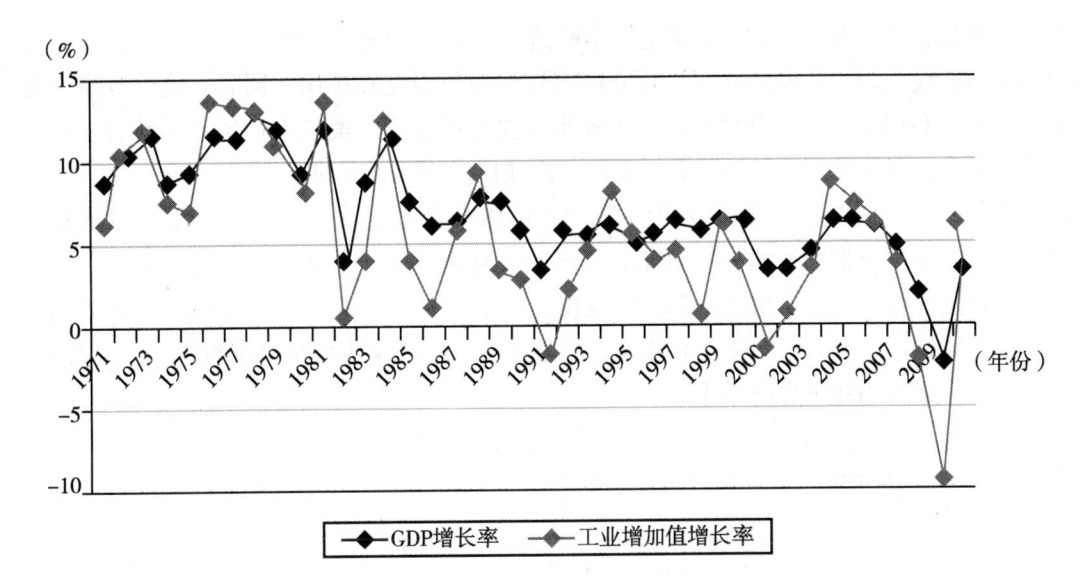

**图 5　美国 GDP 增长率与工业增加值增长率变化情况**

资料来源：世界银行数据库。

**2. 美国工业发展的主要特点**

美国工业的发展落后于许多西欧，之所以能后来居上，主要是因为美国采取了"工业立国"的政策，政府对工业发展进行了有限干预，但与其他赶超型国家相比，总体而言其模式仍是自由资本主义，主要特点如下：

一是从发展阶段看，从轻工业起步，逐步发展到重化工业阶段并最终完成工业化。与英国类似，美国的工业发展也始于纺织业，作为工业发展初期最重要的工业部门，纺织业通过前向和后向的联系效应主导了工业发展，纺织机械产业不单为纺织业提供器械，还孕育了机床、机车制造以及金属制造业，为后来美国汽车、机械、钢铁和石化等重化工业的大发展奠定了坚实的基础。

二是从发展模式看，主要实行以市场主导为主、政策指导为辅的模式。与英国不同，美国有着丰富的自然资源、国地条件和适宜工业化的政治体制等，但人力资源稀缺。因此，美国没有完全照搬英国工业化模式，而是在其基础上有所创新。由于国内纺织业劳动力成本昂贵，竞争力不如欧洲国家，美国通过征收关税等方式保护国内纺织业市场，并及时通过技术革新大力发展机器制造业，实现了机器对人力的替代，极大地降低了成本，其纺织品比欧洲国家更有竞争力。在工业发展过程中，美国没有完全实行经济自由主义，也没有像一些国家那样，由政府替代市场直接干预工业生产，而是通过制定相关法律法规、财政和税收优惠引导等方式，完善了制度措施，营造了良好的工业发展环境，从而使本国工业走上快速发展道路，最终建立了强大的现代工业体系。

三是从政策支持看，重视教育、科研，对技术创新进行保护。与英国类似，美国政府同样重视教育、技术引进和技术创新。1862 年，美国国会通过了《莫里尔法案》，从而大量增加教育经费,并掀起了赠地兴学的高潮。早在19世纪中期,美国大众就已把公立图书馆的设立视为政府的职责,公立图书馆也最早设立在美国。同时,美国政府十分重视引进和利用外国的最新技术,并积极将这些先进技术与美国生产实践相结合,从而推动了美国的科技发展和经济繁荣。美国政府建国后不久就通过了1790年专利法,并于1838年成立了专利局,以鼓励发明创造,并于1867年拨款建立了国家科学院以推动科研。此外,美国还借鉴德国的经验建立了高等教育制度,并在此基础上进行了设立研究生院、建立研究型大学等重大创新,研发投入逐年增加,占GDP比重保持在2.55%以上(图6)。通过研究型大学的创立和建设,大学逐步成为科学研究和科学教育的主要阵地,美国也逐步成为当代世界科学中心。

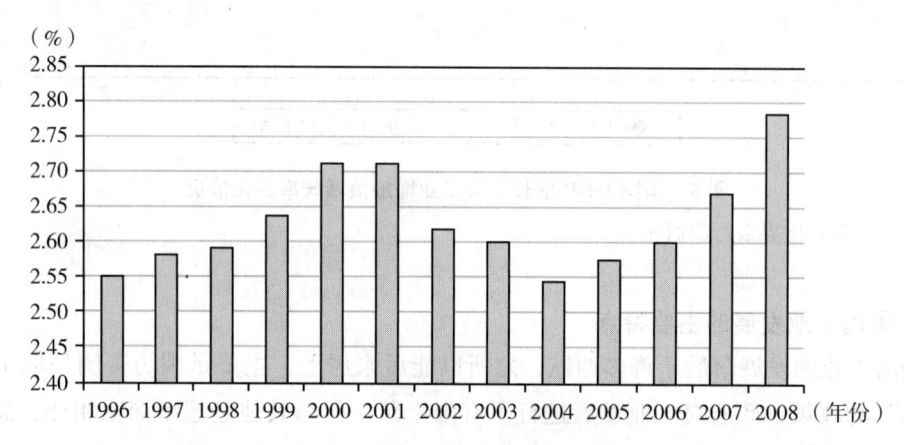

**图6 美国研发支出占GDP的比重**

资料来源:世界银行数据库。

## 二、赶超型国家工业发展阶段性变化情况及主要特点

### (一) 德国工业阶段性变化情况及发展特点

德国是资本主义国家实现赶超的典范。自19世纪70年代德国开始工业化以来,政府主导的赶超型战略就是其最大特色,并且随着时间的推移,政府作用的幅度和强度也越来越大。

**1. 德国工业阶段性变化情况**

德国从工业化初期,工业增加值占GDP的比重一直在增长,并且在政府的强力主导下,其峰值在20世纪60年代接近60%,比重之高在发达国家中很少见。随后该比重不断下降,但2010年仍达到27.9%,并且近十年来保持在26%~30%的范围内波动,比英国和美国大体高出 6~7 个百分点（图7）。

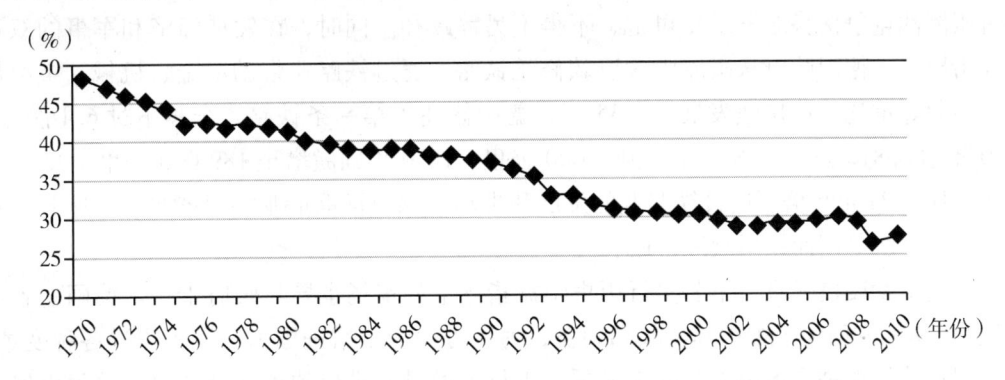

**图7　德国工业增加值占 GDP 比重变化情况（1970~2010年）**
资料来源：世界银行数据库。

从对经济增长拉动程度看，1970年之后，德国 GDP 环比年均增长率已超过同期工业增加值环比年增长率，平均每年高出 0.46 个百分点（图8），比美国要低 1 个百分点左右，这意味着作为制造业大国的德国，其拉动国经济增长的最主要动力是工业和第三产业并行。

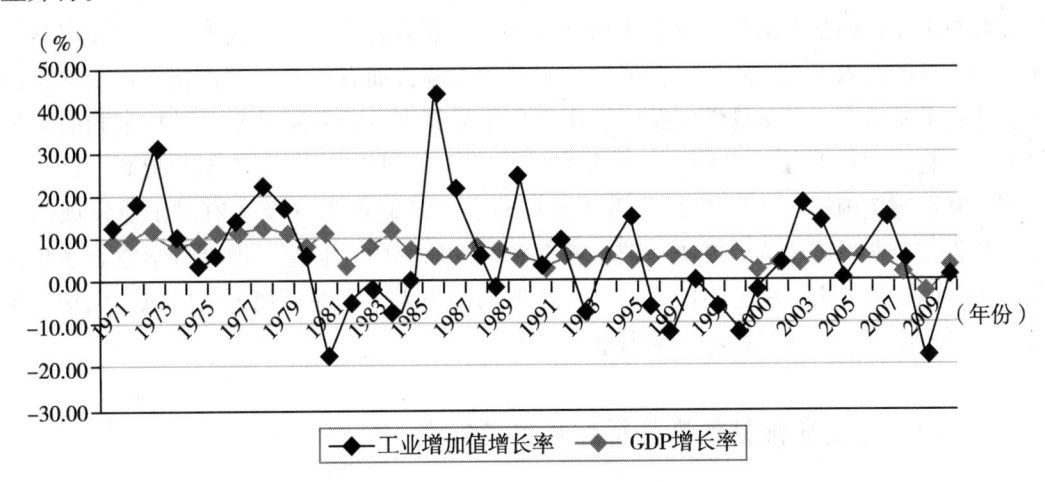

**图8　德国 GDP 增长率与工业增加值增长率变化情况**
资料来源：世界银行数据库。

### 2. 德国工业发展的主要特点

由于深受分裂割据的困扰，德国直到 19 世纪 30~40 年代才在第一次工业革命浪潮的冲击下，开始了它的工业革命步伐。但在随后的高速工业化过程中，德国合理地利用了后发优势，迅速完成了工业化，跻身发达国家之列，形成了一种供他国学习的"德国式"工业发展模式，主要特点如下：

一是从发展阶段看，工业发展过程中轻重工业并驾齐驱。与英美相似，德国的工业化也始于纺织业。但由于当时英国纺织工业居于世界垄断地位，德国纺织业在英国纺织品占压倒性竞争优势之下岌岌可危，不得不另辟蹊径。同时，在发展经济和军事的双重目标指导下，德国政府从国库中拨巨款修筑铁路，通过铁路业带动冶金、机械、金属加工、能源等重化工业快速发展。1835 年，德国修建了第一条铁路，全长不过 6.1 公里，1840 年达到 810 公里，1850 年达到 6 000 公里，1870 年则激增至 189 000 公里，30 年的时间增加了 31 499 倍。通过铁路业的发展和带动，德国轻重工业并驾齐驱，迅速赶上并超过了英、法等国而雄居欧洲首席。

二是从发展模式看，主要实行历史学派指导下的市场主导与政府干预。德国的容克地主①集团一方面为了维护其特权和利益，另一方面为了增进国力，积极推进各种变革，通过国家政权推进了本国工业的大发展。推行了通过对进口的工业品征收高关税以保护民族工业，积极派遣官员出国考察以学习先进经验，大量招聘外国工程技术人员，积极组织成立科学研究团体，大力引进国外先进技术和新科研成果，重视科技创新及其产业化等大量工业政策，有力地推动了工业发展。

三是从政策支持看，特别重视教育和科学研究。德国较早地实行了强迫性的小学义务教育，即通过惩罚等强制性措施推行义务教育以降低文盲率。到 1890 年时，全国文盲率已下降到 1% 以下。② 同时，德国在教育方面的一大特色是特别重视职业教育，通过学校教育与企业培训紧密结合、以企业培训为主的职业教育模式，为数工业化发展积累了大批高质量的技术工人。此外，在公共知识基础设施方面有很多制度创新，在全球首创了企业技术实验室、大学科学实验室、研究生指导制度、研究所及专业科技书刊的出版等模式，其研发投入占 GDP 的比重多年来维持在 2.2% 以上，近年来不断提高，已高于英国，基本与美国相当（见图 9）。由于德国对科学的高度重视及政府对工业发展的主导，使得其工业发展比英美更快。随着教育和科学研究的体制化，世界科学中心逐步转移到了德国，培养出了满足不同生产层次需要的各类人才，并涌现了发电机、电炉、煤气发动机、电车、合成染料等一系列重大发明。

## （二）日本工业阶段性变化情况及发展特点

日本工业化起步较晚，在明治维新后工业才逐渐发展起来，但与世界其他主要资本主义国家相比，工业化水平很低。在 1880 年输入了新式纺织机后，纺织工业才得以迅速发展。中日甲午战争是日本近代产业发展的转折点，依靠在中国开设工厂、企业及其他商业的特权和战争赔款，使其工业、交通运输、银行、贸易等实现了高速发展，大大加速了其工业化进程。

---

① 容克地主，原泛指无骑士称号的贵族子弟，后专指以普鲁士为代表的德意志东部地区的贵族地主，在德国从封建社会向资本主义社会过渡时期容克地主长期垄断军政要职，是德国军国主义政策的主要支持者。
② 即使到现在，我国的文盲率仍达到 4% 左右，远高于德国 120 多年前的水平。

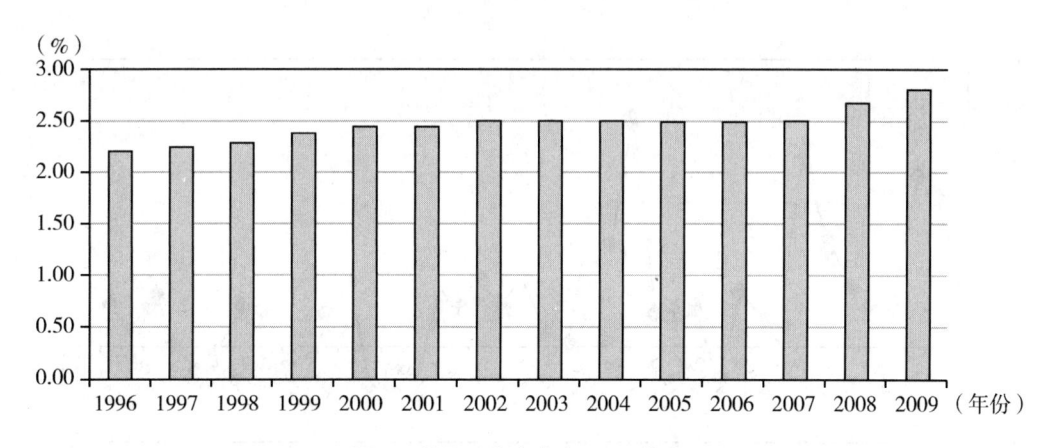

**图9 美国研发支出占 GDP 的比重**

资料来源：世界银行数据库。

### 1. 日本工业阶段性变化情况

日本的工业发展呈现出明显的先上升后下降的"倒 U 型"曲线。工业占 GDP 的比重从 1920 年的 18% 逐步上升至 1970 年 43.5% 的峰值，随后该比重不断下降，但 2010 年仍达到 27.3%，并且近十年来保持在 26%~28% 的范围内波动，比英国和美国大体高出 4~5 个百分点（图 10）。

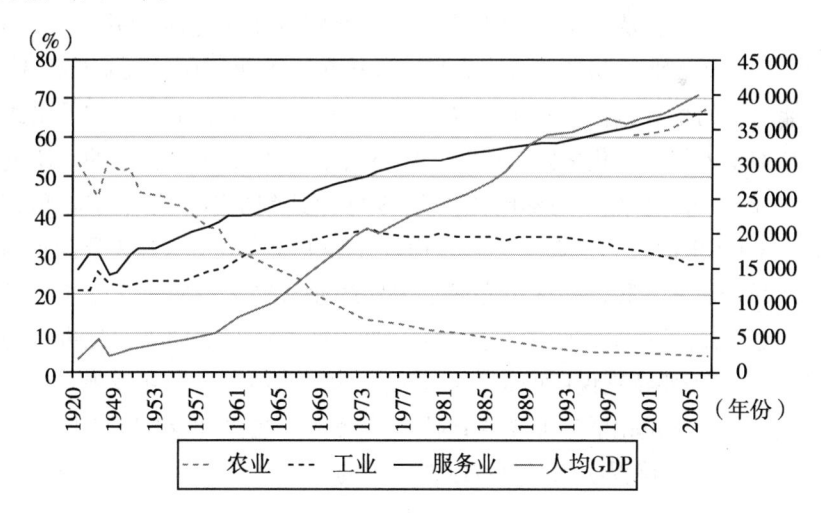

**图10 日本工业增加值占 GDP 比重变化情况（1920~2005 年）**

资料来源：王金照等：《典型国家工业化历程比较与启示》，中国发展出版社 2010 年 12 月版。

从对经济增长拉动程度看，1970 年之后，日本 GDP 环比年均增长率已超过同期工业增加值环比年均增长率，平均每年高出 1.21 个百分点（见图 11），高于德国，基本与美国持平，此时拉动日本经济增长的最主要动力已从工业转移到第三产业。

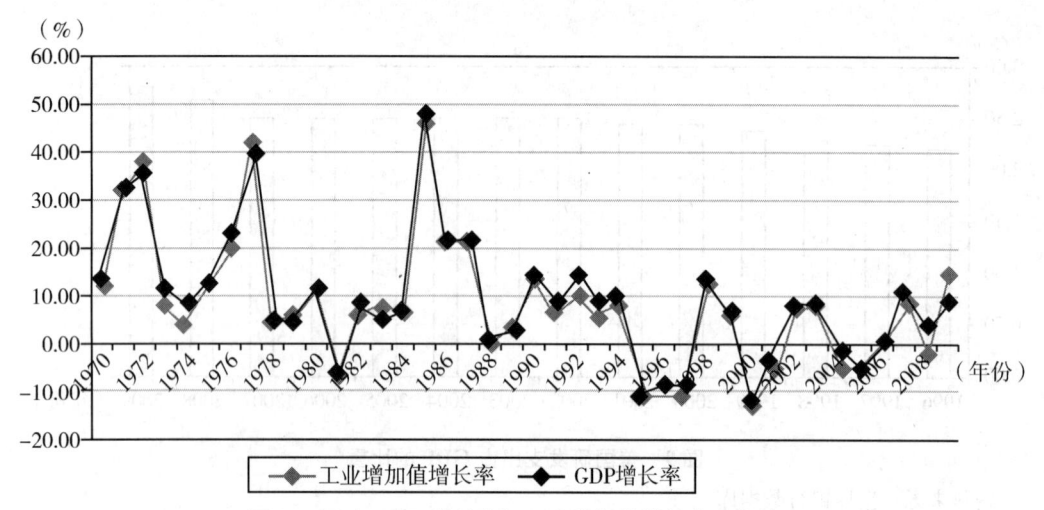

图 11 日本 GDP 增长率与工业增加值增长率变化情况

资料来源：世界银行数据库。

**2. 日本工业发展的主要特点**

明治维新开始时，日本正处于原初工业化的末期。1885 年以后，随着制造业的加速发展，日本进入了近代工业化阶段。之后用近一百年时间实现工业化，作为赶超型的日本也步入发达国家行列，主要特点如下：

一是从发展阶段看，从轻工业起步，逐步发展到重化工业阶段并最终完成工业化。与美国类似，日本在工业化初期阶段大力发展以棉纺织工业和食品工业为代表的轻工业，长期处于工业发展的主导地位。轻工业的发展为日本工业化奠定了基础明治维新后，快速发展，使日本步入了工业化之路。1885～1915 年，纺织工业在日本的平均增长率高达 7.5%，实际生产额占工业生产总额的比重在 1900 年达到 73%，对制造业增长的相对贡献度在 1877～1900 年达到 75.2%。另一方面，在轻工业尚处于快速发展时期时，日本重化学工业已经开始加速发展，并逐步完成了主导产业由轻工业向重化学工业的转变，20 世纪初重化工业对制造业的贡献率已超过轻工业，这种转变推动工业化进程的加快及最终完成（见表 1）。需要特别说明的是，日本重化学工业内部各行业发展具有不平衡的特点。机械工业一直处于重化学工业核心地位，其增长率在 20 世纪 70 年代末之前始终保持在 10% 以上的水平，确保了当时日本制造大国的地位。

表 1　日本工业化过程中轻重工业对制造业贡献率变化情况　　单位：%

|  | 轻工业 | 重化工业 |
| --- | --- | --- |
| 1878～1900 | 75.2 | 13.0 |
| 1901～1920 | 50.5 | 39.6 |
| 1921～1938 | 28.4 | 61.4 |
| 1956～1970 | 18.7 | 66.3 |
| 1971～1987 | 4.9 | 91.8 |

资料来源：南亮进：《日本的经济发展》，经济管理出版社 1992 年 12 月版。

二是从发展模式看,政府主导成为主要手段。作为后发国家,日本政府采用了以赶超欧美为目标的"追赶型"发展战略,确立了政府干预型工业发展的模式。特别在二战以后,日本在工业发展的道路上进行了有效的宏观调控和适时的产业结构调整,实现了经济的高速增长,在短短的20多年内迅速成长为世界第二经济大国。1974年,日本政府针对国内工业结构性矛盾突出,发展短暂停顿的情况,提出了《产业结构长期设想》,重新确定产业结构政策,引导资本密集型产业向知识密集型产业转变。但同样要看到,日本的"政府主导型"工业发展模式有其制度缺陷,政府对经济的判断错误及政策的失灵是日本从20世纪90年代以来走向长期萧条的一个重要原因。

三是从政策支持看,重视教育和科学研究。日本政府历来重视教育,自1868年明治维新起,日本就将教育发展确定为学习西方,赶超西方发达国家目标的重要战略。为提高日本国民的素质,进行教育改革,建立近代教育体制。1871年明治政府成立了文部省,统一管理全国的教育,开始逐步建立了小学、中学和大学三级教育体制。教育的发达使日本国民的平均素质得到提高,使日本民族成为了世界上最勤奋的民族之一,也为工业快速发展提供了充足的人力资源。20世纪70年代中期,日本逐步确立了科学技术立国的新战略,通产省在《80年代通商产业政策构想》中明确提出了技术立国的方针,研发投入也不断加大,其占GDP的比重近年来超过3%,比英、美、德等国都要高(见图12)。

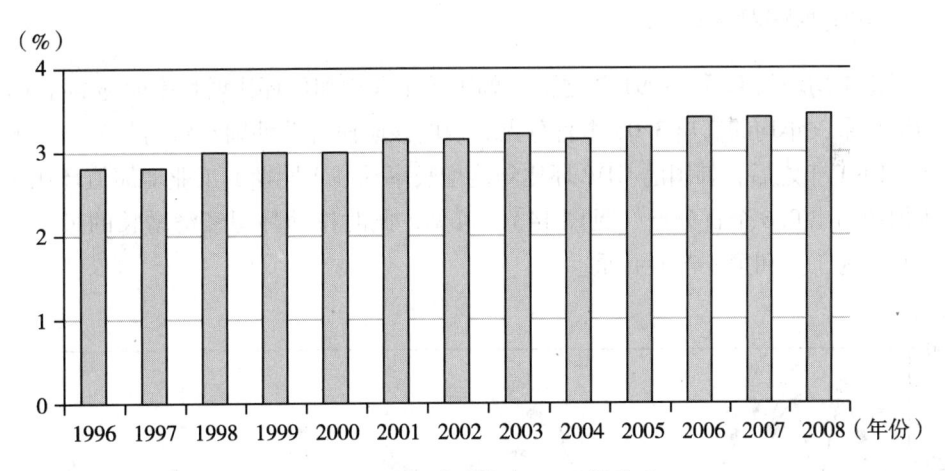

**图12 日本研发支出占GDP的比重**

资料来源:世界银行数据库。

## (三) 韩国工业阶段性变化情况及发展特点

从世界各国的工业化发展来看,韩国的工业化速度堪称世界奇迹。英国实现工业化用了大约200年,日本用了100多年,而韩国仅仅用了30多年的时间就实现了从农业国向工业国的转变。

**1. 韩国工业阶段性变化情况**

韩国的工业发展也呈现出明显的先上升后下降的"倒U型"曲线。工业占GDP的比重从1965年的21.3%逐步上升至1991年42.6%的峰值，随后该比重不断下降，但与前面四国相当，下降幅度不大，2011年仍达到39.2%，并且近十年来保持在36%~39%的范围内波动，比英国和美国大体高出15个百分点，比德国和日本出要高出10个百分点（见图13）。

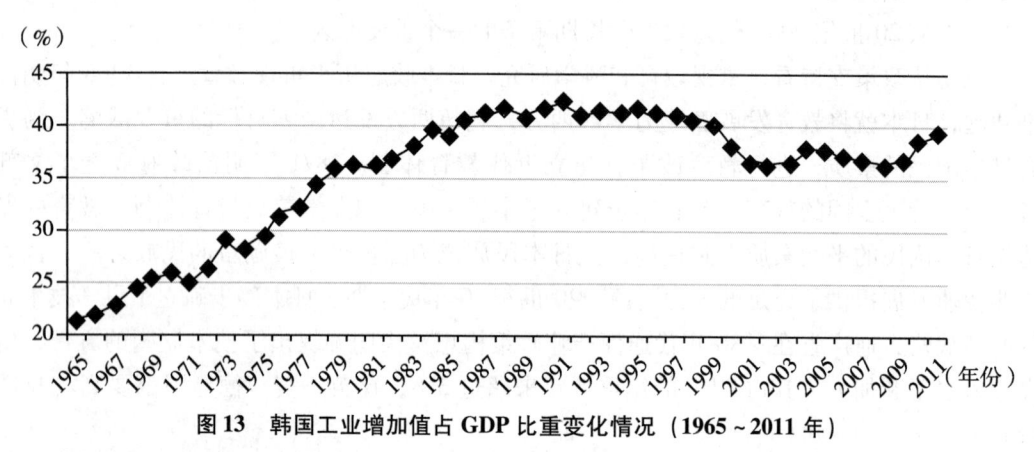

**图13 韩国工业增加值占GDP比重变化情况（1965~2011年）**
资料来源：世界银行数据库。

从环比年均增长率看，1991年之前，韩国的工业增加值环比增长率明显高于GDP环比年均增长率，年均约高出3.05个百分点，说明该阶段拉动韩国经济增长的最主要动力是工业。1991年之后，韩国的GDP环比年均增长率约高于同期的工业增加值环比年增长率，年均约高出0.6个百分点（见图14），可见，此时拉动韩国经济增长的最主要动力从工业转变为工业和第三产业并重。

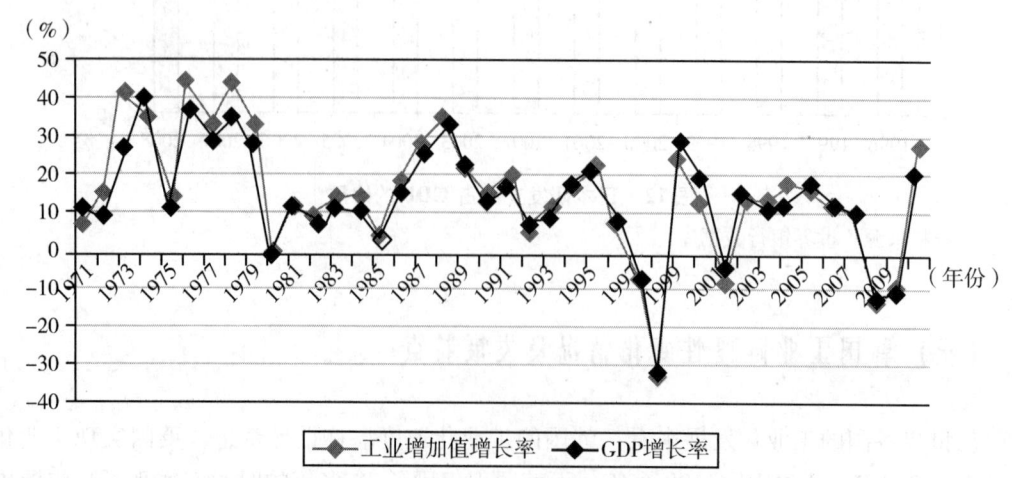

**图14 韩国GDP增长率与工业增加值增长率变化情况**
资料来源：世界银行数据库。

**2. 韩国工业发展的主要特点**

韩国是成功的新兴工业化国家，早期工业曾落后于同一时期的中国。为发展工业，韩国将计划经济体制下采用的一些方法应用到其市场经济体制中，走的是政府主导下的资本主义工业化道路，主要特点如下：

一是从发展阶段看，工业化过程经历了轻工业阶段和重化工业阶段。20世纪60年代初期，西方发达国家把失去比较优势的劳动密集型产业转向发展中国家，韩国政府鉴于当时综合国力比较微弱，选择了轻纺工业作为发展重点。在这一时期，重工业和化学工业虽然有一定的发展，但大都处于初建阶段。日本于20世纪70年代在钢铁等行业失去比较优势后，将其向韩国转移。韩国政府在意识到有必要调整国家的经济结构后，于1973年把国民经济发展的重点由轻工业转向重工业和化学工业。政府重点扶持钢铁、造船、汽车、重型机械、石化电子产业，通过对这些行业设置进入壁垒、给予信贷倾斜等措施，降低大企业从劳动密集型行业向资本密集型行业转变的难度。由此，重工业和化学工业迅速发展起来。

二是从发展模式看，初期采取政府主导模式，后期采用市场主导模式。政府主导模式表现为国家制订经济计划和政策调控。初期，韩国通过财政、金融、外汇政策调控利率、汇率等市场，对各种产业的投资实行审批制或进口限制，以协调资源分配。在市场机制不健全、经济发展水平较低的阶段，上述介入措施成效显著，但随着经济的发展，这种模式对资源分配的副作用渐显，在20世纪70年代末韩国人均GDP达到1 600美元时，此种模式引发了政治、经济动荡。此后，韩国逐步弱化政府干预，由政府主导模式逐步转变为市场主导模式，政府作为市场经济体制结构上的补充，其职能主要是建立防止垄断竞争的公正市场经济秩序以及公平的税收制度。

三是从政策支持看，重视教育、技术引进和技术创新。韩国政府注重专业人才的培养，大量投资发展教育，1972~1985年间教育经费在政府开支中所占比重由15.9%上升到18.4%。政府制订了《实业教育振兴法》和《产业教育振兴法》等一系列法律，1985年又制订了《科技促进法》，提出重点发展半导体、计算机等高新技术战略。国家和企业积极派遣人员出国进修，同时千方百计吸引海外人才回国服务。另一方面，政府在科学技术方面大力投资，在全国各地，甚至于在农村普遍建立研究所、研究中心。在20世纪80年代，韩国的标准化、低附加值品遇到中国与东盟低成本产品的竞争，消费类电子产品又遇到日本产品的竞争，于是韩国调整产业政策，致力于"技术立国"，通过加大研发投入提高技术开发能力，尤其是企业技术开发能力，实现了从以技术引进为主到以自主开发为主的转变，大力推动了工业发展，目前研发投入占GDP的比重在2.5%以上，与美国基本持平（见图15）。

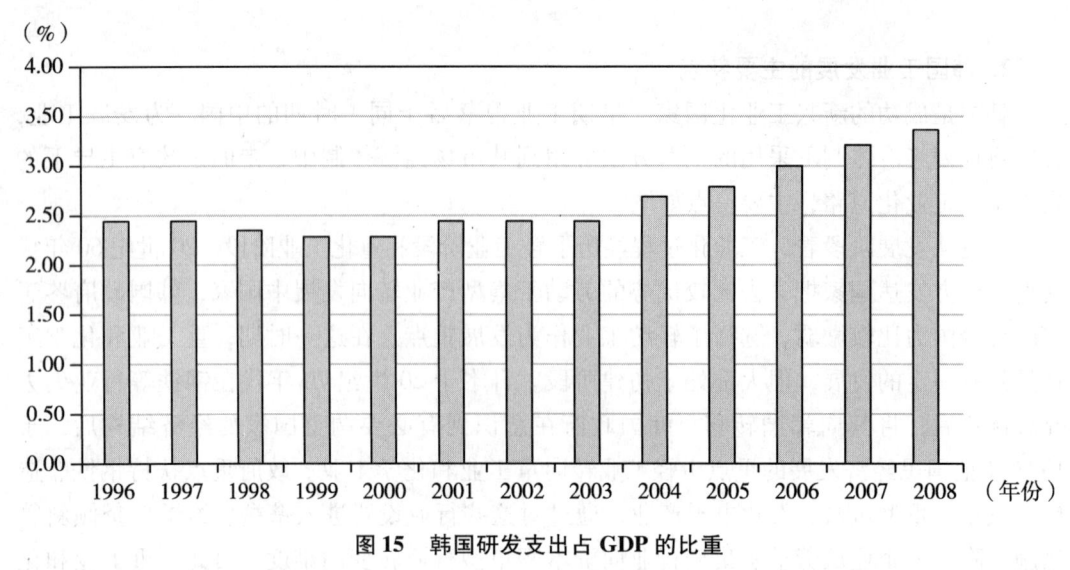

图 15　韩国研发支出占 GDP 的比重

资料来源：世界银行数据库。

## 三、主要国家工业发展阶段性变化的共同特征

### （一）从工业总量的阶段性变化看——工业占比经历了由低到高再降低的倒"U"形转变

工业占经济总量的比重呈现倒"U"形变化态势。通过上述分析可知，无论是先行工业化国家还是赶超型国家，从其工业发展历程看，自进入现代经济增长阶段以来，随着经济发展水平的提升，工业发展经历了由低速增长到高速增长再到低速增长的发展过程，相应的工业产出占经济总量的比重也经历了由低到高再降低的过程，即呈现倒"U"形变化态势。世界银行曾以 1960～2011 年期间的数据为基础，在按其收入水平分类的国家群中，对工业增加值占 GDP 比重与人均 GDP（2000 年美元不变价）进行回归分析，可以发现低收入国家群、中低收入国家群、低收入和中等收入国家群、中等收入国家群、中高收入国家群以及高收入国家群的工业发展共同构成典型且完整的倒"U"形曲线形态（见图 16）。

不同国家由于发展条件和国情不同，具体倒"U"形形态存在较大差异。首先，倒"U"形曲线经历的时间跨度有所不同。英美等先行工业化国家从启动工业化到工业比重跨过峰值多数经过一百年以上的时间，而韩国等后起追赶型国家则在不到 50 年的时间内就走过了这一历程。其次，倒"U"形曲线峰值高度存在差异，倒"U"形曲线峰值出现时的收入水平各有不同。先行工业化国家普遍在较高收入水平上出现工业比重峰值；而一些国家在较低收入水平下工业比重已经出现拐点，如巴西工业比重见顶时尚处于中

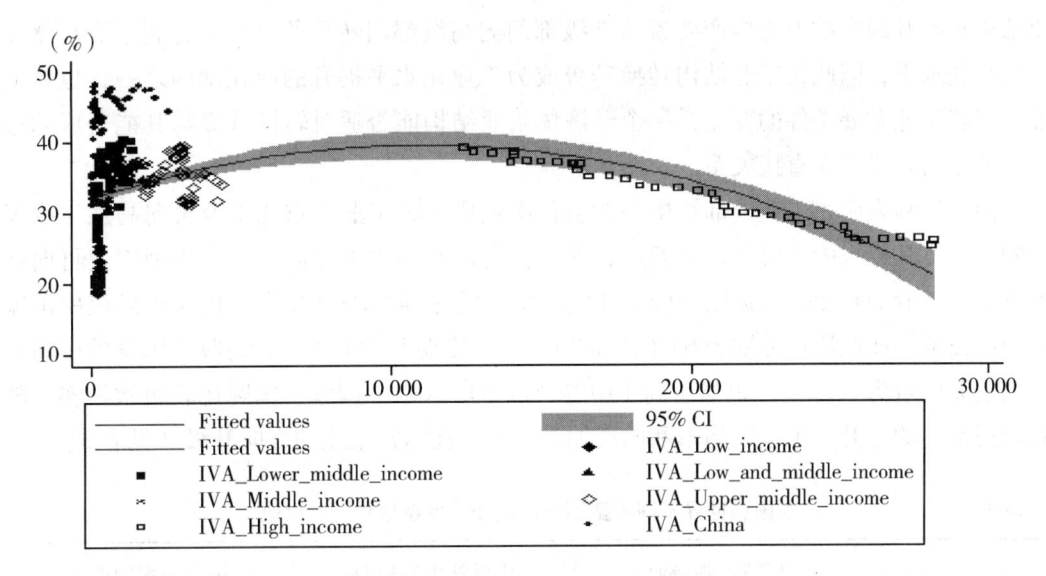

**图 16　不同收入水平国家群的工业增加值占 GDP 的比重与人均 GDP 的回归分析**

资料来源：世界银行数据库。

等收入水平，工业比重见顶过早延缓了巴西向高收入国家迈进的步伐（见表2）。

表2　典型国家工业增加值占 GDP 比重达到峰值情况

| 国家 | 工业化启动期① （年份） | 工业比重见顶期① （年份） | 工业比重见顶期人均 GDP（1990年国际元）② | 工业比重峰值 （%） | 工业比重（%） （2011年） |
|---|---|---|---|---|---|
| 英国 | 1765～1785 | 1955～1965 | 7 986～9 752 | 56.8 | 21.6 |
| 美国 | 1834～1843 | 1950～1960 | 9 561～11 328 | 47.2 | 20.2 |
| 德国 | 1850～1859 | 1960～1967 | 7 750～9 397 | 59.8 | 27.9（2010年）|
| 日本 | 1874～1879 | 1963～1969 | 5 129～8 874 | 45.3 | 26.2 |
| 韩国 | 1950～1960 | 1991 | 9 417 | 42.6 | 39.2 |
| 巴西 | 1950～1960 | 1980 | 5 198 | 48.2 | 27.5 |

资料来源：①此处工业范畴对应我国的第二产业（包括建筑业），工业比重＝工业增加值/GDP，当年价格计算；资料来源：库兹涅茨：《各国的经济增长》，商务印书馆1999年11月第2版，第31页；世界银行数据库。②资料来源：安格斯·麦迪森：《世界经济千年统计》，北京大学出版社2009年1月第1版。③其他资料来源同上。

## （二）从工业结构的阶段性变化看——工业发展经历了由轻工业向重化工业再向高加工度工业的转变

工业发展既是工业总量和地位的变化过程，又是工业结构不断转型升级的过程。工业结构转换升级实质上是生产要素从低级部门向高级部门转移的过程,有利于提高整体经济福利水平,因此,工业结构转换升级成为工业化水平提升的内在动因之一,也就是说,随着工业发展条件的变化,一个经济体工业结构能否适时转换升级与其能否成功迈上工业化新阶段存在直接关系。

国际经验表明,工业内部结构一般会依次经历由轻工业向重化工业再向高加工度工业的升级,从投入的主要生产要素看,对应由劳动密集型工业向资本密集型工业再向技术密集型工业的转变。根据联合国工业发展组织的标准,2009年发达国家和发展中国家的中高技术制造业比重分别为63.6%和26.9%。按收入水平划分,高收入国家的中高技术制造业比重为55.8%,也显著高于中等及以下收入水平国家。国际比较再次证实,随着经济水平的提升,工业结构不断向高加工度化和技术密集化的方向升级(见表3)。

表3　中国和世界不同类型国家制造业技术密集化发展比较

| 国家（地区） | | 低技术制造业比重（%） | | | 中低技术制造业比重（%） | | | 中高技术制造业比重（%） | | |
|---|---|---|---|---|---|---|---|---|---|---|
| | | 2000年 | 2005年 | 2009年 | 2000年 | 2005年 | 2009年 | 2000年 | 2005年 | 2009年 |
| 世界 | | 29.2 | 26.0 | 24.2 | 21.4 | 20.9 | 20.0 | 49.4 | 53.1 | 55.8 |
| 发达国家 | | 27.2 | 23.3 | 20.7 | 19.6 | 17.7 | 15.8 | 53.2 | 59.0 | 63.6 |
| 发展中国家 | | 33.1 | 37.1 | 39.8 | 35.6 | 32.0 | 30.1 | 27.4 | 28.2 | 26.9 |
| 收入水平 | 高收入国家 | 22.4 | 19.8 | 17.0 | 31.9 | 34.1 | 27.3 | 45.7 | 46.1 | 55.8 |
| | 中高收入国家 | 38.1 | 36.3 | 36.2 | 28.6 | 28.7 | 28.5 | 33.2 | 35.0 | 35.3 |
| | 中低收入国家 | 36.0 | 31.0 | 28.9 | 25.4 | 27.3 | 26.6 | 38.5 | 41.6 | 44.5 |
| | 低收入国家 | 64.2 | 62.5 | 61.7 | 16.9 | 16.8 | 17.6 | 18.9 | 20.7 | 20.7 |
| | 欠发达国家 | 69.0 | 69.0 | 71.2 | 13.1 | 12.8 | 12.1 | 17.9 | 18.2 | 16.7 |

资料来源：UNIDO：Industrial Development Report 2011.

日本在20世纪50~60年代,大力发展煤炭、钢铁、石油化工、化纤、有色金属等资本密集型的、"重厚长大"的重化工业产业,成为当时推动经济高速发展的重要引擎和动力。以钢铁产业为例,1950年日本粗钢生产不到500万吨,1960年突破2000万吨,在20世纪60年代前期,钢铁业年均增长13%,20世纪60年代后期,钢铁业年均增长达到18%,到了20世纪70年代初钢铁产量已超过1亿吨,成为世界上第二大钢铁生产国，并超过德国成为世界第一大钢铁出口国。在经历两次石油危机后，日本开始由重化工业成以汽车、家电、机械、电子等加工业为主的技术密集型的、"轻薄短小"型的高加工度工业产业转变，为20世纪80年代日本经济再显活力奠定了基础。完成工业化后，日本重工业占其工业的比重仍超过65%（见图17）。

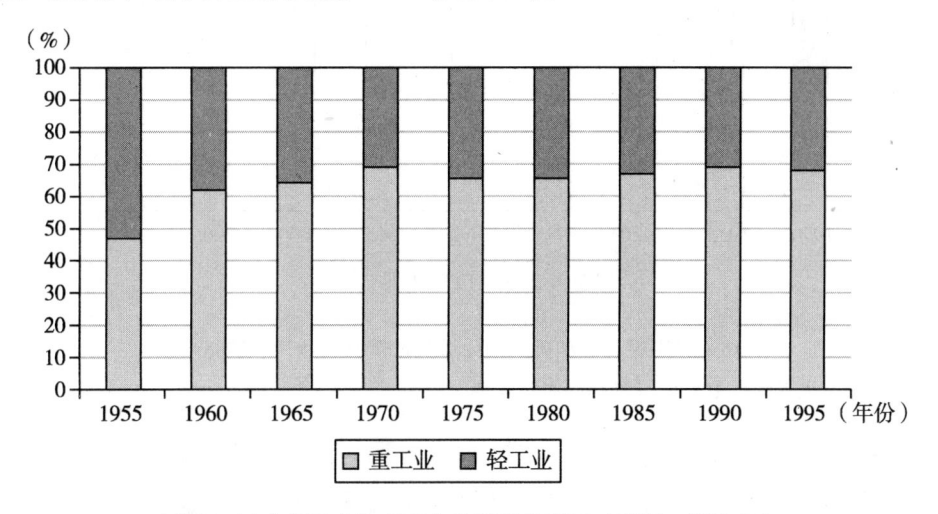

**图17 日本轻工业和重工业比重变化情况（1955~1995年）**

资料来源：世界银行数据库、日本国家统计局。

韩国同样经历了类似的工业变化过程。1973年，韩国政府发表了《重化工业化宣言》，将从日本承接过来的钢铁、造船、石油化工、有色金属等资金密集型的重化工业作为其重点发展的出口战略产业。此后，韩国的重化工业得到飞速发展，1975年，重工业比重超过轻工业。20世纪80年代后，韩国出口面临贸易保护主义高涨、与新兴工业化国家和地区竞争日趋激烈、与发展中国家在劳动密集型产品上差距缩小等三大挑战，因此，韩国政府对传统重化工产业进行技术升级，对精细化工、精密仪器、计算机、电子机械、航空航天等战略产业予以重点扶持，使得在重化工业内，以高劳动生产率、高附加值为特点的技术密集型和高技术产业比重不断上升。完成工业化后，韩国在20世纪90年代的重工业占比超过70%，2008年这一比重更是高达86.9%（见图18）。

## （三）从能源消耗的阶段性变化看——单位GDP能耗从经历了由低到高再降低的转变

国际经验表明，工业化国家单位GDP能耗的上升阶段与该国钢铁、水泥等重工业的快速发展具有明显的对应关系，随着工业由重化工业向高加工度工业的转变，一国的单位GDP能耗也不断下降。这一方面是由于随着加工度的提高，对原材料的加工链条越来越长，对能源的使用越来越完全高效，对原材料和能源的依赖程度降低，同时产品的技术含量和附加值也大大提高，而消耗的原材料并不成比例增长。另一方面，随着加工度

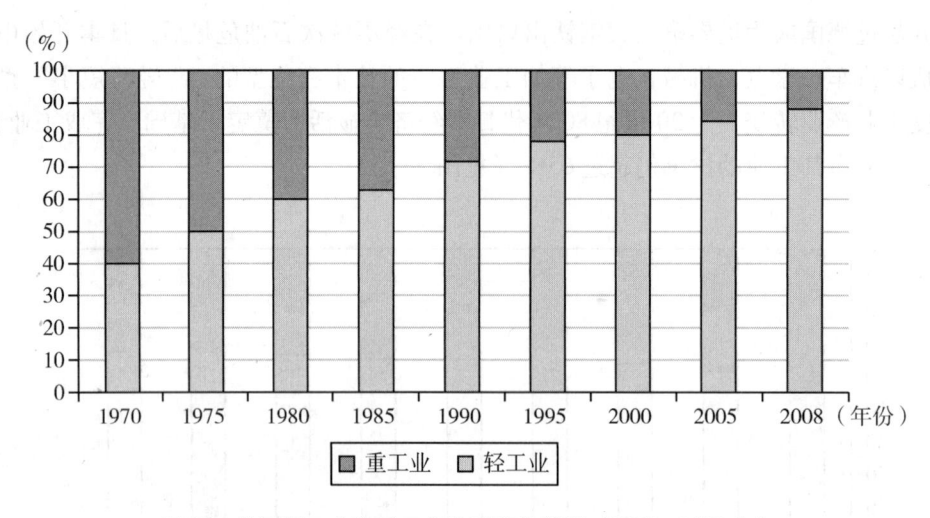

图 18　韩国轻工业和重工业比重变化情况（1970～2008 年）

资料来源：世界银行数据库、韩国国家统计局。

的提高，重化工业纷纷向发展中国家转移，使得能源消耗强度也向外转移。

以钢铁产业为例，在实现工业化后，欧美国家及日韩等国一方面改进钢铁生产方式，由过去直接从矿石提炼，转变为更多地利用废钢炼钢，钢铁生产过程中对铁矿资源的依赖程度和对环境的影响已经降低，其再生利用和循环利用水平大为提高。另一方面，这些国家的工业更多地转向技术密集型的汽车、电子等产业，并大力发展研发、设计等高端服务业，将能源消耗较高的原材料加工环节逐步转移到其他国家，钢铁产业尤为明显。英国作为最早的工业化国家之一，钢铁产量在 19 世纪初居世界第一，后随着美国工业化进程的加快，世界第一的位置被美国在 1886 年取代。后来随着德国、前苏联、日本的工业化进程加快，曾先后超越英美，成为世界第一或第二钢铁生产大国。之后，随着我国由轻工业向重化工业的转变，钢铁产量迅速增长，于 1996 年突破 1 亿吨超过日本成为世界第一大钢铁生产国，并一直保持第一的位置，2012 年粗钢产量占到全球总产量的 46%以上（见表 4）。

表 4　　　　　　　　　世界主要钢铁大国次位变迁情况

| | 年代 | 产　　量 | 当时世界排名 |
|---|---|---|---|
| 英国 | 19 世纪初 | 超过全球钢铁产量一半以上，其次为德国、法国和美国 | 第一 |
| 美国 | 1886 年 | 钢铁产量超过英国成为世界第一，1919 年钢产量占世界钢总产量的比重高达 59.2% | 第一 |
| 德国 | 20 世纪初 | 1910 年，德国产量达 1 370 万吨，占世界总产量的比重超过 20%，仅次于美国 | 第二 |
| 前苏联 | 20 世纪 50 年代 | 1953 年，前苏联超过德国成为世界上第二大钢铁工业大国，产量占世界总产量的 20% 以上 | 第二 |

续表

|  | 年代 | 产量 | 当时世界排名 |
|---|---|---|---|
| 前苏联 | 1971年 | 粗钢产量突破1.2亿吨，首次超过美国 | 第一 |
| 日本 | 20世纪80年代 | 1980年日本钢产量突破1.1万吨，超过美国居世界第二位，产量占世界总产量的近20% | 第二 |
| 日本 | 1989年 | 苏联解体之后，日本成为世界第一钢铁大国 | 第一 |
| 中国 | 1996年 | 突破1亿吨，超过日本成为世界第一钢铁大国 | 第一 |
| 中国 | 2012年 | 粗钢产量7.16亿吨，占全球钢产量的46.3% | 第一 |

资料来源：作者根据相关公开材料整理。

## 四、对未来我国工业发展的几点启示

当前，我国工业增加值占GDP的比重已超过40%，人均GDP超过6 000美元。通过上述分析可知，我国即将达到工业发展的"U"型峰值，工业产值占GDP的比重可能会在未来几年内出现阶段性变化，需要我们未雨绸缪，积极借鉴相关国际经验，正确引导产业发展，促进工业升级和经济结构转型。

### （一）工业化能否顺利完成决定着我国能否顺利跨越"中等收入陷阱"

从世界各国工业发展和经济发展相关性看，完成工业化的国家大都进入了高收入国家行列，其工业产值占GDP的比重已处于下降状况，总体下降至25%左右的水平。中低收入国家其处于工业化进程中，其工业产值占GDP的比重始终没有达到40%以上的峰值水平，这也是大多数国家难以跨越"中等收入陷阱"的重要原因之一。低收入国家的工业发展处于较低的水平，其工业产值占GDP的比重尚不到25%，难以支撑经济的持续健康发展（见图19）。

从具体国家看来，韩国和巴西的工业化起步条件相似，并且韩国启动工业化略晚于巴西，但自20世纪60年代以来，韩国以劳动密集型产业起步，于20世纪70年代实现了向资本密集型重化工业的转换，并在20世纪80年代提出了"产业结构高级化"目标，又成功实现了向技术密集型和知识密集型产业的转换升级，到1991年，韩国工业比重达到42.6%的倒"U"型峰值，之后逐步下降，顺利实现了工业化，其人均GDP也顺利突破10 000美元，进入发达国家行列。而巴西虽自启动工业化进程以来，较早地推进资本密集型重化工业发展，但由于忽视劳动密集型产业的基础，缺少了劳动密集型支撑向资本密集型支撑的转变过程，并且过多依靠外国资本和技术，从而导致工业结构向技术密

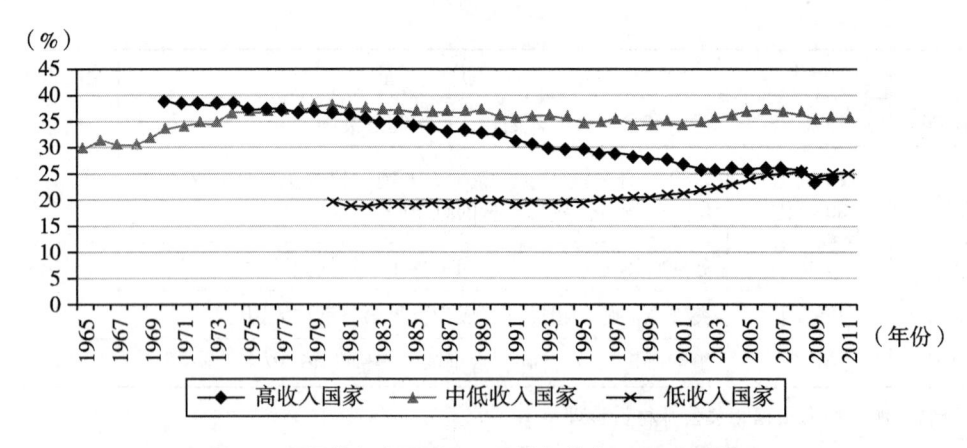

**图19　不同收入水平国家工业增加值占GDP比重情况**

资料来源：世界银行数据库。

集型产业升级受阻，未能有效完成工业化。因此，自1987年起巴西工业比重快速下降，到2011年已降至27.5%，工业化未能顺利完成使得巴西坠入了"中等收入陷阱"。

无论是从世界各国总体情况看还是从典型国家工业化情况看，一国工业化能否顺利完成决定着该国能否顺利跨越"中等收入陷阱"。当前我国已进入向工业化中后期或后期转换的重要时期，处于由劳动密集型工业和资本密集型重化工业向技术和知识密集型高加工度工业升级的重要关口。只有完成有效的工业升级，顺利实现工业化，才能为我国成功跨越"中等收入陷阱"、向高收入国家迈进提供必要保证（图20）。

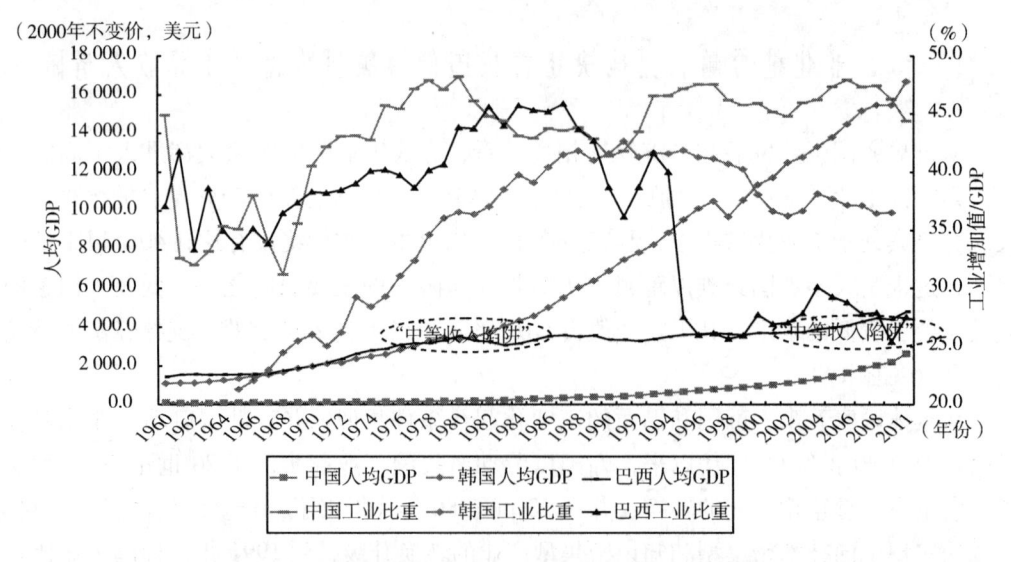

**图20　中国和韩国、巴西经济水平和工业比重变化比较**

资料来源：国家统计局；世界银行数据库。

## （二）从工业总量看，我国即将到达倒"U"型峰值出现的时点，且将迈上1万美元台阶

工业峰值出现后，人均GDP将进入快速增长期。英国、德国和日本在1970年工业增加值占GDP比重达到峰值后，人均GDP进入快速增长通道，在十年后的1980年基本就达到了10 000美元的水平，但随后出现了所谓的"万美元时点下台阶"的情况，各国经过五年左右的调整期，登上了人均1万美元的台阶，顺利进入高收入国家。韩国是在1991年工业增加值占GDP比重达到峰值，用了四年的时间登上了人均1万美元的台阶，同时也在该阶段经过了五年调整，顺利跨越万元阶段，进入了高收入国家（见图21）。

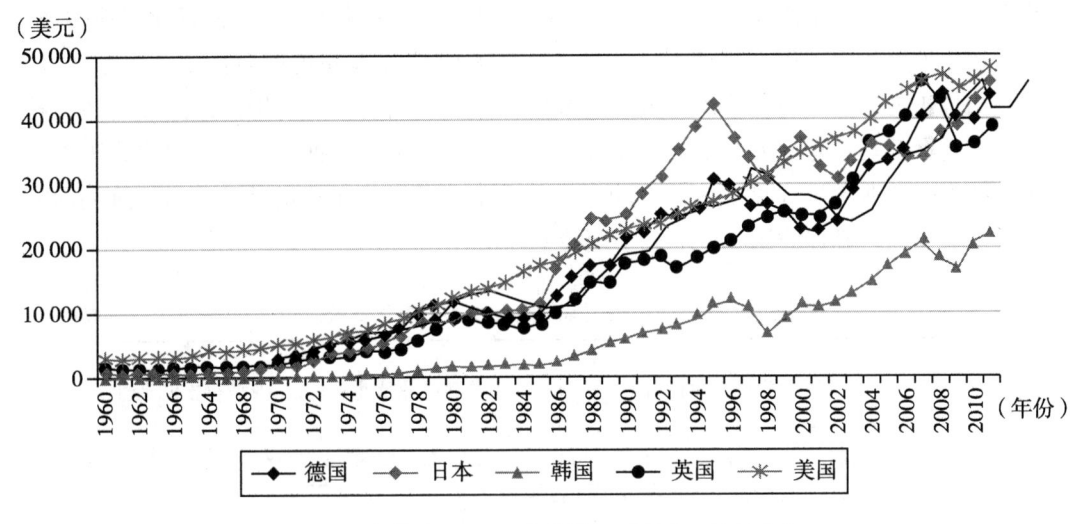

**图21 各国人均GDP变化情况（1960～2011年）**

资料来源：世界银行数据库。

2012年，我国人均GDP已超过6 100美元。根据前面的分析可知，在工业发展到达"U"型峰值后的5～10年内，人均GDP将迈入1万美元关口。上述五国中除美国外，其余四国均在该时刻出现不同程度的经济波动。能否稳步跨上万元台阶，关系到我国能否顺利跨越"中等收入陷阱"，必须未雨绸缪，做好预案。

从峰值回落的幅度有所不同。先行工业化的英国和美国从40%～42%的峰值回落到19%～23%的程度，其经济主要依赖第三产业；而赶超型国家中的德国和日本则从43%～48%的峰值回落到25%～28%，另一个赶超型国家的韩国，仅从42%的峰值回落到36%～38%，其工业对经济增长的贡献比其他几个国家要大。我国作为制造业大国，有着特殊的国情，因此，未来工业占比即使会有所下降，其从峰值回落的幅度也不可能像英美等那样回落到20%左右的程度，可能和韩国相似，下降幅度不会很大，仍保持在35%左右的程度。

## （三）从工业结构看，我国工业发展要完成从重化工业转向高加工度工业转变

英、美、德、韩四国在实现工业化的过程中，都先后经历过重化工业阶段，虽然由于社会发展目标、经济政策、要素禀赋和国际环境等的影响，各国的主导产业有差异，如英、美、德都是以纺织业为轻工业阶段的主导产业，随着技术进步和工业化水平的提高，主导产业转为钢铁、机械等重化工业；德国因为历史原因，铁路产业迅速成为其工业发展的主要动力；韩国随着当时世界先进工业国产业结构升级调整，承接他国工业转移，主导产业从轻纺业转到钢铁、机械和化工等产业。但就其实质而言，都是在市场机制作用下，劳动密集型产业和资本密集型产业互相推进，主导产业逐步向重化工业转换。巴西工业化道路的曲折很大程度上在于工业未能及时从资本密集型向技术密集型转变。当前我国也正处于这一转变阶段，虽然从数据上显示我国的工业特别是制造业的中高技术占比较高，但其中有很大一部分都是加工贸易，只是统计数据的体现，而非我国真正的中高技术制造业含量（见表5）。因此，未来我们必须加大工业的技术含量，推动向高加工度工业发展，确保我国工业顺利实现转型升级。

表 5　　我国和世界不同类型国家制造业技术密集化发展比较　　单位：%

| 国家（地区） | | 低技术制造业比重 | | | 中低技术制造业比重 | | | 中高技术制造业比重 | | |
|---|---|---|---|---|---|---|---|---|---|---|
| | | 2000年 | 2005年 | 2009年 | 2000年 | 2005年 | 2009年 | 2000年 | 2005年 | 2009年 |
| 中国 | | 31.4 | 28.2 | 27.4 | 25.7 | 28.4 | 28.2 | 42.9 | 43.4 | 44.3 |
| 世界 | | 29.2 | 26.0 | 24.2 | 21.4 | 20.9 | 20.0 | 49.4 | 53.1 | 55.8 |
| 发达国家 | | 27.2 | 23.3 | 20.7 | 19.6 | 17.7 | 15.8 | 53.2 | 59.0 | 63.6 |
| 发展中国家 | | 33.1 | 37.1 | 39.8 | 35.6 | 32.0 | 30.1 | 27.4 | 28.2 | 26.9 |
| 收入水平 | 高收入国家 | 22.4 | 19.8 | 17.0 | 31.9 | 34.1 | 27.3 | 45.7 | 46.1 | 55.8 |
| | 中高收入国家 | 38.1 | 36.3 | 36.2 | 28.6 | 28.7 | 28.5 | 33.2 | 35.0 | 35.3 |
| | 中低收入国家 | 36.0 | 31.0 | 28.9 | 25.4 | 27.3 | 26.6 | 38.5 | 41.6 | 44.5 |
| | 低收入国家 | 64.2 | 62.5 | 61.7 | 16.9 | 16.8 | 17.6 | 18.9 | 20.7 | 20.7 |
| | 欠发达国家 | 69.0 | 69.0 | 71.2 | 13.1 | 12.8 | 12.1 | 17.9 | 18.2 | 16.7 |

资料来源：UNIDO：Industrial Development Report 2011.

## （四）从能源消耗的阶段性变化看，淘汰落后产能、走新型工业化道路成为必然选择

目前，我国工业整体仍处于全球价值链的中低端环节，虽然承接了跨国公司高技术产品加工组装阶段的生产转移，但在资本和技术密集型的零部件生产上仍严重依赖于发达国家，高能源消耗的工业生产环节仍主要在我国停留。

随着经济地位的不断提升，我国要鼓励高污染、高耗能工业产业向外转移，利用好国际技术转移的契机和科技上的后发优势，加强对发达国家先进技术的消化吸收再创新，努力实现向技术密集型的工业高端升级探索出一条高效益、低能耗的新型工业化道路。同时，防止被锁定在国际产业链的低端，把大力发展生产性服务业作为实现发展方式转变、工业转型升级的重要手段和途径。要从生产性服务业中影响工业转型升级的关键领域和薄弱环节入手，突出重点区域、重点行业，解决事关全局的关键性问题，特别要大力发展反映国际竞争焦点、处于"微笑曲线"两端的生产性服务环节，即曲线左端的科研设计环节和右端的品牌培育、营销管理和售后服务环节，形成对工业转型升级的有力支撑力。

## （五）作为后发国家，在工业发展进入中后期要更加重要市场的作用

为赶超工业化先进国家，后起工业化国家都采取政府干预与市场机制相结合的模式，以有效配置全社会的人力、物力和财力资源，调控好工业化进程中不时出现的失衡现象，确保工业快速稳定发展。英国的工业化水平一直处于先进行列，在其发展过程中，它主要实行经济自由主义。美、德两国政府在工业化追赶过程中，不同程度地采取了措施以推进工业发展，但主要是在政策引导层面，如美、德政府通过高关税政策保护幼稚产业。在工业化初期，韩国距工业化先进水平的差距较大，为了缩小差距，韩国政府在选定的主导产业方面给予了大量的政府支持，并采用了类似计划经济的模式发展工业，一直到工业化中期，才通过市场化手段继续促进工业发展。

但同时要看到，政府长期主导工业发展会产生一系列问题。英、美、德、韩四国都采用了市场经济体制，即便政府干预工业发展，也通常是采取市场化的措施，如政府补贴和制订市场规则。虽然韩国在工业化初期采用了计划经济体制模式下的一些方法加快发展，但发展到一定程度后，仍是通过市场化手段推动工业继续发展。日本政府由于在工业发展过程中未能及时让步市场，出现了"失去20年"。因此，在未来的工业发展进程中，要进一步合理界定政府和市场的边界，加快政府改革，减少行政干预，完善市场经济体制，发挥市场配置的基础性作用。政府主要通过制定重大发展战略，规范企业行为，维护市场秩序，优化行政环境来推动工业化发展。在拥有完善的市场机制和完备的市场体系条件下，经济主体拥有充分的自主权，追求利润的内在动力和激烈竞争的外在

压力迫使经济主体提高效益以求生存和发展。因此，市场化可激励企业在提高劳动者素质、改进劳动装备、鼓励发明创造、改善经营管理、扩大经济规模等方面下工夫。实践证明，市场经济能够起到优化资源配置、加速科技进步、提高经济效益、推动经济增长方式转变等积极作用。

### （六）要更加重视技术创新体系建设和职业人才培养工作

各国都重视通过教育提供人才、科学知识等方面的保障以推动技术创新，依靠自主创新实现技术超越。只有技术领先才能在世界市场中具有竞争优势，真正实现赶超，故技术创新是工业发展的根本。各国工业化历程都表明，科技创新是一个国家的立国之本，虽然后发国家都曾在工业化过程中积极引进先进技术，但其工业化的完成最终都依靠自主创新。近年来，我国研发投入快速增长，2012年我国研发经费占GDP的比重已达到1.97%，但与发达国家相比仍较低，且使用质量难以保证。由于市场导向和社会地位评价等原因，我国高等教育得到快速发展的同时，职业教育发展却面临投入不足、师资紧缺、招生困难、机制不灵活、专业结构不合理等诸多问题，造成生产一线技能人才特别是高技能人才严重短缺，众多劳动者的职业技能与劳动力市场需求有较大差距，不能完全满足我国工业转型升级、走新型工业化道路的要求。

未来，要继续高度重视研发管理，建立科学规范的研发管理体系，提高研发资源配置效率，把有限的研发投入用好，切实提升我国的自主创新能力。进一步加大对职业教育的资金投入力度，构建分层分类的专业技术人才继续教育体系，重视实践技能，贴近市场需求，构建网络化、开放式、自主性的职业教育体系，大力发展产教结合与产学结合的教育道路。

（执笔人：卞　靖）

**参考文献**

［1］王金照等：《典型国家工业化历程比较与启示》，中国发展出版社2010年12月版。

［2］南亮进：《日本的经济发展》，经济管理出版社1992年12月版。

［3］中国社科院工业经济研究所：《2009中国工业发展报告——新中国工业60年》，经济管理出版社2009年9月版。

［4］刘世锦等：《传统与现代之间——增长模式转型与新型工业化道路的选择》，中国人民大学出版社2006年9月版。

［5］徐朝阳：《工业化与后工业化："倒U型"产业结构变迁》，载于《世界经济》2010年第12期。

［6］冯飞、王晓明、王金照：《对我国工业化发展阶段的判断》，载于《中国发展观察》2012年第8期。

［7］李晓华：《产业结构演变与产业政策的互动关系》，载于《学习与探索》2010年第1期。

［8］高煌：《从重化工业化争论看我国产业结构升级的路径选择》，载于《天津行政学院学报》2006 年第 5 期。

［9］王永平：《发达国家工业化成功经验及其对我国的启示》，载于《当代经济》2006 年第 2 期。

［10］蒲玉梅：《产业结构调整与美国工业化》，载于《贵州师范大学学报》2002 年第 6 期。

［11］周健：《英、美工业化道路对二元经济结构转换的作用》，载于《当代经济管理》2008 年第 1 期。

［12］程岂凡、韩庆国：《美德两国近代工业革命之比较》，载于《社科纵横》2003 年第 1 期。

［13］林晓星：《论 19 世纪末 20 世纪初美国工业迅速发展的特点及其原因》，载于《昆明师专学报》1996 年第 2 期。

［14］白雪洁：《日本与美国产业结构变动的经济增长与就业效果比较》，载于《现代日本经济》2003 年第 5 期。

［15］高德步：《英国工业化过程中的农业劳动力转移》，载于《中国人民大学学报》1995 年第 3 期。

［16］吴铁稳、陈晓彤：《浅析 19 世纪末 20 世纪初德国工业崛起及启示——教育的视角》，载于《法制与经济》2012 年第 4 期。

［17］肖锟、胡亚君：《日本工业化发展经验及对我国的启示》，载于《现代商贸工业》2010 年第 12 期。

［18］侯力、秦熠群：《日本工业化的特点及启示》，载于《现代日本经济》2005 年第 4 期。

［19］李俊：《中国与韩国产业结构演变过程与启示》，载于《西北农林科技大学学报》2008 年第 4 期。

［20］徐佳宾、徐佳蓉：《产业调整中的政策基点分析——韩国的工业化历程及其对中国的启示》，载于《中国工业经济》2000 年第 12 期。

［21］国家统计局工业交通统计司：《中国工业经济统计年鉴 1988 – 2012》，中国统计出版社。

［22］世界银行数据库：www.worldbank.org.cn。

［23］CEIC 数据库。

# 第八章

# 要素条件变化与中国工业发展的阶段性特征与趋势

## ——基于浙江杭州萧山区、安徽亳州市的对比调研

**内容提要：** 对东部和中部地区的对比调研发现，当前我国要素条件正在深刻变化，工业发展呈现阶段性变化趋势。东部地区要素成本高涨，给传统的劳动密集型主导产业和外延式增长模式带来巨大挑战，迫使产业结构向高新技术产业和价值增值的方向升级，即所谓的"在挑战中转型"。中部地区要素优势日益显现，成为加快劳动密集型产业、资源依赖型产业发展的重要支撑，带动地区经济进入工业化快速推进阶段，即所谓的"后起的增长"。调研发现，要素条件变化与工业发展阶段具有耦合发生、协同变化的关系，产业结构升级会引导要素条件的变化，要素条件变化对产业结构升级形成支撑。过度依赖已有要素优势可能导致升级滞缓或锁定，顺利实现产业结构升级需要及时发掘和培育潜在优势要素。

近年来，我国要素条件变化对工业发展的深刻影响日益受到关注。由于我国工业发展具有较明显的区域差异，分地区对比调研有助于更全面细致地考察工业发展的实际状况。为此，国家发展和改革委员会宏观经济研究院2013年重点课题"我国工业发展的阶段性变化研究"课题组一行8人，分别自2013年7月16日至7月20日赴安徽亳州市，自9月9日至9月15日赴浙江杭州萧山区进行实地调研。期间，先后与两地发改、经信、商务、环保、国土、科技、人社、招商、统计等相关政府部门以及典型企业代表进行深入座谈，并选取若干有代表性的产业园区和企业进行现场考察，共涉及纺织服装、化工、汽车及零部件制造、金属制品、普通装备制造、专用装备制造、电子及通讯设备制造等7个行业18家企业（见表1）。通过调研，课题组对我国工业发展条件、特点和趋势形成了更清晰和准确的认识。有关情况如下。

| 表1 | 调研企业的地区及行业分布 | | 单位：家 |
|---|---|---|---|
| 浙江萧山区 | | 安徽亳州市 | |
| 行业 | 数量 | 行业 | 数量 |
| 化学纤维 | 2 | 电子组装 | 2 |
| 金属制品 | 1 | 纺织鞋帽 | 2 |
| 工程机械 | 1 | 轴承阀门 | 2 |
| 汽车零部件 | 2 | 汽车零部件 | 3 |
| 3D打印机 | 1 | 汽车改装 | 2 |

## 一、阶段性变化的佐证：在对比调研中发现

浙江杭州萧山区代表了我国经过30多年高速经济增长亟待转型升级的东部地区，而安徽亳州市则代表了资源要素优势逐渐显现进入快速增长阶段的中部地区。其中，萧山区被誉为中国民营企业的摇篮，人均GDP为20 720美元（2012年），已经达到上中等收入国家水平。目前，萧山已经进入工业化、城镇化、市场化全面提升时期，消费结构、投资结构、产业结构都在发生重大调整和变化。亳州市是一个典型的中部地市，工业与发达地区相比尚处于起步阶段，即使在安徽省内也处于经济规模较小、发展水平较低的位置。但是，近年来亳州市在吸引外部资金、大项目建设、特色产业培育等方面取得显著进展，保持了较快增长势头。由于萧山和亳州在发展阶段上具有显著差异（见表2），因此选取两地进行对比分析能够准确地把握我国工业阶段性变化的问题和特征。

表2　　　　　　　　2012年萧山区与亳州市经济发展指标比较

| | 浙江萧山区 | 安徽亳州市 |
|---|---|---|
| 人口（万人） | 123.57 | 604.22 |
| 人均GDP（元） | 130797 | 14 642 |
| 在岗职工平均工资（元） | 41 263（2011年） | 32 241（2011年） |
| 城乡居民人均存款余额（元） | 73 115（2011年） | 7 477（2011年） |
| 工业增速（%） | 14.44 | 26.35 |
| 主导产业 | 汽车制造、化学纤维、纺织、化学原料及化学制品制造、通用设备制造 | 医药制造、农副食品加工、饮料制造、煤炭开采和洗选、化学原料及化学制品制造 |

注：数据来自于调研资料，工业增加值增速为2005~2012年的平均值。

调研中，课题组重点关注我国工业发展的要素条件发生着怎样的变化，要素变化给

工业企业带来什么样的冲击和挑战,地方政府以及有关部门怎么看待这些变化,企业经营者做出什么样的调整和应对。

## 二、要素条件的变化:要素成本高企与"洼地"优势显现

### (一)东部地区要素成本高企

**1. 劳动力、土地成本快速上涨,倒逼与约束作用明显**

近年来,萧山区劳动力供应从前几年的供大于求转变为趋于紧张。这与新生代农民工厌倦工业就业、传统劳动输出地就业增长、东部地区生活成本高涨等因素有关。由此带来的变化,首先表现为2008年以来劳动力平均工资的大幅攀升,年均增速在10%以上(见图1)。截至2013年6月,萧山区规模以上工业企业支付职工工资101亿元,同比增长8.9%,职工月均工资为4129元,同比增加425元,增幅达11.5%。其次表现为劳动力结构变化带来间接成本的上升。这主要是由于以"80后"、"90后"为主力军的新一代外来人口文化层次相对较高,对生活、娱乐设施等方面的需求快速增长,用工企业需要进行夫妻房、电视、饮水机等配套投资与建设,带来企业成本的增长。目前,萧山区20~29岁的外来人员数目达到32.9万,接近30~50岁的外来人口规模(45.7万)。

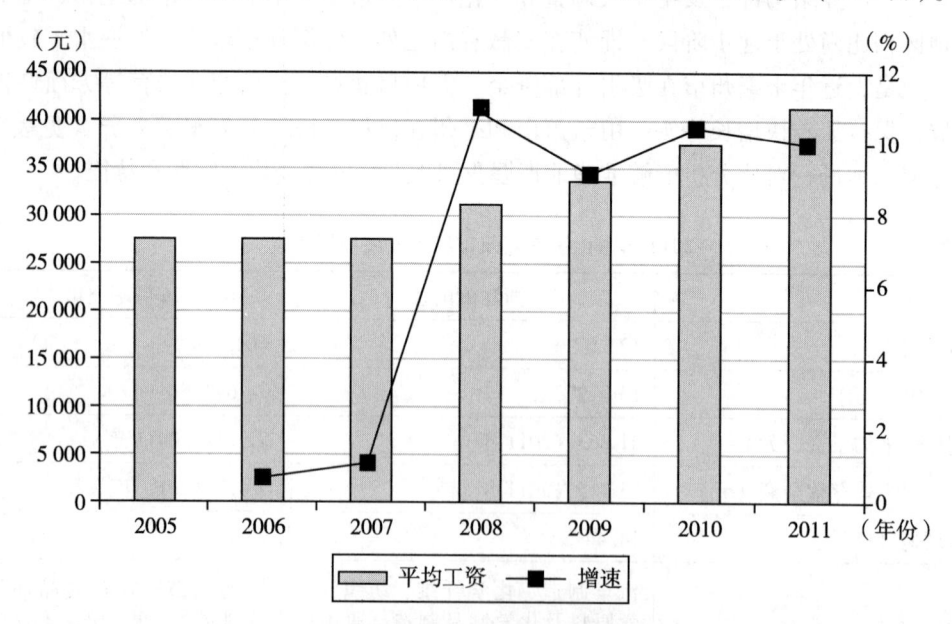

**图1 萧山区全部职工年平均工资增长情况**

资料来源:根据调研资料整理。

萧山区工业用地紧张,用地供需方式经历了最初的划拨到后来的协议出让再到招标、

拍卖、挂牌的演变过程，从面上供应向点上供应转变。由于传统产业比重较高，萧山工业用地需求旺盛，尤其是化纤、纺织、汽车制造等工业项目用地，一般在百亩以上，大的工业项目用地在千亩以上。目前，萧山区计划内工业用地指标仅有500亩，重点项目用地需要通过杭州市和浙江省来解决。为了实现占补平衡，萧山区向丽水、衢州等周边地区调剂购买用地指标，保障耕地占补平衡指标的及时到位。另一方面，工业用地供给紧张带来用地成本的上升。按照《全国工业用地出让最低价标准》，萧山区被列为第七等，工业用地出让不能低于16.8万元/亩。2011年，萧山区7、8两个月份的工业用地出让总价，就超过了前两年出让总价的六成以上，成本上涨可见一斑。

**2. 生态环境承载空间有限，环境保护压力较大**

由于经济快速发展、环保工作滞后，萧山区环境保护压力巨大。目前，萧山南片分布着相对集中的以电镀、造纸为主体的水污染企业，东片为以轻纺、印染为主体的水污染企业集聚区，南阳、河庄一带则以污染较为严重的化工企业居多。2011年，萧山市出口、尖山、头蓬、新围、瓜沥和前进六个监测断面仍属于劣Ⅴ类水体。在影响大气环境质量的污染物中，以二氧化硫最为突出，城区酸雨污染也有加重的趋势。由于环保设施投资不足，工业及生活垃圾堆放严重，给环境带来破坏，并可能引发二次污染。日益凸显的环保压力通过环保信访也可以得到体现，目前萧山区环保部门每年接受的环保信访达上万件，在政府部门中仅次于信访局。在环保要求趋于严格的形势下，污染强度大的产业逐渐向外部地区转移，但是这种转移同样带来了污染的转移，甚至在产业转移出去之后仍给萧山带来污染。这主要是指一些污染企业向萧山上游环保要求较低的地区转移的情况。

## （二）中部地区"洼地"优势显现

**1. 劳动力规模庞大，成本优势非常明显**

亳州地处皖北地区，经济发展水平较低，大量的劳动力亟待从农业生产向非农领域转移。根据亳州市2012年进行的调查，劳动力资源总量①为277.1万人，占户籍总人口的45.4%。其中，农业户口261.5万人，占劳动力总量的94.4%。由于当地经济规模较小，吸纳就业的能力不足，亳州成为全国重要的劳动力输出基地。据调查，亳州市共转移劳动力132.3万人，占劳动力总数的47.7%。长三角地区由于经济发展水平高、交通便利，成为吸纳亳州劳动力转移的主要地区。与此同时，亳州劳动力的成本竞争优势明显。2012年，亳州城镇非私营单位就业人员年平均工资为37 028元，远低于东部地区和全国平均水平（分别为53 444元和46 769元），仅为后者的69.28%和79.17%。

---

① 不包括在校学生和机关事业单位工作人员。

## 2. 土地开发利用空间大，建设成本较低

亳州工业用地价格远低于东部地区，土地开发利用潜力较大。按照国土资源部的有关通知，亳州市谯城区属十等地，涡阳县属十三等地，利辛、蒙城县属十四等地。工业用地出让最低价格标准也按照这一分类等级执行。2013年7月，亳州市13宗工业用地出让面积1 796亩，成交价约为每亩11.3万元。对于投资规模大、强度高的工业项目，还给以较大幅度的优惠扶持，例如固定资产投资5 000万元至1亿元、自取得土地使用权之日起12个月内建成投产的，给予每亩5万元的财政扶持；固定资产投资1亿至2亿元、自取得土地使用权之日起18个月内建成投产的，给予每亩8万元的财政扶持。整体说来，亳州的工业企业运营成本与沿海城市比较至少低30%，商务成本优势明显。

## 3. 矿产及物产资源丰富，支撑能力较强

亳州地处"皖北粮仓"，农产品资源相当丰富，盛产小麦、玉米、棉花、大豆、烟叶等作物，是全国重要的商品粮、商品棉、优质烟、优质茧生产基地。2012年粮食总产量93.9亿斤，是全国粮食主产区之一，占全省的1/7。畜禽养殖业发达，涡阳、蒙城、利辛被誉为"黄牛金三角"。由于亳州被誉为"中华药都"，最具特色和开发潜力的当属中药材资源，拥有百万亩中药材种植规模和全国最大的中药材交易市场。另外，煤炭储量达59.4亿吨，现有技术条件下可开采的达28.29亿吨，居全省第三位。独特的资源优势，为亳州提供了广阔的发展空间，积聚了跨越发展的巨大潜力。

## 三、工业发展的变化：挑战中转型与"后起"的增长

### （一）东部地区转型升级：向高新产业和价值增值升级

#### 1. 原有增长模式面临挑战，出现增长拐点

外延式增长难以为继，原有模式的增长红利逐渐消失。长期以来，萧山民营经济和块状经济不断发展，形成了化纤纺织、服装羽绒、汽车及零部件等多个产业集群，带动了工业近三十年的高速发展。但是，萧山工业自2007年以来进入减速增长阶段，产值增速由2007年之前的20%以上下降至10%左右，2012年仅有9.30%，远低于之前的增长速度（见图2）。2013年增速进一步下降，上半年工业总产值同比增长8.40%。与此对应，工业增加值占GDP的比重自2006年以来呈现下降趋势，从61.61%下降至2012年56.96%。

外延式增长模式具有要素资源占用偏大、能耗偏高、污染偏重的特点，导致工业发展与资源、环境容量之间的矛盾日益突出。一方面，工业发展的技术含量不高，企业自

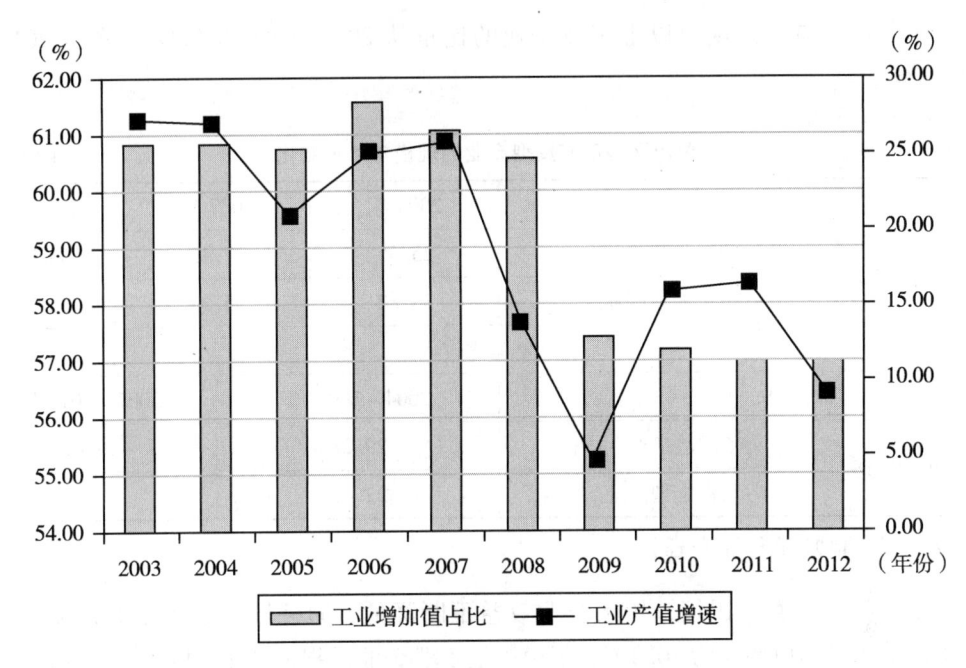

**图2　近年来萧山区规模以上工业增长情况**

资料来源：根据调研资料整理。

主创新能力不强，存在"重设备引进、轻消化吸收，重模仿生产、轻技术研发，重投资上规模、轻管理上水平"的现象。另一方面，专业市场驱动、成本优势支撑、出口增长带动在经济发展中的作用逐渐弱化。萧山经济发展依托于"专业市场+专业制造"的经济发展模式，但是随着电子商务、网上贸易的兴起，专业市场的地位不断弱化，比如2012年上半年萧山轻纺城交易额下降了20%左右。在生产成本上，萧山的成本优势已经逐渐弱化。在出口方面，由于国际金融危机的持续发酵，2012年萧山出口总额88.16亿美元，同比下降1.9%。

**2. 传统产业面临发展困境，增长潜力减弱**

传统轻纺产业面临产能过剩、产品结构趋同、恶性竞争严重等问题，增长潜力逐渐减弱。作为发展起步的主导产业，纺织、服装、羽绒、家具、包装等产业在萧山经济中占较大比重，以低技术、低附加值产品为主。由于自身技术、资金等方面的原因，这些企业转型意愿、方向和动力相对不足。从走访的部分化纤企业来看，除了近年新上的项目设备较为先进以外，多数化纤企业设备装置运行时间较长，处于行业中下水平，产品价格相比低200元/吨。增长潜力减弱在增速上反映得最为明显，2004~2007年劳动密集型产业产值[①]年均增速比装备制造产业低6.82个百分点，2007~2011年比装备制造产业

---

① 劳动密集型产业包括农副食品加工业、食品制造业、饮料制造业、纺织业、纺织服装、鞋、帽制造业、皮革、毛皮、羽毛（绒）及其制品业、木材加工及木、竹、藤、棕、草制品业、家具制造业、造纸及纸制品业、印刷业和记录媒介的复制业、文教体育用品制造业、塑料制品业、非金属矿物制品业。

低 12.55 个百分点，占规模以上工业企业的比重从 2004 年的 38.82% 下降至 2011 年的 28.21%。

表3　　　　　　　　　萧山区劳动密集型产业的规模与比重变化　　　　　　　单位:%

|  |  | 2004 年 | 2007 年 | 2011 年 |
|---|---|---|---|---|
| 产值占比 | 装备制造产业 | 25.35 | 27.15 | 33.77 |
|  | 劳动密集型产业 | 38.82 | 35.33 | 28.21 |
| 增速比较 |  |  |  |  |
|  |  | 2004~2007 年 | 2007~2011 年 |  |
| 年均增速 | 装备制造产业 | 29.28 | 19.67 |  |
|  | 劳动密集型产业 | 22.46 | 7.12 |  |

资料来源：根据调研资料整理。

传统产业增长面临困境，导致企业效益不断降低，向外转移趋势不断加剧。2012年，萧山工业增加值率仅为 10.3%，规模以上工业企业亏损面达 14.4%。增加值率偏低和亏损面扩大导致利润率不断降低，规上工业企业销售利润率从 2010 年的 6.28% 下降至 2012 年的 4.05%。进入 2013 年，利润率恶化进一步加剧：1~6 月，规上工业企业销售利润率仅为 3.3%，化学纤维和汽车制造两大行业的销售利润率分别为 2.86% 和 2.35%。由于利润率降低，一些劳动密集型制造企业逐渐向中西部地区转移。例如纺织企业富丽达集团，面临原料、土地、电力、劳动力等成本约束，先后在新疆建设一期 15 万吨、二期 20 万吨粘胶纤维项目，并在巴音郭楞州建设纺织产业园。目前，公司在新疆的累计投资额已达 30 亿元，新疆项目收入占集团总收入的比重达到 40%，并有望进一步提高。

**3. 产业结构亟待转型升级，发展方向初现端倪**

在原有增长模式面临挑战、传统产业增长潜力减弱的形势下，产业亟待向效率提升、价值增值、结构升级方向转变。萧山区政府和企业单位采取了一系列措施来推动产业转型升级。首先是加大落后产能淘汰力度，促进传统产业改造提升。2011 年，列入淘汰落后产能计划的企业有 62 家。2012 年，淘汰涉及造纸、纺织、机械等 8 个行业的 43 台（套）落后设备。另一方面，支持企业加大技改投入，广泛运用新技术、新工艺、新设备，改造提升传统产业。富丽达集团在杭州率先完成脱硫脱硝改造，不仅被称为"节能减排比产品开发做得更好"的企业，而且促进了企业综合成本降低和产品质量提升。

二是积极推进智慧制造进程。通过企业信息化建设，推动工业从"制造"向"智造"发展。目前，化纤纺织、汽车制造、装备制造等行业已经率先推进"机器换人"步伐，万向集团、荣盛集团等龙头企业投入巨资改造现有生产设备，引进包装、仓储自动化设备，优化生产流程，力求做到减员、节能、减排、增效。

三是向高新产业和创新驱动方向升级。重点打造定位于生命科学、新能源、新材料、智能装备等新兴产业的萧山科技城、定位于化纤研发和制造中心的化纤科技城、定位于高科技企业孵化基地的杭州湾信息港，推动自主创新和高新技术产业发展。2012年，规模以上高新产业实现销售产值847.67亿元，同比增长17.2%，工业新产品产值1 213.66亿元，同比增长17.1%。以杭州力龙液压为例，公司将建成年产100万台的泵、马达、多路阀研发中心和数字化生产基地，打造世界一流的液压元件品牌。未来，企业发展有望打破国外技术壁垒，实现工程机械主机配套用高压大流量柱塞泵、马达和多路阀产品的全面进口替代。

## （二）中部地区后起增长：产业转移与返乡创业带动发展

**1. 工业规模和速度快速提升，迈入工业化加速推进阶段**

2005年以来，亳州工业进入快速增长阶段，增加值增速从2004年的11.2%增长至2005年的25.2%（见图3）。此后至2011年，一直保持在20%以上的高速增长状态。即使在面临一系列困难的2012年，工业增加值同比增速仍达到16.7%。一方面，工业经济的快速增长带动整个经济的蓬勃发展。"十一五"以来，亳州地区生产总值连续跨过300亿元、400亿元、500亿元台阶，年均增长率超过12%；2012年，进一步增长至715.66亿元，比上年增长11.9%。另一方面，工业经济的发展推进了产业结构的优化。"十五"末亳州三次产业结构比例为32∶27.5∶40.5，2012年演变为26.2∶39.6∶34.2，第二产业比重提高12.1个百分点。工业在地区经济中的主导地位逐步形成，占GDP的比重从2003年的18.3%上升至2012年的33.7%。

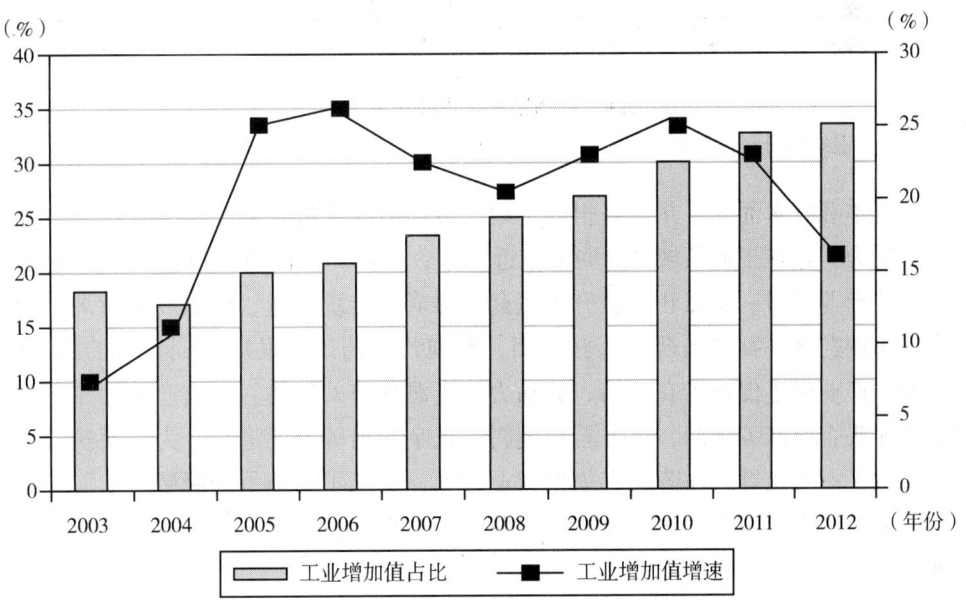

**图3　近年来亳州工业增长情况**

资料来源：根据调研资料整理。

## 2. 积极引入外部资本和技术，承接产业转移取得显著成效

依托自身的要素条件优势，亳州成为东部地区产业转移的重要承接地，先进资本大量涌入，承接转移规模逐年增加。2008 年以来，亳州市招商引资工作进入快速增长阶段，通过举办全国中药材交易会、国际中医药博览会、中国白酒文化节等展销推介活动，积极参加国内外重大节会，形成全方位、多层次的招商引资格局。2001 年亳州利用市外资金 10.6 亿元，2012 年达到 600 亿元，仅亿元以上的新引进项目就达到 139 个（见图4）。2001～2012 年，利用市外资金的年均增速达到 44.33%，近年来的增速更是居于安徽省前列。

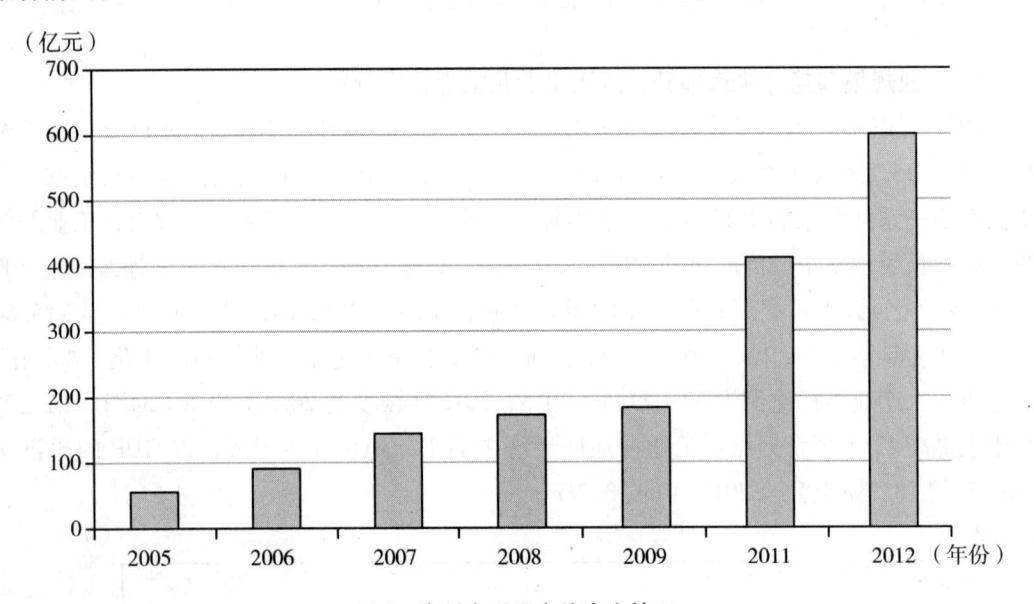

图 4　亳州市利用市外资金情况

资料来源：根据调研资料整理。

外部资本和技术涌入，并与亳州的土地、劳动力等优势要素相结合，极大地释放了经济增长潜力。这在工业领域最为明显。近年来，工业类招商引资项目到位资金占 45% 以上。这些产业项目一方面壮大提升了医药、煤炭等传统产业，例如和记黄埔、捷众制药、白云山制药等一批知名药企入驻亳州，对现代中药产业发展起到显著的推进作用。另一方面，产业引进促进了农产品、劳动力等资源优势的发挥。在农产品加工领域，农业产业化龙头企业江苏雨润、东方希望饲料、正宇面粉等企业进驻，为亳州建设轻工食品基地提供了有力支撑。在劳动密集型产业方面，建成了涡阳平湖服装产业园、中国皖北纺织服装时尚产业园等产业基地，落地劳动密集型工业项目 47 个，总投资达 71.6 亿元（见表4）。

表4　　　　　　　　　　亳州市近年来引进的主要产业项目

| 行业 | 主要引进项目 |
| --- | --- |
| 生物医药 | 和记黄埔、白云山制药、同仁堂、雷允上、蜀中制药、捷众制药、吉林修正药业、紫鑫药业、华艾生物科技 |
| 农产品加工 | 江苏雨润、正宇面粉、重庆啤酒、东方希望饲料、上海鹏欣集团、五得利集团 |
| 服装 | 杉杉服饰、安踏喜宝鞋服、莱都服装、凯利莱服饰、鑫磊服饰、徽玛服饰、金桥棉业、满仓棉业 |
| 汽车 | 江淮汽车、安徽实权光电科技、浙江玉环集团、财富康达、兆鑫专用车 |
| 机械 | 奇瑞重工、力士曼工程机械、德州建森机械、安徽阁云机械、安徽瑞特科技 |
| 电子 | 鑫龙电器、联拓电子、深圳七方科技 |
| 化工 | 美格塑业、三星化工、江苏丰华科技新型材料 |
| 建材 | 海螺水泥 |

资料来源：根据调研资料整理。

### 3. 进入返乡创业增长阶段，发展内生动力不断增强

作为传统的劳务输出基地，外出务工者返乡创业势头日益增长。返乡创业增强了地区发展的内生动力，不但带回了家乡缺乏的资金、技术和市场信息，更为经济建设培育了一批企业家，造就了一批新型产业工人。从2012年第三季度来看，亳州就业需求总人数31 014人，岗位空缺与求职人数之比为1.17，求职人数不能满足市场需求。其中，纺织针织印染工、缝纫工需求量最大，其岗位空缺与求职人数比率分别达到2.18和1.77（见图5）。目前，亳州市共有26家农民创业园区，返乡农民创业企业初具规模的达1 362

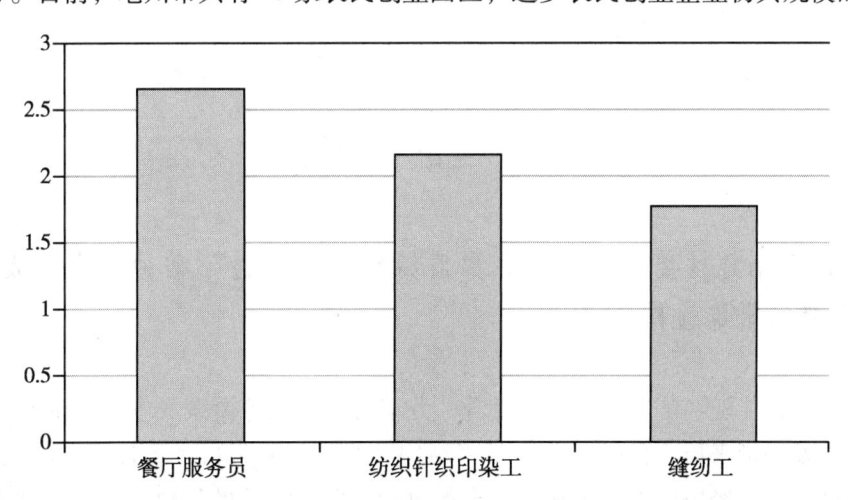

图5　2012年第三季度亳州市需求空缺最大职业情况

家。一些返乡创业项目已经达到了相当规模，并具有较强的竞争力（见表5）。例如利辛县刘家集乡集聚了多家返乡轴承加工企业，形成了从原材料供应到产品研发、加工、销售一体化的产业链条。2010年，刘家集乡轴承行业已拥有个体工商户50余家，各类专业操作、维修人员300多人，参与轴承加工的机械500余台。产品市场从几年前的安徽、山东发展到现在的十多个省区，在轴承业具有一定影响力。

表5　　　　　　　　亳州市2011年返乡创业投资项目完成情况

| 行业 | 行业项目 | 进展 |
| --- | --- | --- |
| 食品加工 | 程家集镇治良农副产品加工厂 | 完成投资800万元 |
| 服装制造 | 王人镇丽颖服装厂 | 完成投资800万元 |
| 木材加工 | 阚疃镇大地木业有限公司 | 完成投资1 000万元 |
| 木材加工 | 潘楼镇丽人木业有限公司 | 完成投资1 500万元 |
| 化工 | 王人镇鑫农肥业有限公司 | 完成投资700万元 |
| 化工 | 刘家集乡晖腾塑料有限公司 | 完成投资800万元 |
| 化工 | 中疃镇特种涂料厂 | 完成投资500万元 |
| 建材 | 永兴镇本民新型墙材厂 | 完成投资1 000万元 |
| 建材 | 城关镇九盛墙材厂 | 完成投资2 000万元 |
| 建材 | 刘家集乡中欧建材厂 | 完成投资1 000万元 |
| 建材 | 王市镇新型墙体材料厂 | 完成投资500万元 |
| 建材 | 城关镇帝怡商砼有限公司 | 完成投资3 000万元 |
| 机械 | 望疃镇机械制造厂 | 完成投资500万元 |

资料来源：根据调研资料整理。

## 四、结论与启示

### （一）东部地区要素成本高企形成结构性"倒逼"效应，工业发展面临降速与升级的艰难选择

调研发现，伴随经济水平的不断提升，劳动力、土地等要素成本上升的趋势难以扭转，对工业发展带来压力的同时，也带来结构升级的重要契机。经过多年的快速发展，我国东部地区正在经历要素成本显著上升的过程，资源环境的约束也在不断加大，导致传统的外延式增长难以为继，原有模式的增长红利逐渐消失，增长潜力趋于减弱。原本依赖低廉劳动力的低成本、低附加值产业，出于保持、提升竞争优势的需要而在空间上

寻求迁移，进而向要素成本更为低廉的中部地区转移。在这种形势下，产业结构转型升级成为东部地区发展的必然选择，迫切地需要向创新驱动产业发展、技术知识密集型产业引领产业发展、中高端价值环节提升产业发展的方向升级。正是在这一思想的指导下，东部地区采取了一系列措施来推动产业结构转型升级，包括加大落后产能淘汰力度、促进传统产业改造提升、积极推进智慧制造进程、推动自主创新和高新技术产业发展等。

但是东部地区在转向附加值更高的产业形态、发展技术密集型产业时，技术创新能力的瓶颈制约非常明显，面临创新投入大、成本高、短期内难以获得收益等问题。这主要是由于东部地区发展过程中，长期依赖要素投入增长，研发投入比重偏低，技术创新能力薄弱，即使是有技术进步，也依赖于外部技术引进，自身的研发创新能力积累不足。更为严峻的是，在全球化条件下，即使企业投入大量人力、物力和财力进行产品研发，所创新的产品也可能面临国外企业低价策略的恶意竞争，难以将知识创新和技术进步转化为企业的盈利能力。由此带来的后果是，东部地区在劳动密集型产业转移出去之后，如果没有形成具有优势的资本和技术密集型产业，将会面临产业空心化的风险。

### （二）中部地区低成本"洼地"优势逐步显现，但工业发展需要正确处理后起增长与长期发展的关系

调研发现，在东部地区生产要素供给日益趋紧的条件下，中部地区的要素优势逐渐显现，以丰富的自然资源和劳动力资源最为明显。承接东部产业转移成为加快中部地区工业化进程、促进经济发展的重要推手。亳州市近几年吸引外部资金规模不断扩大，一些外出务工的打工者也纷纷返乡创业或务工，经济发展的内生动力不断增强，在增长速度上呈现对东部地区的加速追赶态势。这主要是因为伴随着区域间要素条件的对比变化，中部地区所具有的增长吸引力和吸纳能力越来越强，资本、技术等各项生产要素随着区域间比较优势的变化而向中部地区转移和集聚。这种转移一方面可以发挥中部地区的人口红利、土地红利和环境红利，通过承接技术梯度相对较低的产业，将劳动力、土地、资源等优势转换成为产业优势；另一方面可以利用与先进地区之间的技术差距，节省发展成本，加快经济发展速度。

但是中部地区在承接东部产业转移的过程中，固然拥有劳动力、土地成本低廉带来的发展优势，也面临基础设施不完善、产业配套能力不足等因素的制约。当前，东部产业向中部地区转移不仅考虑资源与成本，产业链整合与配套也是至关重要的影响因素。由于中部地区很多产业部门还未得到有效发展，产业配套能力严重不足，从而限制了产业转移的发生以及转移效应的释放。即便某些企业转移过来，也可能由于中间产品外购成本过高而难以集群根植。另一方面，作为后发地区，如果中部地区在承接东部产业转移的过程中，延续东部地区已走过的成本依赖、粗放增长、环境污染的传统道路，最终仍将会面临增长滞缓的困境。因此，相关政策需要积极引导中部地区在后起发展中尽量趋利避害、长短结合，以利于我国工业发展真正实现有序升级和持续发展。

## （三）工业发展与要素条件具有耦合互动关系，工业结构升级需要工业结构与要素条件协同变化

对比调研发现，产业结构升级引导要素条件变化、要素条件变化支撑产业结构升级是工业发展阶段变化最重要的内涵之一。两个地区都处在工业发展转变的新阶段，不同的地方在于萧山区处在向工业化后期过渡的发展阶段，亳州市处在由工业化初期向工业化中期过渡的发展阶段。在这两个阶段的转变过程中，资源要素条件变化与工业发展阶段变化都呈现耦合发生、协同变化的特点。相比来看，萧山区经济发展向工业化后期转变过程中资源要素既有"倒逼"作用，也有"拉动"作用，前者体现在劳动力成本攀升、土地成本高涨、环境约束增强等变化对产业升级形成"倒逼"作用，后者体现在资本要素充裕、企业管理积淀加深、技术条件逐渐改善等变化对产业升级形成支撑。亳州市经济发展向工业化快速推进阶段转变的过程中，资源要素的作用具有更为明显的自发性和驱动性，即原有资源要素条件在地区间的对比变化中逐渐体现出优势来，并与外部资金、技术等要素相结合，转化为驱动工业化快速推进的动力。

## （四）要素优势是构建工业发展优势的基础条件，不断发掘和培育要素新优势是实现产业结构升级的重要途径

要素条件有其自身的演变进程和规律，其与工业发展变化的对应耦合关系也有一个适度、合理的范围。对于经济较为发达的东部地区来说，在要素成本理应随着要素条件的变化而上涨时，不能人为地、过度地、长期地压低要素价格和环境成本，来获取"要素红利"和"环境红利"，这在一定程度上会拖延企业自主创新和产业转型升级的进程，导致"结构锁定"和"分工陷阱"。调研发现，许多企业缺乏技术创新动力，其原因在于我国的生产要素成本特别是劳动力成本比较低。只有实现生产要素价格的理性回归和合理上涨，才能形成迫使企业加大研发投入、通过技术创新提升竞争力的"倒逼"机制。与此对应，东部地区必须在创新要素培育、创新能力提升、创新环境优化上采取一系列配套措施，才能有效地促进创新发展和产业升级。

对于要素优势开始显现、进入快速增长阶段的中部地区来说，在发挥资源要素优势承接产业转移的同时，需要在提升要素质量、产业链建设、基础设施配套、管理技术提升等方面给以重点关注，使产业发展具有更强的内生性和可持续性。既要充分发挥要素资源的成本优势，又不能过度放大这种优势，否则会导致要素资源的过度投入和粗放增长；既要充分利用环境、土地等资源空间，又不能过度开发，乃至重蹈先行地区污染环境、破坏生态的覆辙。在工业化、信息化、城镇化等多重任务的叠加下，中部地区要在合理有效发挥土地、劳动等要素优势的前提下，积极地采用新技术、新工艺、新设备改造提升传统产业，适时地引入和培育资本、技术等高端要素促进新兴产业成长，这样才

能有效地避免东部地区"先污染、后整理"与"结构锁定"的老路子，促进经济的持续、快速发展。

（执笔人：徐建伟　付保宗　周　劲　张义博）

# 第九章

# 中国工业发展的阶段性变化研究综述

**内容提要:** 针对我国工业发展的阶段性变化问题,国内外学者分别从一般工业发展规律、工业发展变化的驱动因素和我国工业发展的阶段性变化特征等方面进行过直接或间接的研究。一些学者认为工业发展与工业化发展既有密切联系又有区别,工业发展的概念相比于工业化的定义较为狭窄,诸多关于工业化发展阶段的实证研究涉及了工业发展的阶段性变化问题。关于工业发展变化的驱动因素,学者争论的焦点集中于工业发展需要遵循还是违背比较优势以及政府与市场的作用边界等方面,一些学者分别研究了要素条件、资源环境、需求条件和体制机制对工业发展变化的驱动或制约作用。一些国内学者从不同角度论述了新中国成立以来尤其是改革开放以来我国工业发展的阶段变化轨迹,分析了当前我国工业发展的阶段特征及突出矛盾并对未来工业发展趋势进行了判断。总体来看,已有研究成果仍存在诸多的不足,具体表现在:间接的研究较多而直接的分析较少,对历史发展的总结性研究较多而关注现实和未来的前瞻性研究较少,借鉴国外已有理论框架的研究较多而结合我国实际的具体研究较少,针对工业发展个别问题的局部性研究较多而纵观全局的系统性研究较少。因此,进一步深入研究我国工业发展的阶段性变化问题具有重要的理论和现实意义。

我国工业发展的阶段性变化是指在内外部因素综合作用下,一定历史时期我国工业总量和结构发生显著变化的过程。系统研究这一课题既要考察国际的一般规律,又要结合我国的特殊国情;既要分析工业发展的外围条件,又要剖析工业发展的内部特征;既要全面总结历史,又要科学判断现实并展望未来。针对这一问题,国内外学者分别从一般工业发展规律、工业发展变化的驱动因素和我国工业发展的阶段性变化特征等方面进行过直接或间接的研究。

## 一、关于工业发展阶段性变化的一般规律

### (一) 关于工业化与工业发展的内涵

传统研究多将工业化定义为工业、尤其是制造业在国民经济中比重不断上升的过程。

《新帕尔格雷夫经济学大辞典》将工业化定义为一种过程,首先是国民收入(或地区收入)中制造业活动和第三产业所占比例提高了,其次是在制造业和第三产业就业的劳动人口的比例一般也有增加的趋势。在两种比率增加的同时,除了暂时的中断以外,整个人口的人均收入也增加了。[1] 相比于这一定义,另一类关于工业化的定义则是广义上的,发展经济学创始人之一张培刚将工业化定义为"国民经济中一系列基要生产函数(或生产要素组合方式)连续发生由低级到高级的突破性变化的过程"。[2] 在广义定义的基础上,理解工业化的内涵包括三个方面,一是着重于要素组合方式或技术的变化;二是不仅包含制造业工业化,还包括农业经营的工业化;三是技术变化所带来的制度变化也是工业化过程的一个组成部分,包括现代工厂制度、市场结构及银行制度等变化。[3]

相比于工业化的定义,工业发展的概念较为狭窄。陈佳贵等(2009)认为,在一个国家漫长的工业化和现代化进程中,工业按照自己的发展规律改造着一个国家的国民经济面貌,一国或地区的工业发展应该包括工业规模的扩大(工业产值占整个国民经济比重提高)、工业部门结构的改善(工业部门结构的高级化、合理化和协调化)、工业竞争力和创新能力的提高(工业制品质量的提高、在市场竞争中获得更多的市场份额、新的工业产品和部门不断涌现)等内容,可以概括为工业数量增长和质量提高。[4] 正如Jorgenson等(2000)所说的,总量数据和总量生产函数并不足以刻画工业增长的全貌,[5] 工业发展必然包括结构方面的变化。金碚等人(2011)认为工业结构变化一般包括轻重关系、行业结构、所有制结构、产业组织结构、要素结构以及地区结构等几个方面。[6] 高拴平(1997)对工业结构变化的理解与之类似,包括工业与其他产业之间的对比关系以及工业内部结构状况、工业增长的稳定性及其与结构变动的协调性、工业地区结构三个方面,其中,工业内部结构分为轻重工业比例关系和部门间比例关系两个层次。[7] 此外,工业结构还可以包括工业品进出口贸易结构、工业要素结构和工业技术结构等方面,[8] 有的研究也将产业组织结构换作企业规模结构进行分析。[9]

## (二)关于工业化与工业发展的联系与区别

工业化的阶段划分比较成熟和清晰,工业发展阶段的划分则是一个相对模糊的研究领域。多数关于工业发展阶段的研究湮灭在工业化阶段的研究之中,将工业发展阶段作为独立主题进行研究的文献相当稀少。早期的研究,按照生产方式的变化将资本主义生产发展分为简单协作、工场手工业和机器大工业三个阶段,这里暗含着工业发展阶段划

---

[1] 《新帕尔格雷夫经济学大辞典(中译本)(第2卷)》,经济科学出版社1996年版。
[2] 张培刚:《农业与工业化》,华中科技大学出版社2009年9月版。
[3] 谭崇台、郭熙保:《张培刚对发展经济学的开创性贡献》,载于《光明日报》2011年12月2日。
[4] 陈佳贵、黄群慧等:《中国工业化报告(2009)》,社会科学文献出版社2009年3月版。
[5] Jorgenson Dale W., Kevin J. Stiroh. U. S. Economic Growth at the Industry Level. American Economic Review (Papers and Proceedings). 2000, 90 (2).
[6] 金碚、吕铁、邓洲:《中国工业结构转型升级:进展、问题与趋势》,载于《中国工业经济》2011年第2期。
[7] 高拴平:《改革以来我国工业结构变动特征的实证研究》,载于《当代经济科学》1997年第2期。
[8] 国晖、吴伟:《政府规模与工业结构升级:基于分省面板数据的实证分析》,载于《统计与决策》2013年第5期。
[9] 贾晓峰:《我国工业结构的量化分析及调整》,载于《统计与决策》2001年第12期。

分的影子。更多的研究或者是从工业结构变化的不同特征进行工业发展阶段划分，或者是从影响工业发展的重大历史时期变化进行划分，而其中的很多研究又是将这两个方面结合在一起进行的。此外，工业发展阶段也可以指工业发展新时期，江小涓等人（1993）在分析中国工业在 20 世纪 90 年代初期进入一个新时期时，从工业增长速度、工业增长和结构变动的动因及方式等方面进行界定。[①] 虽然划分标准不同，但是不同的工业发展阶段，往往都意味着每个阶段的宏观经济背景、结构调整任务、主要政策变化和结构调整效果各不相同。[②]

多数学者认为工业化与工业发展之间存在密切联系。工业化过程中的经济结构变化表现为产业结构和工业内部结构的变化两个方面，因此，工业化过程往往通过工业内部结构的变化表现出来，并且具有一定的规律性。在工业化初期，纺织、食品等轻工业比重较高；在工业化中期，钢铁、水泥、电力等能源原材料工业比重较大；在工业化后期，装备制造等高加工度行业的比重明显上升。另一种观点认为，由于工业发展推进了一个国家或地区的工业化和现代化进程，因此，工业发展问题可以用工业化和工业现代化两个理论范畴来分析，工业发展表现为工业化和工业现代化水平[③]的提高。[④]

另一方面，一些学者也指出工业化和工业发展之间存在区别。郭克莎（2007）指出，工业化在发展中国家的含义不是指工业的发展，而是整个经济的发展，通过工业化水平的评价指标人均 GDP 等就可以体现出来。[⑤] 冯飞等人（2012）认为，经典的工业化理论得出有其特定的时代背景，这些理论在经济全球化、产业分工细化、后发优势等影响下面临诸多挑战，从而使得一些国家的工业化过程与经验得出的工业结构演变不一致，在一定程度上偏离经典理论的"标准结构"。尤其是分工深化导致发达国家形成服务于全球的服务业，后起发展中国家形成服务于全球的制造业，使得后起国家制造业比重更高，出现拐点的时间也有偏差。而且，后起国家工业化面临着更为宽广的技术选择，消费结构升级、城市化、新技术等因素叠加使得工业化进程在时间上被高度压缩，例如相比于英国、美国完成工业化的时间分别为 200 年、135 年，日本、韩国仅用了 65 年和 33 年。[⑥]

### （三）关于工业化过程中工业发展变化的一般规律

国外经济学家采取实证分析的方法，总结了国际上不同国家工业化发展阶段的经验性判断标准，其中工业总量和结构变化是判断工业化阶段的重要依据之一。比较典型的工业化阶段划分思路一是从工业内部结构演变进行，如霍夫曼等人，二是从整个国民经济演变进行，如克拉克、钱纳里、库兹涅茨等人。霍夫曼认为，在工业化进程中，消费

---

[①] 江小涓、赵英、任纪军、柳红、熊云：《我国工业增长与结构变动的若干新特征》，载于《中国工业经济研究》1993 年第 8 期。
[②] 吕铁：《中国工业结构调整与升级三十年的历程和经验》，载于《社会科学战线》2008 年第 5 期。
[③] 工业现代化是指随着工业的发展，现代工业部门和经过科学技术改造的传统工业部门在整个工业中占有绝对优势并发挥主导作用，保证整体工业的生产效率达到世界先进水平、不断提高的发展过程。
[④] 陈佳贵、黄群慧等：《中国工业化报告（2009）》，载于《社会科学文献出版社》2009 年第 3 期。
[⑤] 郭克莎：《社科院〈工业化蓝皮书〉发布暨中国工业化进程研讨会》，2007 年 8 月 9 日。
[⑥] 冯飞、王晓明、王金照：《对我国工业化发展阶段的判断》，载于《中国发展观察》2012 年第 8 期。

品工业的净产值与资本品工业的净产值之比（即霍夫曼比率）是不断下降的，据此划分出工业化的四个阶段，特别是进入工业化中期，霍夫曼比率小于1，呈现出重化工业加速发展的阶段性特征。克拉克揭示了随着人均收入水平的提高，劳动力从第一产业（农业）向第二产业（制造业）、进而向第三产业（商业和服务业）转移的规律。钱纳里、赛尔奎等将经济发展阶段划分为前工业化、工业化实现和后工业化三个阶段，其中，工业化实现阶段又分为初期、中期、后期三个时期。判断依据主要是人均收入水平、三次产业结构、就业结构、城市化水平等标准。从史料来看，美国完成工业化并进入后工业化阶段的时间是1955年，当时工业（不包括建筑业）比重为39.1%，达到最高值；日本、韩国进入相同阶段的时间分别为1973年、1995年，工业比重最高值分别为36.6%、41.9%。[1]

一些学者深入研究了发展中国家的工业发展问题。刘易斯等提出了"二元经济结构模型"，阐述了发展中国家工业部门相对农业部门不断扩张的内在机制，论证了劳动力资源从传统农业部门配置到现代工业部门的过程，并将二元经济向一元经济结构演变的过程划分为三个阶段，即农业部门劳动力大量过剩的第一阶段、剩余劳动力吸纳完毕的第二阶段和转变为一元经济结构的第三阶段。张培刚对农业国的工业化问题进行了系统研究，分析了农业与工业化的关系、工业化的发动因素和限制因素、工业化的阶段和类型。另外一些学者更加关注经济增长的产业或部门关系，罗森斯坦—罗丹就发展中国家工业化的推进方式提出了"大推进"理论，认为各工业部门需要全面地、大规模地、按照同一投资比率投资，使整个工业按同一速率全面增长。与罗丹的观点不同，赫尔希曼提出了"不均衡增长战略"，发展中国家应该把资本投入到联系效应（前向联系和后向联系）最大的部门，特别是资本品工业部门，这样有限的资本可以产生最优的效果。[2] 罗斯托认为现代经济增长本质上是一个部门的过程，并运用主导产业演替的思想把一国经济增长分为六个阶段，即传统社会阶段、起飞前的准备阶段、起飞阶段、成熟阶段、高额消费阶段、追求生活质量阶段。随着工业化阶段的演进，主导产业部门也会发生有序的更替。正是由于不断有新的主导产业部门取代旧的主导产业部门，工业化才能不断向前推进。[3]

此外，一些日本学者等结合外国投资、国际贸易等外部条件变化，研究了后起追赶型国家的工业发展阶段问题。筱原三代平提出的"动态比较费用论"把后进国家的产业发展从传统的理论教条中解放出来，认为从某一时点上看在国际贸易中处于劣势的产品，从发展的眼光看却可能成为优势的产品，形成动态比较优势。赤松要（1962）提出产业发展的"雁行模式"，指出一国产业发展的基本模式是依次经历进口—国内生产—出口的过程。[4] 这一理论要求将本国产业发展与国际市场密切联系起来，使产业结构国际化。小岛清（1987）进一步扩展了"雁行模式"，提出边际产业扩张理论，认为经济结构的多样化和升级是依照纺织业及其他劳动密集型产品——钢铁、化学及其他资本密集型产

---

[1] 冯飞、王晓明、王金照：《对我国工业化发展阶段的判断》，载于《中国发展观察》2012年第8期。
[2] 刘世锦等：《传统与现代之间——增长模式转型与新型工业化道路的选择》，中国人民大学出版社2006年版。
[3] 罗斯托：《经济增长的阶段》，中国社会科学出版社2001年版。
[4] Akamstsu, K. A. Historical Pattern of Economic Growth in Developing Countries. The Developing Economies. 1962 (1).

品——机械及其他资本/知识密集型产品的顺次变动来实现的。这种产业变动随着时间变化而水平地实现,并且通过顺贸易导向型直接投资在不同发展水平的国家之间雁行扩散。① 巴拉萨从要素禀赋动态变化的角度,提出了梯度比较优势理论,更加侧重于在产业和技术转移基础上的比较优势动态变化。其核心思想是各国外贸结构和比较优势会随着生产要素积累状况而迅速改变。经济发展阶段之间存在着许多阶梯,执行出口导向战略的落后国家能够利用各自的比较优势,进入更高的经济和贸易发展阶梯。

## 二、关于工业发展阶段性变化的关键驱动因素

### (一) 关于工业发展的动因机制和关键因素

关于决定经济增长的因素,不同时代的经济学家有不同的看法。早期的经济学家比较重视基本生产要素的作用,例如配第就比较看重土地和劳动在生产中的作用。进入20世纪中叶前后,现代经典经济学家虽然依然重视基本生产要素的作用,但往往更看重于资本,多马(1983)就认为资本是和劳动一样的生产要素,在现代工业社会里,可以说是劳动附属于资本,而不是相反。② 20世纪80年代中期以来,以Romer、Lucas为代表的新增长理论突破了新古典增长理论关于技术进步外生性的假设,认为技术进步是内生的,技术进步对经济增长的推动作用越来越受到重视。20世纪90年代成长起来的熊彼特增长理论认为内生的研发和创新是推动技术进步和经济增长的决定性因素。之所以说研发和创新是内生的,是因为研发投入量以及创新速度是由经济参与者的最优化行为决定的。③ 与经济学家对增长决定因素的研究发现相一致,不同因素在经济发展中起的作用也是顺次演变的。张其仔等(2008)指出,西方发达国家发展的典型路径就是沿着由资源依赖型经济增长向资本依赖型经济增长再向技术进步依赖型经济增长演化的,从资源依赖型到技术进步型经济增长,自然资本的依赖程度逐渐下降,技术进步的作用逐渐增大。④ 基于此,日本经济学家Ozawa(2005)把纺织、服装产业称为赫克歇尔—俄林式劳动驱动型产业,化工、钢铁产业称为资源与规模驱动型的斯密式无差异化产业,把汽车产业称为差异化的斯密式产业,电子产业称为熊彼特式创新式产业。⑤

一些经济学家对影响经济和产业发展的因素进行研究和归纳,得出了许多具有概括性和综合性的结论。张培刚(1984)在《农业与工业化》中将生产技术和企业家创新管理才能作为工业化的发动因素,将资源和人口作为工业化的限制因素,将社会制度作为随机因素。其中,社会制度有时是发动因素,有时是限制因素,取决于社会制度与工业

---

① 小岛清:《对外贸易论》,南开大学出版社1987年1月版。
② E. 多马:《经济增长理论》,商务印书馆1983年版。
③ 严成樑、龚六堂:《熊彼特增长理论:一个文献综述》,载于《经济学季刊》2009年第3期。
④ 张其仔、郭朝先:《中国工业增长的性质:资本驱动或资源驱动》,载于《中国工业经济》2008年第3期。
⑤ Terutomo Ozawa. Asia's Labor-driven Economic Development, Flying-Geese Style: An Unprecedented Opportunity for the Poor to Rise. APEC Study Center, Colorado State University, 2005 (40).

化是否兼容。① 林毅夫（2012）运用新古典主义的方法研究了经济结构的决定因素和动态发展过程，认为一个经济体的经济结构内生于它的要素禀赋结构，持续的经济发展是由要素禀赋的变化和持续的技术创新推动的。② 经济体的要素禀赋在一般概念上，包括自然资源、劳动力、人力资本和物质资本的相对丰裕程度，这是经济中的企业用于生产的要素禀赋。此外，将基础设置作为经济体禀赋一个新的组成部分引入分析也是有益的，包括硬性（有形的）基础设置③和软性（无形的）基础设置。④ 刘世锦等人（2011）扩展性地提出了解释工业化进程的六要素分析框架，三个基本构成要素是不断扩大的市场空间、持续增长且不断释放的技术潜力和物质资本积累、不断提高的资本特别是人力资本的参与率，三个基本影响要素是一国初始条件、基础性的经济制度、发展战略和政策。⑤ 金培（2012）在分析中指出，决定各国工业化进程的基本因素，除了要素禀赋条件、科学技术运用之外，还有观念文化特质的影响，而且观念文化因素具有长久的重要作用。⑥

更为全面的研究是由迈克尔·波特等人提出的。在《国家竞争优势》一书中波特（2002）提出了"钻石模型"，认为一个国家的竞争优势来源于四个基本因素和两个辅助因素，前者是要素条件、需求条件、相关产业和支持产业、企业战略，后者是机遇和政府。其中，四种基本因素是起决定作用的因素，辅助因素通过影响基本因素发生作用。相比于以往研究，波特更加重视国内需求和政府的重要性。⑦ 然而，"钻石模型"虽然很好地解释了发达国家产业发展和竞争力的来源问题，但是欠发达国家或发展中国家可能面临着与"钻石模型"不一样的经济环境。因此，韩国学者乔东逊乔构建了"九要素模型"，认为产业发展的决定因素可分为两大类：物质要素，包括资源禀赋、商业环境、相关和支持产业、国内需求；人力要素，包括工人、政治家和官僚、企业家和职业经理人，此外是作为外部要素的机遇。⑧ 显然，人力要素的作用在"九要素模型"中被重新认识和提高。此外，与多数经济学家不同，熊彼特（2012）更加关注于引起经济波动的因素，可以分为外部因素和创新。外部因素主要是指革命、战争、灾害、制度变迁、经济政策变化、银行和货币管理、支付习惯变化等。但即便排除非周期因素，经济仍呈现周期现象，则是因为创新活动的存在。⑨

值得注意的有两点，一是需求因素对工业发展的影响越来越受到重视。许多研究发达国家工业化历程的文献都证明，工业结构与需求结构、要素结构之间存在着近似同步演变的一般规律。但是经济学主流文献认为，长期经济增长由供给或要素投入决定，需

---

① 张培刚：《农业与工业化》，华中工学院出版社1984年版。
② 林毅夫：《新结构经济学》，北京大学出版社2012年版。
③ 像高速公路、港口、机场、电信系统、电力设施和其他公共设施等，都属于硬性基础设置；像制度、规制、社会资本、价值观体系以及其他社会和经济安排等，都属于软性基础设置。
④ 林毅夫：《新结构经济学——重构发展经济学的框架》，载于《经济学（季刊）》2010年第1期。
⑤ 刘世锦等：《陷阱还是高墙？中国经济面临的真实挑战和战略选择》，中信出版社2011年11月版。
⑥ 中国社会科学院工业经济研究所：《2012中国工业发展报告——"十二五"开局之年的中国工业经济》，管理出版社2012年9月版。
⑦ 迈克尔·波特：《国家竞争优势》，华夏出版社2002年版。
⑧ 胡麦秀：《发展中国家产业国际竞争力模型新论》，载于《安徽大学学报（哲学社会科学版）》2005年第2期。
⑨ 熊彼特：《经济发展理论》，中国画报出版社2012年版。

求常作为一个短期问题而不予考虑。因此，在经济理论界主要是从供给的角度考量产业结构的升级和演化，从需求角度进行分析的文献相对较少。但是随着工业化进程的推进，经济增长将由供给约束转变为需求约束已成为学术界的一种共识，需求作为启动经济增长的重要因素引起了广泛的关注。[1] 二是开放条件，尤其是分工演进对工业增长的影响成为研究的重点。其实，开放对生产率和经济增长的影响问题始终是经济学研究的一个热点。引发学者思考的是，处于开放与保护并存、竞争与协作同在的全球经济体系中，一国的生产、交易与政府的边界到底达到什么水平是最合理的？[2] 邓宁曾经将"跨国经营"作为第三个辅助因素纳入钻石模型进行分析，蒙等人则进一步构建了包括"国内钻石"和"国际钻石"的双重钻石模型。当然，全球化条件下，我国工业增长的稳定性和波动性也受到一些学者的重视，尤其是经济危机或波动带来的影响。一些研究指出，工业是中国经济中对外开放程度最高、利用外部资源最集中的领域，对国际市场的需求变化具有很大的敏感性和依赖性。在经济全球化条件下，中国工业经济难以独善其身，发展面临巨大挑战。[3]

## （二）关于要素条件与工业发展变化

梳理关于工业增长影响因素的传统研究，主要是通过设定具体的生产函数，使用计量方法估计生产要素的产出弹性，以此来核算各因素对产出增长的贡献度。其中，全要素生产率（TFP）体现的是要素投入增长所不能解释的那部分产出的增长，通常把它解释为技术的进步。很多学者通过测算 TFP 增长率，发现中国工业增长主要是依靠要素投入，技术进步的贡献有限，如郑京海等（2005）、[4] 郭庆旺等（2005）、[5] 刘伟等（2008）。[6] 也有很多学者不同意这样的观点，认为生产率的增长来自于体现型技术进步与非体现型技术进步，中国的技术进步可能更多的是内嵌于设备资本的体现型或物化的技术进步，从而支持中国经济存在效率改进的观点，如易纲等（2003）、[7] 林毅夫等（2007）、[8] 王小鲁等（2009）。[9] 其他不同的发现，如中国经济增长与宏观稳定课题组（2010）测算发现，中国的资本积累增长率及其对经济增长的贡献率与全要素生产率所代表的技术进步对经济增长的贡献率表现出明显的此消彼长关系，即在快速资本积累时期，TFP 作用相对较弱，在资本积累较慢的时期，TFP 的作用就会上升。[10] 另外一些研究使用

---

[1] 纪明：《经济增长的需求启动、需求约束及再启动》，载于《社会科学》2011 年第 5 期。
[2] 杜凯、蔡银寅、孙晓雪：《全球经济失衡：被"饿死"还是被"胀死"？——兼论中国增长模式转变与产业政策选择》，载于《产业经济评论》2010 年第 4 期。
[3] 中国社会科学院工业经济研究所：《国际金融危机冲击下中国工业的反应》，载于《中国工业经济》2009 年第 4 期。
[4] 郑京海、胡鞍钢：《中国改革时期省际生产率增长变化的实证分析》，载于《经济学》2005 年第 2 期。
[5] 郭庆旺、贾俊雪：《中国全要素生产率的估算：1979-2004》，载于《经济研究》2005 年第 6 期。
[6] 刘伟、张辉：《中国经济增长中的产业结构变迁和技术进步》，载于《经济研究》2008 年第 11 期。
[7] 易纲、樊纲、李岩：《关于中国经济增长与全要素生产率的理论思考》，载于《经济研究》2003 年第 8 期。
[8] 林毅夫、任若恩：《东亚经济增长模式相关争论的再探讨》，载于《经济研究》2007 年第 8 期。
[9] 王小鲁、樊纲、刘鹏：《中国经济增长方式转换和增长可持续性》，载于《经济研究》2009 年第 1 期。
[10] 中国经济增长与宏观稳定课题组：《资本化扩张与赶超型经济的技术进步》，载于《经济研究》2010 年第 5 期。

非参数的 DEA、SFA 方法等对全要素生产率的构成进一步分解，如李博等（2010）、[1] 姚志毅等（2010）。[2] 任若恩等（2009）使用 KLEMS 分析框架测算发现，要素投入特别是中间投入和资本投入，是中国目前经济增长的首要来源，TFP 没有明显的改善。[3]

在以上传统研究的基础上，进一步的深化研究分为三个途径，一是将影响工业增长的因素进一步细化和增加，二是关注工业增长的结构性差异，包括不同工业行业间的增长差异和不同区域间的增长差异，三是关注外资利用、技术引进等外部因素对工业增长和结构变化的影响。

首先，工业增长因素的研究越来越重视人力资本与创新、资源与环境的作用。在人力资本[4]与创新方面，一些研究指出，我国自 20 世纪 90 年代以来，在教育人力资本、健康人力资本方面有了显著提高，技术进步由技术引进为主的消化吸收再创新模式转变为自主研发与引进并举的集成创新模式，R&D 创新和全要素生产率已经取代固定资产等因素成为工业产出增长的主要贡献者。[5] 不同的结论，如吴延兵（2008）测算发现，我国工业的知识生产效率偏低，存在较大的改进潜力。[6] 李小平（2007）对工业大中型企业的生产率增长进行分解，发现自主 R&D 投资对产出的不利影响最为显著，这在高 R&D 投资的行业更为突出。[7] 在资源环境方面，很多测度研究都忽视了资源环境对经济增长的贡献，这或者会高估资本的作用，或者会高估技术的作用。张其仔（2008）将资源环境等因素以要素的形式纳入工业柯布—道格拉斯增长方程，发现矿产资源消耗对工业增长的贡献程度最大，其次是环境资源和能源的贡献。相比之下，资本和劳动对工业增长的贡献有限。[8] 庞瑞芝等（2011）进一步研究发现，中国工业"内涵型"技术水平上升缓慢主要来自于资源的过度使用、环境污染等。[9] 在这样的结论判定下，节能减排将对工业发展带来怎样的影响？陈诗一（2010）预测的结果表明，节能减排在初期会造成较大的潜在生产损失，但长期来看，潜在生产损失将会逐步下降，最终低于潜在产出增长。[10] 但是目前来看，环境管制对中国工业增长尚未起到实质性抑制作用，[11] 这主要是由于目前的环境管制水平较低，规制手段和工具比较薄弱。[12]

其次，关于工业增长的结构性差异。陈诗一（2009）测算发现，中国工业总体上已经实现了增长方式向集约型转变，全要素生产率成为工业增长的第一动力，但是重化工

---

[1] 李博、温杰：《中国工业部门技术进步的就业效应》，载于《经济学动态》2010 年第 10 期。
[2] 姚志毅、张亚斌、李德阳：《参与国际分工对中国技术进步和技术效率的长期均衡效应》，载于《数量经济技术经济研究》2010 年第 6 期。
[3] 任若恩、孙琳琳：《我国行业层次的 TFP 估计：1981－2000》，载于《经济学（季刊）》2009 年第 3 期。
[4] 初始人力资本存量水平的指示性变量往往用教育水平来衡量，后来的研究认为人力资本由教育资本和健康资本（包括寿命、营养等）组合生成。
[5] 段龙龙：《人力资本存量、R&D 投资与中国工业增长转型》，载于《科学决策》2012 年第 3 期。
[6] 吴延兵：《中国地区工业知识生产效率测算》，载于《财经研究》2008 年第 10 期。
[7] 李小平：《自主 R&D、技术引进和生产率增长——对中国分行业大中型工业企业的实证研究》，载于《数量经济技术经济研究》2007 年第 7 期。
[8] 张其仔、郭朝先：《中国工业增长的性质：资本驱动或资源驱动》，载于《中国工业经济》2008 年第 3 期。
[9] 庞瑞芝、李鹏：《中国工业增长模式转型绩效研究——基于 1998－2009 年省际工业企业数据的实证考察》，载于《数量经济技术经济研究》2011 年第 9 期。
[10] 陈诗一：《节能减排与中国工业的双赢发展：2009－2049》，载于《经济研究》2010 年第 3 期。
[11] 涂正革、肖耿：《环境约束下的中国工业增长模式研究》，载于《世界经济》2009 年第 1 期。
[12] 庞瑞芝、李鹏：《中国工业增长模式转型绩效研究——基于 1998－2009 年省际工业企业数据的实证考察》，载于《数量经济技术经济研究》2011 年第 9 期。

行业的技术进步要低于全国平均水平。① 曾先峰等（2012）研究显示，技术密集型产业和劳动密集型产业表现为集约型增长，资本密集型产业等表现为粗放型增长，尤其是垄断性行业表现为典型的粗放式增长。② 也有研究发现，纺织等传统优势行业的生产率增长也是较慢的。③ 在区域增长差异方面，改革开放以来，我国从向沿海倾斜到西部大开发，再到中部崛起，中国区域发展战略经历了从不平衡发展到协调发展的战略转变，④ 并且在东部"腾笼换鸟"和中西部"筑巢引凤"的引导下形成产业梯度转移格局。但是，庞瑞芝等（2011）研究发现，内陆地区新型工业化增长绩效远远落后于沿海地区，区域之间发展愈发不平衡。⑤ 即使在省份之间，工业增长模式的差异也很大，有的省份依赖技术进步，有的省份则依赖要素投入的深化。⑥

此外，在全球化条件下，外资利用和技术引进成为改变我国资源要素条件的重要方面。在外资利用方面，部分学者持有积极的观点，例如樊福卓（2008）、⑦ 江小涓（2002）⑧ 等人认为外资是促进中国工业增长和结构升级的重要力量，我国增长较快的行业与外商投资表现出明显的相关性，外商投资在提高资金配置效率和质量、提供先进技术、人力资源开发等方面具有积极的影响。张海洋（2005）在研究中进一步将外资外部性区分为外资技术扩散效应与竞争效应，发现外资促进技术进步是通过竞争效应实现的，而不是技术扩散。⑨ 另外一部分学者认为，外资起着积极的促进作用，但是这种作用并不明显，潘文卿（2003）、⑩ 何洁（2000）⑪ 等在研究中就得出了类似的结论。还有一种观点认为，外资企业凭借在技术、原材料来源、规模经济、销售渠道、产品开发等方面的优势，抢占国内市场份额，对内资企业造成一定的冲击；⑫ 大量外资流入使得国内形成了严重的技术依赖，通过吸引外资推动我国工业技术进步和产业成长的策略成效不明显。⑬ 在技术引进方面，多数研究认为技术引进对我国工业技术进步有一定的促进作用，但其促进作用具有一定条件限定的。金雪军（2006）、⑭ 陈国宏（2001）⑮ 等研究发现，技术引进虽然增加了我国的技术知识存量，是短期内我国工业技术进步的重要原因，然而技术引进并没有有效地转化为全要素生产率的提高，技术引进与工业技术进步之间不存在

---

① 陈诗一：《能源消耗、二氧化碳排放与中国工业的可持续发展》，载于《经济研究》2009年第4期。
② 曾先峰、李国平、杨春江：《要素积累还是技术进步？——对中国工业行业增长因素的实证研究》，载于《科学学研究》2012年第2期。
③ 周燕、蔡宏波：《中国工业行业全要素生产率增长的决定因素：1996－2007》，载于《北京师范大学学报（社会科学版）》2011年第1期。
④ 中国社会科学院工业经济研究所：《2008中国工业发展报告——中国工业改革开放30年》，经济管理出版社2008年版。
⑤ 庞瑞芝、李鹏：《中国新型工业增长绩效的区域差异及动态演进》，载于《经济研究》2011年第11期。
⑥ 周建、侯勇志：《我国工业增长模式及其转型机制研究——基于23个省份1998－2007年工业的实证研究》，载于《财经研究》2008年第1期。
⑦ 樊福卓：《中国工业的结构变化与升级：1985－2005》，载于《统计研究》2008年第7期。
⑧ 江小涓、李蕊：《FDI对中国工业增长和技术进步的贡献》，载于《中国工业经济》2002年第7期。
⑨ 张海洋：《R&D两面性、外资活动与中国工业生产率增长》，载于《经济研究》2005年第5期。
⑩ 潘文卿：《外商投资对中国工业部门的外溢效应：基于面板数据的分析》，载于《世界经济》2003年第6期。
⑪ 何洁：《外国直接投资对中国工业部门外溢效应的进一步精确量化》，载于《世界经济》2000年第12期。
⑫ 张海洋、刘海云：《外资溢出效应与竞争效应对中国工业部门的影响》，载于《国际贸易问题》2004年第3期。
⑬ 董书礼：《以市场换技术战略成效不佳的原因辨析及我国的对策》，商务部重点软科学研究课题《我国加入WTO后的技术引进对策研究》研究报告2004年版。
⑭ 金雪军、欧朝敏、李杨：《全要素生产率、技术引进与R&D投入》，载于《科学学研究》2006年第5期。
⑮ 陈国宏：《技术引进与我国工业技术进步关系研究》，载于《科研管理》2001年第3期。

长期的共同发展趋势。孙文杰等（2007）研究发现，当内资企业生产率处于外资企业生产率的40%～95%时，外资企业对内资企业技术创新的促进效应最显著。[1]但是随着市场开放程度的提高，通过技术引进获取技术优势的收益越来越少。[2]

## （三）关于需求条件与工业发展

首先，国内消费需求升级是诱发产业结构变动的重要因素。石奇等人（2009）利用投入产出表评估主要的消费升级部门对产业结构的影响，发现消费升级对中国产业结构的变化是重要的，可以解释29.64%的产业结构变化。[3]雷敬萍（2008）分析了改革开放以来我国出现的三次消费升级，指出消费结构的演变带动了我国产业结构的升级。[4]进一步的研究详细刻画了消费结构升级对经济发展的助推器作用：轻工产品消费上升，对轻工、纺织产业产生了强烈的拉动；家用电器消费的快速增加、耐用消费品向高档化方向发展，对电子、钢铁、机械制造等行业产生了强大的驱动作用；教育、文化、娱乐、交通、通讯、医疗保健、住宅等消费快速增长，带动了IT、汽车等众多相关产业的高速发展。[5]但是，国内消费在消费率、消费结构、消费方式等方面也存在一定的问题。王智波（2011）通过SDA模型对总产出增长的影响因素分析发现，居民消费对拉动经济增长的贡献低于出口和固定资本形成。行业间来看，最终消费对大部分消费品制造业的产出增长贡献最大，对劳动密集型和技术密集型产业则是出口的影响最大。因此，我国需要增加最终消费，减少经济增长对出口和投资依赖。[6]

其次，投资需求对工业增长的推动作用日趋强化，并引发了与过度投资相关联的一系列问题。王爱俭等（2009）研究发现，20世纪90年代中后期以来，投资需求对经济增长的贡献整体呈上升趋势，但是投资需求是推动我国经济增长最不稳定的动力之一，国民经济的大起大落主要是由投资波动引起的。[7]深入到工业内部来看，郭克莎（1993）认为，投资需求与轻工业增长没有直接和对应的关系，投资需求与工业增长的关系实质上就是与重工业增长的关系。在重工业化过程中，总是伴随着投资需求的迅速增长。[8]纪明（2011）分析指出，在工业化中期阶段投资需求将取代消费需求成为主导启动机制，由于中国投资需求增长迅速，已经导致投资率过高和一定程度的投资效率低下。[9]尤其是2004年以后，投资供给小于投资需求的局面转变为投资供给大于投资需求，投资供给的快速增长积累了一定的过剩生产能力。[10]对中国经济而言，重要的不是投资率，而是投资

---

[1] 孙文杰、沈坤荣：《技术引进与中国企业的自主创新：基于分位数回归模型的经验研究》，载于《世界经济》2007年第1期。
[2] 李光泗：《大中型工业企业技术引进及其绩效分析》，载于《科技进步与对策》2009年第20期。
[3] 石奇、尹敬东、吕磷：《消费升级对中国产业结构的影响》，载于《产业经济研究》2009年第6期。
[4] 雷敬萍：《我国消费结构升级与产业结构变迁》，载于《当代经济》2008年第8期。
[5] 程立：《对消费升级拉动经济增长的思考》，载于《南京理工大学学报（社会科学版）》2005年第1期。
[6] 王智波：《我国产业结构变动的成因——基于投入产出表需求一侧的SDA模型分析统计与决策》，载于《统计与决策》2011年第8期。
[7] 王爱俭、牛凯龙：《当前中国宏观经济总需求分析与增长展望》，载于《经济研究参考》2009年第1期。
[8] 郭克莎：《略论投资需求与工业增长的关系》，载于《改革与战略》1993年第1期。
[9] 纪明：《经济增长的需求启动、需求约束及再启动》，载于《社会科学》2011年第5期。
[10] 纪明：《需求变动与经济增长：理论解释及中国实证》，载于《经济科学》2010年第6期。

效率。由于投资需求是各级政府唯一能够直接操控的变量,因此要提高投资效率,就需要规范政府行为,控制好地方政府对信贷和土地的决策使用权。[1]

最后,现有研究关于出口促进工业增长的范围、程度存在很大的争议。改革开放尤其是20世纪90年代以来,对外贸易在中国工业增长中的地位迅速上升。陈文芝(2009)研究发现,贸易自由化程度对制造业生产率提高具有积极促进作用,出口扩张对制造业生产率提升,尤其是出口企业的技术进步影响较大,这说明出口学习效应的存在。[2] 包群等(2003)研究发现,出口促进经济增长主要来自于出口部门对非出口部门的技术外溢效应,出口部门并未通过自身相对要素生产率的提高来促进我国经济的增长,其原因在于我国出口产业结构与非出口产业结构的升级发生了背离。[3] 在行业之间,一些研究发现贸易开放对制造业的生产外溢效应存在差别,对技术资本密集型行业具有显著的正向技术外溢效应。[4] 这些研究或在整体上,或在局部上,肯定了出口促进工业增长的作用,但是另外一些研究则对这一观点表示怀疑。李小平等(2008)对32个工业行研究发现,出口和生产率增长的关系不显著,贸易开放度高的行业并不比贸易开放度低的行业具有更高的技术效率和规模效率。[5] Fu(2005)的研究也发现,出口并没有显著促进各行业的生产率增长。[6] 类似的结论,在孙辉煌(2008)、[7] 赵伟等人(2008)[8] 的研究中也得到验证。

## (四)关于工业发展中的政府作用

现代的新经济增长理论除了强调土地、劳动、资本等基本生产要素和技术因素外,还对制度和体制因素给予高度重视,甚至将其视为影响乃至决定经济增长的关键性因素。[9] 关于经济发展中的政府作用存在两种对立的观点,新古典主义经济学强调最小的政府干预,认为自由的市场机制能够自发地导致经济发展,具体体现为"华盛顿共识"的制度框架。一些学者指出,政府无法代替市场来"正确"选择应该或者不应该发展的产业和技术,因为"正确"选择所需要的知识只有在市场的竞争过程中才能产生和获得。[10] 这种观点以世界银行、松山公纪、鲍威尔、霍布斯等为代表。按照弗里德曼等"自由选

---

[1] 陈丹丹、任保平:《需求冲击与通货膨胀——基于中国的经验研究》,载于《当代经济》2008年第6期。
[2] 陈文芝:《贸易自由化与行业生产率:企业异质性视野的机理分析与实证研究》,载于《浙江大学》2009年版。
[3] 包群、许和连、赖明勇:《出口贸易如何促进经济增长?——基于全要素生产率的实证研究》,载于《上海经济研究》2003年第3期。
[4] 黄静波、向铁梅:《贸易开放度与行业生产率关系研究——基于中国制造业面板数据的分析》,载于《广东社会科学》2010年第2期。
[5] 李小平、卢现祥、朱钟棣:《国际贸易、技术进步和中国工业行业的生产率增长》,载于《经济学(季刊)》2008年第2期。
[6] Fu, X. Exports, Technical Progress and Productivity Growth in A Transition Economy: A Non-Parametric Approach for China. Applied Economics. 2005, 37 (7).
[7] 孙辉煌:《贸易开放与TFP增长:技术溢出与国际竞争——基于中国制造行业的经验分析》,载于《山西财经大学学报》2008年第10期。
[8] 赵伟、李淑贞:《出口与企业生产率:基于中国高新技术产业的检验》,载于《技术经济》2008年第5期。
[9] 刘迎秋等:《次高增长阶段的中国经济》,中国社会科学出版社2002年9月版。
[10] Powell, B. State Development Planning: Did it Create an East Asian Miracle?. The Review of Austrian Economics. 2005, 18 (3).

择派"的说法，政府超越其最低限度的职能（如防御和公共秩序等）的扩张，会削弱资源的有效利用，阻碍经济发展以及限制自由流动和政治自由。① 一些研究表明，干预市场型的产业政策不但不是推动产业发展的主要原因，还导致不良的政策后果。这主要由于政府干预或产业政策实施存在产业最优选择问题、政府信息不完全和有限理性问题、战略性贸易政策理论面临质疑等原因。②

与否定政府作用的观点不同，以 Rosenstein - Rodan、Lewis、Hirschman、张培刚等为代表的结构主义学者则认为市场有着难以克服的缺陷，大量存在与协调资源动员、投资分配和促进技术追赶相关的"市场失灵"，因此政府必须替代市场实施产业政策对经济活动进行干预。尤其是在一国完善的市场经济未及之前，产业政策是普遍存在的。政府干预或产业政策实施的理论依据不只是"市场失灵"理论，战略性贸易政策理论也是其代表性的理论依据。20 世纪 60 年代以来，以日本、韩国、中国台湾为代表的东亚国家和地区国民经济持续高速增长，引起国际社会的广泛关注，被称为"东亚奇迹"。由于东亚大部分国家和地区实施了以积极干预经济为特征的产业政策，产业政策的支持者认为，东亚经济的成功归功于强势政府普遍的产业政策干预弥补了市场失灵的缺陷。因此，如果产业政策能够得以正确实施，有益于经济发展。③

此外，一些学者持有折中的观点，没有延续市场失灵的逻辑，而是从促进竞争、增进市场机制中的信息交换和激励企业家精神等方面进行考虑。代表性的观点是市场增进论（market - enhancing view）。青木昌彦、奥野正宽、Chhibber 等人认为，政府和市场不是相互排斥的替代物，在实现资源配置方面并非"非此即彼"的相互替代关系。政府政策的职能在于为市场提供合适的制度基础，促进或补充民间部门的协调功能，通过改善和扩展市场表现出来。④ 我国学者林毅夫（2012）认为，在动态发展的过程中，有效的市场机制是经济按其比较优势发展的必要制度保障，但由于市场机制在信息、协调和外部性方面存在缺陷，政府应积极主动地发挥作用，为产业升级和多样性提供便利。⑤

许多研究认为，从新中国成立以来产业政策的实践来看，产业政策的作用是有条件和有限的，如李晓华（2010）⑥ 等。我国产业政策的实施由来已久，1986 年开始提出"产业政策"，1989 年 3 月第一个正式的产业政策文件颁布实施。潘士远等（2008）将改革开放以来的产业政策发展划分为三个阶段，分别是 1979 ~ 1981 年以强制性政策为重点的阶段，1982 ~ 1991 年由强制性政策逐渐向指导性政策转变的阶段，1992 年以后引导产业结构合理化的阶段。⑦ 金碚（2008）指出中国工业改革的基本取向是政府逐步减少对企业行为的直接干预，这使得中国工业企业获得了很大的活力，显著地提高了企业的国

---

① 沃尔夫：《市场或政府》，中国发展出版社 1994 年版。
② 江飞涛、李晓萍：《中国产业政策取向应做重大调整：从直接干预市场到增进与扩展市场》，载于《比较》2012 年第 3 期。
③ Wade, R. Governing the Market: Economic Theory and the Role of Government in East Asian Industrialization. Princeton University Press. 2004.
④ Chhibber, A. The State in Changing World. Finance and Development. 1997, 34 (3).
⑤ 林毅夫、苏剑：《新结构经济学：反思经济发展与政策的理论框架》，北京大学出版社 2012 年 9 月版。
⑥ 李晓华：《产业结构演变与产业政策的互动关系》，载于《学习与探索》2010 年第 1 期。
⑦ 潘士远、金戈：《发展战略、产业政策与产业结构变迁——中国的经验》，载于《世界经济文汇》2008 年第 1 期。

际竞争力。① 但是 21 世纪以来，以促进产业结构调整升级与抑制部分产业产能过剩为产业政策目标，目录指导、市场准入、项目审批与核准、供地审批、贷款的行政核准、强制性清理（淘汰落后产能）等行政性直接干预措施进一步细化、强化、全面化和系统化。②

在具体方面，政府主要通过投资、所有制改革、市场化改革、垄断行业改革等渠道影响工业发展。肖翔（2012）认为，中国政府在工业化过程中进行大规模的投资构成了对工业的巨大需求，无论是计划经济时期政府直接进行工业化的生产性投资，还是 1998 年以后为刺激内需的大规模基础设施投资，都对工业（尤其是重化工业）产生了巨大需求。③ 张军（2002）在研究中发现，我国资本形成在很大程度上对经济增长的变动是不太敏感的，尤其是在经济增长下降时，资本形成并未减速。这反映出政府力量在资本形成中扮演着重要的角色。④ 进一步研究发现，虽然政府对于工业结构升级存在一定影响，但是对于不同行业的作用差异较大：政府投资对资本密集型产业发展存在积极影响，政府消费对这些产业的影响则很小；对比之下，政府消费和投资对于技术密集型产业升级都没有积极影响。⑤ 从所有制结构变化来看，王胜利（2009）认为，新中国成立 60 年来工业所有制结构的变迁根本上适应工业生产力和生产关系内在矛盾的发展需要，符合中国工业经济发展规律。⑥ 一些计量分析也发现，非国有化水平、市场化程度和开放程度是引起工业 TFP 增长的重要因素，以非国有化水平最为重要。⑦ 此外，我国对垄断性行业采取了一系列改革措施，在管理体制、产业组织、市场开放等方面都取得了一定成绩。⑧

## 三、关于我国工业发展的阶段性变化特征及趋势

### （一）关于我国工业发展的阶段变化轨迹

社会经济发展从来不是一个同质、等速的状态，而是一个不断地从量变到质变，并呈现出阶段性的过程。⑨ 关于阶段划分，有的从社会制度、社会生产关系演变的角度进行，有的从技术和自然因素变化的角度进行，有的从表现形式的角度进行划分。一些学者在归纳学术界关于经济发展阶段划分的标准时，认为可以概括为三类观点，分别为结

---

① 金碚：《中国工业改革开放 30 年》，载于《中国工业经济》2008 年第 5 期。
② 江飞涛、李晓萍：《直接干预市场与限制竞争：中国产业政策的取向与根本缺陷》，载于《中国工业经济》2010 年第 9 期。
③ 肖翔：《中国工业化中的政府作用研究（1949 - 2010）》，经济科学出版社 2014 年版。
④ 张军：《增长、资本形成与技术选择：解释中国经济增长下降的长期因素》，载于《经济学（季刊）》2002 年第 2 期。
⑤ 国晖、吴伟：《政府规模与工业结构升级：基于分省面板数据的实证分析》，载于《统计与决策》2013 年第 5 期。
⑥ 王胜利：《新中国成立 60 年来工业所有制结构变迁的解析》，载于《贵州师范大学学报》2009 年第 5 期。
⑦ 刘元春、朱戎：《中国工业制度体系变迁、市场结构与工业经济增长——计量与实证研究》，载于《经济学动态》2003 年第 4 期。
⑧ 余东华：《中国垄断性行业的市场化改革研究》，载于《经济研究参考》2006 年第 16 期。
⑨ 韩汉君：《经济发展阶段论及其启示》，载于《上海经济研究》1996 年第 7 期。

构主义观点、总量主义观点和综合主义观点（即若干指标的综合）。因此，经济发展阶段划分标准的设置，在标准的采用、标准的多寡、各标准间的关系以及标准的综合等方面具有相当的复杂性。但是，由于发展阶段不过是发展内容的实质性跃迁的外在表现而已，因此探寻阶段划分的标准应该从对经济发展内容的确切把握入手。①

尽管发达国家的工业发展史表明工业结构的调整和升级有其普遍规律，但中国工业发展却不是发达国家工业化道路的简单重复，而是具有中国特色的发展过程，这同样体现在其阶段性变化上。虽然中国建立现代工业的努力可以回溯到19世纪80年代，中国在这个时期建立了第一家现代纺织厂以及若干其他类型的现代工厂，并在外国的武力威胁下，开始对外国投资开放。② 但是关于中国工业发展阶段性变化的研究还是集中于对1949年新中国成立以来，尤其是1978年改革开放以来这一历史时期的分析。

比较常见的一类阶段划分，将历史事件与工业结构变迁的动因结合起来。例如，李博（2010）将新中国60年历史分为1978年之前和之后的两大阶段。1978年之前，由于政府过度干预，工业结构演变趋势极不稳定，与发达国家工业化的一般规律存在很大差异；1978年以来，工业结构升级趋势的稳定性逐步增强，先后出现了适应需求结构和要素结构的两轮工业结构变迁，国际贸易和国际投资对工业结构变迁的影响力也在不断加强。③ 张建华等人（2012）的研究重在工业发展过程的机理探讨，将中国产业发展和工业结构升级划分为向重工业倾斜发展的阶段（1949~1977年）、产业结构纠偏阶段（1978~1992年）、再工业化阶段（1993年之后）。④ 根据制度变迁特点对工业结构进行的阶段划分也属于这一类，比较典型的是根据不同的体制特点，将中国工业结构升级分为计划体制中的工业结构升级和市场体制改革中的工业结构升级，前者可以进一步细分为计划体制形成和计划体制中两个阶段，后者可以进一步细分为以市场改革取向阶段和市场改革制度创新阶段。⑤

另一类划分侧重于工业发展和结构演变的表象特征。吕铁（2008）认为1978年迄今的30年是我国工业化迅速推进的重要发展时期，根据工业结构变化的不同特征，可以划分为三个阶段：1979~1984年——轻、重工业比例关系的调整阶段；1985~1997年——加工工业与基础工业比例关系的调整阶段；1998年以来——重化工业化阶段。⑥ 进一步地，还可以划分出更为细小的阶段，如1979~1981年采取扶持轻工业发展的方针；1982~1985年为轻工业提供装备的机械工业得到较快发展；20世纪80年代中期以后，以家用电器为代表的耐用消费品工业得到高速增长；20世纪80年代后期，基础工业得到快速发展。⑦ 在此之前，庄德钧等（1999）依据工业结构的演进，将建国40年的工业发展划分为三个阶段，分别是1949~1958年，重工业份额低于轻工业；1958~1979年，重工业份

---

① 陈刚、金通：《经济发展阶段划分理论研究述评》，载于《北方经贸》2005年第4期。
② 德怀特 帕金斯：《从历史和国际的视角看中国的经济增长》，载于《经济学（季刊）》2005年第4期。
③ 李博、曾宪初：《工业结构变迁的动因和类型——新中国60年工业化历程回顾》，载于《经济评论》2010年第1期。
④ 张建华等：《基于新型工业化道路的工业结构优化升级研究》，中国社会科学出版社2012年版。
⑤ 王云平：《工业结构升级的制度分析》，中国社会科学院2002年版。
⑥ 吕铁：《中国工业结构调整与升级三十年的历程和经验》，载于《社会科学战线》2008年第5期。
⑦ 吕铁：《对工业结构变化及重化工业化现象的分析与思考》，载于《学习与探索》2007年第5期。

额总体上明显高于轻工业；1979～1999年，轻工业份额总体上在增加。①

有的研究直接依据主导产业的变化对产业发展阶段进行划分，邵宁（2012）在《中国经济发展的阶段性变化及企业的应对》中认为，中国经济发展经历了以轻纺工业为终端的产业群（1979～1984年）、以家电产业为终端的产业群（1985～1990年）、基础设施产业群（1990～2000年）和以住房和汽车为终端的产业群（2000年至今）四个阶段。②此外，从产业结构变化的某一方面进行的阶段划分也有借鉴意义。如杨魁等人（2000）将我国产业组织结构的历史演变分为几个阶段：20世纪50年代为实现赶超目标而实施的大企业发展战略；20世纪50年代后期的工业小型化和60年代初期的调整阶段；"文革"期间，鼓励重点发展中小企业的战略阶段；20世纪80年代乡镇企业及非国有经济发展导致的生产集中度下降及规模结构失调阶段；20世纪90年代以实现规模经济效益为目标的促进企业横向联合政策阶段。③有的研究从外部环境划分我国工业发展的阶段性，金芳（2008）认为中国的对外开放经历了三个不同的发展阶段，即1978～1991年尝试性开放阶段、1992～2001年积极融入全球化的开放阶段和2002～2008年积极实践承诺适应国际规则的开放阶段，其中，第二阶段突出表现为中国吸收外国直接投资的快速增长，第三阶段则突出表现为吸引外国直接投资增速明显回落，资本输出开始加快增长。④

## （二）关于当前我国工业发展的阶段特征及突出矛盾

针对当前我国工业发展的阶段性特征，国内学者从不同角度进行了归纳分析，认为中国工业发展总体状况正在发生质的变化。从工业化演进的角度来看，有的学者认为随着工业化进程的加快，我国已经进入工业化的中后期阶段，有的学者认为我国即将走完工业化中期的后半阶段，并将步入工业化后期。⑤一些学者基于霍夫曼定理考察我国工业发展阶段，认为我国经济实质上已经进入新一轮的重化工业发展阶段。刘世锦等（2006）认为，过去一段时期及今后较长时期内，重化工业的发展是整个经济发展各方面需求的集中体现之一，是不可回避也不可逾越的过程。刘昌黎（2007）也认为，以重化工业为中心实现工业现代化，⑥仍是我国工业化和经济发展的中心环节和首要任务。高新技术产业和信息化并没有改变我国工业化，尤其是重化工业的发展阶段。⑦而一些经济学者反对中国进入重化工业阶段的说法，认为重型化经济增长实际上是先行工业化国家旧式的工业化道路，我国不能够重复他们的老路。从我国国情角度来看，陈佳贵、黄群慧等认为中国已实现从"农业大国"向"工业大国"的转变，正处于从"工业大国"向"工业强国"转变的阶段。

---

① 庄德钧、张喜民：《我国工业结构不规则演进的历史分析》，载于《中国工业经济研究》1999年第3期。
② 邵宁：《中国经济发展的阶段性变化及企业的应对》，载于《军工文化》2012年第10期。
③ 杨魁、董雅丽：《论我国产业组织结构的历史演变及当前的政策取向》，载于《兰州大学学报（社会科学版）》2000年第2期。
④ 金芳：《中国国际分工地位的变化、内在矛盾及其走向》，载于《世界经济研究》2008年第5期。
⑤ 陈佳贵等人：《中国工业化进程报告（1995-2010）》，社会科学文献出版社2012年10月版。
⑥ 刘昌黎认为，虽然重化工业发展中存在一些问题，但是这些问题只有通过重化工业的发展才能彻底解决。
⑦ 刘昌黎：《论重化工业发展阶段的客观存在与继续发展的必然性——与吴敬琏同志商榷》，载于《经济学动态》2007年第3期。

在当前工业发展阶段分析中,我国经济和工业发展进入转折性变化阶段是研究中最为关注的方面。江小涓认为,进入 21 世纪后中国经济发展呈现出一系列重要的转折性特征,中国正在进入一个新的增长阶段,需要有新的发展思路和战略。有的研究结合内外部条件和形势的变化,总结出新世纪以来我国工业结构变动的一些新特征,包括消费的升级带动作用提升、国际化和全球化影响加深、市场机制促进作用加强、节能减排成为新导向、区域协调发展目标明显等。由于我国正处于工业化进程的中后期和城市化加速发展时期,再加上全球经济危机的影响,使我国进入工业结构战略性调整的关键时期。[①] 金培等(2012)指出,当前我国遭遇结构调整和工业转型升级的矛盾交织期。各种潜在矛盾复杂地交织显露,既表明中国工业增长在很大程度上依然没有摆脱传统路径依赖,同时也表明中国工业发展进入了必须转型升级的重要历史关头,开始进入艰难摆脱各种路径依赖的重要转折时期,包括低价资源依赖、投资扩张依赖、过度外需依赖等。[②]

首先,从影响因素来看,未来我国工业发展存在一系列约束。刘世锦等人(2006)认为,进入"十一五"以来,支撑我国经济增长的诸多基础性因素将要发生实质性变化,有的不复存在,有的将向新形态演变,已有增长模式将面临过去未曾有过的转型压力。[③] 任保平(2010)指出,发展中存在的约束包括进程约束——传统工业化的任务还没有完成,又遇到了信息化时代的挑战;技术约束——我国工业的技术创新能力还很有限,在拥有自主知识产权的创新方面明显落后;资源环境约束等。[④] 付红等(2007)认为,中国经济发展模式和工业结构发生深刻变迁的时代即将来临,这种观点建立在生产要素价格即将快速重估的判断之上,生产要素价格快速重估的阶段将马上来临。[⑤] 在资源方面,我国经济增长对能源的依赖程度呈明显上升趋势,经济建设面临着巨大的资源压力,[⑥] 如何实现能源约束加强条件下的经济持续快速增长是一个具有挑战性的问题。[⑦] 在需求方面,有效需求约束明显,一是与投资率长期处于较高水平相比,消费率持续下降;二是与政府消费率相比,居民消费率下降尤为明显。有效需求不足进一步映射在生产结构上,就会形成收入分配和需求结构与产业结构间的恶性循环。[⑧] 在体制方面,产业发展中的一些矛盾存在深层次的体制性根源,比如地方政府助推和保护下的项目投资热、企业进入和退出机制效率偏低、兼并重组进展缓慢以及国企产权改革不到位等。[⑨] 有分析认为,中国政府主导的工业化让中国走出"贫困性陷阱",但进入中等收入国家之后,这

---

① 张建华等:《基于新型工业化道路的工业结构优化升级研究》,中国社会科学出版社 2012 年版。
② 中国社会科学院工业经济研究所:《2012 中国工业发展报告——"十二五"开局之年的中国工业经济》,管理出版社 2012 年 9 月。
③ 刘世锦等:《传统与现代之间——增长模式转型与新型工业化道路的选择》,中国人民大学出版社 2006 年版。
④ 任保平:《新中国 60 年工业化的演进及其现代转型》,载于《陕西师范大学学报(哲学社会科学版)》2010 年第 1 期。
⑤ 付红、陈文招:《要素价格重估与工业结构升级》,载于《现代经济探讨》2007 年第 5 期。
⑥ 邱东、陈梦根:《中国不应在资源消耗问题上过于自责——基于"资源消耗层级论"的思考》,载于《统计研究》2007 年第 2 期。
⑦ 刘世锦等:《传统与现代之间——增长模式转型与新型工业化道路的选择》,中国人民大学出版社 2006 年版。
⑧ 马艳华:《后危机时代我国产业升级的约束条件及对策研究》,载于《中国人口·资源与环境》2011 年第 3 期。
⑨ 郭春丽:《我国制造业集中度的变化趋势、影响因素与有序整合》,载于《改革》2009 年第 8 期。

种政府主导的工业化极易陷入"中等收入陷阱"。[1]

其次，从工业结构演变本身来看，也存在一些突出而深刻的矛盾。一些研究进行了系统的概括和综合。中国社会科学院工业经济研究所课题组（2010）认为，当前工业结构存在的突出问题主要表现在以下方面：区域产业同构引发的资源低效率配置和互补性较差；重化工业中落后产能引发高能耗及高污染现象；"中国制造"依然处于全球价值链低端；产业组织结构体系存在一定的不合理性；生产性服务业与制造业没有形成协同发展机制。[2] 金碚等（2011）也分析了当前制约工业结构转型升级的主要问题，包括传统要素禀赋的比较优势逐渐减弱，重化工业粗放发展与能源和环境约束的矛盾突出，产能过剩问题呈现扩大趋势，制造业向全球价值链高端攀升进展缓慢，自主创新对结构转型升级的支撑不足，资本深化与增加就业之间的矛盾日趋尖锐。[3] 张建华等（2012）认为，当前我国工业结构存在诸多问题和矛盾的原因可以归结为四个方面，一是参与国际分工的外部失衡，二是国内总供给和总需求的不平衡，三是不完善的市场机制，四是以 GDP 为导向的干部考核机制。[4] 这四者分别是当前工业结构性矛盾的外在原因、内部原因、深层原因和制度原因。

具体来看，几个领域存在矛盾和制约是研究者最为关注的。在发展路径方面，张晖（2011）认为，过去 30 年的高速增长过程中，由于自然资源禀赋、技术、制度、环境等因素形成了较强的"路径依赖"，逐渐锁定在粗放式发展的路径上。[5] 这种困境可以表示为：低成本要素环境决定的低成本通道→低端产业结构→缺乏技术积累→难以转型，而低成本要素和技术积累缺失是其中最为关键的两个变量。[6] 丁重等（2009）也指出，由于制度倾斜等原因抑制了创新对经济增长的作用，经济增长更多地依赖资金等投入，而过度投资又导致资本的回报率过低，致使私人资本越来越不愿意投入生产领域。中国经济的高速增长与低水平技术创新长期并存，导致现代产业体系难以形成。[7] 更令人担忧的是，要素消耗带来的隐形成本损害了我国的可持续发展能力。[8] 沈明高等（2008）指出，中国企业从投入品价格低估和扭曲中节约的成本约为 3.83 万亿元，其中，劳动力成本大约低估 2 000 亿元，土地成本低估 1 500 亿元，这相当于 2007 年 GDP 的 15.5%。[9]

在对外贸易领域，主要是对外贸易未能促进本土产业升级和收益增长的问题。姚志毅等人（2010）指出，加工贸易在我国高技术产品出口中的绝对主导地位，说明我国出口的大部分高技术产品仅为其他国家的代加工产品，出口大规模增长是发达国家高技术

---

[1] 肖翔：《中国工业化中的政府作用研究（1949~2010）》，经济科学出版社 2014 年版。
[2] 中国社会科学院工业经济研究所课题组：《"十二五"时期工业结构调整和优化升级研究》，载于《中国工业经济》2010 年第 1 期。
[3] 金碚、吕铁、邓洲：《中国工业结构转型升级：进展、问题与趋势》，载于《中国工业经济》2011 年第 2 期。
[4] 张建华等：《基于新型工业化道路的工业结构优化升级研究》，中国社会科学出版社 2012 年版。
[5] 张晖：《产业升级面临的困境与路径依赖锁定效应——基于新制度经济学视角的分析》，载于《现代财经》2011 年第 10 期。
[6] 刘银锁：《基于路径依赖理论的加工贸易产业困境分析》，载于《北方经济》2010 年第 11 期。
[7] 丁重、张耀辉：《制度倾斜、低技术锁定与中国经济增长》，载于《中国工业经济》2009 年第 11 期。
[8] 张少军、刘志彪：《全球价值链模式的产业转移——动力、影响与对中国产业升级和区域协调发展的启示》，载于《中国工业经济》2009 年第 11 期。
[9] 沈明高：《成本正常化：推动通胀还是挤压利润?》，载于《2008 年春季 CCER 中国经济观察》2008 年总第 13 期。

产业转移的结果,对产业结构的升级作用不大。① 中国出口模式在 2008 年之后已经进入第四个阶段,② 即出口价格指数和出口数量指数均呈明显锐减趋势。③ 不止于此,国际能源署的研究表明,2004 年中国出口商品生产蕴含的与能源有关的二氧化碳排放量为 16 亿吨,占中国排放总量的 34%。

在国际分工方面,分工地位升级所面临的核心挑战是能否摆脱过分依赖劳动力密集优势的现状;能否突破由跨国公司主导并受制于其战略定位的分工局面;能否激发本土企业的创新活力和国际化潜力,产生出一批具有全球品牌效应的领袖企业。④ 刘志彪(2007)指出,在全球价值链中,中国本土企业目前处于大规模的整机生产能力提升阶段,但是转向设计、品牌、营销等功能环节时,由于买方势力和关键资源的障碍,只有少数企业成功的证据。⑤ 全球价值链分工体系中升级与反升级、控制与反控制的博弈和较量,致使产业发展中广泛地出现了被"俘获"现象,被限制于包括传统产品和新兴产品的价值链低端环节,在国家、产业和企业层面都没有形成自主创新和竞争能力。⑥

在组织结构上,一些产业存在部门垄断、地区垄断等问题。⑦ 一方面,大企业大集团战略导致过高的市场集中度,迫使部分小企业退出市场竞争。金碚(2008)指出,大型国有垄断企业的行为,特别是凭借垄断地位甚至垄断特权获得集团利益的现象,已经严重偏离了国有企业的公共利益目标,成为中国工业改革的重要内容之一。⑧ 另一方面,集中度偏低已成为我国不少产业参与国际竞争的"软肋",极大地影响到我国产业参与国际合作的主动权和竞争力。⑨ 而且,小企业没有形成与大企业相关的零部件提供和配套服务能力,反而在一定程度上与大企业进行恶性竞争,阻碍了产业的健康发展。耿仁波(2010)认为,产业集中度普遍偏低,甚至存在逆集中化现象,很重要的一个原因是当前我国财政分权体制造成的政府间竞争,企业能否在其权利控制范围内涉及巨大的税收、租金、政绩评定等利益。⑩

## (三) 关于未来我国工业发展的阶段性变化趋势

从经济增长来看,多数分析认为中国将进入一个增速放缓的阶段,增长方式将会发

---

① 姚志毅、张亚斌、李德阳:《参与国际分工对中国技术进步和技术效率的长期均衡效应》,载于《数量经济技术经济研究》2010 年第 6 期。
② 前三个阶段分别为 1995 年之前出口价格指数大幅度增长,但是出口数量存在较大波动;1995~2000 年出口价格指数递减,出口数量指数相对减少;2000~2008 年出口价格指数和数量指数相对比较平稳,出口市场份额比较稳定。
③ 杜凯、蔡银寅、孙晓雪:《全球经济失衡:被"饿死"还是被"胀死"?——兼论中国增长模式转变与产业政策选择》,载于《产业经济评论》2010 年第 4 期。
④ 金芳:《中国国际分工地位的变化、内在矛盾及其走向》,载于《世界经济研究》2008 年第 5 期。
⑤ 刘志彪:《中国贸易量增长与本土产业的升级——基于全球价值链的治理视角》,载于《学术月刊》2007 年第 2 期。
⑥ 刘志彪、张杰:《全球代工体系下发展中国家俘获型网络的形成、突破与对策——基于 GVC 与 NVC 的比较视角》,载于《中国工业经济》2007 年第 5 期。
⑦ 陈志广:《是垄断还是效率——基于中国制造业的实证研究》,载于《管理世界》2004 年第 12 期。
⑧ 金碚:《中国工业改革开放 30 年》,载于《中国工业经济》2008 年第 5 期。
⑨ 郭春丽:《我国制造业集中度的变化趋势、影响因素与有序整合》,载于《改革》2009 年第 8 期。
⑩ 耿仁波:《地方政府竞争范式下的产业集中度困境研究——以钢铁行业为例的理论模型分析》,载于《吉林工商学院学报》2010 年第 4 期。

生转变。刘世锦等（2011）认为，中国已经经历了超过30年左右的高速增长，中国经济的潜在增长率有很大可能性在"十二五"末期放缓，并在"十三五"时期明显下一个台阶，时间窗口的分布是2013~2017年。一旦增长速度常态性而非短期性地回落，以往维持高速增长的基本面因素重要变化需要重新组合，增长模式或发展方式的转变势在必行。[1] 楼继伟（2010）指出，当一国进入中等收入阶段，传统增长部门竞争力因劳动力成本上升而被削弱，生产率进一步提高因与技术前沿差距缩小而需要依靠创新，这都要求经济增长模式的一个根本转变。[2] 但是，刘世锦等认为，即使中国未来制造业比重下降，降幅也不宜过大，比如制造业的比重应该保持在30%左右。张建华等（2012）也有类似观点，认为在未来相当长的一段时间（可能到2020年）工业在我国国民经济中的主导和主体地位不会改变。[3] 与认为中国经济增长将会放缓的观点不同，林毅夫（2012）认为基于后发优势的潜力，中国经济仍然可以维持二三十年甚至更长时间的高速增长。[4]

一些研究对未来工业增长速度、结构变化、增长方式等进行了预测和判断。"未来十年我国工业增长的驱动力研究"课题组（2011），从历史轨迹对未来十年（2009~2018年）中国工业总量以及增速进行预测：城市化速度加快是未来工业持续增长的关键驱动力，传统产业仍将继续高速增长，新兴产业将成为经济发展的突破点，占工业增加值的比重在2020年将达到15%。[5] 中国社会科学院工业经济研究所工业运行课题组（2011）指出，"后危机时代"的中国工业在增长速度和机制上将出现一些新的特点，一是工业经济将进入低速增长阶段，经济刺激政策虽然延缓了增速下滑的时间，但不能从根本上改变这种趋势。二是产业升级将成为工业增长的重要动力，资本积累对工业增长的贡献将下降，技术进步对工业增长的贡献将提升。此外，朝阳产业和夕阳产业的边界出现模糊，产业转移速度也将加快。[6] 有分析认为，进入21世纪的20年我国经济将保持平稳快速增长的态势，是基本完成工业化第二阶段、并进入后工业化阶段的重要时期，以机械设备、钢铁、石化为核心的重化工业产业群、以汽车工业为代表的"出行"产业群、以新技术为特征的电子信息产品制造产业群将成为发展的主导产业。[7]

与中长期分析预测不同，有的研究立足于短期趋势分析，例如金碚等（2011）通过对未来发展条件和政策环境等因素的综合分析，提出了"十二五"时期工业结构变化趋势的若干判断，包括工业占国民经济比重将缓慢上升或基本稳定，工业和服务业融合发展的程度将有所提高；重化工业化进程仍将持续，但重工业比重提高的速度有所放缓；新兴产业的发展将提速，但高端制造所占的比重有限；产业组织结构将有所优化，但大企业进一步做大做强的难度加大；地区差异将进一步缩小，技术进步推动东部地区工业

---

[1] 刘世锦等：《陷阱还是高墙？中国经济面临的真实挑战和战略选择》，中信出版社2011年11月版。
[2] 楼继伟：《中国经济的未来15年：风险、动力和政策挑战》，载于《比较》2010年第51期。
[3] 张建华等：《基于新型工业化道路的工业结构优化升级研究》，中国社会科学出版社2012年版。
[4] 林毅夫：《解读中国经济》，北京大学出版社2012年9月。
[5] "未来十年我国工业增长的驱动力研究"课题组：《未来十年我国工业增长的驱动力研究》，载于《调研世界》2011年第4期。
[6] 中国社会科学院工业经济研究所工业运行课题组：《2011年中国工业经济运行形势展望》，载于《中国工业经济》2011年第3期。
[7] 刘世锦等：《传统与现代之间——增长模式转型与新型工业化道路的选择》，中国人民大学出版社2006年版。

转型升级的趋势更加明显。① 在增长方式上，一些研究指出，由于各种客观因素和主观因素的作用，"十二五"时期中国工业绿色化、精致化、高端化、信息化、服务化的趋势正在形成，比以往任何时候都更显著地出现了加快经济结构调整和产业转型升级，走上新型工业化道路的态势。②

## 四、总结与启示

总体来看，已有研究成果奠定了一定的理论和实证基础，但仍存在诸多的不足，具体表现在：间接的研究较多而直接的分析较少，对历史发展的总结性研究较多而关注现实和未来的前瞻性研究较少，借鉴国外已有理论框架的研究较多而结合我国实际的具体研究较少，针对工业发展个别问题的局部性研究较多而纵观全局的系统性研究较少。因此，进一步深入研究我国工业发展的阶段性变化问题具有重要的理论和现实意义。

第一，关于工业发展阶段已经形成了一定的理论分析基础，但是这些理论的不足和缺陷也非常明显，有待进一步完善和改进。现有关于工业发展阶段的研究，或者是与经典的工业化理论糅合在一起，或者是与重大历史事件的发生相结合，抑或依据工业发展的表象特征来分析。虽然这些阶段研究都有其合理性，但是基于经典工业化理论的研究往往面临"时过境迁"的尴尬，与历史事件结合的分析难免"偶然性联系"的牵强，根据表象特征进行的研究又难以触及工业发展变化的本质。特别是在经济全球化条件下，已有的理论方法并不能完全解释现实，国内外经济学家根据半个多世纪以前世界经济发展所进行的研究，现在看来只能是一些阶段性的成果，远非先行工业化国家经济发展阶段的盖棺定论性结论。一个国家采取何种工业发展模式和政策很大程度上取决于该国的人口和资源禀赋、经济发展阶段、工业化初始条件、经济体制、外部形势等多种因素，不存在放之四海而皆准的唯一的、最佳的工业化模式。尤其是自2008年国际金融危机以来的新形势对已有的发展经济学及相关理论体系构成巨大挑战。因此，经典工业化理论得出的一般规律在多大程度上是有参考意义的，面对新的形势和变化需要进行怎样的调整和改进？这在研究中是要首先进行考虑和分析的。

第二，研究者对于我国工业发展的实证分析进行了有益的探索，但是对我国具体国情及新形势下的工业发展仍需要进一步的深入研究。我国经济转型和工业发展过程中的一些深层矛盾和问题，是任何模式都不能提供现成答案的。正是因为如此，其研究才更显必要性和挑战性。目前关于我国工业发展演变的研究，仍然多拘泥于传统的理论分析框架，或者是局限于片面问题和局部领域，不够全面、系统和深刻。需要进一步研究的问题包括：如何结合中国工业发展演变的自身实际，对我国工业发展阶段进行深入的分析和探讨？如何看待工业发展中的独特因素和新形势给我国工业发展带来的影响？如何从不同角度（例如经济发展、就业增长、环境优化、资源节约等）来评价我国工业发展

---

① 金碚、吕铁、邓洲：《中国工业结构转型升级：进展、问题与趋势》，载于《中国工业经济》2011年第2期。
② 中国社会科学院工业经济研究所：《2012中国工业发展报告——"十二五"开局之年的中国工业经济》，管理出版社2012年9月版。

和结构演进的效果?这其中,尤其值得关注的是我国特殊的大国国情对于产业结构、产品供给和需求所产生的影响,二元经济结构转型和体制结构转型并存对经济发展的影响,信息化的不断推进对工业发展产生的影响,国际竞争空前激烈以及第三次工业革命兴起对工业发展带来的影响。

第三,未来工业发展的趋势与战略研究有待加强。经过改革开放以来 30 多年的快速发展,未来我国工业发展或将出现重大的阶段性变化。这是由于制约工业发展和转型升级的主要矛盾越来越突出,其中既包括要素禀赋条件的变化、能源环境约束的强化、结构性不协调突出(比如产生过剩等)、价值链升级缓慢等长期性问题,也包括国际金融危机导致外部形势严峻、国内政策调整效应减弱等短期性问题。在这些矛盾和问题的影响下,未来的工业发展会呈现什么样的变化趋势,有哪些趋势是具有自身规律性而不可改变的,有哪些趋势是可以通过条件的改变而进行调整的?未来工业发展在国民经济中应该进行怎样的定位,在这种定位下应该实行什么样的工业发展战略?未来工业发展怎样利用结构战略性调整的关键时期,抓住机遇,规避风险,实现工业结构优化升级、发展方式转变和协调可持续发展?这些问题是制约我国工业未来发展的关键问题,也都有待进一步研究来解答。

第四,研究中还存在一些不可避免的疑问和难点,对研究开展可能构成一定的制约。其中,最主要的是产业分类与数据一致性的问题,尤其是在价值链分工条件下这一问题更加凸显。在分工深化到产品内的情况下,传统的产业或产品划分方法是有失偏颇的,包括依据生产要素投入比例,将行业或产品划分为劳动密集型、资本密集型和技术密集型等类别的划分方法。这是因为,全球价值链分工模式中的产业升级分析,不能仅仅依据产品或行业技术含量的高低来判断,更要依据我国所承担生产环节的技术含量和附加值的高低来判断。其实产业分类不仅关乎价值链分析,在一些传统分析中也是一个极为关键的问题。例如适合垄断问题研究的产业分类,应立足于消费者转换的可能性和难易程度,当交叉价格弹性达到一定值时,就应划分为不同的产业。但是现有研究多以二位代码的产业分类进行分析,显然过于宽泛。这可能会掩盖绩效与产业集中度、市场份额之间的联系,以交通运输设备制造业为例,自行车与汽车显然具有不同的产业特征。在统计上,我国的行业统计口径多次发生变化,包括 1984 年前后工业行业的统计口径变化,1998 年前后"乡及乡以上工业企业"与"全部国有及规模以上非国有工业企业"的统计变化等。此外,在国际比较分析中,全面、系统的国外数据获取也是研究中的一个难点。

(执笔人:徐建伟)

**参考文献**

[1] Akamstsu, K. A. Historical Pattern of Economic Growth in Developing Countries. The Developing Economies. 1962 (1)。

[2] Chhibber, A. The State in Changing World. Finance and Development. 1997, 34 (3)。

[3] Fu, X. Exports, Technical Progress and Productivity Growth in A Transition Economy: A Non – Parametric Approach for China. Applied Economics. 2005, 37 (7)。

[4] Jorgenson Dale W., Kevin J. Stiroh. U. S. Economic Growth at the Industry Level. American Economic Review (Papers and Proceedings). 2000, 90 (2).

[5] Powell, B. State Development Planning: Did it Create an East Asian Miracle?. The Review of Austrian Economics. 2005, 18 (3).

[6] Terutomo Ozawa. Asia's Labor – driven Economic Development, Flying – Geese Style: An Unprecedented Opportunity for the Poor to Rise. APEC Study Center, Colorado State University, 2005 (40).

[7] Wade, R. Governing the Market: Economic Theory and the Role of Government in East Asian Industrialization. Princeton University Press. 2004.

[8] 包群、许和连、赖明勇：《出口贸易如何促进经济增长？——基于全要素生产率的实证研究》，载于《上海经济研究》2003 年第 3 期。

[9] 陈丹丹、任保平：《需求冲击与通货膨胀——基于中国的经验研究》，载于《当代经济》2008 年第 6 期。

[10] 陈刚、金通：《经济发展阶段划分理论研究述评》，载于《北方经贸》2005 年第 4 期。

[11] 陈国宏：《技术引进与我国工业技术进步关系研究》，载于《科研管理》2001 年第 3 期。

[12] 陈佳贵等：《中国工业化进程报告（1995 – 2010）》，社会科学文献出版社 2012 年 10 月版。

[13] 陈佳贵、黄群慧等：《中国工业化报告（2009）》，社会科学文献出版社 2009 年 3 月版。

[14] 陈文芝：《贸易自由化与行业生产率：企业异质性视野的机理分析与实证研究》，载于《浙江大学》2009 年版。

[15] 陈诗一：《节能减排与中国工业的双赢发展：2009 – 2049》，载于《经济研究》2010 年第 3 期。

[16] 陈诗一：《能源消耗、二氧化碳排放与中国工业的可持续发展》，载于《经济研究》2009 年第 4 期。

[17] 陈志广：《是垄断还是效率——基于中国制造业的实证研究》，载于《管理世界》2004 年第 12 期。

[18] 程立：《对消费升级拉动经济增长的思考》，载于《南京理工大学学报（社会科学版）》2005 年第 1 期。

[19] 德怀特 帕金斯：《从历史和国际的视角看中国的经济增长》，载于《经济学（季刊）》2005 年第 4 期。

[20] 丁重、张耀辉：《制度倾斜、低技术锁定与中国经济增长》，载于《中国工业经济》2009 年第 11 期。

[21] 董书礼：《以市场换技术战略成效不佳的原因辨析及我国的对策》，载于《商务部重点软科学研究课题〈我国加入 WTO 后的技术引进对策研究〉研究报告》2004 年版。

[22] 多马：《经济增长理论》，载于《商务印书馆》1983 年版。

[23] 杜凯、蔡银寅、孙晓雪：《全球经济失衡：被"饿死"还是被"胀死"？——兼论中国增长模式转变与产业政策选择产业经济评论》2010 年第 4 期。

[24] 段龙龙：《人力资本存量、R&D 投资与中国工业增长转型》，载于《科学决策》2012 年第 3 期。

[25] 樊福卓：《中国工业的结构变化与升级：1985 – 2005》，载于《统计研究》2008 年第 7 期。

[26] 冯飞、王晓明、王金照：《对我国工业化发展阶段的判断》，载于《中国发展观察》2012 年第 8 期。

[27] 付红、陈文招：《要素价格重估与工业结构升级》，载于《现代经济探讨》2007 年第 5 期。

[28] 高拴平：《改革以来我国工业结构变动特征的实证研究》，载于《当代经济科学》1997 年第

2 期。

[29] 耿仁波：《地方政府竞争范式下的产业集中度困境研究——以钢铁行业为例的理论模型分析》，载于《吉林工商学院学报》2010 年第 4 期。

[30] 郭春丽：《我国制造业集中度的变化趋势、影响因素与有序整合》，载于《改革》2009 年第 8 期。

[31] 国晖、吴伟：《政府规模与工业结构升级：基于分省面板数据的实证分析》，载于《统计与决策》2013 年第 5 期。

[32] 郭克莎：《略论投资需求与工业增长的关系》，载于《改革与战略》1993 年第 1 期。

[33] 郭克莎：《外商直接投资对我国产业结构的影响研究》，载于《管理世界》2000 年第 2 期。

[34] 郭克莎：《社科院〈工业化蓝皮书〉发布暨中国工业化进程研讨会》，2007 年 8 月 9 日。

[35] 郭克莎：《中国工业发展战略及政策的选择》，载于《中国社会科学》2004 年第 1 期。

[36] 郭庆旺、贾俊雪：《中国全要素生产率的估算：1979–2004》，载于《经济研究》2005 年第 6 期。

[37] 韩汉君：《经济发展阶段论及其启示》，载于《上海经济研究》1996 年第 7 期。

[38] 何洁：《外国直接投资对中国工业部门外溢效应的进一步精确量化》，载于《世界经济》2000 年第 12 期。

[39] 胡麦秀：《发展中国家产业国际竞争力模型新论》，载于《安徽大学学报（哲学社会科学版）》2005 年第 2 期。

[40] 胡昭玲：《产品内国际分工对中国工业生产率的影响分析》，载于《中国工业经济》2007 年第 6 期。

[41] 黄静波、向铁梅：《贸易开放度与行业生产率关系研究——基于中国制造业面板数据的分析》，载于《广东社会科学》2010 年第 2 期。

[42] 纪明：《经济增长的需求启动、需求约束及再启动》，载于《社会科学》2011 年第 5 期。

[43] 纪明：《需求变动与经济增长：理论解释及中国实证》，载于《经济科学》2010 年第 6 期。

[44] 贾晓峰：《我国工业结构的量化分析及调整》，载于《统计与决策》2001 年第 12 期。

[45] 江飞涛、李晓萍：《中国产业政策取向应做重大调整：从直接干预市场到增进与扩展市场》，载于《比较》2012 年第 3 期。

[46] 江小涓、李蕊：《FDI 对中国工业增长和技术进步的贡献》，载于《中国工业经济》2002 年第 7 期。

[47] 江小涓、赵英、任纪军、柳红、熊云：《我国工业增长与结构变动的若干新特征》，载于《中国工业经济研究》1993 年第 8 期。

[48] 金芳：《中国国际分工地位的变化、内在矛盾及其走向》，载于《世界经济研究》2008 年第 5 期。

[49] 金碚：《中国工业改革开放 30 年》，载于《中国工业经济》2008 年第 5 期。

[50] 金碚、吕铁、邓洲：《中国工业结构转型升级：进展、问题与趋势》，载于《中国工业经济》2011 年第 2 期。

[51] 金雪军、欧朝敏、李杨：《全要素生产率、技术引进与 R&D 投入》，载于《科学学研究》2006 年第 5 期。

[52] 雷敬萍：《我国消费结构升级与产业结构变迁》，载于《当代经济》2008 年第 8 期。

[53] 李博、温杰：《中国工业部门技术进步的就业效应》，载于《经济学动态》2010 年第 10 期。

[54] 李博、曾宪初：《工业结构变迁的动因和类型——新中国 60 年工业化历程回顾》，载于《经济评论》2010 年第 1 期。

[55] 李光泗：《大中型工业企业技术引进及其绩效分析》，载于《科技进步与对策》2009年第20期。

[56] 李晓华：《产业结构演变与产业政策的互动关系》，载于《学习与探索》2010年第1期。

[57] 李小平：《自主R&D、技术引进和生产率增长——对中国分行业大中型工业企业的实证研究》，载于《数量经济技术经济研究》2007年第7期。

[58] 李小平、卢现祥、朱钟棣：《国际贸易、技术进步和中国工业行业的生产率增长》，载于《经济学（季刊）》2008年第2期。

[59] 林毅夫：《解读中国经济》，北京大学出版社2012年9月版。

[60] 林毅夫：《新结构经济学》，北京大学出版社2012年版。

[61] 林毅夫：《新结构经济学——重构发展经济学的框架经济学（季刊）》2010年第1期。

[62] 林毅夫、任若恩：《东亚经济增长模式相关争论的再探讨》，载于《经济研究》2007年第8期。

[63] 林毅夫、苏剑：《新结构经济学：反思经济发展与政策的理论框架》，北京大学出版社2012年9月版。

[64] 刘昌黎：《论重化工业发展阶段的客观存在与继续发展的必然性——与吴敬琏同志商榷》，载于《经济学动态》2007年第3期。

[65] 刘世锦等：《传统与现代之间——增长模式转型与新型工业化道路的选择》，中国人民大学出版社2006年版。

[66] 刘世锦等：《陷阱还是高墙？中国经济面临的真实挑战和战略选择》，中信出版社2011年11月版。

[67] 刘银锁：《基于路径依赖理论的加工贸易产业困境分析》，载于《北方经济》2010年第11期。

[68] 刘迎秋等：《次高增长阶段的中国经济》，中国社会科学出版社2002年9月版。

[69] 刘元春、朱戎：《中国工业制度体系变迁、市场结构与工业经济增长——计量与实证研究》，载于《经济学动态》2003年第4期。

[70] 刘伟、张辉：《中国经济增长中的产业结构变迁和技术进步》，载于《经济研究》2008年第11期。

[71] 刘志彪：《中国贸易量增长与本土产业的升级——基于全球价值链的治理视角》，载于《学术月刊》2007年第2期。

[72] 刘志彪、张杰：《全球代工体系下发展中国家俘获型网络的形成、突破与对策——基于GVC与NVC的比较视角》，载于《中国工业经济》2007年第5期。

[73] 楼继伟：《中国经济的未来15年：风险、动力和政策挑战》，载于《比较》2010年第51期。

[74] 吕铁：《对工业结构变化及重化工业化现象的分析与思考》，载于《学习与探索》2007年第5期。

[75] 吕铁：《中国工业结构调整与升级三十年的历程和经验》，载于《社会科学战线》2008年第5期。

[76] 罗斯托：《经济增长的阶段》，中国社会科学出版社2001年版。

[77] 马艳华：《后危机时代我国产业升级的约束条件及对策研究》，载于《中国人口·资源与环境》2011年第3期。

[78] 迈克尔·波特：《国家竞争优势》，华夏出版社2002年版。

[79] 孟祺、隋杨：《垂直专业化与全要素生产率——基于工业行业的面板数据分析》，载于《山西财经大学学报》2010年第1期。

［80］潘士远、金戈：《发展战略、产业政策与产业结构变迁——中国的经验》，载于《世界经济文汇》2008 年第 1 期。

［81］潘文卿：《外商投资对中国工业部门的外溢效应：基于面板数据的分析》，载于《世界经济》2003 年第 6 期。

［82］庞瑞芝、李鹏：《中国新型工业增长绩效的区域差异及动态演进》，载于《经济研究》2011 年第 11 期。

［83］庞瑞芝、李鹏：《中国工业增长模式转型绩效研究——基于 1998－2009 年省际工业企业数据的实证考察》，载于《数量经济技术经济研究》2011 年第 9 期。

［84］邱东、陈梦根：《中国不应在资源消耗问题上过于自责——基于"资源消耗层级论"的思考》，载于《统计研究》2007 年第 2 期。

［85］任保平：《新中国 60 年工业化的演进及其现代转型》，载于《陕西师范大学学报（哲学社会科学版）》2010 年第 1 期。

［86］任若恩、孙琳琳：《我国行业层次的 TFP 估计：1981－2000》，载于《经济学（季刊）》2009 年第 3 期。

［87］邵宁：《中国经济发展的阶段性变化及企业的应对》，载于《军工文化》2012 年第 10 期。

［88］石奇、尹敬东、吕磷：《消费升级对中国产业结构的影响》，载于《产业经济研究》2009 年第 6 期。

［89］沈明高：《成本正常化：推动通胀还是挤压利润？》，载于《春季 CCER 中国经济观察》2008 年总第 13 期。

［90］盛斌、马涛：《中国工业部门垂直专业化与国内技术含量的关系研究》，载于《世界经济研究》2008 年第 8 期。

［91］孙辉煌：《贸易开放与 TFP 增长：技术溢出与国际竞争——基于中国制造行业的经验分析》，载于《山西财经大学学报》2008 年第 10 期。

［92］孙文杰、沈坤荣：《技术引进与中国企业的自主创新：基于分位数回归模型的经验研究》，载于《世界经济》2007 年第 1 期。

［93］谭崇台、郭熙保：《张培刚对发展经济学的开创性贡献》，载于《光明日报》2011 年 12 月 2 日。

［94］涂正革、肖耿：《环境约束下的中国工业增长模式研究》，载于《世界经济》2009 年第 1 期。

［95］王爱俭、牛凯龙：《当前中国宏观经济总需求分析与增长展望》，载于《经济研究参考》2009 年第 1 期。

［96］王昆：《垂直专业化、价值增值与产业竞争力》，载于《上海经济研究》2010 年第 4 期。

［97］王胜利：《新中国成立 60 年来工业所有制结构变迁的解析》，载于《贵州师范大学学报》2009 年第 5 期。

［98］王小鲁、樊纲、刘鹏：《中国经济增长方式转换和增长可持续性》，载于《经济研究》2009 年第 1 期。

［99］王云平：《工业结构升级的制度分析》，中国社会科学院 2002 年学位论文。

［100］王智波：《我国产业结构变动的成因——基于投入产出表需求—侧的 SDA 模型分析统计与决策》2011 年第 8 期。

［101］"未来十年我国工业增长的驱动力研究"课题组：《未来十年我国工业增长的驱动力研究》，载于《调研世界》2011 年第 4 期。

［102］沃尔夫：《市场或政府》，中国发展出版社 1994 年版。

［103］吴延兵：《中国地区工业知识生产效率测算》，载于《财经研究》2008 年第 10 期。

[104] 小岛清：《对外贸易论》，南开大学出版社 1987 年 1 月版。

[105] 肖翔：《中国工业化中的政府作用研究（1949－2010）》，中共中央党校 2012 年学位论文。

[106] 新帕尔格雷夫经济学大辞典（中译本）（第 2 卷），经济科学出版社 1996 年版。

[107] 熊彼特：《经济发展理论》，中国画报出版社 2012 年版。

[108] 严成樑、龚六堂：《熊彼特增长理论：一个文献综述》，载于《经济学季刊》2009 年第 3 期。

[109] 杨魁、董雅丽：《论我国产业组织结构的历史演变及当前的政策取向》，载于《兰州大学学报（社会科学版）》2000 年第 2 期。

[110] 姚志毅、张亚斌、李德阳：《参与国际分工对中国技术进步和技术效率的长期均衡效应》，载于《数量经济技术经济研究》2010 年第 6 期。

[111] 易纲、樊纲、李岩：《关于中国经济增长与全要素生产率的理论思考》，载于《经济研究》2003 年第 8 期。

[112] 余东华：《中国垄断性行业的市场化改革研究》，载于《经济研究参考》2006 年第 16 期。

[113] 曾先峰、李国平、杨春江：《要素积累还是技术进步？——对中国工业行业增长因素的实证研究》，载于《科学学研究》2012 年第 2 期。

[114] 赵伟、李淑贞：《出口与企业生产率：基于中国高新技术产业的检验》，载于《技术经济》2008 年第 5 期。

[115] 张海洋：《R&D 两面性、外资活动与中国工业生产率增长》，载于《经济研究》2005 年第 5 期。

[116] 张海洋、刘海云：《外资溢出效应与竞争效应对中国工业部门的影响》，载于《国际贸易问题》2004 年第 3 期。

[117] 张晖：《产业升级面临的困境与路径依赖锁定效应——基于新制度经济学视角的分析》，载于《现代财经》2011 年第 10 期。

[118] 张建华等：《基于新型工业化道路的工业结构优化升级研究》，中国社会科学出版社 2012 年版。

[119] 张军：《增长、资本形成与技术选择：解释中国经济增长下降的长期因素》，载于《经济学（季刊）》2002 年第 2 期。

[120] 张培刚：《农业与工业化》，华中科技大学出版社 2009 年版。

[121] 张其仔、郭朝先：《中国工业增长的性质：资本驱动或资源驱动》，载于《中国工业经济》2008 年第 3 期。

[122] 张少军、刘志彪：《全球价值链模式的产业转移——动力、影响与对中国产业升级和区域协调发展的启示》，载于《中国工业经济》2009 年第 11 期。

[123] 张小蒂、孙景蔚：《基于垂直专业化分工的中国产业国际竞争力分析》，载于《世界经济》2006 年第 5 期。

[124] 郑京海、胡鞍钢：《中国改革时期省际生产率增长变化的实证分析》，载于《经济学》2005 年第 2 期。

[125] 中国经济增长与宏观稳定课题组：《资本化扩张与赶超型经济的技术进步》，载于《经济研究》2010 年第 5 期。

[126] 中国社会科学院工业经济研究所：《2008 中国工业发展报告——中国工业改革开放 30 年》，经济管理出版社 2008 年版。

[127] 中国社会科学院工业经济研究所：《2012 中国工业发展报告——"十二五"开局之年的中国工业经济》，经济管理出版社 2012 年版。

[128] 中国社会科学院工业经济研究所：《国际金融危机冲击下中国工业的反应》，载于《中国工业经济》2009年第4期。

[129] 中国社会科学院工业经济研究所工业运行课题组：《2011年中国工业经济运行形势展望》，载于《中国工业经济》2011年第3期。

[130] 中国社会科学院工业经济研究所课题组：《"十二五"时期工业结构调整和优化升级研究》，载于《中国工业经济》2010年第1期。

[131] 周建、侯勇志：《我国工业增长模式及其转型机制研究——基于23个省份1998－2007年工业的实证研究》，载于《财经研究》2008年第1期。

[132] 周燕、蔡宏波：《中国工业行业全要素生产率增长的决定因素：1996－2007》，载于《北京师范大学学报（社会科学版）》2011年第1期。

[133] 庄德钧、张喜民：《我国工业结构不规则演进的历史分析》，载于《中国工业经济研究》1999年第3期。